D1678752

COLLECCAO
DE
TRATADOS E CONCERTOS DE PAZES

COLLECCAO
de
TRATADOS E CONCERTOS DE PAZES
que o

Estado da India Portugueza
fez
com os Reis e Senhores com quem teve relacoes nas partes

da Asia e Africa Oriental
desde
O principio da conquista ate ao fim do seculo XVIII
por

Julio Firmino Judice Biker
Primeiro Official e Chefe de Reparticao aposentado da Secretaria d'Estado dos Negocios Estrangeiros, Socio correspondente do Instituto de Coimbra, e da Real Academia de Historia de Madrid, e Official da Academia em Franca

Tomo VIII

GYAN

Published by

Gyan Publishing House
5, Ansari Road
Daryaganj, New Delhi-110002
Phone: 011-47034999, 9811692060
E-mail: books@gyanbooks.com

Distribution Network
gyanbooks.com
India, USA, Canada, UK, Australia, France

© Publisher

All rights reserved. No part of this work may be reproduced, stored, adapted, or transmitted in any form or by any means, electronic, mechanical, photocopying, micro-filming, recording or otherwise, or translated in any language, without the prior written permission of the copyright owner and the publisher.

ISBN : 978-81-212-3260-9 (Set)
ISBN : 978-81-212-4780-1 (HB)
First Published, 1885

2nd Impression 2020

Printed at: Gyan Press, Delhi.

The book is sold subject to the condition that it shall not, by way of trade or otherwise, be lent, resold, hired out, or otherwise circulated without the prior publisher's written consent.

Colleccao de Tratados e Concertos de Pazes Tomo VIII
Author: Julio Firmino Judice Biker

Collecção
de
Tratados e concertos de pazes
que o
Estado da India Portugueza
fez
com os Reis e Senhores com quem teve relações
nas partes
da Asia e Africa Oriental
desde
o principio da conquista até ao fim do seculo XVIII
por

Julio Firmino Judice Biker

Primeiro Official e Chefe de Repartição aposentado
da Secretaria d'Estado dos Negocios Estrangeiros, Socio correspondente
do Instituto de Coimbra,
e da Real Academia de Historia de Madrid,
e Official da Academia em França

Tomo VIII

Lisboa—Imprensa Nacional—1885

Tratado de paz entre o Magestoso Estado e o Magnifico Rey de Sunda, celebrado pelo Illustre Secretario do Estado Belchior José Vaz de Carvalho, e o honrado Ananta Sinay Muzumadar pelos seus respectivos poderes, em 12 de Setembro de 1762.

(Arch. da India, livro 2.º de Pazes, fol. 184.)

Sêllo das armas reaes de Portugal em lacre vermelho.

1.º

Como em virtude das reaes ordens, e contemplação das representações, e vivas instancias do Magnifico Rey de Sunda, não obstante o Tratado de 24 de Outubro de 1760, se faz precisa a sua reformação, ratificando os Tratados que foram celebrados em 4 de Dezembro de 1735 pelo Illmo e Exmo Sr. Conde de Sandomil e o mesmo Rey de Sunda, em 24 de Junho de 1742 por Manoel Soares Velho, Calapayá Naurú, e Custam Ráo, e em 25 de Maio de 1754 por Antonio Carneiro de Alcaçova e Guinian Lingayá Naurú, se obriga o Magnifico Rey a observal-os religiosamente por si, e por seus successores, e igualmente o Magestoso Estado pela parte que lhe respeita. 1762 Setembro 12

2.º

Para que a execução dos mesmos Tratados seja inteiramente praticada, e em especial os oito primeiros artigos estipulados no de 4 de Dezembro de 1735 a favor da Religião catholica, e dos Padres e christãos, se entregará aos Padres Missionarios huma copia authentica dos mesmos artigos nos idiomas portuguez e gentilico, sellada com o sêllo do Magnifico Rey, para com ella os ditos Padres em qualquer occasião que lhes for preciso, instarem a execução dos mesmos

1762 Setembro 12 artigos, para que da falta della se não possa allegar ignorancia, e não sendo deferidos nas suas representações pelo Magnifico Rey e seus ministros depois da sua exposição, se haverá por infracção da paz.

3.°

Sendo preciso dar providencia á grande ruina que padeceu a igreja de Sivançar com a ausencia da christandade, permitte o Magnifico Rey que se possa reedificar, e se obriga a concorrer com os materiaes necessarios para o concerto, conservando sempre a sua anterior jurisdicção e logradouros; e da mesma sorte se obriga o Magnifico Rey a sinalar sitio capaz á satisfação dos ditos Padres em alguma distancia da fortaleza de Ancolá, em que os christãos do seu districto possam ter commodidade para o exercicio dos officios divinos, dando toda a ajuda e materiaes do mesmo modo acima declarado, e com a jurisdicção e logradouros iguaes aos do lugar que antes servia de igreja, a qual se acha demolida, por ser muito chegada ás muralhas da dita fortaleza.

4.°

Promette o Magnifico Rey dar o seu consentimento por si, e seus successores para que se edifique huma igreja na jurisdicção de Pondá, ou Supem, á eleição do Magestoso Estado, e concorrerá com os materiaes necessarios da mesma sorte que se obrigou para as igrejas de Sivançar e Ancolá, com a sua jurisdicção e logradouros, que he estylo nas outras igrejas, logo que entrar na posse das sobreditas provincias, visto que se tem acabado o pagamento da divida por que foram entregues e consignadas ao Maratha, a quem já tem procurado a sua effectiva restituição.

5.°

Da mesma sorte se obriga o Magnifico Rey a continuar a pensão de 12:000 xerafins cada hum anno nas terras de Pondá logo que chegarem a seu poder, e em caso de se faltar ao referido pagamento, poderá o Magestoso Estado tomar posse das aldeias Aveddem, Cottombo, Assoldem e Xelvanna, da provincia de Pondá, até nova ordem de Sua Magestade Fidelissima. 1761 Setembro 12

6.º

Como pela execução do Tratado de tregua se acham feitas as restituições dos prisioneiros e desertores de ambas as partes, e se deva continuar igualmente a respeito dos soldados e cafres transfugas do Estado, e em todas as outras mutuas obrigações respectivas á conservação de huma bem estabelecida correspondencia esteja disposto nos Tratados, que declara o artigo 1.º do presente Tratado, cessa o motivo para nova declaração.

7.º

Cede o Magestoso Estado pelo presente Tratado ao Magnifico Rey de Sunda a fortaleza e ilha de Ximpim, para a lograr como dominio seu, e o possuia antes que lhe fosse tomada pelo Magestoso Estado no anno de 1752.

8.º

Igualmente lhe permitte o Magestoso Estado que se tire da praça do Piro a companhia e guarnição portugueza, que até agora existe nella, ficando sempre debaixo da protecção e direcção do Magestoso Estado, para não permittir na sua jurisdicção commercio total, ou contrato por modo de monopolio da pimenta a qualquer nação estrangeira ou Europeana, e o contrario será tido por infracção.

9.º

Ainda que até agora se continuou o commercio da pimenta entre os vassallos de ambas as potencias, e se deve continuar, comtudo sendo necessaria á fazenda real do Magestoso Estado, se obriga o Magnifico Rey por si, e por seus successores a fazer dar a dita pimenta com preferencia pelo preço corrente, e nos lugares em que he estylo vender-se.

10.º

Por quanto o Magestoso Estado mandou tomar posse das tres aldeias Talvará, Parodá e Mollem no anno de 1755 com

1762 Setembro 12 o titulo de que foram cedidas no Tratado celebrado em 24 de Junho de 1742 entre Manoel Soares Velho, Callapayá Naurú e Custam Ráo, sem embargo de haverem passado treze annos sem que tivesse execução alguma, supplica o Magnifico Rey a restituição das mesmas aldeias; como porém tem passado sete annos que o Magestoso Estado está em pacifica posse, se deve continuar até nova decisão de Sua Magestade Fidelissima, e poderá o Magnifico Rey fazer a sua conveniente representação.

Do presente Tratado se tirarão duas copias, em portuguez e em gentilico, do mesmo teor, para serem selladas e assignadas, e pela sua reciproca observancia, e perpetuo cumprimento, se extinga totalmente a memoria das discordias, e se continue firme hum indefectivel estabelecimento de paz.

Goa, 12 de Setembro de 1762.—Belchior José Vaz de Carvalho.

O original canará a fl. 190.

Artigo secreto entre o Magestoso Estado e o Magnifico Rey de Sunda, celebrado pelo Illustre Secretario do Estado Belchior José Vaz de Carvalho, e o honrado Ananta Sinay Muzumdar pelos seus respectivos poderes, em 17 de Setembro de 1762.

(Arch. da India, livro 2.º de Pazes, fol. 196.)

1762 Setembro 17 Como até o presente se tem embaraçado por inevitaveis accidentes a execução dos artigos secretos celebrados em 24 de Outubro de 1760, na fórma das ordens de Sua Magestade Fidelissima, se deve reformar o Tratado de paz celebrado no referido tempo para a entrega das praças do Piro e Ximpim, se faz da mesma sorte preciso reformar os ditos artigos, e em virtude do presente se obriga o Magnifico Rey por si, e por seus successores, solicitar com todas as forças meios para que as provincias de Pondá, Zambaulim e Supem, e outras que se acham em caução no poder do Maratha, sejam reintegradas no seu dominio, ou por convenção benevola, como até o presente tem procurado, ou por outra qualquer fórma que com o tempo se offerecer, a que o Magestoso

Estado promette auxiliar, não se empenhando porém por esta causa a rompimento com o Maratha, ou outra alguma potencia em fórma que haja de suscitar alguma desconfiança, que encontre os Tratados, ou negociações do Estado com as potencias referidas, com declaração que todas as despezas que forem feitas nesta contemplação, se obriga o Magnifico Rey por si, e seus successores, satisfazer pontualmente ao Magestoso Estado pela relação, que lhe for apresentada do Vedor Geral da Fazenda, e quando haja demora poderá o Magestoso Estado fazer por si a cobrança, deixando em penhor os rendimentos das aldeias que bem lhe parecer das ditas provincias. 1762 Setembro 17

Goa, 17 de Setembro de 1762. — Belchior José Vaz de Carvalho.

Original maratha, fl. 198.

PLENIPOTENCIA

(Arch. da India, livro 2.º de Pazes, fol. 188.)

Manoel de Saldanha de Albuquerque, Conde da Ega, do Conselho d'Estado de Sua Magestade Fidelissima, Gentil Homem da camara do Serenissimo Senhor Infante Dom Manoel, Commendador na Ordem de Christo, Alcaide mór de Guimarães, Vice Rey e Capitão geral da India, etc. 1762 Setembro 13

Por quanto em execução das reaes ordens, e contemplação das representações e vivas instancias do Rey de Sunda, não obstante o Tratado de 24 de Outubro de 1760, se faz precisa a sua reformação: Hei por bem de reformar o dito Tratado debaixo das condições do presente Tratado de 12 do corrente mez de Setembro de 1762, que o Desembargador Secretario do Estado Belchior José Vaz de Carvalho acceitou das mãos do honrado Ananta Sinay Muzumadar, Enviado do dito Rey de Sunda, e para que as condições do presente Tratado como nelle se contêem hajam o seu devido effeito, concedo ao dito Secretario do Estado Belchior José Vaz de Carvalho todos os poderes necessarios para assignar

1762 Setembro 13 o presente Tratado com o dito Ananta Sinay, e para maior vigor do mesmo Tratado, não só será assignado pelos ditos Ministros Plenipotenciarios de ambas as partes, mas tambem com os sellos do dito Rey de Sunda, e juramento na fórma costumada, porque debaixo desta condição he que auctoriso tudo o que obrar o dito Secretario do Estado Plenipotenciario deste Magestoso Estado.

Dada em Goa, sob o sêllo das armas reaes da Corôa de Portugal, a 13 de Setembro de 1762.—Logar do sêllo.—Conde da Ega.

Auto em publica fórma feito em a fortaleza de Ximpim a 26 de Setembro do anno do nascimento de Nosso Senhor Jesus Christo de 1762, pelo qual faz entrega da dita fortaleza o Capitão de infanteria e Commandante della Manuel Nunes Correia Valente a Ananta Sinay, Embaixador do Rey de Sunda, em virtude da carta de 15 do dito mez e era do Ill.mo e Ex.mo Sr. Conde da Ega, Vice Rey e Capitão general da India, debaixo das condições estipuladas no Tratado da paz estabelecida pelo dito Senhor Conde Vice Rey com o mesmo Rey de Sunda, em 12 do dito mez e era.

(Arch. da India, livro 2.º de Pazes, fol. 200.)

1762 Setembro 26 Recebo eu Ananta Sinay Muzumundar, Embaixador do Magnifico Senhor Rey, meu amo, esta fortaleza de Xempim em estado defensivel com todos os seus baluartes e mais officinas, com 31 peças de artilharia, a saber: 15 de calibre 6. 9 de 4, 5 de 2, e 2 de 1, 6 esmerilhões com 5 balas a cada huma das ditas peças, e 800 balas de pedra, que se acharam na tomada da dita praça, 10 barris de polvora de duas arrobas cada hum, 10 cunhetes de bala mosqueteira por dez arrobas, e as addições que na lista se declara, assignada pelo Doutor Secretario do Estado, dellas não recebi cousa alguma pelas não haver na dita praça, como são 76 espingardas, 36 largas, 2 lanças de ferro, 2 rodellas, 1 sino,

1 rabana, e cartuxeiras com seus polvarinhos, e por não ter meios conducentes, me ficam entregues 2 peças de artilharia de calibre 16, cavalgadas em seus reparos, pertencentes á fazenda de Sua Magestade Fidelissima, para serem restituidas por hum recibo meu, que passei ao dito Capitão e Commandante; e tudo recebo debaixo das condições estipuladas no Tratado de paz estabelecida pelo Illmo e Exmo Sr. Conde da Ega, Vice Rey e Capitão general da India, com o dito Magnifico Senhor Rey, meu amo, a qual entrega me fez o Capitão de infantaria e Commandante Manoel Nunes Correia Valente, em virtude da carta do dito Sr. Conde Vice Rey de 15 de Setembro de 1762, com a sua antiga artilharia, e mais cousas atrás declaradas, e de como fico entregue de tudo neste auto declarado, e recibo feito pelo escrivão que era da mesma fortaleza Caetano Fernandes de Assucena, me assignei com as testemunhas, que da parte do dito Commandante se achavam presentes, os dois Capitães de infantaria Henrique da Costa Franco, e Estevão do Rosario, o Ajudante da praça André Vidigal Matoso, e Barnabé de Mello, Tenente de infantaria; e da parte do dito Rey, meu amo, Apagy Sinay Donaithu, Bromogi Naique, Nillú Naique, e Usmancansúr, que todos assignaram commigo Embaixador. 1762 Setembro 26

Fortaleza de Xempim, 26 de Setembro de 1762 annos. — Manoel Nunes Correia Valente — Assignatura canará do Embaixador com o seu sêllo junto della — Henrique da Costa Franco — André Vidigal Matoso — Barnabé de Mello... — Estevão do Rosario — Caetano Fernandes de Assucena — Apagy Sinay — E mais tres assignaturas gentilicas das outras testemunhas.

Artigos concedidos a Rogu Saunto, a seu filho e sobrinho

(Arch. da India, livro 2.º de Pazes, fol. 203.)

(Sêllo das armas reaes da Corôa de Portugal.)

Artigos que pela parte do Magestoso Estado concede o Illmo e Exmo Sr. Conde da Ega Vice Rey e Capitão General da India a Rogu Saunto Vaddicar, ao seu filho Essú Saunto, e sobrinho Binvan Saunto, em 16 de Janeiro de 1764.

1.º

1764 Janeiro 16 Attendendo pela parte do Magestoso Estado o Illmo e Exmo Sr. Conde Vice Rey a que Rogú Saunto Vaddicar foi hum dos dois Cabos que se separou da guarnição da Praça de Pondá quando se fez aquella campanha contra o Maratha, a quem servia, e depois disto veio voluntariamente a servir ao Magestoso Estado antes que fosse conquistada a dita Praça, deixando nesta Côrte o seu sobrinho Bivam Saunto em refens pela segurança da sua fidelidade, portando-se com esta, e com valor na campanha contra o Regulo Melondim, e haver jurado solemnemente fidelidade ao Magestoso Estado a 15 de Janeiro do presente anno de 1764, por lhe fazer graça, e esperar que continue com melhor zêlo o serviço de Sua Magestade Fidelissima, o ha por admittido por vassallo do dito Magestoso Estado para gosar de todas as honras, preeminencias e privilegios de que gosam as pessoas da sua graduação.

2.º

Alem desta graça pela parte do mesmo Magestoso Estado concede ao dito Rogú Saunto o partido de 200 sipaes e 8 cabos para exercitar este corpo, e servir com elle ao dito Magestoso Estado, com declaração de que cada hum dos 8 cabos terá na fazenda real o vencimento de 15 rupias por mez, e cada sipai o de 5 rupias tambem por mez, e que quando por qualquer incidente, ou occasião de guerra, se lhe mande levantar mais sipaes em razão de seu numero, se lhe não augmentará o dos cabos. 1764 Janeiro 16

3.°

A Essú Saunto, filho do mesmo Rogú Saunto, se concede tambem a graça pela parte do Magestoso Estado do vencimento de 20 rupias por mez na fazenda real como segundo cabo do dito corpo de 200 sipais, e da mesma sorte outras tantas a seu sobrinho Bivam Saunto, que estava em refens.

4.°

Como a principal Cabo do referido corpo concede ao sobredito Rogú Saunto durante a sua vida o Ill.mo e Ex.mo Sr. Conde Vice Rey pela parte do Magestoso Estado, e em nome de Sua Magestade Fidelissima, o vencimento na fazenda real de 50 rupias em cada mez, e para o honrar, e fazer a distincção que merece pela sua pessoa e serviços, lhe concede tambem o vencimento de 90 rupias em cada anno para paga de hum palanquim, que he carruagem da terra.

Todos estes artigos se lhe concedem debaixo da clausula de pôr o dito Rogú Saunto a sua familia em Goa, e sustental-a á sua custa no sitio e paragem que o mesmo Ill.mo e Ex.mo Sr. Conde Vice Rey lhe determinar, sem que o mesmo Magestoso Estado seja obrigado em tempo algum a correr com cousa alguma mais que o cumprimento do conteudo nos artigos acima; e para firmeza delles se formou este papel, em que se assignou o mesmo Sr. Conde Vice Rey com o Secretario do Estado Belchior José Vaz de Carvalho, mandando-o sellar com o sêllo das armas reaes da Corôa de Portugal.

Goa, 16 de Janeiro de 1764. — Conde da Ega. — O Secretario do Estado, Belchior José Vaz de Carvalho.

Ajuste com Aidar Ali Kan

(Arch. da India, livro 2.º de Pazes, fol. 210.)

Traducção do papel incluso de letra gentilica, em que diz o seguinte

1764 Dezembro 25 Copia.—Tratado do ajuste que ao Sarcar dá por escripto o Conde da Ega, assistente em Goa.

Se o inimigo, ou outro qualquer potentado, vier perturbar as suas jurisdicções, em demonstração a sua amizade remetterei 500 ou 1:000 soldados com peças de artilharia, polvora, balas, petrechos, e mais prevenções respectivas e necessarias em companhia do distincto official, aos quaes se dará conforme a declaração para as despezas, e deixando-os ficar dois ou tres mezes para os movimentos da guerra até á entrada do inverno, se tornará a remetter concedendo-lhes licença.—Artigo 1.º

A cada soldado, e tambem a cada artilheiro, são a cada mez 25 rupias.

Ao official de cada 100 soldados 100 rupias a cada mez.

Ao official commandante dos 500 soldados 1:000 rupias a cada mez.

Como os cabos das galvetas do inimigo andam com ellas ao corso do mar, e fazem perturbação para as embarcações dos mercadores, serei obrigado a continuar a minha armada no mar, e castigar aos das ditas galvetas.—Artigo 1.º

Se contra mim vier algum inimigo, da parte do Sarcar deve soccorrer-me remettendo 10:000 fuzileiros, que se chamam Bar, e cavallos em companhia do official distincto.—Artigo 1.º

Ao feitor que está em Mangalor, para se cumprir as condições e lagimas, tem havido licença da parte do Sarcar, conforme a qual recebendo sem alterar, ou differençar em cousa alguma, serei obrigado observar-se conforme ajustado.

Escripto em o 1.º do mez Ragebo da era moura de 1178, em portuguez vem a ser 25 de Dezembro de 1764. 1764 Dezembro 25

Traduzido por mim Ananta Camotim Vaga, Lingua do Estado, em 10 de Dezembro de 1765 annos. — Ananta Camotim Vaga.

O papel maratha, a fl. 212.

Ratificação do Tratado da paz de 24 de Dezembro de 1761 celebrado em 14 de Outubro de 1768 entre o Ill.mo e Ex.mo Sr. Dom João José de Mello, Governador e Capitão General do Estado da India e o Grandioso Sar Dessay de Cudale Quema Saunto Bounsuló, conferida e pactuada com algumas declarações, restricções e ampliações pelo Illustre Secretario do mesmo Estado Henrique José de Mendanha Benevides Cirne com os honrados Antagi Rama Choondra Sabanis, Sidó Pandito, Datagi Porobo, Camarista de Santordá e Naran Molgi pelos respectivos poderes de cada hum.

(Arch. da India, livro 2.º de Pazes, fol. 214.)

(Sêllo das armas reaes de Portugal em lacre vermelho.) 1768 Outubro 14

(Sêllo do Bounsuló em tinta preta.)

Depois do Ill.mo e Ex.mo Sr. Dom João José de Mello, do Conselho de Sua Magestade Fidelissima, Governador e Capitão General do Estado da India, se ter com a pontualidade mais escrupulosa inteirado de que o Grandioso Sar Dessay de Cudale Quema Saunto Bounsuló queria viva e efficazmente proseguir na inviolavel observancia do Tratado de 24 de Dezembro de 1761, toma a justissima resolução de em beneficio de hum reciproco socego publico acceitar a boa intenção, que o grandioso Sar Dessay manifesta, e a de condescender com a de cumprir o mesmo neste tempo tudo aquillo que do referido Tratado não tem sido até o presente por elle preenchido.

1.°

1768 Outubro 14 Proseguirá inalteravelmente o grandioso Sar Dessay na fiel observancia da paz solida e permanente, que pelo referido Tratado se estipulou, e não lhe valerão para poder dizer que a não infringe as asseverações de que qualquer acto de violação he exercitado por este ou aquelle individuo, sendo este dos seus dominios, e existindo nos mesmos.

2.°

Reconhece o grandioso Sar Dessay que até o presente não tem integralmente verificado o pactuado em os artigos 5.°, 9.° e 14.° da dita paz de 24 de Dezembro de 1761, porque a respeito do 5.° teve a cogitação de querer passar cartazes a algumas embarcações dos vassallos negociantes do Magestoso Estado, quando nelle se adstringiu ao reconhecimento de lhos não poder passar, e se obrigou a não os dar ainda áquelles que voluntariamente lhos pedissem.

3.°

Ao do 9.° estipulando-se o tributo de 4:000 xerafins por anno, incluindo o de dois cavallos arabios, ou 1:000 xerafins com hum fiador abonado, vassallo do Magestoso Estado, para a sua effectiva e prompta satisfação, pagou tão sómente hum anno, não prestou fiador, e se esqueceu desta devida solução no decurso de cinco, vencidos e completados em Dezembro de 1767.

4.°

E ao 14.° permittindo-lhe a mora de hum anno com fiança abonada para no termo delle satisfazer 25:000 xerafins, que devia ao Magestoso Estado, não deu o fiador estipulado, e actualmente resta a dever daquella total quantia a de 7:412 xerafins, 4 tangas e 35 réis; pelo que

5.°

Em quanto ao artigo 5.° O ratifica em tudo o grandioso Sar Dessay com o reconhecimento de que não tem direito algum para poder passar cartazes aos vassallos do Magestoso Estado, e se obriga por si, e seus successores, a não os dar, ainda áquelles que voluntariamente lhos pedirem, e a observar, ter, e manter inviolavel e inalteravelmente todos os que o Magestoso Estado passar, assim a vassallos seus, como a estranhos, pelo primordial e antiquissimo direito da navegação, que o Magestoso Estado disfructa, e que o grandioso Sar Dessay por este confessa e reconhece, com a especifica clausula de não poder vir em tempo algum mais em duvida esta materia. 1768 Outubro 14

6.°

E pelo que respeita ao 9.° De novo se obriga o grandioso Sar Dessay, como já pelo dito artigo hé obrigado, a reconhecer o Magestoso Estado com o annual tributo de 4:000 xerafins por anno com as formalidades e seguros, transcriptos e transcriptas no mencionado artigo 9.° da dita paz de 24 de Dezembro de 1761, e se adstringe a satisfazer presentemente 20:000 xerafins dos cinco annos vencidos do anno passado de 1767, pelo methodo que logo se ha de estabelecer, e a prestar á sua continua e successiva solução aquella segurança que no mesmo se ha tambem logo de estipular.

7.°

E pelo que toca ao 14.° Confessa o grandioso Sar Dessay o não ter completado a satisfação da quantia dos 25:000 xerafins, a que se obrigou em o referido artigo, e se adstringe a pagar prompta e effectivamente os 7:412 xerafins, 4 tangas e 35 réis, que della resta a dever, pela ordem e modo que abaixo se ha de pactuar.

8.°

E como alem dos 27:412 xerafins, 4 tangas e 35 réis, que importam os cinco annos vencidos do annual tributo, juntos aos 7:412 xerafins, 4 tangas e 35 réis, do resto dos 25:000 xerafins, que integralmente se não satisfizeram, tem o Magestoso Estado despendido varias parcellas em pôr ao grandioso Sar Dessay no livre e absoluto uso dos seus dominios, e depois em os indispensaveis actos, com que nelle o redu-

1768 Outubro 14 ziu aos exercicios dos deveres da paz, que se ratifica, e pelo mappa em repetidas conferencias examinado, se averiguou importarem estas a quantia de 26:485 xerafins, 2 tangas e 26 réis, se obriga o grandioso Sar Dessay a satisfazel-as, e a pagar effectivamente a mencionada quantia que ellas importam, com a fórma que tambem logo se ha de ordenar, a bem da qual, e da clareza com que se deve proceder, se declara que todas as referidas quantias tem a total importancia de 53:898 xerafins, 2 tangas e 1 real.

9.°

Sendo o principal objecto da dita paz de 24 de Dezembro de 1761, que se ratifica, a reintegração das provincias de Pernem e Bicholim com a sua respectiva praça nos dominios do grandioso Sar Dessay, e verificando-se este na entrega que de tudo lhe fez o Magestoso Estado, reconhece o grandioso Sar Dessay, que com justissima razão praticou o Magestoso Estado o acto de as pôr com a dita praça á sombra da sua magestosa protecção, arrancando dellas a auctoridade que as tyrannisava contra a do grandioso Sar Dessay, não permittindo depois que o grandioso Sar Dessay as tornasse a encorporar nos seus dominios sem primeiro cumprir o que não tinha cumprido do Tratado em que lhas tinha cedido, e como seria e sinceramente passa o grandioso Sar Dessay aos actos de verificar da sua parte o que até o presente tempo não verificou.

10.°

Permitte o Magestoso Estado ao grandioso Sar Dessay o poder encorporar nos seus dominios as ditas provincias de Pernem, Bicholim e Sanquelim, com a respectiva praça que cobre estas, e a este fim promette passar as ordens necessarias aos Dessays, e pessoas que as retem, para que o mesmo grandioso Sar Dessay as desfructe, e possa reintegrar nos seus estados com as clausulas e declarações que abaixo se estipulam.

11.°

Que as mencionadas provincias serão arrendadas a vassallos do Magestoso Estado, e a de Pernem aos mesmos Dessays, que presentemente a administram, a saber: Govindagi Zassovanta Ráo, Dessay de Pernem, Govinda Porobu Parcem, Dessay da mesma provincia, Antoba Sinay, Dessay de Mandrem, Madagi Ballcustam Sinay, Narcorny da mesma provincia, e Trimbaca Sinay, Capitão de Sipaes, por hum triennio, e depois ou aos mesmos, ou a outros vassallos do Magestoso Estado, permittindo-se-lhe das milicias da provincia para o bom effeito das suas cobranças o numero de Sipaes que se pactuar no ajuste do arrendamento, e que os sobreditos Dessays e Capitão Trimbaca Sinay sejam conservados indemnemente em a pacifica posse de todas as suas mercês, dessayados e mais pertenças, que até aqui vieram logrando, e do que novamente lhe fez mercê o mesmo Sar Dessay, dando-se-lhe pelo passado hum indulto pleno, geral e perpetuo, sem que por principio ou pretexto algum se lhe possa irrogar a mais leve vexação, e menos a de os obrigarem pelos rendimentos da dita provincia de Pernem dos annos que a defenderam e administraram, em que por este se põe perpetuo silencio, e tambem em todos os actos de hostilidade, a que os obrigou a justa defeza da mesma provincia. 1768 Outubro 14

12.º

Que neste indulto perpetuo e geral pelo que toca ao passado, se hão por comprehendidos, como se especificamente, e por seus proprios nomes fossem aqui especificados, todos os individuos que em sociedade se conservaram no partido dos mencionados Dessays, e que pelo que diz respeito a estes, se lhe conservem como dantes os respectivos direitos de cada hum, sem se poder tambem praticar com elles vexação em tempo algum por todos os actos de hostilidades, que unidos com os ditos Dessays exercitarão, assim defensivos como offensivos.

13.º

Que o Dessay Zoitobá Rane, da provincia de Sanquelim, seja tratado como vassallo do Magestoso Estado, e que em contemplação de o ser se lhe verifiquem todas as mercês,

1768 Outubro 14 que o grandioso Sar Dessay, e seus predecessores lhe tiverem feito até o presente, sem a mais minima innovação.

14.°

Que por se ter no referido Tratado, que se ratifica, cedido pelo artigo 12.° as sobreditas provincias, exceptuando a aldeia de Maem, da provincia de Bicholim, de que Sua Magestade Fidelissima tinha feito particular mercê, e ter tambem o grandioso Sar Dessay pedido a restituição della com apparente razão de que naquella excepção se contempla o tempo da mercê, que já finalisou, se assenta e declara que o mencionado tempo desta he causa de excepção perpetua que se estipulou, e que pondo se hum perpetuo silencio nesta materia, se não falle mais na entrega desta aldeia, e menos na do forte de Tiracol pelo artigo secreto de 3 de Setembro de 1762, que o grandioso Sar Dessay não preencheu.

Methodo, pelo qual se ordena a real solução da quantia de 53:898 xerafins, 2 tangas e 1 real, que deve ao Magestoso Estado o Grandioso Sar Dessay Quema Saunto Bounsuló.

15.°

De pagarem esta quantia farão os rendeiros, ou avaldares da provincia de Bicholim e Pernem termo, pelo qual se obriguem a satisfazel-a pelas particulares porções e tempos que se lhe adjudicam e taxam, com declaração de as satisfazerem conservando-lhe nelles o grandioso Sar Dessay os seus respectivos arrendamentos.

16.°

O rendeiro ou avaldar da provincia de Bicholim Gopal Sinay Dumó, vassallo do Magestoso Estado, satisfará logo 17:000 xerafins, que param em seu poder; no fim de Novembro 14:000 que se vencem do presente sorodio; e no de Dezembro 3:000 xerafins de outra tanta quantia, que neste tempo ha de ter percebido do rendimento da alfandega da dita provincia, vindo por esta fórma a dever pagar até o dito fim de Dezembro deste anno este avaldar 34:000 xerafins.

17.º

Os rendeiros da provincia de Pernem, e que nos termos do que acima fica estipulado hão de ser os Dessays, e pessoas que até o presente a administram, devem pagar no presente sorodio 19:898 xerafins, 2 tangas e 1 real, a saber: na novidade do presente sorodio até o fim de Novembro 10:000 xerafins; e na novidade da vangana proxima futura de 1769 no mez de Abril 9:898 xerafins, 2 tangas e 1 real. 1768 Outubro 14

18.º

Fica o grandioso Sar Dessay obrigado a levar em conta aos mencionados avaldar e rendeiros as quantias acima referidas pelos conhecimentos em fórma, que da real fazenda de Sua Magestade Fidelissima lhe apresentarem; e fica tambem, para que de huma vez acabe a má fé com que tem correspondido, obrigado a pagar aos vassallos do Magestoso Estado as embarcações e suas respectivas cargas, que em corso e pirataria lhe apprehendeu, o que ao assignar desta ratificação se obrigam os seus Emissarios a mostrar preenchido.

19.º

Os dois bairros, Gãotolem e Canialem, do districto de Rarim, pertencem ao grandioso Sar Dessay Quema Saunto Bounsuló, mas como pela questão movida entre o Magestoso Estado e os Inglezes sobre a posse do dito terreno, se deu conta a Portugal a Sua Magestade Fidelissima, ficaram o dito territorio e os seus rendimentos por deposito em poder do Estado, em quanto não chegue a real e soberana decisão do dito senhor, para se executar o que for servido resolver.

20.º

O grandioso Sar Dessay se obriga a cumprir inviolavelmente a Vital Gorqui Sinay Valaulecar, vassallo do Magestoso Estado, e a seus descendentes, a mercê do officio de Lavanissi [1] da alfandega de Cancarpal, da provincia de Bi-

[1] Verificador.

1768 Outubro 14 cholim, e a conserval-o na posse de cobrar conforme o estylo 2 por cento de emolumentos das boyadas de commercio, que vão e vem de Bardez pelos desfiladeiros de Quelgate, Chorlemgate, Ramagate e Sanquelim.

21.º

Tambem se obriga o grandioso Sar Dessay a fazer pagar em termo breve a Crustangi Rogú Naique Corondó, mercador vassallo do Estado, por consignação certa e regular nos rendimentos da provincia de Bicholim a quantia de 9:000 rupias, que lhe prometteu pagar pela sua carta de 10 de agosto de 1765.

22.º

Igualmente se obriga o grandioso Sar Dessay a ser responsavel de toda a hostilidade ou violencia, que se commetta nas terras do Estado e suas conquistas por qualquer Dessay, Vatandar, ou outro individuo morador nas do grandioso Sar Dessay, ou que transitarem pelos seus dominios para a execução das ditas hostilidades e violencias.

23.º

Por quanto pela paz, que presentemente se ratifica, se devem evitar daqui em diante todos e quaesquer motivos, de que se possam originar as mais minimas discordias, se obriga o grandioso Sar Dessay a não privar os seus vassallos da liberdade de poderem vir servir de Sipaes ao Magestoso Estado, antes sim promette ajudar em tudo as familias dos mesmos, constando-lhe que estão no serviço do dito Magestoso Estado, ou que querem vir para elle, e praticar com ellas todo o favor.

Eqnivalente, com que o Grandioso Sar Dessay supre a falta do fiador que he obrigado a dar ao tributo de 4:000 xerafins por anno, visto lhe não ser possivel dal-o na fórma que he obrigado pelo artigo 9.° do mencionado Tratado de 24 de dezembro de 1761. 1768 Outubro 14

24.°

Como não he possivel ao grandioso Sar Dessay o achar vassallo do Magestoso Estado abonado que o abone, e fie na solução futura do tributo annual de 4:000 xerafins, com que deve, e he obrigado a reconhecer ao mesmo Magestoso Estado, se assenta em que fique o referido artigo 9.° da dita paz em seu vigor, e que das vargeas nelle hypothecadas possa o Magestoso Estado tomar posse logo que os ditos 4:000 xerafins se não satisfizerem no termo de hum mez, que se principiará a contar do ultimo dia em que finalisar o anno de que se dever pagar, e isto sem ser adstricto a fazer ao Sar Dessay o precedente aviso que no referido artigo se estipulou; e quando lhe não convenha esta resolução, estipula;

25.°

Que alem deste equivalente fiquem ao Magestoso Estado obrigadas as rendas das provincias de Pernem e Bicholim, com a liberdade de poder passar o Estado aos seus rendeiros ou avaldares a ordem de lhe satisfazerem o tributo que se dever, e que nesta conformidade fique obrigado o grandioso Sar Dessay a levar em conta na que elles lhe derem das suas respectivas rendas tudo o que elles lhe mostrarem pago á conta do tributo que se dever por conhecimento em fórma que da real fazenda obtiverem.

Por esta ratificação, com as declarações acima escriptas e estipuladas, se confirma em tudo o mais o dito Tratado de 24 de Dezembro de 1761, e se continuará sempre na sua reciproca, e mais religiosa observancia, e na desta ratificação; e extincta a memoria de todo e qualquer motivo de discordia, se estabelece huma paz, que Deos felicite e faça permanente, de que se formarão duas copias, assignadas e

1768 Outubro 14 selladas em lingua portugueza e gentilica, para ficar huma na Secretaria do Magestoso Estado, e se remetter a outra ao grandioso Sar Dessay.

Goa, 14 de Outubro de 1768.—Sêllo pequeno do Sar Dessay.—Henrique José de Mendanha Benevides Cirne—Assignatura maratha de Antagi Ramachandra Sabnis—Assignatura maratha de Sidó Pandito—Assignatura maratha de Datagi Porbu Motcari de Santordem—Assignatura maratha de Naraena Molgi.

PLENIPOTENCIA

(Arch. da India, livro 2.º de Pazes, fol. 214.)

1768 Outubro 12 Dom João José de Mello, do Conselho de Sua Magestade Fidelissima, Governador e Capitão General do Estado da India, etc.

Tendo-se esquecido o Sar Dessay Quema Saunto Bounsuló dos deveres e religiosa observancia do Tratado de 24 de Dezembro de 1761, ainda depois do Magestoso Estado o obrigar com grande beneficio de o pôr no livre uso da sua auctoridade opprimida com a despotica, que elle tinha dado a Giubá Sabanis; e resolvendo-se o mesmo Magestoso Estado a fazer valer a do referido Tratado, pondo debaixo de sua magestosa protecção as provincias que nelle lhe tinha cedido, de que resulta agora o pedir o mesmo Sar Dessay a sua ratificação, com as reiteradas asseverações de a cumprir com o mencionado Tratado em tudo: Hei por bem, em nome do mesmo Magestoso Estado, de lha conceder, e de dar ao Desembargador Henrique José de Mendanha Benevides Cirne, Secretario do Estado, os poderes necessarios para com as condições e clausulas, que lhe tenho communicado a assignar, e para maior vigor da dita ratificação não só será assignada por elle por esta plenipotencia, mas tambem pelos Ministros Plenipotenciarios do dito Sar Dessay, e sellada com o sêllo real do Magestoso Estado, e com o do Sar Dessay, porque debaixo desta especifica clausula he que auctoriso tudo o que obrar o dito Secretario e Plenipotenciario para a mesma ratificação. 1768 Outubro 12

Dada em Goa, com o sêllo das armas reaes da Corôa de Portugal, a 12 de Outubro de 1768.—Sêllo das armas reaes em lacre vermelho.—Dom João José de Mello.

O original maratha do Tratado a fl. 217.

Receita da provincia de Bicholim com sua

DEVE — Gopal Sinai Dumó de Goa

	Rupias	Quartos	Annas	Quartos	Xerafins
1766—JUNHO 1.°					
O importe da provincia de Bicholim por tempo de hum triennio começado n'este dia, findo em maio de 1769, a 26:391-1/2-2 1/2........	79:173	3/4	3	1/2	
O importe das alfandegas de Bicholim, Sanquelim e seus annexos pelo dito tempo, a 13:500......	40:500	0	0	0	
O importe da renda de tabaco da dita provincia de Bicholim pelo referido tempo, a 1:750 por anno, como das folhas do Sar Dessay n.° 1.° até 3..................	5:250	0	0	0	
	124:923	3/4	3	1/2	249:846-4-41 1/4
O importe das cotubanas cobradas n'este tempo segundo a liquidação das contas e conferencia que se fez pelas partes e Lingoa do Estado.	2:944	1/4	0	1/4	
1769—JUNHO 1.°					
O importe da provincia de Bicholim por novo arrendamento de 3 annos principiado n'este dia, findo em maio de 1772, a 26:964-1/2 por anno....................	80:833	1/2	0	0	
O importe das alfandegas de Bicholim, Sanquelim e seus annexos, pelo mesmo tempo, a 13:500....	40:500	0	0	0	
O importe da renda de tabaco pelo dito tempo, a 1:650 por anno, como das folhas n.° 4 até 6.....	4:950	0	0	0	
1772—JUNHO 1.°					
O importe das ditas rendas por tempo de 6 mezes, findos em novembro do dito anno, pelas quantias expressadas em cada huma d'ellas	18:057	1/4	0	0	
DEZEMBRO 1.°					
O importe das rendas por tempo de 3 dias d'este mez, em que foi para Varim......................	300	3/4	3	1/4	
	144:699	1/2	3	1/4	283:333-20-1 7/8
O importe das cotubanas cobradas n'este triennio...............	692	1/2	3	1/4	

alfandegas, annos 1766, 1769, 1772

Com o Sar Dessai da Cudale — HAVER

	Rupias	Quartos	Annás	Quartos
1766—JUNHO 1.º				
O importe, que receberam n'este anno os Dessais de suas teinatas, Bottos e outras pessoas por rasos, como da copia d'elles se vê desde n.º 1.º até 185, abatido as parcellas declaradas a fl. 25 v	34:679	3/4	2	1/4
1767				
O importe d'este anno de rasos n.º 1.º até 127.º, em que entram teinatas, e abatimentos a fl. 26 e 27	40:862	1/4	3	3/4
1768				
O importe d'este anno de rasos n.º 1.º até 167, incluindo as teinatas, como tudo se vê a fl. 86	30:092	1/2	2	3/4
1769				
O importe d'este anno, n.º 1.º até 372, em que entram teinatas, como tudo se vê a fl. 86	34:066	1/2	0	3/4
1770				
O importe d'este anno de rasos n.º 1.º até 324, incluindo as teinatas com abatimento, que consta a fl. 27	43:457	0	2	1/4
1771				
O importe d'este anno, de rasos n.º 1.º até 128, em que entram teinatas, como se vê a fl. 111	21:661	0	1	1/4
1772				
O importe de 6 mezes de rasos n.º 1.º até 22, abatido as parcellas, que constam a fl. 28	6:950	1/4	1	0
	211:740	1/4	1	1/4

	423:420-3-16 7/8
Por balanço, deve	51:106-3-07 1/2
Xeratins	546:517-1-24 3/8

DEVE — Naraná Sinai Dumó de Goa

	Rupias	Quartos	Annás	Quartos	Xerafins
1772 — Dezembro 4					
O importe da provincia de Bicholim por tempo de um anno começado n'este dia, findo em 3 de dezembro de 1773, a rupias..........	26:964	1/2	0	0	
O importo das alfandegas de Bicholim e Sanquelim, e seus annexos, pelo dito tempo a............	13:500	0	0	0	
O importe da renda de tabaco, do dito tempo a................	1:650	0	0	0	
1773 — Dezembro 4					
O importe das ditas rendas por tempo de 6 mezes menos 3 dias, findos em 27 de maio de 1774 pelas quantias expressadas em cada uma d'ellas	17:756	1/2	0	3/4	
	59:870	3/4	0	3/4	119:740-2-58 1/8

Com o Sar Dessai de Cudale — HAVER

	Rupias	Quartos	Annás	Quartos
1772				
O importe que cobrou o Sar Dessai por duas addições como da folha n.º 8 a	18:160	1/4	0	3/4
O importe, que cobrou o commandante de Sipaes José de Lemos, receitado á fazenda real	4:544	1/2	0	0
O importe, que pagou por conta do que deve a receita	2:875	0	0	0
	25:579	3/4	0	3/4

51:159-2-58 1/8

Por balanço deve 56:582-0-0-0

Xerafins 119:740-2-58 1/8

Negociações com Aydar Aly Kan

Traducção da carta de Aydar Aly Kan, escripta ao Ill.mo e Ex.mo Sr. Governador e Capitão General da India, em que diz o seguinte

(Arch. da India, livro 2.º de Pazes, fol. 75.)

Ao illustrissimo e excellentissimo escolhido entre os illustres da sua nação, possuidor do alto lugar, e conservador da verdadadeira amizade, generoso Dom João José de Mello, a quem permitta o ceo completa felicidade.

Depois das primorosas expressões de cordial amizade, faço presente que passo de saude, e que V. Ex.ª me queira participar as novas de sua boa saude.

Pela conta que me deu o meu Ministro Secretario Vencapayá, das materias que respeitam á amizade communicadas com elle por Sadassiva Camotim, que veiu remettido por V. Ex.ª a Nagar, e pelo que o dito Camotim me escreveu sobre ellas, tive grande gosto, e á vista da boa amizade pretendida para manter entre ambas as potencias, não tenho outra cousa por maior que ella, e seguro a V. Ex.ª que esta he a minha intenção. Respondendo aos pontos do memorial, que me enviou o dito Sadassiva Camotim, tenho escripto ao dito meu Ministro Secretario para que lhe despeça, o qual com a sua recolhida informará a V. Ex.ª com individuação, e por sua verbal exposição será V. Ex.ª sciente de tudo. O dito meu Ministro Secretario remette rascunho da capitulação, que V. Ex.ª deve dar por escripta, conforme o qual a mande V. Ex.ª feita, e com ella pela mercê de Deos hirá mantendo a amizade entre ambas as partes cada dia a maior augmento, sobre o que como V. Ex.ª he dotado de toda a prudencia, escuso ser mais extenso. Esta he a carta.

Traduzida por mim Ananta Camotim Vaga, Lingoa do Estado da India. Secretaria, 13 de Agosto de 1769.—Ananta Camotim Vaga.

O original maratha, 240.

Nas costas diz: «13 de Agosto de 1769. Traducção da carta de Aydar Aly Kan, escripta ao Illmo e Exmo Sr. Governador e Capitão General. He a que trouxe o ajudante do Lingoa do Estado quando se recolheu a esta Côrte».

Traducção da carta de Vencapayá Pradan, primeiro Ministro de Aydar Aly Kan, e Presidente do Reino de Canará, em que diz o seguinte

(Arch. da India, livro 2.º de Pazes, fol. 242.)

Nobilissimo e excellentissimo escolhido entre os illustres da sua nação, possuidor de alto lugar, e conservador da primorosa amizade, grandioso Senhor Dom João José de Mello, Governador e Capitão General da India.

Eu Vencapayá Pradan, com a devida veneração, e cortezias de repetidos salamos, chego a saudar a V. Ex.ª no logro da que possuo, e lhe peço que se sirva de ordenar para que se me communique as boas novas de V. Ex.ª

Vae expèdido o honrado Sadassiva Camotim, dando concluido o negocio á satisfação sobre o que vinha enviado, e com carta e sagoate de meu amo, o espero que V. Ex.ª se sirva de as acceitar. Desejo que a nomeação do Feitor para Mangalor seja na pessoa qualificada, pois da nossa parte não ha de haver falta ao antigo estylo, em cuja attenção queira V. Ex.ª permittir que a amizade cresça cada dia a maior augmento.

Todas as mais materias serão a V. Ex.ª presentes pelo que lhe expozer o dito Camotim com individuação, á vista do que só me resta dizer que envio copia para capitulação, conforme a qual sirva-se de mandar feita a capitulação, e me conservar sempre na sua graça.

Sêllo pequeno.

Traduzida por mim Ananta Camotim Vaga, Lingoa do Estado da India. Secretaria, 12 de Agosto de 1769.—Ananta Camotim Vaga.

O original a fl. 243.

Nas costas diz: «12 de Agosto de 1769. Traducção da carta de Vencapayá Pradan, primeiro Ministro de Aÿdar Aly Kan, escripta a S. Ex.ª He a que trouxe o ajudante do Lingoa do Estado quando se recolheu a esta Côrte.

Traducção da carta de Vencapayá Pradan, primeiro Ministro de Aydar Aly Kan, e Presidente do Reino do Canará, escripta ao Senhor Secretario do Estado da India, na qual diz o seguinte

(Arch. da India, livro 2.º de Pazes, fol. 215.)

1769 Julho 4 — Ao illustre e generoso amigo, grandioso Henrique José de Mendanha Benevides Cirne, fidalgo, Doutor Secretario do Estado, cuja amizade seja perpetua.

Eu Vencapayá Pradan, com devida cortezia de salamo faço esta na posse da boa saude, que desfructo até hoje 29 do mez Safar (4 de Julho de 1769), e espero que V. m. me participe as novas da sua, que lhe desejo feliz.

Sobre a pretenção do negocio de V. m., a que veiu dirigido o honrado Sadassiva Camotim, encaminhando eu a sua representação á presença do Magnifico senhor meu amo, obtive ordem sua ao estimado Xeque Aly, Governador de Coddial (em que comprehende Mangalor), para deixar restabelecer na mesma fórma que desde antiguidade se achava de posse do estabelecimento, a qual ordem via da carta do dito senhor, e as quatro peças de roupa de mimo que vieram remettidas da presença do mesmo senhor, envio com V. m. que melhor verá da referida ordem o seu contexto, em cuja conformidade não posso esperar menos da prudencia de que V. m. he dotado, de que faça manter a amizade cada dia a maior augmento.

Com toda a especificação tenho significado ao dito honrado Sadassiva Camotim, ajudante do Lingoa do Estado, que o despeço, o qual exporá a V. m., ao que dando attenção, augmente a amizade.

Remetto rascunho da capitulação, que se deve mandar, em cuja conformidade espero que V. m. ma mande corrente.

Em contemplação á amizade de V. m. em nada faltei a tudo o que pude da minha parte neste Sarcar, ou Estado, nem faltarei a estes bons officios; espero que V. m. não falte igualmente da sua parte, sobre o que escuso ser mais extenso do que pedir tenha-me no seu affecto. 1769 Julho 4

Sêllo pequeno.

Traducção do P. S. que veio em papel separado na mesma carta, em que diz o seguinte

A respeito do reino de Sunda fez commigo pratica com intelligencia o dito Sadassiva Camotim, a respeito do que posso segurar de que depois de vir o Magnifico senhor meu amo a Bengalur, se V. m. praticar a este respeito os termos verdadeiros que devem ser dirigidos conforme o estylo das Côrtes, a applicação não será infructifera, sobre o que he instruido o dito Sadassiva Camotim, e se assim fizer pela mercê de Deos se conseguirá a pretensão, e tenha por certo.

Sêllo pequeno.

Traduzida por mim Ananta Camotim Vaga, Lingoa do Estado da India. Secretaria, 13 de Agosto de 1769. — Ananta Camotim Vaga.

O original da carta, e P. S. a fl. 246 e 247.

Nas costas diz: «13 de Agosto de 1769. Traducção da carta de Vencapayá, primeiro Ministro de Aydar Aly, escripta ao Sr. Secretario do Estado. He a que trouxe o ajudante do Lingoa do Estado quando se recolheu a esta Côrte».

Traducção da ordem do Navabo Aydar Aly Kan para Seque Aly Governador de Mangalor em que diz o seguinte

(Arch. da India, livro 2.º de Pazes, fol. 249.)

Ao honrado Seque Aly de Mangalor, Governador de Codial, faço saber que entre o Estado de Goa e o meu Sarcar está formada a paz, e por isso determino por esta o seguinte: 1769 Maio 21

1769 Maio 21 Que lhe dê licença para fazer a sua feitoria nesse porto, na fórma que tinha dantes.

Que lhe vá contribuindo o arroz das parcas na fórma costumada.

Que lhe deixe cobrar as lagimas conforme o estylo.

Que solte a todos os christãos, que ahi estão presos.

Que lhe pague o que estiver a dever pelas contas do resto das ballas, chumbo, e o mais que por via de V. m.ce foram compradas com o Estado de Goa no tempo passado.

Que lhe faça pagar por Mamú Behari o que justamente estiver a dever dos 400 pagodes, que se diz deve elle do resto da renda das lagimas.

E por ultimo assim o fique entendendo.

Escripta em 14 do mez Moharamo da era Moura de 1183 (21 de Maio de 1769).—Rubrica do Nababo.

Traduzida por mim Ananta Camotim Vaga, Lingoa do Estado da India. Secretaria, 12 de Agosto de 1769.—Ananta Camotim Vaga.

Traducção da carta de Ugeni Apá, Vedor geral da fazenda do Nababo Aydar Aly Kan no Reino de Bidrur, que actualmente preside e governa, em que diz o seguinte

(Arch. da India, livro 2.º de Pazes, fol. 231.)

1769 Julho 25 Ao merecedor da real honra e estimação, honrado Sadassiva Camotim, residente em Goa. Eu Ugeni Apá faço esta com cortezia de Ramaramo, ficando de saude, e espero que me communique as suas noticias.

Tenho já escripto varios negocios nas antecedentes cartas, que encaminhei pelos patamares e Rama Ráu, e ora remetto a capitulação, que fiz vir, na fórma da vontade de V. m.ce representando na presença (do senhor Nababo), sellada e assignada pelo mesmo senhor, enviando com ella a Apá Achari, a qual capitulação veja V. m.ce e mostrando-a ao seu superior, V. m.ce venha com toda a brevidade com as capitulações, que da parte do Estado se deve dar ao nosso

Sarcar gente de soccorro, assim de Sipaes, como de Portuguezes, e o mais com o que se dará a competente providencia ao que dispõe na dita capitulação respectiva aos negocios de V. m.ce e por isso sem minima demora veja a dita presente capitulação, que remetto, e espero que venha desde logo com as capitulações da parte de V. m.ce e gente, e como V. m.ce he qualificado de todas as virtudes, lhe escrevo com as expressões de affecto, o qual, e o mais será presente a V. m.ce pela expressão do mencionado Apá Achari, sobre o que escuso ser mais extenso. 1769 Julho 23

Escripta em 12 do mez Rabilacar (23 de Julho).

Sêllo pequeno.

Traduzida por mim Ananta Camotim Vaga, Lingoa do Estado da India. Secretaria, 21 de Agosto de 1771. —Ananta Camotim Vaga.

Original maratha, fl. 252.

Traducção do papel junto da letra gentilica, assignado e sellado pelo Nababo Aydar Aly Kan, em que diz o seguinte

(Arch. da India, livro 2.° de Pazes, fol. 254.)

Lembrança do que dá por escripto ao Vice Rey de Goa, em conformidade da capitulação pela maneira seguinte, na fórma ajustada por Sadassiva Camotim Vaga, Embaixador de Goa. 1771 Junho 13

Sêllo.

1. Que o Estado continue sua feitoria no porto de Mangalor, na fórma em que dantes tinha e possuia, cobrando as lagimas, e o arroz das pareas, conforme a posse antiga.

Quanto a este respeito inviolavelmente se cumprirá.

2. Que todo o sandalo, pimenta, arroz, e mais generos que produzirem os dominios do Sarcar, se dará pelos ditos dominios para os do Estado de Goa, recebendo o seu proprio preço.

Quanto a este respeito se ordenará para que de boa von-

1771 Junho 13 tade se compre, e leve arroz e pimenta dos dominios do Sarcar.

3. Que os Padres Vigarios das igrejas terão todas as suas antigas liberdades, e poderão usar da sua jurisdicção na administração da justiça da christandade, tudo na fórma em que dantes o fizeram.

Quanto a este respeito nesta conformidade se cumprirá.

4. Que se não porá impedimento da parte do Sarcar a toda pessoa gentia, que de sua boa vontade quizer ser christã.

Quanto a este respeito, querendo-o ser da sua livre vontade, se não impedirá da parte do Sarcar.

5. Que o Estado cumprirá as suas obrigações, dando soccorro da sua armada na fórma do antigo ajuste feito com o reino de Bidnur, e para que não fique havendo ignorancia de huma e outra parte a respeito de seu devido cumprimento, se remetterá pela Secretaria do Estado á do Sarcar huma copia assignada pelo Secretario do Estado, e sellada, da antiga capitulação feita entre o Estado e o Reino de Bidnur, para a mesma se cumprir de huma e outra parte inviolavelmente.

Quanto a este respeito se remetta a copia do que no tempo passado se deu por escripto da parte do dito Reino, para em conformidade della poder dar por escripto pelo Sarcar.

6. Que visto sobre o ponto de pretender o Sarcar que se lhe restitua pelo direito de possuir todos os dominios do Reino de Sunda, a fortaleza do Cabo da Rama, e a jurisdicção de Canacona, que sendo pertencentes aos ditos dominios, se acham em poder do Estado, e da parte deste se allegar com fortissimas razões o direito, que tem pelas anteriores estipulações com o reino de Sunda, quando o seu Rey as possuia, e pelos da hypotheca de certa quantia de dinheiro, cujas razões não só comprehendem a dita jurisdicção de Canacona, mas tambem as inteiras provincias chamadas Ancolá Panchamal, se assenta em deixar-se este ponto indeciso, e para haver de se tratar mais opportunamente, a fim de que na amizade se não encontre o mais minimo embaraço.

Quanto a este respeito, a Fortaleza do Cabo da Rama, e outras terras que ficam com o Estado, farei cumprir ao mesmo Estado, soccorrendo elle sempre ao Sarcar. 1771 Junho 13

Por todos são sete artigos [1].

Escripta a 27 do mez Safar da era da real acclamação 1185, e anno chamado Qhar, aos 15 da lua minguante do mez Zesto (13 de Junho de 1771). — Firma do Nababo.

Traduzida por mim Ananta Camotim Vaga, Lingua do Estado da India. Secretaria, 21 de Agosto de 1771. — Ananta Camotim Vaga.

Original maratha, fl. 256.

Officio do Marquez de Pombal ao Governador e Capitão General da India, ordenando-lhe a extincção da Inquisição de Goa

(Arch. da India, livro das Monções, n.º 152, fol. 119.)

ElRey meu senhor manda remetter a V. S.ª as duas provisões inclusas do Em.^mo e Rev.^mo Cardeal Inquisidor geral: contendo huma dellas a extincção da Inquisição de Goa com os justissimos motivos qualificados e approvados pela real auctoridade. E contendo a segunda as consequentes ordens para que, depois que for lida a sobredita primeira provisão, sejam soltos todos os presos, que se acharem reclusos nos carceres, ainda que se achem julgados; sejam os processos delles (pendentes ou sentenciados) encaixotados e remettidos; sejam entregues na Junta da real fazenda todas as sommas de dinheiros, que se acharem nos cofres do segredo, ou do fisco; sejam entregues a V. S.ª todos os moveis pertencentes á dita Inquisição extincta, e das mais casas a ella annexas sem reserva alguma; e sejam entregues ao Commissario novamente creado por S. Em.ª na cidade de Goa 1774 Fevereiro 10

[1] Metteu no numero dos artigos o preambulo, ou titulo.

1774 Fevereiro 10 todos os livros, autos e papeis, que antes se guardavam no archivo, ou cartorio da sobredita Inquisição.

Ambas as referidas provisões serão por V. S.ª conservadas no mais inviolavel segredo em quanto não tiver estabelecido a auctoridade do seu governo, para fazer respeitar as suas disposições e ordens: isto he, com os efficazes meios ordenados por Sua Magestade nas instrucções firmadas pela real mão no mesmo dia de hoje 10 do corrente mez; e com as outras prevenções que tenho participado a V. S.ª pela secretissima carta que lhe acabo de expedir na mesma data desta.

Porém, logo que V. S.ª se achar assim estabelecido, ordenará ao Ouvidor geral: Que apresentando-se na sala da Inquisição em hora que os Ministros della se achem congregados, faça saber á mesa, que tem negocio importante que lhe communicar da parte de ElRey, e da do Em.^{mo} e Rev.^{mo} Cardeal Inquisidor geral.

E logo que chegar a referida mesa lhe intime: «Que a sua commissão consiste em apresentar nella as ditas provisões; em cobrar recibo em authentica fórma, de que foram entregues; e em lhe declarar que tem todas as ordens necessarias de concorrer para a execução das mesmas provisões com tudo o que couber na sua jurisdicção, etc.»

No caso, em que aquelles Ministros (pouco costumados a obedecer, sendo pelo contrario a illudirem com pretextos as ordens que vão deste longe de Portugal) pretendam metter tempo em meio debaixo de protestos e de replicas, ou de outras semelhantes delongas, lhe responderá logo o dito Ouvidor: «Que V. S.ª tem ordens positivas de fazer prompta e effectiva a execução das ditas provisões sem admittir requerimento algum que possa dilatal-a». E no outro caso pouco esperavel de mostrarem ainda renitencia: lhes intimará o mesmo Ouvidor significantemente que considerem, que logo que isto chegar á presença de V. S.ª, os mandará tratar como rebeldes a ElRey, e ao Em.^{mo} e Rev.^{mo} Cardeal Inquisidor geral; e que serão como taes reclusos, e remettidos pelo primeiro navio á presença de Sua Magestade e de S. Em.ª, o que tudo V. S.ª executará opportunamente conforme as diversas circumstancias dos factos o forem indicando. 1774 Fevereiro 10

Em effeito da segunda das ditas provisões, fazendo V. S.ª entrar no cofre da junta da fazenda real as sommas que se acharem nos cofres do secreto e fisco, mandará transportar tudo o que forem moveis para o palacio do governo, ao qual o dito senhor faz mercê de todos os sobreditos moveis, para nelle ficarem servindo com os usos, a que mais propriamente poderem applicar-se.

O Em.mo e Rev.mo Cardeal Inquisidor geral nomeou um Commissario do Santo Officio na cidade de Goa. E Sua Magestade he servido que V. S.ª o auxilie em tudo o que couber na possibilidade, e elle representar a V. S.ª, a quem previno, que havendo a provisão do dito Commissario sido confiada ao Rev.do Arcebispo, o deve V. S.ª acautelar secretissimamente, para que recate a mesma provisão no mais profundo e impenetravel segredo, emquanto V. S.ª lhe não disser que póde entregal-a ao nomeado para exercitar a jurisdicção que ella lhe confere.

Deos guarde a V. S.ª Palacio de Nossa Senhora da Ajuda, a 10 de Fevereiro de 1774. — Marquez de Pombal. — Sr. D. José Pedro da Camara.

Officio do Desembargador Ouvidor geral ao Governador e Capitão General da India

(Arch. da India, livro das Monções, n.º 152, fol. 151.)

Ill.mo e Ex.mo Sr. — Em execução da ordem de Sua Magestade, e de V. Ex.ª, fui á mesa do Santo Officio, apresentei nella as provisões do Em.mo e Rev.mo Cardeal Inquisidor geral, de que cobrei recibo em authentica fórma, que acompanha este, notado com o n.º 1, e lhe declarei ter todas as ordens necessarias de V. Ex.ª de concorrer para a execução das mesmas provisões. 1775 Fevereiro 22

1775 Fevereiro 22 Lidas as ditas provisões na referida mesa, logo lhes deram prompta execução, sem que nella hesitassem, nem por hum momento; porque mandaram logo soltar os presos, que se achavam nos carceres, e ainda os da casa da polvora, como consta dos documentos notados n.os 2 e 3.

Fez-se inventario de todos os livros, autos, e processos com os mais papeis, que se guardavam no archivo e cartorio da sobredita Inquisição, que se entregaram ao Rev.do João Nogueira da Cruz, Commissario nomeado por S. Em.ª, como consta das certidões n.os 4 e 5.

No mesmo dia, na minha presença, do escrivão, e thesoureiro da Junta da fazenda real, que V. Ex.ª mandou para se receber o dinheiro, se abriu o cofre do secreto, contou-se todo o dinheiro, que se remetteu logo ao dito cofre para entrar no da dita junta, e se achou a quantia de 22:000 xerafins, como consta da certidão n.º 6.

Abriu-se tambem da mesma sorte no dito dia o cofre do fisco, e se remetteram para o cofre da dita Junta a quantia de 2.479:0:07 ½ em dinheiro, e as peças de ouro, prata, e vidros *(sic)*, com tudo o mais que consta da certidão n.º 7, em que muitas partes tem direito.

Fiz inventario de todos os moveis pertencentes á dita Inquisição, e mais casas annexas, como se vê do documento n.º 8. V. Ex.ª mandará o que for servido.

Deos guarde a V. Ex.ª muitos annos, 22 de Fevereiro de 1775.—Ill.mo e Ex.mo Sr. D. José Pedro da Camara.—O Desembargador Ouvidor geral do Estado, Feliciano Ramos Nobre Mourão.

Resposta do Marquez de Pombal depois de ser sabedor da extincção da Inquisição de Goa

(Arch. da India, livro das Monções, n.º 157, fol. 679.)

1776 Janeiro 12 Recebi a carta de V. S.ª datada de 2 de Março do anno proximo passado, em que me participa a execução que deu ás reaes determinações de Sua Magestade, procedendo logo na extincção da Inquisição dessa cidade, e de fazer entrar no cofre da Junta da fazenda real da mesma as sommas que se achassem nos cofres do secreto e fisco, como consta dos documentos inclusos na dita carta, e do mais que se insinuava a V. S.ª na carta que se lhe dirigiu, no que fico de accordo, recommendando muito a V. S.ª a execução das ordens de Sua Magestade. 1776 Janeiro 12

Deos guarde a V. S.ª Lisboa, 12 de Janeiro de 1776. — Marquez de Pombal. — Sr. D. José Pedro da Camara.

Provisão á Junta da Fazenda participando a restauração da Inquisição de Goa

(Livro das ordens do Erario para a junta, fl. 163 v.)

O Marquez de Angeja, etc. Faço saber á Junta da administração da real fazenda da cidade de Goa, que attendendo a Rainha minha senhora á necessidade em que as presentes circumstancias tem posto esse Estado de novamente se erigirem nelle os dois tribunaes da Relação e Inquisição, que se achavam extinctos, para que a justiça se administre com a regularidade e promptidão necessaria: é a mesma senhora servida mandar participar a essa Junta o restabelecimento dos sobreditos dois tribunaes, ordenando-lhe haja de satisfazer aos Ministros, que para elles vão nomeados, os mesmos ordenados que cada hum delles costumava receber ao tempo da sua extincção, restituindo-lhe os objectos pertencentes aos ditos tribunaes, e caso de já não os haver, essa Junta lhes mande assistir para a compra delles com a quantia que for sufficiente, na fórma da ordem que Sua Magestade tem participado ao Governador, que vae para esse Estado na presente monção: o que essa Junta assim fará executar. Francisco José Lopes Chileron a fez em Lisboa, aos 9 de Abril de 1778. — Luiz José de Brito, Contador geral, etc., a fez escrever. — Marquez de Angeja. — A fiz escrever, José Joaquim da Silveira Rangel. 1778 Abril 9

Officio do Governador e Capitão General da India para o Marquez de Ponte de Lima

(Arch. da India, livro das Monções, n.º 173, fol. 116.)

1792 Fevereiro 23 Illmo e Exmo Sr. — Por officio de 31 de Março do anno proximo passado me participa V. Ex.ª que, havendo a Inquisição desta cidade de Goa de se achar nas circumstancias de dar algumas providencias, (ainda que no tempo presente seja fóra do seu ordinario procedimento) a bem da conversão da nossa santa fé, e ao fim de se atalhar, não só o progresso do gentilismo, mas a lastimosa reversão que a elle fazem os já convertidos, ordena Sua Magestade que eu auxilie o que por parte da mesma Inquisição se fizer ao dito respeito, ficando na intelligencia de que tudo o que ella praticar é em consequencia do que tem sido presente á dita Senhora, e que com o seu real conhecimento, certa sciencia, e regio beneplacito o faz executar. E sendo caso que eu entenda que devo dar conta á mesma Senhora, ou tendo de informar ao dito respeito, dirija a minha conta a V. Ex.ª, sem comtudo embaraçar qualquer procedimento que a mesma Inquisição pratique por ser V. Ex.ª o Ministro de Estado, a quem Sua Magestade tem auctorisado para os negocios do Santo officio e levar á sua real presença os que são relativos ás inquisições desses reinos e seus dominios.

Depois de declarar a V. Ex.ª o summo respeito, com que recebo a mencionada ordem, e a prompta execução que lhe darei, pede o bem da nossa religião e do Estado, que já que me é licito informar a Sua Magestade o faça a respeito das funestas consequencias, que se originarão de um poder tão illimitado, e a que me não é permittido saber o fim conferido em tanta distancia, e que quando as possiveis desordens chegarem á noticia da dita Senhora serão talvez inevitaveis.

A reversão dos catholicos a gentilismo, que mostra ter sido representada a Sua Magestade pelos Inquisidores é uma chimera imaginaria, porque os gentios não tornam a admittir a si aquelle que chegou a abraçar qualquer religião differente. 1792 Fevereiro 23

Seria facil comprovar a V. Ex.ª pelos livros da Secretaria deste Estado que a piedade dos Senhores Reis de Portugal a respeito deste Tribunal produziu effeitos bem funestos, não só ao Estado, mas á mesma religião. He incrivel a soberba, com que um Inquisidor atacava o governo obrigando-o a que seguisse as suas maximas; a imprudencia, e creio que a avareza com que os seus commissarios se portavam no Norte, fazendo fugir das nossas possessões gentios e christãos, arruinando inteiramente o commercio, e aliciando o animo daquelles povos de nome Portuguez e da religião christã que tinham por perseguidora e cruel.

Conheço que estes neofitos e ainda alguns que são christãos por seus paes e avós tem usos e costumes supersticiosos extrahidos do gentilismo d'onde sairam, e dos mesmos gentios com quem vivem em sociedade, cujo defeito chega até aos mesmos Portuguezes, mas a nossa igreja, como mãe piedosa aponta meios mais suaves para desarreigar semelhantes abusos, devendo, segundo entendo, haver maior diligencia em os doutrinar do que em os punir.

Creio que não desagradará a Sua Magestade esta minha representação fundada em inteira verdade, e que tem por fim o bem da nossa religião e deste Estado de que foi servida encarregar-me.

Deus guarde a V. Ex.ª Goa, 23 de Fevereiro de 1792. — Illmo e Exmo Sr. Marquez de Ponte de Lima, Gentil homem da camara de Sua Magestade e seu Mordomo mór — Francisco da Cunha de Menezes.

Extracto do officio do Governador e Capitão General Francisco Antonio da Veiga Cabral, respondendo ao de 2 de Maio de 1801, assignado pelo Ministro D. Rodrigo de Sousa Coutinho, em que lhe mandava informar-se a suppressão da Relação e da Inquisição de Goa, como se praticou no reinado de El-Rey D. José I, seria ou não util.

(Arch. da India, livro das Monções, n.º 180, fol. 125.)

«Pelo que pertence á Inquisição, ainda que a moderação com que actualmente procede esta mesa, tem feito esquecer os horrores, que em outro tempo motivaram a emigração de innumeraveis commerciantes, tanto das provincias do Norte, como das outras (principal causa do abatimento do nosso commercio), comtudo pelo que tenho observado no espaço de dezenove annos da minha residencia neste Estado, ainda me não constou que ella tivesse occasião de exercer a sua auctoridade contra algum apostata ou herege perigoso, sendo os seus usuaes procedimentos de ordinario contra as pessoas de mais abjecta condição, exceptuando sómente alguns sigilistas e solicitantes. Pelo que me parece que seria muito util a suppressão da referida mesa, vindo dessa côrte para a substituir um Commissario nomeado pelo Inquisidor geral, como se praticou em 1774.»

Como este ultimo documento toca na suppressão da Inquisição de Goa, que é commum dizer-se que se deve ao governo inglez por occasião do Tratado de 1810, cumpre explicar aqui que é certo que no Tratado de commercio e navegação de 19 de Fevereiro daquelle anno se estipulou no artigo XII o goso da liberdade de consciencia aos subditos britannicos; e no outro Tratado de alliança e amisade da mesma data se obriga Portugal no artigo IX a não estabelecer a Inquisição no Brazil, e não deixa de ser plausivel que por occasião destes Tratados o governo Portuguez promettesse particularmente ao inglez a extincção do Santo Officio na India, o que não seria difficil de obter, attenta a disposição de animo que o governo de Portugal já de annos mostrava para isto, como se vê pela pergunta do officio supra, feita ao governo da India no anno de 1800, e repetida em outro officio de 1801, e em ambos obtendo resposta affirmativa; e assim não foi de certo preciso que a Inglaterra fizesse violencia a Portugal neste particular. Diga-se isto por amor da verdade e credito do governo Portuguez de então. O Tratado de 22 de Janeiro de 1815 vae um pouco mais adiante, porque no seu artigo 2.º secreto propõe o Governo Portuguez como mui possivel a hypothese da total extincção do Santo Officio em Portugal, pois já então não existia na India.

Carta regia nomeando Presidente secular ao Tribunal da Inquisição de Goa

Antonio Gomes Pereira da Silva, Chanceller da Relação de Goa. Amigo. Eu o Principe Regente vos envio muito saudar. 1809 Maio 29
Constando veridicamente na minha Real presença os inconvenientes que devem necessariamente resultar para a conservação da nossa santa religião nesses meus Estados da India, da nimia relaxação de alguns dos deputados do Tribunal da Inquisição, aos quaes se póde obstar com a nomeação de um Presidente secular, ornado de virtudes e das mais partes que o façam apto para fazer observar com espirito evangelico o regimento daquelle tribunal em proveito da Igreja e do Estado, e sem alteração do socego dos meus vassallos pacificos de crença differente. E conhecendo a obrigação que me incumbe, como pae de meus vassallos, protector da Igreja e defensor da fé, de acudir com remedio opportuno e efficaz aos gravissimos damnos, que já se padecem por effeito da causa acima apontada, e de remover a occasião de se reproduzirem e aggravarem. E confiando que desempenhareis o conceito que me mereceis sendo o instru-

1809 Maio 29 mento da emenda da relaxação acima ponderada e dos abusos subsequentes de auctoridade tão prejudiciaes aos verdadeiros interesses da religião e do estado: hei por bem, emquanto não sou servido dar outras providencias decisivas e permanentes, nomear-vos, como por esta vos nomeio, primeiro Presidente do Tribunal da Inquisição de Goa, e conferir-vos a jurisdicção de regular, á maneira dos presidentes dos meus outros Tribunaes, a economia e policia internas do sobredito Tribunal da Inquisição desse Estado; concedendo-vos, como com effeito vos concedo, a prerogativa de invalidar qualquer sentença, ordem ou mandato do mesmo Tribunal, pela simples ausencia da vossa assignatura ou firma, a qual mando e quero que seja essencialmente necessaria para que tenham validade todos e quaesquer actos do referido Tribunal da Inquisição; os quaes ficarão por consequencia nullos e de nenhum effeito todas as vezes que lhes faltar aquella indispensavel e essencial solemnidade. E ao Vice Rey e Capitão General de mar e terra dos Estados da India mando participar por copia esta minha carta regia, não só para que elle fique na intelligencia do seu contexto, mas para que vos mande dar posse da sobredita presidencia com as formalidades do estylo. O que me pareceu participar-vos para que tenhaes entendido e cumpraes tudo quanto por esta vos é ordenado. Escripta no Palacio do Rio de Janeiro, em 29 de Maio de 1809. — Principe.

Secretaria de Estado em 3 de Junho de 1809. — José Manuel Placido de Moraes.

Nota do Ministro dos Negocios Estrangeiros para o Ministro de Inglaterra sobre a expedição das ordens ao Vice Rey da India, para abolir a Inquisição em Goa.

(Arch. do Ministerio dos Negocios Estrangeiros.— Registo.)

O abaixo assignado, Conselheiro, Ministro e Secretario de Estado dos Negocios Estrangeiros e da Guerra, tem a honra de segurar a S. Ex.ª Mylord Strangford, Enviado Extraordinario e Ministro Plenipotenciario de Sua Magestade Britannica, que havendo levado á augusta presença de Sua Alteza Real o Principe Regente seu amo a nota que S. Ex.ª lhe dirigiu em data de 2 de Outubro, a respeito da abolição da Inquisição em Goa, para se dar perfeita execução ao artigo XXIII do Tratado de commercio, que estabeleceu em Goa a mais perfeita e inteira tolerancia religiosa, foi o mesmo augusto Senhor servido encarregar o abaixo assignado de participar a S. Ex.ª que fica ordenado ao Sr. Conde das Galveias, Conselheiro, Ministro e Secretario de Estado dos Negocios da Marinha e Dominios Ultramarinos, que na primeira monção expeça as ordens de Sua Alteza Real ao Vice Rey do Estado da India para a extincção daquelle Tribunal, segundo as estipulações do Tratado, ficando assim arranjado tudo o que S. Ex.ª solicitou em tão importante materia.

1811 Novembro 2

O abaixo assignado aproveita esta occasião de renovar a S. Ex.ª Mylord Strangford os seus sentimentos da mais perfeita estima e alta consideração.

Palacio do Rio de Janeiro, 2 de Novembro de 1811. — Conde de Linhares.

Carta regia do Principe Regente ao Vice Rey da India, ordenando pela segunda vez a total extincção da Inquisição de Goa

(Arch. da India, livro das Monções, n.º 192, fol. 200.)

1812 Junho 16 Conde de Sarzedas, Vice Rey e Capitão General de mar e terra do Estado da India. Amigo. Eu o Principe Regente vos envio muito saudar como aquelle, que amo. Tendo manifestado em todas as minhas reaes disposições, e particularmente naquellas promulgadas depois que transferi a minha augusta residencia para esta Côrte do Rio de Janeiro, quaes são os meus reaes desejos e intenções de promover a prosperidade; e engrandecimento desse Estado da India, que o successivo trato dos tempos, e alguns desastrosos acontecimentos haviam feito tão sensivel, e lastimosamente decaír daquella primitiva grandeza, e esplendor, com que ali se fixou a gloria do nome Portuguez, não havendo eu omittido para reanimar a industria, commercio e navegação daquella parte dos meus reaes dominios todas as providencias, liberalidades e isenções, que me tem parecido conducentes a verificar tão importante projecto: Hei determinado auxiliar ainda o effeito destas beneficas disposições, procurando obter o necessario acrescimo da população, e industria daquelle paiz, mediante a remoção daquelles obstaculos, que parecem ter desviado até agora dali o desejado concurso, e estabelecimento de povos de differentes seitas e nações, a quem ainda intimida a idéa pavorosa dos antigos procedimentos com que a Inquisição de Goa aterrou as gentes da India, pelos rigores praticados no exercicio de suas funcções, tão contrarios ao verdadeiro espirito da sua instituição, como oppostos ás pias intenções de meus augustos e reaes progenitores. Pelo que, unindo-me aos principios da bem entendida politica, com que o Senhor Rey D. José meu Senhor e avô, que santa gloria haja, adoptou o arbitrio de mandar abolir no anno de 1774 o Tribunal da Inquisição de Goa; e havendo cessado os motivos e considerações, que poucos annos depois aconselharam a necessidade do restabelecimento daquelle Tribunal: sou ora servido extinguil-o para sempre, e declarar, como por esta declaro, que nos meus Estados da India será reconhecida a tolerancia de todos os cultos de seus differentes habitantes, contra os quaes prohibo que se commettam quaesquer actos violentos, pelo exercicio de suas seitas, praticando-se nesta parte aquillo que observam ás nações mais civilisadas, e que procuram com esta tolerancia o engrandecimento do seu paiz, ficando comtudo entendido que na publicidade da profissão dos cultos gentilicos haja aquelle recato que exige o respeito, e veneração devidos á nossa santa fé catholica romana, como a unica religião dominante do reino de Portugal, que me proponho guardar inviolavel em toda a sua pureza e decoro. O que me pareceu participar-vos para vossa intelligencia e sua devida e immediata execução. Escripta no Palacio do Rio de Janeiro, em 16 de Junho de 1812. — Principe. — Para o Conde de Sarzedas. 1812 Junho 16

Officio do Vice Rey da India ao Conselheiro Chanceller do Estado, Antonio Gomes Pereira da Silva

(Arch. da India, livro das Monções, n.º 102, fol. 206.)

Para cumprida e prompta execução da carta regia de 16 de Junho do presente anno, que no seu original remetto inclusa, V. S.ª fará convocar a mesa do Santo Officio no primeiro dia util depois da data desta, todos os Ministros daquelle Tribunal, onde V. S.ª, declarando em o augusto nome de Sua Alteza Real o Principe Regente nosso Senhor, que desde esse dia fica o sobredito Tribunal extincto para sempre, e como seja preciso occorrer com outras providencias a respeito dos mais objectos relativos á extincção daquelle 1812 Outubro 3

1812 Outubro 3 Tribunal, regulando-me em tudo com as reaes ordens expedidas em 10 de Fevereiro de 1774, quando naquella epocha foi extincta a mencionada Inquisição, nomeio a V. S.ª, como o magistrado mais auctorisado do Estado, para que acompanhado de um ou mais escrivães, que escolherá a seu arbitrio, passando ao palacio da extincta Inquisição faça soltar todos os presos que se acharem reclusos nos carceres, ainda que se achem julgados; sejam os processos delles (pendentes ou sentenceados) encaixotados e remettidos á minha presença pela Secretaria do Estado, onde ficarão em recatado deposito, até á ultima determinação de Sua Alteza Real o Principe Regente nosso Senhor; faça entregar á Junta da real fazenda todas as sommas de dinheiro, que se acharem nos cofres do secreto ou do fisco e ser-me-hão entregues todos os moveis pertencentes á dita Inquisição extincta e das mais cousas a ella annexas sem reserva alguma com o seu competente inventario; e todos os livros, autos e papeis que antes se guardavam no archivo ou cartorio da sobredita Inquisição serão outrosim signetados, inventariados e remettidos á minha presença pela sobredita secretaria do Estado.

Confio do zêlo e reconhecida actividade de V. S.ª haja de executar quanto Sua Alteza Real soberanamente determina, e eu acabo de lhe ordenar. V. S.ª restituirá á Secretaria do Estado a carta regia mencionada, bem como me apresentará o competente recibo das sommas entregues na real fazenda.

Deus guarde a V. S.ª Pangim, 3 de Outubro de 1812. — Conde de Sarzedas. — Sr. Conselheiro Antonio Gomes Pereira da Silva, Chanceller do Estado.

Tratado com o Angriá

Pazes ajustadas entre este Magestoso Estado e Ragogi Angriá Vazaratmab Sarquel, Senhor de Culabo, no anno de 1778

Tendo o Senhor Governador e Capitão General D. Frederico Guilherme de Sousa dado conta a Sua Magestade pela Secretaria de Estado dos Negocios da Marinha e Dominios Ultramarinos em data do 1.º de Janeiro de 1780 com a copia deste Tratado, foi a mesma Senhora servida mandar fazer no dito Tratado as alterações, que constam das notas postas á margem da mesma copia, que fica no livro da monção do reino de 1781, respondido em 1782, inclusa na carta da mesma secretaria a fl. 883 e seguintes, cuja resolução sendo communicada ao Angriá do Culabo, não quiz estar pelas ditas alterações, e por isso ficou sem effeito o referido Tratado. 1778

Tratado da Paz ajustada entre o Ill.mo e Ex.mo Sr. Dom José Pedro da Camara, Governador e Capitão general da India e o Grandioso Ragogi Angriá Vazaratmab Sarquel, Senhor de Culabo, conferida pelo Padre Fr. Leandro da Madre de Deus[1]

(Arch. da India, livro 2.º de Pazes, fol. 261.)

1.º

Succedendo haver encontro da armada do Magestoso Estado, ou de quaesquer embarcações de guerra das praças de Dio e Damão com a armada do Culabo, esta se dará a conhecer por huma galvetinha, para reciprocamente corresponderem, em demonstração da amizade, que subsiste. 1778 Janeiro 7

2.º

As embarcações de Culabo poderão livremente vir a este porto de Goa, e hir para os de Damão e Dio em beneficio do

[1] N'este Tratado vae o texto maratha intercalado com o texto portuguez.

1778 Janeiro 7 seu commercio, levando porém passaporte do grandioso Ragogi Angriá, Senhor de Culabo, que dê a conhecer que são dos seus subditos.

3.°

Igualmente as embarcações dos vassallos do Magestoso Estado, ou desta cidade, ou de Damão e Dio, continuarão livremente o seu commercio nos portos de Culabo, levando passaporte do Estado, e de seus respectivos Governadores.

4.°

Quando succeda chegar por algum incidente a armada do Grandioso Ragogi Angriá, Senhor de Culabo, a este porto de Goa, ou ao de Damão é Dio, se lhe fará todo o bom acolhimento, permittindo-lhe que possa comprar nelles pelo seu justo preço os effeitos de que necessitar, e esta mesma correspondencia praticará nos portos de Culabo com a armada, e mais embarcações de Goa, Damão e Dio.

5.°

Entrando a armada de Culabo em qualquer dos portos de Goa, Damão e Dio com alguma presa de naus, ou outras embarcações, não sendo estas pertencentes aos dominios do Magestoso Estado, se lhe não porá embaraço algum, e caso que a armada do Magestoso Estado encontre a dita armada do Culabo com as referidas presas na costa do Sul, e do Norte, arvorará huma e outra suas bandeiras, e fazendo o signal de hum tiro de peça, huma e outra armada seguirá o seu rumo, sem entender huma com a outra, nem com as presas que levar.

6.°

Quando o Grandioso Ragogi Angriá, Senhor de Culabo, necessite de soccorro e ajuda do Magestoso Estado, lho requererá, para se lhe conferir, e isto mesmo praticará por parte do Magestoso Estado, caso de ter a mesma precisão, e reciprocamente se observará entre ambas as partes este artigo.

Do presente Tratado se tirarão duas copias do mesmo teor,

para serem selladas e assignadas, e para a sua reciproca observancia, e perpetuo cumprimento, e para a conservação de huma firme amizade que deverá subsistir entre ambas as partes, se remetterá huma dellas ao Grandioso Ragogi Angriá, Senhor de Culabo, e a outra se conservará na Secretaria do Magestoso Estado. Goa 7 de Janeiro de 1778.—Rubrica do Governador D. José Pedro da Camara. 1778 Janeiro 7

Traducção do mesmo Tratado segundo o texto maratha, que veio de Culabo

(Arch. da India, livro 2.º de Pazes, fol. 261.)

No sêllo, que está no remate, diz assim:

«Nos pés del Rey Ramá, sempre vigilante, Ragogi Vazaratmab Sarquel, filho do Leão Managi». 1778 Fevereiro 20

Tratado de paz ajustado entre o muito illustre, generoso possuidor da felicidade, e Grandioso Senhor Ragogi Angriá Vazaratmab Sarquel, e o Grandioso Dom José Pedro da Camara, Vice Rey e Governador de Goa, conferida pelo Padre Fr. Leandro da Madre de Deus.

1. Succedendo haver encontro da armada do muito Illustre, ou de quaesquer embarcações de guerra da ilha de Culabo com as armadas das praças de Dio, Damão e de Goa, estas se darão a conhecer por huma galvetinha, para reciprocamente corresponderem em demonstração da amizade que subsiste.

2. As embarcações do Vice Rey de Goa, Damão e Dio poderão livremente vir aos portos de Culabo em beneficio do seu commercio, levando porém passaporte do Grandioso Dom José Pedro da Camara, Governador de Goa, que dê a conhecer que são de seus subditos.

3. Igualmente as desta ilha de Culabo do muito Illustre, e outras dos dominios deste Sarcar, continuarão livremente o seu commercio nos portos de Goa, Damão e Dio, levando

1778 Fevereiro 20 passaporte do muito Illustre, e de seus respectivos Governadores.

4. Quando succeda chegar por algum incidente a armada do Grandioso Dom José Pedro da Camara, Governador de Goa, a estes portos da Ilha do Culabo, se lhe fará todo o bom acolhimento, permittindo-lhe que possa comprar nelles pelo seu justo preço os effeitos, de que necessitar, e esta mesma correspondencia praticará nos portos de Goa, Damão e Dio com a armada e mais embarcações da Ilha de Culabo, e dos dominios deste Sarcar.

5. Entrando no porto da Ilha de Culabo, dominio do muito Illustre, as naus, e mais embarcações das armadas de Goa Damão e Dio com os passaportes, se lhe não porá embaraço algum, e caso que a armada do muito Illustre encontre a armada de Goa na Costa do Sul, e do Norte, arvorará huma e outra suas bandeiras, e fazendo o signal de hum tiro de peça, ambas as armadas seguirão o seu rumo, sem entender huma com outra, nem com as presas que levar.

6. Quando o Grandioso Dom José Pedro da Camara, Governador de Goa, necessite de soccorro, e ajuda do muito Illustre, lho requererá, para se lhe conferir, e isto mesmo praticará por parte do muito Illustre, caso de ter a mesma precisão.

São seis artigos deste Tratado, de que se tirarão duas copias do mesmo teor, e para a sua reciproca observancia, e perpetuo cumprimento, e para a conservação de huma firme amizade, que deverá subsistir entre ambas as partes, depois de assignadas, e selladas, se remetterá huma dellas ao Grandioso Dom José Pedro da Camara, Governador de Goa, e outra se conservará no tribunal do muito Illustre. Ilha de Culabo aos 9 da lua mingoante do mez de Maio do anno da era gentilica 1699, chamado Emalambi, e 21 do mez Mahometano da era moura 1178, que em portuguez vem a ser 20 de Fevereiro de 1778.

No sêllo diz assim:

«Resolução firme».

Traduzida por mim Ananta Camotim Vaga, Lingua do Estado da India, a 4 de Março de 1778.—Ananta Camoty Vaga. 1778 Fevereiro 20

Original maratha, a fl. 270.

Traducção da carta de Ragogi Angriá Vazaratmab Sarquel, Senhor de Culabo, ao Vice-Rey, em que diz o seguinte

(Arch. da India, livro 2.º de Pazes, fol. 386.)

Ao Generosissimo Amigo Grandioso Dom José Pedro da Camara, Vice Rey e Governador do porto de Goa, cuja amizade seja perpetua.

Eu cordial amigo Ragogi Angriá Vazaratmab Sarquel com cortezia de repetidos salamos envio esta ficando de saude, e desejo muito que me dê as suas boas novas.

A boa hora recebi a carta que se me dirigiu, e sendo-me constante o seu contexto, folguei summamente. Queira darme maior gosto continuando sempre suas letras positivas, por ser assim conveniente e util a nossa amizade, cuja correspondencia para ser aguda (*sic*) cada dia reciprocamente, e augmentar constantemente, o Tratado da paz, que me foi enviado, chegou, e sciente do que nelle contem, tenho entregue o Tratado da paz da minha parte ao Grandioso Fr. Leandro da Madre de Deus, o qual o remette com mais larga narração sua, pela qual tudo lhe será presente.

Escripta em 21 do mez Moharamo, que em portuguez vem a ser 20 de Fevereiro. E esta não serve de expressar mais, e peço me tenha na sua amizade. Esta he a carta.

Traducção do sobrescripto:

Ao Grandioso Dom José Pedro da Camara, Vice Rey existente no porto de Goa, cuja amizada seja perpetua.

Diz o sêllo assim:

«Nos pés del Rey Ramá, sempre vigilante, Ragogi Vazaratmab Sarquel; filho do Leão Managi».

Traduzida por mim Ananta Camotim Vaga, Lingua do Estado da India, a 4 de Março de 1778.—Ananta Camoty Vaga.

Original maratha, a fl. 267.

Carta do Secretario d'Estado Martinho de Mello e Castro ao Governador Dom Frederico Guilherme de Sousa

(Arch. da India, livro das Monções, n.º 162, fol. 833.)

1781 Março 7 Levei á Real Presença de Sua Magestade a carta de V. S.ª em data do primeiro de Janeiro de 1780, que acompanhava a copia do Tratado celebrado pelo seu predecessor com o Regulo Ragogi Angriá. Sua Magestade mandou fazer no dito Tratado as alterações, que constam das notas postas á margem da copia delle, que remetto inclusa, as quaes V. S.ª communicará ao dito Regulo, para que convindo nellas, possa ter effeito o referido Tratado; e não convindo, V. S.ª o terá por nullo, e de nenhum effeito. Junta achará V. S.ª a copia da carta que escrevo ao mesmo Regulo, e que tambem vae inclusa, a qual V. S.ª lhe remetterá.

Deus guarde a V. S.ª Palacio de Nossa Senhora da Ajuda em 7 de Março de 1781.—Martinho de Mello e Castro.

Senhor D. Frederico Guilherme de Sousa.

Tratado da paz ajustada entre o Illmo e Exmo Sr. D. José Pedro da Camara, Governador e Capitão general da India, e o Grandioso Ragogi Angriá Vazaratmab Sarquel, Senhor de Culabo, conferida pelo Padre Frei Leandro da Madre de Deus.

(Arch. da India, livro das Monções, n.º 162, fol. 884.)

1778 Janeiro 7

1.º

Succedendo haver encontro da armada do Magestoso Estado, ou de quaesquer embarcações de guerra das praças de Dio e Damão com a armada de Culabo, esta se dará a conhecer por huma galvetinha, para reciprocamente corresponderem em

No caso de se não dar a conhecer, e que as embarcações do Estado a atacarem, nem por isto se romperá a paz.

demonstração da amizade que subsiste.

1778 Janeiro 7

2.º

As embarcações de Culabo poderão livremente vir a este porto de Goa, e hir para os de Damão e Dio em beneficio do seu commercio, levando porém passaporte do Grandioso Ragogi Angriá, Senhor de Culabo, que dê a conhecer que são de seus subditos.

E se lhe fará todo o bom tratamento facilitando-lhes tudo o que possa contribuir para o seu commercio e segurança nos referidos portos.

3.º

Igualmente as embarcações dos vassallos do Magestoso Estado, ou de Damão e Dio, continuarão livremente o seu commercio nos portos de Culabo, levando passaporte do Estado, e de seus respectivos governadores.

E se lhe fará todo o bom tratamento, facilitando-lhes tudo o que possa contribuir para o seu commercio e segurança nos referidos portos.

4.º

Quando succeda chegar por algum incidente a armada do Grandioso Ragogi Angriá, Senhor de Culabo, a este porto de Goa, ou ao de Damão e Dio, se lhe fará todo o bom acolhimento, permittindo-lhe que possa comprar nelles pelo seu justo preço os effeitos de que necessitar; e esta mesma correspondencia praticará nos

Approvado.

1778 Janeiro 7 portos de Culabo com a armada, e mais embarcações de Goa, Damão e Dio.

5.º

Entrando a armada de Culabo em qualquer dos portos de Goa, Damão e Dio com alguma presa de náos, ou outras embarcações, não sendo estas pertencentes aos dominios do Magestoso Estado, se lhe não porá embaraço algum, e caso que a armada do Magestoso Estado encontre a dita armada de Culabo com as referidas presas na costa do Sul e do Norte, arvorará huma e outra suas bandeiras, e fazendo o signal de hum tiro de peça, huma e outra armada seguirá o seu rumo sem entender huma com a outra, nem com as presas que levar.

Não sendo as ditas presas pertencentes a vassallos de Portugal, nem a Potencias alliadas desta coróa.

6.º

Quando o Grandioso Ragogi Angriá, Senhor de Culabo, necessite de soccorro, e ajuda do Magestoso Estado, lho requererá para se lhe conferir; e isto mesmo praticará por parte do Magestoso Estado, caso de ter a mesma precisão, e reciprocamente se observará entre ambas as partes este artigo.

Negado.

Do presente Tratado se tirarão duas copias do mesmo teor para serem selladas e assignadas, e para a sua reciproca observancia, e perpetuo cumprimento; e para a conservação de huma firme amizade, que déverá subsistir entre ambas as partes, se remetterá huma dellas ao Grandioso Ragogi Angriá, Senhor de Culabo, e a outra se conservará na secretaria do Magestoso Estado. Goa, 7 de Janeiro de 1778.—Dom José Pedro da Camara—Feliciano Ramos Nobre Mourão.

Segue-se a traducção maratha, a fl. 887.

As copias devem ser assignadas separadamente pelos commissarios respectivos, e em ambas ellas deve fallar sempre primeiro o Magestoso Estado. 1778 Janeiro 7

Carta do Secretario d'Estado ao Angriá

(Arch. da India, livro 1.º de Pazes, fol. 890.)

Copia.—Martinho de Mello e Castro, Ministro e Secretario de Estado da Rainha Fidelissima Nossa Senhora, ao cordeal Amigo Ragogi Angriá Vazaratmab Sarquel, assistente na fortaleza de Culabo. 1781 Março 7

Á Real Presença da Rainha Nossa Senhora chegou a vossa carta, escripta em 15 de Dezembro de 1779, e igualmente as boas informações, que de vós deu Dom José Pedro da Camara, que acabou de governar o Magestoso Estado da India. Ao actual Governador do mesmo Estado, Dom Frederico Guilherme de Sousa. participo as Reaes ordens relativas ao Tratado, que o Magestoso Estado celebrou comvosco, em 7 de Janeiro de 1778, e se vos participará o que Sua Magestade

1781 Março 7 determinou ao dito respeito, ficando-me a mim hum grande desejo de contribuir para a vossa felicidade, e para que se conserve entre os vassallos desta corôa, e vós huma boa paz e amizade, e hum vantajoso, e reciproco commercio. Palacio de Nossa Senhora da Ajuda em 7 de Março de 1781.—Martinho de Mello e Castro.

Carta do Governador da India ao Secretario d'Estado Martinho de Mello e Castro

(Arch. da India, livro 2.º de Pazes, fol. 891.)

1782 Março 8 Illmo e ex.^{mo} Sr.—Por carta de 7 de Março do anno proximo precedente me participa V. Ex.ª que levando á Real Presença de Sua Magestade a minha carta do 1.º de Janeiro de 1780, que acompanhava a copia do Tratado celebrado pelo meu antecessor com o Regulo Ragogi Angriá, que Sua Magestade mandára fazer no dito Tratado as alterações, que constam das notas postas á margem da copia delle, que me remettia; as quaes eu communicaria ao dito Regulo, para que convindo nellas, possa ter effeito o dito Tratado, e não convindo, que eu o tenha por nullo, e de nenhum effeito. Que junto acharia a copia da carta, que V. Ex.ª escrevia ao dito Regulo, a qual tambem vinha inclusa, e a remetteria ao mesmo Regulo.

Executei a real ordem escrevendo e remettendo ao dito Regulo a carta de V. Ex.ª e o Tratado com as alterações, que constavam das notas postas á margem dos artigos delle, declarando-lhe que convindo, teria effeito, e não convindo, eu tinha por nullo, e de nenhum effeito o referido Tratado. O referido Regulo não conveio, e fica o dito tratado nullo, e sem effeito. O que represento a V. Ex.ª para Sua Magestade mandar o que for servida.

Deus guarde a V. Ex.ª Goa, 8 de Março de 1782.—Rubrica do Governador.

Relação da acquisição da Praça do Cabo de Rama, e da Provincia de Canacona para o dominio do Estado de Sua Magestade Fidelissima, dada pelo Sargento mór de Infanteria encarregado do governo da mesma Praça João Marinho de Moura.

(Arch. da India, livro de Reis visinhos, n.° 31, fol 130 v., onde se acha lançado por letra do Lingua do Estado Sacarema Nara. na Vaga, no anno de 1782.)

No anno de 1763 tendo o Nababo Aydar Aly Kan firmado 1780 Novembro 16
o seu estabelecimento no Reino do Canará, pretendeu dilatar as suas conquistas até o Reino de Sunda. Dominou com facilidade os espiritos de muitos Brameues, que faziam as primeiras figuras na côrte de Sundem, e nos principaes governos daquelle Reino para facilitar aquelles projectos. Entrou o General Mir Farzar Aly Kan com um exercito de 12:000 combatentes pelas terras do Sunda, subordinando tudo sem resistencia. Vendo o Rey o perigo, que o ameaçava, e a pouca fidelidade dos seus, se retirou com a sua familia, e alguma parte do seu thesouro para Bandorá debaixo da protecção do Estado, aonde fez a sua entrada em 11 de Janeiro de 1764. Os Governadores das praças e provincias do Reino de Sunda se entregaram immediatamente ao inimigo; só a fortaleza de Ancolá resistiu alguns dias, porque foi defendida por um portuguez desertor chamado José Agostinho. Em breves dias sujeitou o exercito de Aydar Aly Kan todo o reino de Sunda, a saber, desde os limites de Saunur, que he ao sul deste Reino, até os limites de Sivançar, que he ao norte delle, e fica ao sul do nosso limite de Polem. Os Cabos do Rei Sunda se conservaram neste tempo com algumas tropas desde Polem até Cabo de Rama, que protegia esta extensão de terreno, para cujo fim o Ill.mo e Ex.mo Sr. Conde da Ega soccorreu a campanha desta praça por hum pacto particular com o Rey do Sunda, fazendo marchar os partidos de Rogú Saunto, e de Bopugi Panta Muzumudar, debaixo do titulo de tropas do Sunda. Aydar Aly Kan procu-

1789 Novembro 16 rava os meios de firmar esta conquista com a tomada da praça do Cabo de Rama, que confina com a nossa provincia de Salcete, porque esta visinhança facilitava a execução dos seus futuros projectos sobre as terras do Estado, de viva força, ou por meio de diversão das nossas tropas ganhadas pelo interesse de grandes soldos (como S. Ex.ª me communicou quando me recommendou a constante defensa do Cabo de Rama). Esta razão, e a noticia da marcha do exercito de Mir Farzar Aly Kan dispoz a S. Ex.ª de concluir a retirada das tropas francezas commandadas pelo capitão Miguel, que se desuniu daquelle exercito sobre a marcha, dirigindo-se para o nosso campo, que se achava na provincia de Salcete ás ordens do Brigadeiro Agostinho Jansen Moller. O exercito de Mir Faizar Aly Kan penetrou pela sua superioridade a provincia de Canacona desde Polem até Cabo de Rama, cercando aquella praça, que foi investida aos 4 de Fevereiro de 1764. Os partidos de Rogú Saunto, e de Muzumudar, e algumas tropas do Sunda, que se acharam na campanha, se retiraram para a praça ás ordens do Quiladar, ou Governador della, que foi soccorrido com mais dez artilheiros brancos e hum Sargento. Eu fui encarregado do commando, e defensa da dita praça pelo Illmo e Exmo Senhor Conde Vice Rey ao 1.º de Fevereiro, entrei nella aos 2 do dito, e tomei entrega do commando em virtude de huma ordem do Rey Sunda ao Quiladar ou Governador da praça, que foi apresentada pelo Coronel Landreset, que me conduziu a ella por mar. Aos 5 recebi hum soccorro de hum partido de Lourenço Paulo com cem Sipaes Bounsulós, tres companhias de Sipaes do Estado, e dez francezes, alem de munições de guerra, com bandeira do Sunda. Aos 10 se principiou o fogo das baterias do inimigo; aos 17 mandei fazer a primeira sortida da praça sobre as obras dos sitiadores: ao 1.º de Março o inimigo levantou o sitio, e se poz em retirada. Eu mandei observar por hum corpo de 30 homens com ordem de atacar a sua rectaguarda no caso que percebessem alguma desordem. O inimigo se retirou em boa ordem; foi atacada a sua rectaguarda na passagem de hum desfiladeiro nos matos de Ardefonda, aonde elle se não interessou muito, porque seguia a sua marcha para Sivansar, aonde pernoitou o seu campo, e no segundo dia se metteu de marcha para os Gates. Logo expedi huma ordem circular aos Dessays e Gancares desde Polem até Cola para que subordinassem e recebessem as leis do Estado como terras legitimamente pertencentes a Sua Magestade por huma doação do Rey Sunda. Elles receberam as nossas mettas, porque viram as nossas armas victoriosas, e o Governador do Pico, que então era Said Jafar Aly Kan, ficou na posse dos seus limites, que dividem Sivansar de Polêm (como ainda hoje se conserva). As intrigas de Henrique Carlos tendo-me obrigado a pedir desistencia do commando, deixei encarregado delle ao Capitão José Francisco Marques Giraldes, que por falta de um cabal conhecimento das cousas, consentiu que Rogû Saunto, que se achava nas fronteiras destacado, operasse independentemente de suas ordens. Este negou-lhe a subordinação, reconheceu o Rey Sunda por seu superior, e fez um pacto particular com os Ministros do Sunda para fazer huma guerra offensiva ao Governador do Pico contra as ordens e politicas do Estado; atacou as mettas de Said Jafir Aly Kan, que era hum general de reputação: constrangeu os povos da provincia para poder sustentar as tropas, que elle recrutou sem ordem alguma, deixando a disposição dos tributos a cargo de Essû Sinay, Babú Sinay de Canacona, e Vittú Sinay de Candeapar. Esta resolução causou hum consideravel damno ao povo, e irritou tanto a Said Jafir Aly Kan, que marchando á testa de hum corpo de tropas, derrotou em dois encontros a Rogû Saunto, que se retirou abandonando as fronteiras. Safir Aly Kan representou a S. Ex.ª que os vassallos do Estado violavam a fé de huma amizade promettida, e que parecia mal este exemplo em huma nação de Europa, que costumava a distinguir-se: e achando Loliem e Polem abandonadas, se apoderou destas aldeias, e poz as suas mettas. O Ill.mo e Ex.mo Senhor Conde Vice Rey á vista destas desordens me nomeou novamente Commandante do Cabo de Rama, e de toda a provincia por sua portaria de 24 de Outubro do mes- 1780 Novembro 16

1780 Novembro 16 mo anno de 1764, ordenando-me restabelecesse os negocios daquelle continente segundo as intenções e politicas do estado, praticando com Said Jafir Aly Kan huma apparente harmonia debaixo de todas as cautellas, e tirando a Rogú Saunto todos os meios de poder executar o menor absoluto. Eu executei fielmente as determinações de S. Ex.ª; tratei huma grande e apparente amizade com o Governador do Piro, a quem fiz conceber que todas as alterações eram obradas sem consentimento do estado; que Rogú Saunto havia ser castigado. Satisfiz ao povo quinze mil quinhentos e tantos xerafins, que Rogú Saunto havia tirado de tributos, abatendo sobre os fóros reaes, e fazendo com que a fazenda real cobrasse dos vencimentos do partido de Rogú Saunto, a quem se fez este abatimento por ordem do dito Senhor; e alem disto fiz restituir a consideravel multa, que os Bramenes referidos tinham tirado a varias pessoas em genero de valor. Em Janeiro de 1765 a armada do Maratha commandada pelo Dulopo, e hum corpo de tropas do Bounsuló por terra intentaram fazer progressos na campanha de Piro. Saltaram nas nossas fronteiras contra as ordens, e intenções do estado por consentimento de Rogú Saunto, que novamente de concerto com Antá Sinay Divarcar trataram huma liga particular em nome de Rey Sunda com o Dulopo, que chegou a espalhar passaportes occultos aos povos de Canacona por intervenção de Essú Sinay, e Babú Sinay; e Rogú Saunto em virtude da liga soccorreu o Dulopo contra Aydar Aly Kan com um partido de 60 homens chamado de armas, pagos pelo estado, que se achavam agregados ao seu partido, e pedindo-lhe a conta delles se desculpou que tinham desertado. Este motivo me obrigou destacar para as fronteiras o Capitão Miguel Anjo Antonio de Maris com o encargo do commando da provincia para fazer conter o Rogú Saunto nos limites da subordinação. Nesta invasão do Maratha abandonou Said Jafar Aly Kan as mettas de Loliem e Polem, que tinha tomado violentamente pela desistencia. Eu fiz amparar estas aldeias pelas tropas do estado, e achando muita repugnancia nos principaes Dessays dellas, que não queriam subordinar-se ao estado, surprehendi em huma noite trinta e tantas familias, e alguns cabeças de motim, como eram o Dessay Naraena Porobo, e o Gancar Antó Porobo, foram castigados na praça do Cabo de Rama, açoutados em huma peça, e os mais presos até que deram refens, pagaram os fóros ao estado, e reconheceram a subordinação que deviam, e em que se achavam antes das desordens de Rogú Saunto, Said Jafar Aly Kan teve a felicidade de derrotar mais de 5:000 combatentes do Maratha e Bounsuló com hum ataque que fez em huma noite de improviso com 500 homens escolhidos, e vendo-se victorioso e senhor da campanha, me escreveu pedindo-me a posse das ditas duas aldeias, dizendo-me que pertenciam ao seu Nababo. Eu respondi que ellas, e todas as que se incluem desde Polem até Colla, que tinham sido dadas ao estado pelo Rey de Sunda no tempo, em que era legitimo senhor e possuidor do seu reino em troca de Piro e Ximpim, que tinham sido legitimamente conquistadas com o sangue dos Portuguezes, que o estado não cuidára em as ter muito bem guarnecidas, porque ficava na fé das potencias amigas, e tinha a certeza de disputar no caso preciso com o valor das armas ordinario nas nações da Europa. A esta resposta se retirou Jafar Aly Kan com as tropas, que tinha apresentado nas fronteiras ameaçando a invasão, e proseguimos a mesma harmonia e amizade como d'antes. Em o anno de 1766 me retirei do Cabo de Rama para o meu regimento; em 1768 tornei a ser mandado pelo Exmo Senhor Dom João José de Mello depois da retirada das nossas tropas de Piro para expulsar as tropas de Aydar Aly Kan, que tinham tornado a invadir e incendiar as ditas aldeias com 2:000 homens, sobre os quaes marchei, e cheguei a levantar o campo do valle de Loliem, e retirar-se para o Piro. Concluida a paz com Aly Kan, fui tirado do commando da Provincia, e tornei a ser mandado para defendel-a da invasão do Maratha, que ataquei em Polem, obrigando-o a retirar-se aos 15 de Janeiro de 1771. Depois deste anno não houve alterações, nem novidades do inimigo naquella provincia, e todas as sobreditas noticias são constantes neste estado, as quaes tenho a honra de expor na pre-

1780 Novembro 16

1780 Novembro 16 sença de S. Ex.ª por assim me ordenar. Ribandar em 16 de novembro de 1780.

P. S. A praça do Cabo de Rama foi defendida debaïxo do nome do Rey de Sunda com a sua bandeira, e eu como hum official posto por elle. Depois da retirada do exercito, e segurança da subordinação das fronteiras se arvorou a bandeira de El-Rey Nosso Senhor. (Assignado) — João Marinho de Moura.

Tratado com o Maratha

Tratado do ajuste entre este Magestoso Estado e o Grandioso Madou Rau Naraen Pandit Pradan, Regente de Punem

(Arch. da India, livro 2.º de Pazes, fol. 277.)

1779 Maio 4 Sello das armas reaes portuguezas em lacre vermelho.

Tratado do ajuste, que da parte do Magestoso Estado faz o Ill.mo e Ex.mo Sr. Governador e Capitão General da India, D. José Pedro da Camara com o Felicissimo Madou Rau Naraen Pandit Pradan, a cuja presença sendo mandado Naraena Vital Dumó, e conferindo materias respectivè á amizade, fizeram o ajuste entre o mesmo Magestoso Estado, e o dito Grandioso Pandit Pradan, pela fórma seguinte [1].

1.

Acontecendo encontrar no mar armada do Estado e do Pandito Pradan, ou huma só embarcação ou a huma embarcação de huma parte, e toda a armada da outra, procederão amigavelmente.

2.

Acontecendo encontrar no mar armada do Estado e do Pandito Pradan, e faltando a huma agua e lenha, e a outra tendo em abundancia, lhe dará o provimento dellas. Da

[1] Neste Tratado vai intercallado o texto maratha ao texto portuguez.

mesma sorte tendo falta huma dos mantimentos, e a outra estando com bastante provimento delles, lhos dará, recebendo seu preço em moeda limpa de rupias, o que praticarão reciprocamente. 1779 Maio 4

3.

Os navios das partes da China dos portos do Estado, que navegam no mar a commerciar, levando cargas de generos a quaesquer portos para fazer nelles a compra e venda, não embaraçará a armada do Pandit Pradan, nem o Estado impedirá os barcos dos portos de Pandit Pradan, que forem commerciar nos da China.

4.

As escravas e escravos, que dos dominios do Estado fugirem para as terras do Pandit Pradan, se lhe restituirão. O que praticarão reciprocamente.

5.

As duvidas que tiverem antecedentes a este Tratado não virão á luz reciprocamente.

6.

Como presentemente fica feito este ajuste entre ambas as partes, de permeio havendo ciume de qualquer motivo de discordia, conferindo este caso por via do Procurador, corresponderão reciprocamente com sinceridade.

7.

As embarcações, parangues e batelões mercantes, que dos dominios do Estado entrarem nos do Pandit Pradan com generos para commerciarem, o podem fazer, pagando os direitos na fórma do estylo desde antiguidade praticado sem vexame de qualquer pessoa. Os mercadores vendendo seus generos podem levar livremente os legumes e mais generos. Da mesma sorte os mercadores dos dominios do Pandit Pradan entrando nos do Estado com seus batelões e parangues, venderão nelles os legumes e mais generos, e comprarão em sua troca os que quizerem, de que pagando os direitos segundo o estylo praticado desde abinicio, poderão recolher

1779 Maio 4 livremente, sem que sejam opprimidos por pessoa alguma. Nesta fórma ajustarão reciprocamente.

8.

As embarcações mercantes de ambos os dominios, que navegam a quaesquer portos, acontecendo apanharem as armadas de ambas as partes, ou quaesquer náos e manchuas de guerra não devem ser tomadas com o motivo de não terem cartazes, e antes lhe darão liberdade franca. E acontecendo tambem levar o inimigo no mar embarcações mercantes de ambos os dominios, as armadas, ou ao menos se for huma embarcação de ambas as partes quando lhas encontrem darão auxilio pondo em liberdade as represadas, que comboyarão seguras até se aproximarem dos seus rios; os commandantes que assim obrarem, os seus superiores lhes premiarão.

9.

Quando a armada do Pandito Pradan tendo encontro da inimiga, esteja pelejando, e chegando neste tempo a armada e fragatas do Estado, lhe dará ajuda e soccorro, não sendo o dito inimigo alliado do mesmo Estado. O mesmo observará a armada do Pandit Pradan. Nesta fórma ajustarão reciprocamente.

10.

Este ajuste entre o Estado e o Pandit Pradan será participado particularmente aos Governadores dos confins, e outros, e aos das armadas, ordenando-lhes as precisas prevenções. O mesmo ordenará aos Governadores, ás armadas e aos Marathas dos seus dominios o Pandit Pradan. E no caso de faltarem ao cumprimento os referidos respectivos Governadores e Marathas, por sua determinação porão em ordem as cousas. O que será observado reciprocamente.

11.

Refugiando militares, cabos distinctos, e mais gente dos dominios do Estado para os do Pandit Pradan, e continuando ratonarias, e confederações nas ditas terras do Estado, não se lhes consentirá azilo, nem confederações, nem para poderem existir os ditos traidores, particularmente nos confins dos seus dominios. Igualmente refugiando militares, cabos distinctos, ou grandes e pequenos da casa, e mais gente dos dominios do Pandit Pradan para os do Estado, e continuando ratonarias, e confederações nas ditas terras do Pandit Pradan, não se lhes consentirá azilo, nem confederações, nem para poderem existir os ditos traidores, particularmente nos confins dos seus dominios. E esta observancia será reciproca. 1779 Maio 4

12.

Aos inimigos do Estado não dará soccorro o Pandit Pradan, nem lhes prestará provimentos, ou quaesquer generos. O Estado tambem não dará soccorro, nem outras cousas aos inimigos do Pandit Pradan.

13.

Huma das duas partes quando esteja ou com pouca, ou maior força, a outra parte não contenderá allegando motivos, e antes corresponderá com sincera amizade em conformidade do ajuste.

14.

Fogindo soldados Portuguezes e mais gente do Estado ás terras do Pandit Pradan, não lhes deixará ficar, nem dará azilo, senão os fará voltar para ser restituido. Da mesma fórma fogindo Sipaes, e mais gente dos dominios do Pandit Pradan aos do Estado, não lhes deixará ficar, e sem azilo os fará retroceder.

15.

Em qualquer dos dominios de Guzarat, Saut, Cantevad, Soral e outros logares do Pandit Pradan não fará o Estado ao diante fortificação alguma, e franqueará as suas dependencias pelos seus antigos portos, que actualmente possue.

16.

As embarcações mercantes dos dominios do Estado reputadas como perdidas, e as naufragadas dando á costa em os

1779 Maio 4 portos do Pándito Pradan, as ditas embarcações com sua carga de fazendas serão restituidas. E no caso de que entrem nos portos por receio do inimigo, se não entenderá com ellas. E esta correspondencia será cumprida reciprocamente.

17.

Como o Magestoso Estado correspondeu com maior demonstração da amizade com Pandit Pradan, provada pelo Procurador, o Pandit Pradan tem ajustado fazer contribuição em Damão de 12:000 rupias desde o anno corrente pela sua jurisdição de Damão, em cuja virtude dará ao Estado particularmente o Sonod, ou ordem confirmativa das Aldeias.

18.

No tempo passado foi restituida ao Estado a sua fragata, pelos cujos effeitos proximamente o Pandit Pradan prometteu dar-lhe as rupias seguintes:

	Rupias
Liquidamente em hum anno....................	66:454
Madeira de teça pelos preparos ordinarios da dita fragata, a qual madeira será transportada em hum anno de Baçaim para Damão, da importancia de rupias.....................................	3:000
Sommam......	69:454

Em conformidade do ajuste acima dará o Pandit Pradan o referido ao Estado. Goa 4 de Maio de 1779. — D. José Pedro da Camara.

Acceito, approvo e confirmo este Tratado de ajuste. Goa, 11 de Janeiro de 1780.—D. Frederico Guilherme de Sousa.

Traducção do mesmo Tratado na fórma que foi celebrado em Punem

(Arch. da India, livro 2.º de Pazes, fol. 286.)

No sello que está no remate diz assim:

Rey Xahú, Senhor da gente, e thesouro de alegria. Seu Ministro Secretario Madou Rau Naraena. 1779 Dezembro 17

Tratado do ajuste feito pelo Sarcar do honrado Madou Rau Pandito Pradan, no anno da era Moura 1180 (1779), que por parte do Grandioso D. José Pedro da Camara, Vice Rey Portuguez de Goa, tendo vindo á presença o estimado Naraena Vital Dumó, e conferindo materias respectivè á amisade, fizeram o ajuste entre este Sarcar, e os Portuguezes de Goa, pela fórma seguinte:

1. Acontecendo encontrar no mar armada do Sarcar e dos Portuguezes, ou huma só embarcação, ou a huma só embarcação de huma parte, e toda a armada da outra, procederão amigavelmente.

2. Acontecendo encontrar no mar armada do Sarcar e dos Portuguezes, e faltando a huma aguá e lenha, e a outra tendo em abundancia, lhe dará o provimento della. Da mesma sorte tendo falta huma dos mantimentos, e a outra estando com bastante provimento delles, lhos dará, recebendo seu preço em moeda limpa de rupias. O que praticarão reciprocamente.

3. Os navios das partes da China dos portos dos Portuguezes que navegam no mar a commerciar, levando cargas de generos a quaesquer portos para fazer nelles a compra e venda, não embaraçará a armada do Sarcar, nem os Portuguezes impedirão os barcos dos portos do Sarcar, que forem commerciar nos da China.

4. As escravas e escravos, que dos dominios do Sarcar fugirem para as terras dos Portuguezes, se lhe restituirão. O que praticarão reciprocamente.

5. As duvidas que tiverem antecedentes a este Tratado não virão á luz reciprocamente.

1779 Dezembro 17

6. Como presentemente fica feito este ajuste entre ambas as partes, de permeio havendo ciume de qualquer motivo de discordia, conferindo este caso por via do Procurador, corresponderão reciprocamente com sinceridade.

7. As embarcações, parangues e batelões mercantes, que dos dominios dos Portuguezes entrarem nos do Sarcar com generos para commerciarem, o podem fazer, pagando os direitos ao Sarcar na fórma do estylo desde antiguidade praticado, sem vexame de qualquer pessoa. Os mercadores vendendo seus generos podem levar livremente os legumes, e mais generos. Da mesma sorte os mercadores dos dominios do Sarcar entrando nos dos Portuguezes com seus batelões e parangues, venderão nelles os legumes e mais generos, e comprarão em sua troca os que quizerem, de que pagando os direitos segundo o estylo praticado desde abinicio, poderão recolher livremente, sem que sejam opprimidos por pessoa alguma. Nesta fórma ajustarão reciprocamente.

8. As embarcações mercantes dos dominios do Sarcar, e dos Portuguezes que navegam a quaesquer portos, acontecendo apanharem as armadas de ambas as partes, ou quaesquer naus e manchuas de guerra, não devem ser tomadas com o motivo de não terem cartazes, e antes lhe darão liberdade franca. E acontecendo tambem levar o inimigo no mar embarcações mercantes de ambos os dominios, as armadas, ou o menos se for huma embarcação de ambas as partes quando lhas encontrem, darão auxilio, pondo em liberdade as represadas, que comboyarão seguras até se aproximarem dos seus rios. Os commandantes que assim obrarem, os seus superiores lhes premiarão.

9. Quando a armada do Sarcar, tendo encontro da armada inimiga, esteja pelejando, e chegando neste tempo a armada e fragatas dos Portuguezes, lhe dará ajuda e soccorro, não sendo o dito inimigo alliado dos mesmos Portuguezes. E isto práticarão as armadas de ambas as partes.

10. Este ajuste entre o Sarcar e Portuguezes será participado particularmente aos Governadores dos confins e outros, e aos das armadas, ordenando-lhes a sua observancia.

E no caso de faltarem ao cumprimento os Governadores respectivos e Marathas, elles por sua determinação porão em ordem as cousas. O que observarão reciprocamente. 1779 Dezembro 17

11. Refugiando militares, cabos distinctos, ou grandes e pequenos da casa, e mais gente dos dominios do Sarcar para os dos Portuguezes, e continuando ratonarias, e confederações nas ditas terras do Sarcar, não se lhes consentirá azilo, nem confederações, nem para poderem existir os ditos traidores, particularmente nos confins dos seus dominios. Igualmente refugiando militares, cabos distinctos, e mais gente dos dominios dos Portuguezes para os dos Sarcar, e continuando ratonarias, e confederações nas terras dos mesmos Portuguezes, não se lhes consentirá azilo, nem confederações, nem para poderem existir os ditos traidores, particularmente nos confins dos seus dominios. E esta observancia será reciproca.

12. Aos inimigos do Sarcar não darão soccorro os Portuguezes, nem lhes prestarão provimentos, ou quaesquer generos. O Sarcar tambem não dará soccorro, nem outras cousas aos inimigos dos Portuguezes.

13. Huma das duas partes quando esteja ou com pouca, ou maior força, a outra parte não contenderá, allegando motivos, e antes corresponderá com sincera amisade na conformidade do ajuste.

14. Fugindo Sipaes e mais gente dos dominios do Sacar aos dos Portuguezes, não lhes deixará ficar, nem dará azilo, senão os fará voltar para ser restituido. Da mesma fórma fugindo soldados Portuguezes, e mais gente dos dominios dos Portuguezes aos do Sarcar, não lhes deixará ficar, e sem dar azilo, os fará retroceder.

15. Em qualquer dos dominios de Guzarat, Saut, Cantevad, Sorat, e outros logares do Sarcar não farão os Portuguezes ao diante fortificação alguma, e franquearão as suas dependencias pelos seus antigos portos que actualmente possuem.

16. As embarcações mercantes dos dominios do Sarcar reputadas como perdidas, e as naufragadas dando á costa

1779 Dezembro 17 em os portos dos Portuguezes, as ditas embarcações com a sua carga de fazendas serão restituidas. E no caso de que entrem nos portos por receio do inimigo, não se entenderão com ellas; e esta correspondencia será cumprida reciprocamente.

17. Como os Portuguezes corresponderão com maior demonstração da amizade com este Sarcar, provada por Naraena Vital Dumó, e que continuarão o mesmo ao diante, desde o anno corrente dará nomeadamente em Damão aldeias de 12:000 rupias sem ter nellas dominio, nem outros embaraços da parte do Sarcar, nas quaes os Portuguezes não levantarão obra na fórma do ajuste feito, e serão determinadas as aldeias.

18. No tempo passado foi represada a fragata dos Portuguezes pelo Sarcar, e pela armada de Vizaedurga (Griem), a qual foi restituida em attenção á amizade dos mesmos Portuguezes, e pelos generos della prometteu darlhes em dinheiro as rupias seguintes:

Liquidamente em hum anno	66:454
Madeira de teca, que em hum anno será transportada de Baçaim para Damão, da importancia de..	3:000
Sommam......	69:454

Importam 69:454 rupias, que serão determinadas.

Por todos são dezoito artigos ajustados para se observarem reciprocamente na fórma nelles referida; e assim o tenham entendido. Escripto aos 7 do mez Gilabês (17 de Dezembro de 1779). Resolução firme.

Diz no sello pequeno:

Fim da escripta.

Traduzido por mim Ananta Camotim Vaga, Lingua do Estado da India, a 6 de Janeiro de 1780. — Ananta Camoty Vaga.

Original maratha, a fl. 290.

Documentos relativos ao Tratado Antecedente com o Maratha, e á Pragana Nagar Avely

Carta do Vice Rey Dom Frederico Guilherme de Sousa ao Secretario d'Estado Martinho de Mello e Castro

(Arch. da India, livro das Monções, n.º 161, fol. 417.)

Ill.mo e Ex.mo Sr. — O meu antecessor mandou á côrte de Punem de Madou Rao Pandito Pradan, Dominante dos Marathas, a Narana Sinai Dumó, Emissario por parte do Magestoso Estado, para tratar, e ajustar a negociação da paz e interesses do Estado. O Emissario tinha conferido os artigos, mas quando eu tomei posse do governo, ainda se não tinha feito e concluido o ajuste; logo, sendo de tudo informado, dei as ordens ao dito Emissario para solicitar e concluir o ajuste e Tratado. 1781 Janeiro 1

Madou Rao, Dominante dos Marathas, assignou o Tratado, e mo remetteu, escrevendo-me para o approvar. Eu o approvei, e assignei, por me parecer conveniente aos interesses publicos do Estado.

Pelas repetidas diligencias e officios, que tenho expedido ao Ministerio da dita côrte pelo nosso Emissario, se tem recebido letras, com que por huma remessa se pagaram 15:500 rupias, e por outra 5:000 rupias, que por tudo sommam 20:500 rupias, com o avanço de 3 por cento, o que tudo se arrecadou, e receitou na fazenda Real; e o dito avanço procede do valor, que tem as rupias do Maratha sobre as rupias de Goa.

Ainda se não pagou o resto do dinheiro promettido no Tratado, nem se entregaram as aldeias proximas a Damão, tendo-se feito repetidas diligencias, por obstarem as duvidas que poz o Subedar Vissagi Panta, administrador das referidas aldeias, na execução dos Sonodos, ou ordens do dito Madou Ráo; nem já se poderão entregar por causa da conquista que os Inglezes nellas fizeram; porém, promette o

1781 Janeiro 1 Ministerio da dita côrte entregar outras aldeias do rendimento promettido no Tratado, ainda que não fiquem proximas á jurisdição da dita praça de Damão, o que promovo pelo dito Emissario.

As copias das cartas de Madou Ráo, e Tratado vão juntas; o que participo a V. Ex.ª para que sendo presente a Sua Magestade, se executar o que a mesma Senhora for servida resolver. Deus guarde a V. Ex.ª Goa 1.º de Janeiro de 1781.— Rubrica do Governador.

Traducção da carta de Madou Rao ao Governador

(Arch. da India, livro 2.º de Pazes, fol. 413.)

1779 Dezembro 25 Ao Ill.mo e Ex.mo possuidor de grande Estado, e dominador da fortuna, Grandioso D. Frederico Guilherme de Sousa, Governador dos portos de Goa, cuja amizade seja perpetua.

Depois das expressões da primorosa amizade passo a dizer que expondo na minha presença o estimado Naraena Vital, que V. Ex.ª he incumbido do governo desses portos, e que chegou a elles, contando ao mesmo tempo as virtudes da sua prudencia, e a distincção da sua pessoa, causou-me summo contentamento.

O Grandioso D. José Pedro da Camara, Governador que ha sido desses portos, para maior augmento da amizade do meu Sarcar mandou o Tratado do ajuste, o qual entregou no meu Sarcar Naraena Vital. Presentemente o Tratado do ajuste da parte do meu Sarcar tenho mandado entregar ao sobredito, que enviará a V. Ex.ª que queira mandar resposta da recepção delle, e desejo a observancia do ajustado reciprocamente. E em signal da minha amizade envio a V. Ex.ª cinco peças de roupa, de que vai clareza em papel separado, as quaes chegarão ali. Escripta em 13 do mez Gilahez, que em Portuguez vem a ser, 23 de Dezembro. Não sou mais largo. Esta he a carta.

Traducção do papel separado

Memorial das peças de roupa, que remette em obsequio ao Portuguez de Goa. 1779 Dezembro 25

Peças de Mamude	2
Pannos de lã chamados Xal	2
Peça de Atalá	1
	5

Por todas são cinco peças remettidas por via de Naraena Vital, Procurador do sobredito. Hoje 15 do mez Gilahês (25 de Dezembro).

Exposição do sello.

Rez Xahú, Senhor das Gentes e thesouro de alegria. Seu Ministro Secretario Madou Rau Naraena.

Traduzida por mim Ananta Camotim Vaga, Lingua do Estado, a 4 de Janeiro de 1780. — Ananta Camoty Vaga.

Carta do Governador ao Secretario d'Estado Martinho de Mello e Castro

(Arch. da India, livro das Monções, n.º 161, fol. 496.)

Ill.mo e Ex.mo Sr. — Sendo a côrte de Inglaterra a alliada, 1781 Janeiro 2 que Sua Magestade muito contempla, apesar de tudo são os Inglezes summamente infestos e prejudiciaes, não só aos dominios de Sua Magestade, mas a todos os interesses da sua corôa e dos seus vassallos, não havendo aleivosia, nem terribilidade, que não machinem e ponham por obra, a fim de enfraquecerem, e destruirem as forças e poder do Estado.

Elles por todos os meios indirectos que podem, influem e machinam occultamente todos os movimentos dos Regulos contra o Estado. Desta sorte forneceram aos Marathas todas as armas e munições de guerra, com que nos expugnaram das importantes cidades, praças e territorios da ilha de Salcete, Baçaim e Chaul, reduzindo as perdas dellas a grande

1781 Janeiro 2 pobreza as principaes casas de Goa, a debilidade as forças, e a huma lastimosa decadencia a reputação das armas do Estado da India, e ao seu pequeno commercio.

O seu projecto e ponto de vista, foi de se aproveitarem no futuro das occasiões favoraveis, que o tempo lhes permittisse, de que havendo differença com os mesmos Marathas, poderem conquistar as praças e jurisdições dos dominios de Sua Magestade, que lhe ficam proximos á ilha de Bombaim.

Vendo os ditos Inglezes que a casa dos Marathas se achava dividida em partidos e bandos, com huma guerra civil no interior, porque Ragobá, irmão do Naná, havia morto aleivosamente ao Dominante Narana Rao Pandito Pradan, seu sobrinho, tomaram debaixo da sua protecção ao referido Ragobá, e com elle á testa se declararam contra a casa de Punem e seu Dominante Madou Rao Pandito Pradan, filho posthumo, que tinha ficado do dito Narana Rao, conquistaram Tana, e ilha de Salcete no anno de 1775, marcharam para Amadabá, cidade das mais ricas e opulentas, que tambem tomaram, fazendo nella o saque de 90 laques de rupias. Passaram para as praças e terras da jurisdição antiga de Damão, e conquistaram as serras de Parnel, Bagavará e Indragar, proximas e vizinhas á dita praça, resultando desta conquista que padecerá a mesma praça necessidade grande de mantimentos, como já começa a experimentar, e se queixa o Governador della, e que será muito difficil tambem o haverem-se madeiras para a construcção, porque os referidos Inglezes abarcaram tudo e remetteram para Surrate e Bombaim.

Publicando-se a noticia que elles pretendiam atacar as mais terras até Baçaim, escrevi ao conselho de Bombaim, fazendo-lhe o protesto que consta do documento n.º 1.º a que deu a resposta n.º 2.º e não desistindo elles do seu projecto, ultimamente atacando a dita praça de Baçaim, se lhe rendeu no dia 11 de Dezembro proximo passado.

Porém, não saciados os ditos Inglezes de terem tomado, e haverem a posse das terras e praças dos dominios da corôa de Sua Magestade, passaram a commetter insultos a cara descoberta com manifesta transgressão do direito das gentes e da alliança, que tem com Sua Magestade, por quanto tendo arribado ao porto desta cidade o navio de guerra de Sua Magestade Britanica, denominado *Conventry*, Capitão Andre Missel, pertencente á armada do almirante Hugs, achando hum navio austriaco denominado o *Conde de Falkeinsteins*, que tinha dado fundo debaixo do alcance da artilharia da fortaleza da Agoada, por ter vindo com agua aberta, e supplicado licença para entrar a fazer o concerto necessario, como consta dos documentos n.º 3.º e 4.º e tendo-lha concedido, levando o dito navio ancora, e fazendo-se á vela para entrar para dentro pelo banco para a Ribeira de Goa succedeu o caso não esperado que o dito Capitão Inglez lhe mandou atirar com tiro de balla, fazendo o esperar até que o mandou reconhecer e o deixou. 1781 Janeiro 2

Succedeu mais outro facto mais escandaloso, que mandando em Novembro do anno proximo precedente a fragata de guerra *Santa Anna* com duas manchuas de guerra, *S. Joaquim* e *S. Pedro* ao porto de Calicut a conduzir madeira, que ali se tinha comprado para o arsenal real de Sua Magestade, e ordenando o Capitão de mar e guerra que as duas manchuas se adiantassem, entraram as mesmas no dito porto no dia 26 de Novembro, e achando surtas tres naus de guerra do commando da armada do dito almirante, logo de cada huma das naus não só lhe atiraram com tiro de balla, estando as ditas manchuas com o pavilhão de Sua Magestade arvorado, mas o que he mais, que as abordaram com escaleres, que sairam das ditas naus, levando officiaes, soldados e marinheiros, e entrando dentro dellas commetteram os maiores insultos.

Na manchua de guerra denominada *S. Joaquim* sendo recebidos com civilidade e como amigos, declarando-se-lhes que era manchua de guerra de Sua Magestade Fidelissima, elles Inglezes pelo contrario, como se fossem inimigos e piratas, se lançaram logo á sentinella, e tirando-lhe a arma, deram huma pancada na cabeça do Capitão, e outros ao mesmo tempo, puxando-lhe pelas pernas, o lançaram em terra. No mesmo acto continuaram as hostilidades, segu-

1781 Janeiro 2 rando todo o armamento da guarnição, que estava junto ao mastro, abatendo o real pavilhão da proa, lançando-o da pôpa ao mar. Depois continuaram os seus insultos, roubando tudo quanto acharam, e levando as munições e armamento, como tambem 12;000 xerafins do Armenio negociante Estephano Camilo, vassallo e morador no Estado, e todo o fato do dito Capitão. E posto que pelas queixas que fez o dito Capitão lhe mandaram pelas dez horas da noite entregar o dinheiro, não se fez inteira restituição, porque faltaram 300 xerafins, algumas munições, e todo o fato do dito Capitão, ao qual certificaram que no dia seguinte seria tudo restituido; porém, não houve a dita satisfação, porque de madrugada as naus de guerra de Sua Magestade Britannica se fizeram á véla.

Na manchua de guerra denominada *S. Pedro,* de que era Capitão Jeronymo José de Moura, se fizeram maiores insultos, porque a abordaram, e não obstante dizer-lhe o dito Capitão que a manchua era de Sua Magestade, que vinha de Goa por ordem minha para comboyar os parangues, e conduzir madeira para o real arsenal, a atacaram com espadas e machadinhas, surprendendo a sentinella, e abatendo o real pavilhão. Elles se lançaram ao Capitão commandante da dita manchua, deitando-o no chão, dando lhe huma cutilada na cabeça, espancando-o e ferindo-o por varias partes do corpo, tirando-lhe a espada, amarrando-o de mãos e pés, e deitando-o assim no escaler o levaram com algumas munições que roubaram. Depois chegaram mais dois escaleres á dita manchua, e os officiaes e soldados, que nelles vinham, roubaram todas as armas e munições de servir as peças, que se achavam em cima, duas espadas, duas partazanas, dois chuços, todo o fato do dito Capitão e algum pertencente aos Sipaes e marinheiros, e cortaram alguns cabos da mareação, levando a manchua a surgir perto de huma das naus. O commandante da nau de guerra ingleza, conhecendo os insultos que tinha feito, não quiz fallar ao Capitão da manchua, mas mandou-o desamarrar, deitar em huma das manchuas, e dizer-lhe que no dia seguinte se lhe daria satisfação e restituiria tudo o que se lhe tinha tirado, mas succedeu pelo contrario, que na madrugada se fizeram á vela as naus de guerra Inglezas sem satisfação, nem restituição do roubo, que se tinha feito; o que consta dos documentos n.° 5.° e 6.° Algum dinheiro e mais cousas das que se furtaram, e se poderam averiguar por declaração dos mesmos Capitães, consta da relação n.° 7.° 1781 Janeiro 2

Sendo informado destes insultantes factos, escrevi ao Almirante, e ao conselho de Bombaim as cartas n.ᵒˢ 8.° e 9.°, requerendo-lhe a satisfação competente, e fazendo-lhe os devidos protestos, e remetti as cartas ao Emissario representativo da companhia Ingleza Robert Henshaus, que aqui se acha, escrevendo-lhe a carta n.° 10.

A campanha, que os Inglezes tem feito nesta guerra, consta do papel n.° 11.

Os referidos Inglezes têem em Bombaim cinco navios de linha, e quatro fragatas da armada do Almirante Hugs; mais tres navios de guerra, que foram para comboyar os navios do commercio até o cabo da Boa Esperança. Entende-se que elles tem projecto grande de conquistarem toda a costa do Malabar dos dominios do Maratha, e tambem a de Guzerate.

O Bounsuló, que tinha cedido aos Inglezes a feitoria de Vingurlá por certos annos, tendo-se cumprido o praso, lha tomou á força de armas em 8 de Junho do anno proximo precedente, ao que particularmente o suggeri, por evitar a continua deserção das tropas, e ser a via por onde elles faziam os maiores prejuizos ao Estado, não só recebendo e acoutando aos desertores, mas até mandando pessoas dissimuladas da sua facção para induzirem, e levarem os soldados que podessem com promessas e pagas avantajadas, e de postos. O que tudo represento a V. Ex.ª para ser presente a Sua Magestade, e resolver a mesma Senhora o que for servida.

Deus guarde a V. Ex.ª Goa, 2 de Janeiro de 1781.—(Rubrica do Governador).

N.º 1

Carta do Governador ao Conselho de Bombaim

(Arch. da India, livro de Reis visinhos, fol. 8.)

1780 Julho 17 Honoraveis senhores Governador General, e Conselheiros dos Estabelecimentos de Sua Magestade Britannica na ilha de Bombaim.

Honoraveis senhores. — Sendo certo, e incontestavel, que a Corôa de Portugal, por muitos titulos licitos, e permittidos em direito, fez a conquista da India oriental;

Que as praças de Baçaim e Taná, e todas as outras praças, terras e jurisdicções, desde Chaul até Damão, estiveram no dominio e posse da mesma Corôa, e do seu Estado da India, por espaço de duzentos annos;

Que, ainda que o Maratha ha quarenta annos, sem causa justa de guerra, invadiu, e violentamente occupou algumas praças e aldeias do Estado que possuía no Norte, usurpando-as por força, e com o maior poder das armas;

He porém indubitavel que a Corôa de Portugal não perdeu o dominio, e direito que tinha e tem em todas as ditas praças, aldeias e terras referidas, posto que se ache privada da sua posse; porque, conforme o direito certo e incontestavel, o dominio se póde conservar só com o animo, pois a Corôa sempre conserva o direito de reservação, e nunca apartou de si a intenção de as restaurar, nem tem deixado de fazer em todo o tempo aquellas diligencias, que lhe tem sido possiveis para poder encorporal-as novamente á sua dominação, e haver a posse dellas, unindo-as com o seu dominio. O que se esperava era huma conjunctura opportuna como esta, em que as divisões interiores, e as guerras civis do Maratha, tendo separado a auctoridade suprema em dois partidos, e os poderes subalternos em quasi tantas cabeças e chefes, quantos são os cabos e governos das praças, tinha o Estado a esperança de haver a entrega por via de negociação.

O Estado ha annos conserva hum Emissario na Côrte de

Punem, encarregado dos negocios publicos, e especialmente na pretenção da restituição das praças, aldeias e mais terras da sua antiga jurisdicção, tendo já concluido em parte o passarem-se lhe os Sonodos para a entrega de algumas aldeias. 1780 Julho 17

Na restauração das ditas praças e terras tem a Corôa de Portugal preferencia a todos os Soberanos, especialmente á Corôa de Inglaterra. por direito especial, porque das capitulações da paz, e tratado do casamento da Serenissima Senhora D. Catharina, Infanta de Portugal, com Carlos II, Rey de Inglaterra, e das declarações com que lhe foi entregue a ilha de Bombaim, adjacente á provincia do Norte, por ter sido dada em dote da dita senhora, consta expressamente que a Corôa Britannica em nenhum tempo podia impedir a jurisdicção das outras ilhas de Baçaim, e mais terras, nem privar o Estado da India do commercio e liberdade que nella tinha, e que os Inglezes nunca podiam requerer nas jurisdicções portuguezas mais daquillo que se lhes concedeu pelo tratado do casamento, como amplamente consta das condições, com que se lhes entregou a dita ilha, insertas no auto da posse que della tomaram em 18 de Fevereiro de 1665.

Por esta mesma solemne convenção celebrada entre as duas Corôas, tem a de Portugal direito claro para ser soccorrida pelos Inglezes em qualquer tempo, em que intentar restaurar a provincia do Norte, porque no dito Tratado de paz se obrigou ElRey de Inglaterra a soccorrer o de Portugal em todas as occasiões que se offerecerem, como consta da Carta regia de 9 de Abril de 1662, pela qual se mandou entregar a dita ilha de Bombaim, que diz o seguinte:

«Pelos outros capitulos daquelle Tratado vos será presente (ao Vice Rey da India) a união, que celebramos, e a obrigação que ElRey de Inglaterra tem de vos soccorrer em todos os apertos, que disso tiver. Se os em que vos vires, for conveniente valer-vos dos Inglezes, o fareis.»

De que se conclue, com evidente certeza, que os Inglezes devem soccorrer o Estado na difficultosa empreza, que in-

1780 Julho 17 tentar da restauração do Norte, e que por nenhum titulo podem pretender senhorear-se daquellas terras sem offensa dos direitos natural, e das gentes, do tratado da paz, da boa fé e amizade antiga, que sempre houve entre as duas Corôas.

Succede porém o contrario pelas noticias publicas e constantes, de que V. Ex.ª e seu nobre conselho tem projectado e formado huma expedição, sahindo a campo, e a cara descoberta com grande e numeroso exercito, com o especioso pretexto de auxiliarem a Ragobá, armando-o, e com elle á testa bloquearão e conquistarão já a Serra de Parnel, e que tratarão de estender a sua conquista até á praça de Baçaim, Chaul, e mais aldeias da antiga jurisdicção de Damão, guarnecendo com tropas as fortalezas que conquistam, e cobrando dellas os direitos e rendimentos.

Estas noticias me são muito sensiveis, e me persuado que V. Ex.ª, e os mais senhores do nobre Conselho, quando entraram nesta deliberação, pensaram mais nos interesses asiaticos da nação britannica, do que na boa fé, que se deve observar com as promessas auctorisadas com Tratados solemnes.

E para conservação do dominio real, que a Corôa de Sua Magestade Fidelissima tem nas ditas praças, aldeias, e mais terras da provincia do Norte, requeiro a V. Ex.ª honoravel Governador, e aos mais senhores do nobre Conselho de Bombaim, que desistam de hum attentado tão alheio das intenções de Sua Magestade Britannica, e tão injurioso á boa fé da nação ingleza, amiga e alliada da Corôa de Portugal.

No caso de V. Ex.ª, e mais senhores do nobre Conselho, assim o não cumprirem, lhe faço hum formalissimo protesto, não só de conservar á corôa de Portugal o dominio em todas as praças, aldeias, e terras da provincia do Norte, e de não ter animo de o perder, nem ceder do direito real, que tem em todas as terras da dita provincia, para as haver e revindicar nas occasiões opportunas com todas as perdas, damnos e interesses, mas tambem serem V. Ex.ª honoravel Governador, e mais senhores do nobre Conselho de Bombaim, os infractores da paz publica das duas nações por hum modo tão estranho e tão alheio dos Tratados defensivos, que subsistem entre a Rainha Fidelissima, minha ama, e Sua Magestade Britannica. 1780 Julho 17

Que tambem lhes protesto por todo o prejuizo do Estado da India Portugueza, e lhe intimo que façam reflexão, que de todo o damno, que V. Ex.ª e mais senhores do nobre Conselho de Bombaim causarem ao mesmo Estado, que hei de avisar, e dar logo parte a Sua Magestade Fidelissima, para que a mesma senhóra possa compensar-se delles como melhor lhe parecer nos grandes interesses, e importantes penhores, que a corôa e nação britannica tem nos reinos da mesma senhora muito mais importantes de que os prejuizos que V. Ex.ª e mais senhores do nobre Conselho lhe causam, e intentam causar, sem advertir no perigo em que põem todos quantos interesses lhe resultam de ser alliada de Portugal.

Devem V. Ex.ª, e os mais senhores do nobre Conselho, fazer reflexão em que neste caso arriscará a perder o seu Banco todos os milhões que extrahe de Portugal pelos seus paquebotes para sustentar o seu credito publico, e se arriscará a perder a negociação que faz nos portos de Lisboa, e do Algarve, se huma vez Sua Magestade Fidelissima se lembrar de querer retribuir aos Inglezes na Europa o prejuizo, que elles lhe fazem na Asia com o projecto da presente conquista.

Finalmente, eu não posso dispensar-me de informar a Sua Magestade Fidelissima neste mesmo sentido, ficando na certa esperança de que ElRey Britannico, e toda a nação ingleza, farão responsaveis a V. Ex.ª, e mais senhores do nobre Conselho de Bombaim, de todas as conquencias que succederem ao dito respeito.

Deos guarde a V. Ex.ª e mais senhores muitos annos. Goa, 17 de Julho de 1780.—Servidor de V. Ex.ª e mais senhores—D. Frederico Guilherme de Sousa.

N.º 2

Resposta do Conselho de Bombaim ao Governador da India

(Arch. da India, livro de Reis visinhos, fol. 300.)

1780 Outubro 18 Tho the Honorable Dom Frederick William De Souza, Governor and Captain General of Her Most Faithful Majesty's Possessions in India at Goa.

Honorable Sir.—We have now the honour to reply to Your Excellency's letter dated the 17.th of July received here in the time of the monsoon.

When the reduction of Salcete was undertaken by the English troops in the year 1774, we received letters of protest from Signor José Sanchés de Brito, commander of His Most Faithful Majesty's fleet, and from Your Honourable Predecessor Dom Pedro José de Camera. Our replies are no doubt deposited in the public Archives at Goa, and we conceived were very sufficient; but as Your Excellency has now been pleased to revive the subject, and in like manner with Your Predecessor advanced arguments to prove that the right.... [1] countries conquered by the Mharattas near forty two years ago protested against this Government for an invasion of that right, and endeavoured to alarm us for the safety of the British interests derived from the national alliance with the Kingdom of Portugal, we are constrained to give a more minute reply, lest the public, unacquainted with the real circumstances of the case, should put a disavantageous construction upon our reserve.

We would have wished to confine ourselves to our former answer, because we confess we find a difficulty in treating seriously or with regular arguments a position so contrary to reason and received maxims as the existence of a right of sovereignity in your nation to territories dismembered from its dominions almost half a century, or that a regard on our part to such supposed right should prevent the English from

[1] Nesta regra estão obliteradas algumas palavras, cujo sentido vai supprido na traducção.

carrying the war into such part of the Mharatta dominions as they may find most convenient or conducive to their success. The English in their proceedings have been governed by the plain dictates of reason, and of the laws of nature and of nations. They are engaged in a war with the Mharattas, and for their own safety and advantage they prosecute it with all possible vigour. They attack the Mharatta dominions wherever they judge an impression may be made with most advantage to themselves, or injury to the enemy, and when their armies come before the walls of a fortress where the Mharatta colours are flying, they are under no necessity to consult history before the batteries are opened to discover the ancient possessor, or to deliberate whether any of them may not possibly have an intention again to attempt the conquest at some future period. 1780 Outubro 18

The Portuguese acquired most of their territories in India by conquest and force of arms. In the same manner they were deprived of what they term the Province of the North, and their right consequently expired on the same principle that it originated.

We think it necessary to answer more seriously your charge of our having violated the public faith, and acted contrary to the Treaties subsisting between Great Britain and Portugal by the direction of our operations against particular parts of the Mharatta dominions.

Your Excellency has endeavoured to support this charge by certain stipulations contained in the capitulations or Act of possession imposed upon the English at the time the Island of Bombay was delivered over them by the Portuguese.

Were we allow the fullest validity to those capitulations, or their utmost force to the words you have quoted, the obligation thereby laid upon the English would fall very short of fixing upon us a breach of national Treaty, for take those words in their most extensive interpretation, they could only exclude us from making conquests or claims on the Province of the North so long as that Province continued in the pos-

1780 Outubro 18 session of the Portuguese, or made a part of their dominions, but that plea has been long removed by its absolute and compleat separation and dismemberment, and the consequent dissolution of the Portuguese sovereignity and jurisdiction therein.

As Your Excellency has been pleased to quote the act of possession as an instrument of validity and a solemn convention between the two crowns, we are under the necessity to display the light in which that agreement was regarded by the King of Great Britain, by whom it was utterly disavowed, tho'it was for from our wish to revive the memory of disagreeable circumstances which happened so long ago.

His Majesty King Charles the Second upon complaints of His subjects throughout the East Indies of unfriendly treatment from the Portuguese subsequent even to the Treaty of Marriage, and particularly of the delays and obstacles in the surrender of the Island of Bombay and the injust conditions exacted at its delivery was pleased to send his Royal Letter to the Most Illustrious and Most Excellent Lord Lewis de Mendoza Furtado, then Vice Roy at Goa, bearing date the 10.th day of March 167$^{6}_{7}$, wherein after premising the bad treatment his subjects had experienced from the Portuguese, He declares His Royal intention in these words: «Our intention is shortly to elucidate and explain the eleventh article of the Treaty conjointly with our aforesaid Brother the Most Serene Prince of Portugal, by whose justice we doubt not our sovereign rights in the Port and Island of Bombay and their dependencies will be vindicated from that *very injust capitulation* which Humphry Cook was forced to submit to at the time when that place was first transferred to our possession, which capitulation neither He, Humphry, was empowered to come into, nor any one else to impose upon him, in contravention to a compact framed in so solemn and religious a manner. We therefore are determined to protest against the said capitulation as prejudicial to our Royal Dignity, and derogatory to our right».

We have also very carefully considered the rights derived

by the Portuguese from the Marriage Treaty in that particular point, which is the subjet of Your Excellency's complaint. 1780 Outubro 18

We find it stipulaled in the eleventh article that when the King of Great Britain shall send his fleet to take possession of the said port and Island of Bombay, the English shall have instructions to treat the subjects of the King of Portugal throughout the East Indies in the most friendly manner, to help and assist them, and to protect them in their trade and navigation.

The extent and duration of the assistance and protection to be afforded by the English and received by the Portuguese is hereby very clearly limited and defined, and in the secret article the object of this stipulation is expressely declared to be against the States General of the United Netherlands, with whom Portugal was then at variance, nor can we in any other part of this Treaty, which is the true basis of the relative rights of the two nations in India, and of their mutual claims upon each other, discover the smallest vestige of a title in your nation to the forbearance claimed by Your Predecessor with respect to the ancient possessions of the Portuguese in the Province of the North.

We have thus shown upon what slight grounds we have been impeached with breach of Treaties and violation of public faith, but in what light will this charge be regarded by an impartial world, when, if we required any further justification for our proceedings, the Marriage Treaty itself gives us a most clear and expressed right to any territories formerly belonging to the Portuguese that we might at any time recover, for which the 14.th article makes effectual provision in the following words.

«Article 14.th If however the King of Great Britain or his subjects should *at any time hereafter* recover from the States General of the United Netherlands, *or from any others,* any towns, castles, or territories, *that may have belonged heretofore* to the Crown of Portugal, the King of Portugal with the assent and advice of his council grants the supreme sovereignity, and the full, entire, and absolute dominion of the

1780 Outubro 18 same, and of every of them whatever to the said King of Great Britain, his heirs, and successors for ever, freely, entirely, and absolutely.»

After this full explanation of the justice of the grounds upon which we have proceeded, we must, in our own vindication, reject and disclaim your protest as in nowise appertaining or applicable to this Government, and renounce every responsibility for any consequences that may result in Europe from any measures taken by the Crown of Portugal on your represention to the prejudice of the interests of Great Britain, tho' we have the firmest confidence that our Most August Sovereign His Britanic Majesty will afford those interested the most effectual protection and support from all injurious invasion.

It cannot be unknown to you that the Honorable English East India Company, out of regard to the national alliance subsisting between Great Britain and Portugal, incurred a large expense by assistance afforded to the Portuguese in the defense of their possessions in the Province of the North, for which notwithstanding repeated demands, they have not to this day been reimbursed; we must therefore hope that Your Excellency will do justice to the Company, and discharge this debt of so many years standing.

We are concerned to find that Mr. Henshaw has hitherto been able to obtain so little satisfaction relative to the capture of the English vessel at Mangalore, made by a vessel fitted out from the port of Goa, which will reduce us to a necessity of stating the affair to our Superiors in Europe.

This will be presented to Your Excellency by Mr. Henshaw who will also have the honour of delivering to You a packet to your address from the Honorable the Governor General and Council.

We have the honour to be with highest esteem, Honorable Sir, Your most obedient humble servants.—William Hornby—D. Rapet—N. Stachhoner (?).

Bombay Castle, 18.th October 1780.

N.º 2

Traducção contemporanea da resposta do Conselho de Bombaim ao Governador da India

(Arch. da India, livro das Monções, n.º 161, fol. 506.)

Ao muito Illustre Senhor Dom Frederico Guilherme de Sousa, Governador e Capitão General dos Estados de Sua Magestade Fidelissima na India. 1780 Outubro 16

Ill.mo Sr.—Temos agora a honra de responder á carta de V. Ex.ª com data de 17 de julho recebida nesta monção.

Quando a reducção da Ilha de Salcete foi emprehendida pelas tropas inglezas no anno de 1774, nós recebemos cartas de protesto do Sr. José Sanches de Brito, commandante da frota de Sua Magestade Fidelissima, e do Ill.mo predecessor de V. Ex.ª Sr. Dom Pedro José da Camara; nossas respostas devem sem duvida estar depositadas nos publicos archivos de Goa, e nós concebemos serem sufficientes; porém como V. Ex.ª he servido reviver o assumpto na mesma maneira como o predecessor de V. Ex.ª e com os mesmos argumentos, em ordem de provar que o direito da sua nação ainda existe nas terras conquistadas pelos Marathas quasi 42 annos passados, protestou contra este governo pela invasão daquelle direito, e procurou atemorisar-nos pela segurança dos interesses britannicos derivados da alliança nacional com o Reino de Portugal, nos vimos constrangidos a dar huma resposta com miudeza, para que o publico ignorante da real circumstancia da causa não ponha huma desagradavel interpretação sobre a nossa reserva.

Nós desejavamos referir a nossa antiga resposta, visto acharmos em difficuldade de poder tratar seriamente, ou com argumento regular huma posição tão contraria á razão, e maximas recebidas, como a existencia de hum direito, ou soberania na sua nação a territorios desmembrados dos seus dominios quasi meio seculo, ou que attenção alguma da nossa parte a direito de similhante natureza podesse privar os

1780 Outubro 18 inglezes de levar guerra naquellas partes dos dominios de Marathas, que elles achassem ser mais conveniente, ou conductivo aos seus successos. Os inglezes nas suas acções tem sido governados pelo simples dictame da razão, leis da natureza e das nações. Elles se acham envolvidos em guerra com os Marathas, e para sua segurança, e vantagem proseguem esta guerra com o vigor possivel. Elles atacam os dominios dos Marathas em qualquer parte que elles entendem que possa fazer impressão, ou injuria aos inimigos com vantagem a sua nação, e quando as suas forças cheguem adiante das paredes das fortalezas, aonde a bandeira maratha se acha arvorada, elles não acham necessidade de consultar as historias, antes que as baterias sejam abertas, para descobrir os antigos possuidores, ou deliberar se algum delles não poderão ter a intenção de tornar a tentar a conquista em algum futuro periodo.

Os Portuguezes adquiriram a maior parte dos territorios na India por conquista, e forças das armas; na mesma maneira elles foram privados do que elles chamam provincia do Norte, e o seu direito consequentemente expira da mesma sorte que se originou.

Nos parece necessario responder com maior seriedade á accusação de termos violado a fé publica, e procedido contra o Tratado que subsiste entre a Gran-Bretanha e Portugal na direcção das nossas operações contra certas partes dos dominios dos Marathas.

V. Ex.ª tem procurado sustentar esta accusação por certas estipulações, que se contém nas capitulações ou acto da possessão imposto sobre os inglezes no tempo da entrega da ilha de Bombaim a elles pelos Portuguezes.

Se dessemos a mais ampla validade a aquellas capitulações, ou a maior força ás palavras, que V. Ex.ª tem citado, a obrigação nellas posta sobre os inglezes seria muito insufficiente para poder fixar sobre nós a falta, ou quebrantamento do Tratado nacional: tome aquellas mesmas palavras nas suas mais extensivas interpretações, ellas tão sómente nos excluiriam de fazer conquistas, ou ter pretenções na provincia do Norte até que esta provincia continuasse na possessão dos Portuguezes, ou que ella fizesse uma parte dos seus dominios: porém este obstaculo ou impedimento foi ha longo tempo removido por huma absoluta e completa separação, e desmembramonto, e consequentemente o senhorio, e jurisdicção Portugueza nella removido. 1780 Outubro 18

Como V. Ex.ª he servido citar o acto da possessão como instrumento de validade, e solemne convenção entre as duas corôas, nos achâmos em necessidade de dar a conhecer claramente a luz, em que o dito contrato foi percebido pelo Rey da Gran-Bretanha, por quem foi inteiramente desapprovado, posto que estava mui longe da nossa intenção reviver á memoria tão desagradaveis circumstancias que aconteceram ha tanto tempo.

Sua Magestade El-Rey Carlos II em virtude das queixas dos seus vassallos de todas as partes das Indias orientaes do deshumano tratamento dos Portuguezes, ainda depois do Tratado do casamento, e particularmente das demoras, e obstaculos na entrega da ilha de Bombaim, e das injustas condições pedidas na entrega della, foi servido mandar a sua Real Carta ao muito Illustre e muito Excellente Luiz de Mendonça Furtado, então Vice Rey de Goa, com data de 10 de Março de 167$\frac{6}{7}$, na qual depois de relatar o mau tratamento que os seus vassallos experimentavam dos Portuguezes, elle declara a sua real intenção nestas palavras:

«Nossa intenção he brevemente elucidar, e dar de entender o 11.º artigo daquelle Tratado juntamente feito com o nosso irmão o muito Serenissimo Principe de Portugal, de cuja justiça nós não duvidâmos os nossos reaes direitos no porto e ilha de Bombaim, e suas dependencias serão vindicados daquella *mui injusta capitulação,* que Humphry Cook foi obrigado a sujeitar em tempo que os ditos logares foram transferidos a nossa posse; a qual capitulação, nem elle dito Humphry Coock tinha poderes de acceitar, nem nenhum outro as podia impor nelle em contravenção da convenção formada em tão solemne e religiosa maneira: e assim nós temos determinado protestar contra a dita capitulação, co-

1780 Outubro 18 mo prejudicial a nossa real dignidade, e derogatoria ao nosso direito.»

Tambem temos com cuidado considerado o direito derivado pelos Portuguezes do Tratado do casamento naquelle particular ponto, que he o assumpto da queixa de V. Ex.ª

Nós achâmos estipulado no artigo 11.º que quando El-Rey de Gran-Bretanha mandar a sua frota para tomar pôsse do dito porto e ilha de Bombaim, os Inglezes terão instrucções para tratar os vassallos de El-Rey de Portugal nas Indias orientaes o mais amigavelmente, ajudando-lhes, assistindo-lhes, e protegendo-lhes nos seus traficos e navegação.

A extensão e duração da assistencia, e protecção, que se devia dar aos Portuguezes pelos Inglezes, está nesta bem claramente limitado e definido, e no secreto artigo o objecto desta estipulação está expressamente declarado ser contra os Estados geraes dos Paizes Baixos (Hollandezes), com quem Portugal então se achava em discordia; nem podemos em outra qualquer parte deste Tratado, que he a verdadeira base do relativo direito das duas nações na India, e da mutual pretenção entre ellas, descobrir o minimo vestigio de titulo na nação portugueza da prohibição pretendida por V. Ex.ª e seu predecessor no que respeita ás antigas possessões dos Portuguezes na provincia do Norte.

Desta maneira temos mostrado o pouco fundamento sobre que temos sido accusados com a falta dos Tratados, e violação da fé publica; porém em que luz ha de esta accusação ser considerada pelo mundo desapaixonado, quando, se nos for pedida mais justificação respeito os nossos procedimentos, o Tratado do casamento por si nos dá o mais claro e expressivo direito a qualquer territorio antigamente pertencente aos Portuguezes, que nós podessemos em qualquer tempo recobrar, para que o artigo 14.º faz a mais effectiva provisão, nas palavras seguintes:

«Artigo 14.º Se porém El-Rey da Gran-Bretanha, ou os seus vassallos succeder em qualquer tempo *daqui por diante* recuperar dos estados geraes da Unida Netherlands, ou de outros quaesquer, algumas cidades, castellos, ou territorios.

que tiverem sido pertencentes antigamente á corôa de Portugal, El-Rey de Portugal com o consentimento e aviso do seu conselho, concede a suprema soberania, e o cheio, inteiro e absoluto dominio de cada hum delles ao dito Rey da Gran-Bretanha, seus herdeiros, e successores para sempre, livremente, e inteiramente, e absolutamente.» 1780 Outubro 18

Depois desta tão completa explicação dos justos fundamentos, sobre que nós temos procedido, nós devemos em nossa vindicação rejeitar, e renunciar o seu protesto, como em nenhuma maneira pertencente, ou applicavel a este governo, e renunciámos toda a responsabilidade de qualquer consequencia, que poderia resultar na Europa das medidas tomadas pela corôa de Portugal sobre a sua representação ao prejuizo dos interesses da Gran-Bretanha, não obstante termos a mais firme confiança que o nosso muito Augusto Soberano Rey, Sua Magestade Britannica, ha de dar a estes interesses a mais effectual protecção, e soccorro contra qualquer injuria, ou invasão.

V. Ex.ª não póde ignorar que a honoravel companhia ingleza da India Oriental em attenção á alliança nacional entre a Gran-Bretanha e Portugal incorreu em grandes despezas pela assistencia que deu aos Portuguezes na defeza das suas possessões na Provincia do Norte, a qual não obstante os repetidos requerimentos, que se tem feito até ao dia de hoje, não tem sido paga; e assim nós esperâmos que V. Ex.ª ha de em justiça pagar á companhia esta divida de tantos annos passados.

Peza-nos muito dizer que até agora Mr. Henshaw[1] tem obtido tão pouca satisfação relativo á presa da embarcação ingleza em Mangalor, feita por huma embarcação preparada no porto de Goa, o que nos ha de reduzir em necessidade de representar esta dependencia aos nossos superiores na Europa.

Esta será apresentada a V. Ex.ª por Mr. Henshaw, o qual

[1] Encarregado dos negocios da companhia britannica, e representante da nação ingleza em Goa.

1780 Outubro 18 tambem ha de ter a honra de lhe entregar huma carta do Honoravel Governador Geral e conselho para V. Ex.ª [1]. Nós temos a honra de estar com a maior estimação, Honoravel Senhor, vossos mui obedientes e humildes servos.— William Hornby — I. D. Rapet — N. Stachbony.

Castello de Bombaim, 18 de outubro de 1780.

N. B. Omittimos os mais documentos, que acompanham a carta do Governador, por não tocarem á materia, que faz assumpto da nossa actual investigação, que he os obstaculos ao cumprimento do Tratado com o Maratha quanto á entrega das aldeias. Como porém o ultimo documento, que tem o n.º 11, diz respeito a esse negocio, aqui o pomos, e he o seguinte:

Primeira campanha do General Goddard

(Arch. da India, livro das Monções, n.º 161, fol. 520.)

Em o 1.º de Janeiro de 1780 largou os quarteis de inverno, que tinha tomado junto a Surrate, e dirigiu-se á provincia de Guzerate, o exercito inglez ás ordens do Brigadeiro General Thomás Goddard, composto de tres batalhões de Sipays, 400 Europeus e dois esquadrões de cavallaria, divididos em tres brigadas commandadas pelos Tenentes Coroneis Parker, Hartley e Bayle, com hum bom trem de artilharia, e tudo o mais necessario para qualquer grande empreza; a brigada do coronel Hartley era de Sipays de Bombaim.

As tropas de Surrate e Baroche se senhorearam das aldeias, que, pertencentes á dominação maratha, se achavam na vizinhança desta e daquella. O exercito continuando a sua marcha chegou a Daboy aos 19 de Janeiro. Esta fortaleza lhe fez algum fogo de artilharia aquelle dia, e parte da noite, e tendo os Inglezes principiado a fazer huma bateria para na manhã seguinte baterem a dita fortaleza, a sua guarnição a

[1] O protesto antecedente havia sido enviado por mão do dito Mr. Hinshau.

abandonou pelas tres horas da madrugada, da qual elles se senhorearam, e deixando nella hum destacamento, marcharam para Barodá, aonde fizeram hum Tratado de alliança com Fatessingue contra os Marathas, o qual se publicou no exercito. Daqui marcharam para Amedabad, e a 12 de fevereiro principiaram a bater esta cidade, cuja guarnição era de 10:000 homens, comprehendendo 3:000 arabios, os quaes duranto o sitio incommodavam o exercito inglez com varias sortidas que fizeram, o que resolveu o General a dar hum assalto aos 15 de manhã, com o qual a tomou. Faz-se importar o saque desta cidade a 90 laques de rupias (900:000 rupias).

O General Goddard por novos ajustes com Fatessingue lhe entregou esta cidade, cedend) elle aos Inglezes todo o paiz que fica ao sul do rio Mahe, e desde então deu o dito Fatessingue 5:000 cavallos pouco mais ou menos ás ordens do General inglez.

Finalisou a campanha ficando os Inglezes e Fatessingue senhores de todo o Guzerate, e se recolheram aos seus antigos quarteis de inverno.

O Coronel Brun, que tinha vindo de Madrass com 500 Europeus de infanteria, a quem cá se ajuntaram alguns Sipays, se apoderou de varias terras ao sul de Surrate, e das circumvizinhanças de Damão. Depois que o General Goddard tomou os seus quarteis de inverno, o Tenente Coronel Hartley, tendo-se recolhido com a sua brigada a Bombaim, conquistou na terra firme todas as aldeias ao sul da provincia de Baçaim até Caliane.

Segunda campanha

Depois do inverno marchou o exercito ás ordens do mesmo General Goddard das vizinhanças de Surrate, dirigindo-se a Baçaim, e fazendo o sitio desta Praça, a tomou com quatro para cinco dias de trincheira aberta, ficando por consequencia os Inglezes senhores da extensa provincia de Baçaim. Compunha-se o exercito, com que atacaram esta praça, de quatro batalhões de Bengala, um de Madrass, tres de Bombaim, o regimento de Europeus do Coronel Brun, e de duas companhias de artilharia Europêa.

Depois da tomada de Baçaim marchou o exercito para o interior da Provincia, e o Tenente Coronel Hartley se acha junto a êste exercito.

N. B. Os batalhões de Bengala são de 750 homens.

De Madrass ditos.

De Bombaim 1:000.

Na Provincia de Guzerate se acha hum corpo de tropas de dois ou tres batalhões ás ordens de hum major, sendo algumas de Bengala.

Carta do Secretario d'Estado Martinho de Mello e Castro ao Governador

(Arch. da India, livro das Monções, n.º 163, fol. 115.)

1782 Fevereiro 27 Foi presente á Raynha Nossa Senhora a carta de V. S.ª que acompanhou a traducção do Tratado feito com os Marathas, e ainda que alguns artigos do mesmo Trafado estão tão mal traduzidos, que se não entendem, comtudo do que delles se póde inferir, parece ser-nos conveniente este ajuste, e nesta intelligencia foi Sua Magestade servida approvar o referido Tratado.

Quanto ao que V. S.ª diz que ainda que os ditos Marathas não entregaram as aldeias proximas a Damão, nem as poderão entregar, porque os Inglezes as conquistaram, parece aqui pelas noticias que temos que as conquistas dos Inglezes não passaram de Baçaim, e das suas visinhanças, e jurisdicção, e não se estenderam para os districtos de Damão; e sendo assim, deve V. S.ª insistir em que se execute o Tratado com a entrega das aldeias perto de Damão, que são as mais convenientes pela sua proximidade. No caso porém que V. S.ª veja que he impraticavel conseguir a entrega das aldeias promettidas, póde acceitar as outras que se offerecem de igual rendimento, dando conta dos seus nomes, e da sua situação. 1782 Fevereiro 27

Deus guarde a V. S.ª Palacio de Nossa Senhora da Ajuda, em 27 de fevereiro de 1782.—Martinho de Mello e Castro.

Senhor Dom Frederico Guilherme de Sousa (2.ª via).

Resposta do Governador ao Secretario d'Estado Martinho de Mello e Castro

(Arch. da India, livro das Monções, n.º 163, fol. 116.)

Illmo e Exmo Sr.—Pela carta de 27 de Fevereiro do corrente anno de 1782 me participa V. Ex.ª que Sua Magestade foi servido approvar o Tratado feito com os Marathas; que eu insista em que se execute o dito Tratado com a entrega das aldeias junto a Damão, que são as mais convenientes pela sua proximidade; no caso porém que seja impraticavel conseguir a entrega dellas, que possa acceitar as outras que se offerecerem de igual rendimento, dando conta dos seus nomes, e da sua situação. 1782 Dezembro 1

Os Inglezes não só conquistaram Baçaim, e as terras da sua jurisdicção; mas tambem as do districto de Damão, que o estado tinha cedido aos Marathas na ultima guerra. E não se podendo já fazer entrega das aldeias proximas ao districto, e jurisdicção de Damão, que actualmente possue o Estado, tenho mandado fazer repetidos officios pelo Emissario do Estado, que se acha em Punem, para a entrega de outras de igual rendimento na costa do Norte, e ainda se não tem podido obter a entrega. Logo que esta se fizer, darei conta na fórma que Sua Magestade ordena.

Deus guarde a V. Ex.ª Goa, 1 de Dezembro de 1782.—Rubrica do Governador.

Carta do Secretario d'Estado Martinho de Mello e Castro ao Governador

(Arch. da India, livro das Monções, n.º 162, fol. 243.)

1782 Março 6 A Sua Magestade foi presente a carta de V. S.ª em que refere o irregular comportamento da nação ingleza em prejuiso desse Estado, particularmente depois que em 1775 se apoderou de Taná e ilha de Salcete, marchando depois para a cidade de Amandabá, e ultimamente para as praças e terras da jurisdicção antiga de Damão, conquistando as serras de Parnel, Bagavará, e Indragar, proximas e visinhas á dita praça, de onde resultaram os inconvenientes da falta de mantimentos, que poderá padecer e já experimenta a dita praça de Damão, na fórma que refere o Governador della, e faltarem igualmente as madeiras para a construcção de navios por terem os ditos Inglezes tomado todas as que acharam, e remettido para Surrate e Bombaim: Que em consequencia destas conquistas fizera V. S.ª ao conselho da dita praça de Bombaim o protesto, que remette debaixo do n.º 1 a que o dito conselho deu a resposta debaixo do n.º 2 a que se seguiu atacarem os mesmos Inglezes a praça de Baçaim, que ultimamente se lhe rendeu a 11 de Dezembro do anno proximo precedente de 1781. Em consequencia do referido he certo que depois de havermos perdido as sobreditas praças e dominios de Taná, ilha de Salcete e Baçaim, e se achar o Maratha de posse delles por mais de trinta ou quarenta annos, quando os Inglezes fizeram aquella conquista, não ha direito algum que nos assista para recriminarmos os ditos Inglezes de as haverem feito, e a resposta que elles fizeram ao protesto de V. S.ª he fundada em razões tão solidas, que se não podem impugnar; e o que unicamente se nos deve fazer mais sensivel, he ter-se reduzido esse Estado a huma situação tão deploravel, que todas as armas e forças de que nós servimos, consistem em inuteis protestos, que fazem sómente a irrisão daquelles contra quem se dirigem.

Quanto ás terras da jurisdicção antiga de Damão, e ás

serras de Parnel, Bagavará e Indragar proximas e visinhas 1782
á dita praça, que V. S.ª segura haverem sido tambem con- Março
quistadas pelos Inglezes, deve V. S.ª mandar examinar com 6
toda a individuação se os ditos dominios foram effectivamente conquistados pelos Inglezes, e se causam á mencionada praça de Damão os prejuizos que V. S.ª aponta, e quaes são as aldeias que o Maratha nos queria ceder, proximas á referida praça de Damão, o que não fez por se acharem tambem conquistadas pelos referidos Inglezes, mandando V. S.ª formar daquelles districtos hum mappa topographico, por onde conste, e se veja a situação local delles, a fim de se poder negociar com a Gran-Bretanha algum temperamento, que nos evite os prejuizos apontados por V. S.ª e nos facilite a effectiva concessão das mencionadas aldeias, que o Maratha nos quer ceder.

Deus guarde a V. S.ª Palacio de Nossa Senhora da Ajuda, em 6 de Março de 1782.— Martinho de Mello e Castro.

Senhor Dom Frederico Guilherme de Sousa (2.ª via).

Resposta do Governador ao Secretario d'Estado Martinho de Mello de Castro

(Arch. da India, livro das Monções, n.º 163, fol. 214.)

Illmo e Exmo Sr.—Por carta de 6 de Março do anno pro- 1783
ximo precedente me participa V. Ex.ª que fôra presente a Fevereiro
Sua Magestade a minha carta, em que referi o irregular com- 15
portamento da nação ingleza em prejuizo deste Estado, particularmente depois que em 1774 se apoderou de Taná, e ilha de Salcete, marchando depois para a cidade de Amadabá, e ultimamente para as praças e terras da jurisdicção antiga de Damão, conquistando as serras de Parnel, Bagavará e Indragar proximas, e vizinhas á dita praça donde resultarão os inconvenientes da falta de mantimentos; que poderá padecer, e já experimenta a dita praça de Damão, como referia o Governador della, e faltarem igualmente as madeiras para a construcção dos navios, por terem os ditos Inglezes tomado todas as que acharam, e remettido para Surrate

1783 Fevereiro 15 e Bombaim. Que em consequencia destas conquistas, eu fizera ao conselho da dita praça de Bombaim hum protesto, a que elle dera a sua resposta, a que se seguíra atacarem os mesmos Inglezes a praça Baçaim, que ultimamente se lhe rendêra a 11 de Dezembro de 1781: Que em consequencia do referido era certo que depois de havermos perdido as ditas praças e dominios de Taná, ilha de Salcete e Baçaim, e se achar o Maratha de posse delles por mais de trinta ou quarenta annos quando os Inglezes fizeram aquella conquista, que não havia direito algum que nos assistisse para recriminarmos os ditos inglezes de o haverem feito; que a resposta, que elles fizeram ao protesto era fundada em razões tão solidas, que se não podiam impugnar; e o que unicamente se nos devia fazer mais sensivel, he ter-se reduzido este Estado a huma situação tão deploravel, que todas as armas, e forças, de que nos servimos, consistissem em inuteis protestos, que fazem sómente a irrisão daquelles contra quem se dirigem.

Quanto ás terras da jurisdicção antiga de Damão, e as serras de Parnel, Bagavará, e Indragar proximas, e vizinhas á dita praça, que devo mandar examinar com toda a individuação se os ditos dominios foram effectivamente conquistados pelos Inglezes, e se causam á mencionada praça de Damão os prejuizos que apontei, e quaes são as aldeias que o Maratha nos queria ceder proximas á referida praça de Damão, o que se não fez, por se acharem conquistadas pelos referidos Inglezes, mandando eu formar daquelles districtos hum mappa topographico por onde conste, e se veja a situação local delles, a fim de se poder negociar com a Gran Bretanha algum temperamento, que nos evite os prejuizos referidos, e nos facilite a effectiva concessão das mencionadas aldeias, que o Maratha nos quer ceder.

He certo que os Inglezes fizeram as conquistas referidas. E ainda que não esteja inteiramente prohibida a conducção dos mantimentos, e madeiras, comtudo alguns destes generos se podem haver com grande difficuldade e carestia. Mandei ao Capitão Engenheiro João Antonio Aguia Sarmento, que formou o mappa topographico das aldeias na fórma da ordem de Sua Magestade, e vae o dito mappa em hum canudo de lata na primeira via. 1783 Fevereiro 15

Deus guarde a V. Ex.ª Goa, 15 de Fevereiro de 1783.— Rubrica do governador.

(Arch. da India, livro das Monções, n.º 164, 2.ª parte, fol. 1134.)

Em carta do Governador Dom Frederico Guilherme de Sousa ao Secretario de Estado Martinho de Mello de Castro, datada de 11 de Dezembro de 1783, e que começa «Por carta de 10 de Fevereiro de 1783» está este paragrapho. 1783 Dezembro 11

Os Inglezes ajustarão a paz com os Marathas e lhes restituirão Baçaim com as terras e aldeias da sua jurisdicção até os limites de Damão, reservando Taná e a provincia de Salcete. Logo mandei solicitar a entrega das aldeias de 12:000 rupias de renda, promettidas no Tratado, e com effeito se entregaram para a corôa de Sua Magestade sessenta e duas aldeias na Praganã Nagar Aveli, reservando o Maratha seis aldeias e os direitos da dita Praganã. Não consta ainda certamente o seu rendimento, porque algumas aldeias estão desertas, e outras rendem menos por causa das guerras, que tem havido com os Inglezes. Passando ordem ao governador da praça de Damão para tomar posse das aldeias, commetteu esta diligencia a Domingos Mascarenhas, e das cartas, que ambos escreveram a Narana Sinay Dumó, Emissario do Estado junto á côrte de Punem, consta a variedade dos rendimentos das ditas aldeias em diversos tempos, e tudo se vê do documento n.º 7 e tenho mandado requerer a entrega de mais aldeias, que completem o rendimento de doze mil rupias.

O documento n.º 7 contém os seguintes papeis.

Termo da posse da Praganã Nagar Avely, excepto os seus direitos, e as seis aldeias Dadrá, Morcol, Benadem grande, Sely, Sancly e Amboly

(Arch. da India, livro das Monções, n.º 164, 2.ª parte, fol. 1451.)

1783 Junho 10 Anno do nascimento de Nosso Senhor Jesus Christo de 1783, aos 10 de Junho do dito anno, na aldeia Noroly da Praganã Nagar Avely, aonde sendo presente o Feitor e Alcaide mór da cidade de Damão Manuel Antonio de Faria, que serve de Juiz dos Feitos e Procurador da fazenda, ouvidor e corregedor da comarca, o Meirinho da fazenda Lucas de Sá Baptista, commigo Francisco Caetano Coutinho Pereira, Tabellião publico das notas, e escrivão dos feitos da fazenda, por ter hido á dita aldeia a tomar posse da dita Praganã por ordem que o Governador da praça de Damão João Gomes da Costa teve do Sobedar General de Baçaim Anand Ráo Bicagi de 29 de Maio do corrente, para se empossar da dita Praganã, exceptuando os direitos, e as referidas seis aldeias para o Magestoso Estado Portuguez, pelos Sonodos que ao dito Sobedar General foram expedidos pela casa de Punem, para esta dar ao referido Estado aldeias, que rendessem 12:000 rupias por anno, na fórma do Tratado, e ajuste feito em Punem em 6 de Janeiro de 1780. Pela referida ordem, e por outra de Balagi Pant Quessó, Cabo do Suari de Bagavará, Calana Puary e Nagar Avely de 8 de Junho do mesmo anno, pela que tambem teve o dito Sobedar General para fazer entrega da referida Praganã ao sobredito Estado Portuguez; fez o dito juiz, e Procurador da fazenda convocar todos os Naiques e Pateis da dita Praganã, e depois de lhes intimar as ordens do sobredito Sobedar General, e do Cabo Balagi Pant Quessó, e de tomar conhecimento das aldeias, e dos seus rendimentos, lhes declarou que elle vinha a tomar posse nesta aldeia Noroly das sessenta e duas aldeias, entrando esta Noroly, da Praganã Nagar Avely, e que esta posse tomava em nome do dito Governador da praça de Damão João Gomes da Costa, e do Ill.mo e Ex.mo Senhor Dom Frederico Guilherme de Sousa, Governador e Capitão General da India e Asia Portugueza, e para a Real Corôa da Rainha Fidelissima de Portugal, Nossa Senhora, a quem todos reconheceriam por sua soberana, e obedeceriam aos seus Governadores e Capitães Generaes; e respondendo todos os ditos Naiques e Pateis que de hoje em diante reconheciam por sua Rainha e Senhora a Fidelissima Rainha de Portugal, e que estavam promptos para obedecerem em tudo o que pelos seus Governadores e Capitães Generaes lhes for ordenado; logo o dito juiz dos feitos e Procurador da fazenda na presença de todos tomou posse de sessenta e duas aldeias ao diante declaradas, abrindo e fechando portas, cortando ramos de arvores fructiferas, e infructiferas, passeando, e levantando terra para o ar, dizendo.—Viva a Soberana Rainha de Portugal, Nossa Senhora—e respondendo todos em voz alta—Viva—, deu este acto por acabado, e mandou que se fizesse este termo, em que elle se assignou com o Meirinho da fazenda, com todos os Naiques e Pateis, e commigo dito tabellião e escrivão que o escrevi—Francisco Caetano Coutinho Pereira—Manuel Antonio de Faria—Lucas de Sá Baptista—Signal de Jan Ramá Naique—Signal de Sir Bapú Naique—Signal de Gunagy Babol Patel—Signal de Siradá Deogy Patel—Signal de Dermagy Vangar Naique—Signal de Ramá Malgy Naique—Signal de Guimbol Caná Patel—Signal de Arju Gocol Naique—Signal de Pelagy Patel—Signal de Vissá Darmó Patel—Signal de Natá Valá Patel—Signal de Ramogy Patel—Signal de Reris Damá Patel—Signal de Govan Nangy Patel—Signal de Caná Vanssá Patel—Signal de Tontiá Lacamá Patel—Signal de Augy Candú Naique—Signal de Iriá Bicá Patel—Signal de Radú Candoriá Patel—Signal de Ratan Querariá Naique—Signal de Moriá Patel—Signal de Bicary Dacú Patel—Signal de Saugy Damgrá Patel—Signal de Vicá Cussana Patel—Signal de Mariá Malorá Patel—Signal de Ratane Sangy Patel—Signal de Siva Naeriá Patel—Signal de Rupagy Naique—Signal de Cheiytá Ramá Patel—Signal de Mangy Vôr Patel—Signal de Daná Caná Patel—Signal de 1783 Junho 10

1783 Junho 10 Anssá Patel — Signal de Sumiá Gorat Patel — Signal de Mayamgy Satua Patel — Signal de Soniam Darman Patel — Signal de Ratanà Arpalió Patel — Signal de Moliá Patel — Signal de Laxy Dagy Patel — Signal de Dacú Janá Patel — Signal de Malgy Rarió Patel — Signal de Bieá Patel — Signal de Bablá Dangrá Patel — Signal de Givá Bimá Patel — Signal de Janá Vissá Patel — Signal de Janá Vagá Patel — Signal de Suban Naique — Sigal de Raniam Patel — Signal de Calú Patel.

Titulo das aldéias da Praganá Nagar Avely e dos seus Naiques e Pateis

Boneset, Jane Ramá, (Naique).
Ranadem pequeno, Gunagy Babol, (Patel).
Quinonem, Calú, (Patel).
Galundá, Arju Gocol, (Naique).
Umborcoy, Rama, Malgy, (Naique).
Falenim, Malgy Rerió, (Patel).
Atoalá, Pelagy, (Patel).
Xelvassá, Xirdá Diogy, (Patel).
Samboronim, Jane Rama, (Naique).
Massat, Guimbol Caná, (Patel).
Cundassum, Vissa Darmó, (Patel).
Racoly, Natú Valá, (Patel).
Carar, Manegy Vôr, (Patel).
Vassunam, Bicary Dacu, (Patel).
Daporá, Danan Canan, (Patel).
Chinxaporá, Dacú Janan, (Patel).
Xicaly, Ramogy Darman, (Patel).
Suronguy, Saugy Dangrá, (Patel).
Abty, Ansseá, (Patel).
Velgão, Rerió Darman, (Patel).
Caragigão, Veiá Cassenan, (Patel).
Amboly, Suniá Goral, (Patel).
Cadoly, Givá Biman, (Patel).
Tinorá, Mará Malorá, (Patel).
Berdaban, Sonian Derman, (Patel).

Canoly, Bablá Dangrá, (Patel). 1783 Junho 10
Cantoly, Marcá, (Patel).
Selty, Jane Vassá, (Patel).
Rundanam, Bicá, (Patel).
Talauly, Canan Vanessá, (Patel).
Chinchadáo, Angy Candú, (Naique).
Vanssedá, Siva Naneriá, (Patel).
Mandonam, (deserta).
Berpan, Moliá, (Patel).
Querpan, (deserta).
Bejedan, Janám Vaga, (Patel).
Carchunda, Iriá Bicá, (Patel).
Gorvary, Rupagy, (Naique).
Gunexam, Laxy Dagy, (Patel).
Cáocham, Tonteá Lacamane, (Patel).
Jamane Pará, Suban, (Naique).
Dodinim, Raddu Candoriá, (Patel).
Amba Bary, Chita Ramane, (Patel).
Merá, Mariá Soman, (Patel).
Varcháola, Ranian, (Patel).
Cotar, Darmangy Vangar, (Naique).
Querar Bary, Ratane Queveriá, (Naique).
Umbronim, Mayamgy Satuá, (Patel).
Patty, Ratane Saugy, (Patel).
Vagachimpá, Dito Doriá, (Patel).
Sanonim, (deserta).
Pardy, (deserta).
Cardy, (deserta).
Dolerá, (deserta).
Chaurá, (deserta).
Loary, (deserta).
Atal, Ratane Arpalió, (Patel).
Noroly, Govane Nanegy, (Patel).
Baman Pará, (deserta).
Gorcá Pará, (deserta).
Ramane Pará, (deserta).
Pará de Corodiá, (deserta).

1783 Junho 10 Esta copia está conforme com o seu original. Eu Francisco Caetano Coutinho Pereira, Escrivão dos feitos da fazenda a fiz escrever, subscrevi, e me assignei. Damão, 21 de julho de 1783.— Francisco Caetano Coutinho Pereira.

Lembrança do ajuste da Praganã Nagar Avely do rendimento do tempo passado, que deu ao Governo Portuguez da praça de Damão da quantia de 12:000 rupias com clareza por addições seguintes, n'este anno Suma Selas Samanim Hayam Alafa Sano Arbe Samanim, que vem a ser 10 do anno presente de 1788.

(Arch. da India, livro das Monções, n.° 164, 2.ª parte, fol. 1454.)

Capitulos da clareza

1783 Maio 29 1. As aldeias da Praganã Calona Pouvary, e de mais jurisdição do Sarcar, cujo povo poderá hir para os matos conduzir madeira, e outros generos, sem impedimento algum na fórma do costume antigo.

2. Das mesmas Praganãs hindo os pensionarios para Nagar Avely não deve consentir ficar, e da dita Praganã Nagar Avely se vier para as Praganãs do Sarcar, mandará entregar.

3. Na mesma Praganã Nagar Avely persistem muitos Coles, Varlis, que são Dubalás, os quaes em qualquer parte fazendo Malay, que he alevantamento, prejudicando, se fará socegar, mandando abster, para não prejudicarem.

4. Da mesma Praganã Nagar Avely as Aldeias, que reservou para o Sarcar, a saber:

Os direitos de Nagar Avely.
Aldeia Dadará.
Aldeia Moreal.
Aldeia Ranadem grande.
Aldeia Sely.
Aldeia Sacly.
Aldeia Anvly.

As quaes seis aldeias atraz nomeadas, e os ditos direitos ficam reservados para o Sarcar. 1783 Maio 29

5. Todo o Jamé de mantimento da dita Praganã Nagar Avely e mais generos do pagamento, não pagará os direitos da mesma Praganã.

6. A cobrança dos direitos pertencente á Serra de Gambirgar, que costuma cobrar em Faterpor na fórma do estylo, cobrará o Sarcar sem impedimento algum para assim ser observado.

7. Constando o rendimento da dita Praganã no Darbar de Punem, da maior ou menor quantia, entregará as aldeias que tem reservado o Sarcar, para fazer o computo de 12:000 rupias, e sobrelevando o rendimento, haverá o que for de mais o dito Sarcar.

Consta de sete capitulos, hoje 7 do mez Jamadil Acar Salas Semanin, que em Portuguez vem a ser, aos 29 de Maio de 1783.

Declaração feita por Domingos Mascarenhas no papel do ajuste das condições

Estas condições terão effeito quando o meu Governador o Sr. João Gomes da Costa haja por bem, e do contrario não terey *(sic)* effeito nenhum em parte nenhuma. Saurem 20 de Maio de 1783. — Signal de Domingos Mascarenhas. 1783 Maio 20

Copia da carta do Governador de Damão João Gomes da Costa, escripta ao Enviado Narana Sinay a Punem.

(Arch. da India, livro das Monções. n.º 164, 2.ª parte, fol. 1457.)

Sr. Narana Sinay Dumó. — Em dias de Abril recebi a carta sua com os Sonodos e carta de S. Ex.ª e tendo logo nomeado a Domingos de Mascarenhas e ao Lingua Arbá para hirem encontrar ao Sobedar Anane Rao Bicagy, por causa das noticias que cá correram de que se entregavam as terras a esse Estado, para evitar a segunda diligencia de tornar a 1783 Junho 26

1783 Junho 26 trocar, esperei alguns dias, e vendo a demora a 19 de Maio fiz expedir aos ditos, que tornaram a 3 de Junho com ordens para tomar entrega da Praganã Nagar Avely, ficando de fóra seis aldeias, e os direitos das outras, mandando ao Feitor, e mais officiaes competentes, tomaram posse e recolheram, dando-me parte que as aldeias tinham poucos habitantes, e doze dellas nenhum, e que julgava que o mais render seria 5:000 rupias; porém, como no papel de ajuste, que o Sobedar passou, cujo treslado lhe remetto, diz que não rendendo as aldeias doadas 12:000 rupias, seria obrigado a restituir as que tinha reservado, V. m. logo que ficar siente, entrará na diligencia de procurar na contadoria ou Secretaria dessa Côrte os rendimentos da dita Praganã do tempo de Vissagy Panta, em que hade constar com clareza, e vendo que ella em tempo nenhum rendeu 12:000 rupias, recorra ao Ministerio, e alcance ordens para o Sobedar me mandar as seis aldeias e os direitos que reservou, pois seguro a V. m. que fazendo eu exactas diligencias por pessoas de credito e rendeiros que foram da dita jurisdição, me seguraram nunca passar de 10:000 rupias.

Como Domingos de Mascarenhas escreve a V. m. com toda a miudeza das cousas que são precisas para V. m. lá trabalhar no serviço de Sua Magestade, como nosso Emissario e pessoa fiel do Estado, que lá se acha para as dependencias do Estado; fará tudo quanto lhe for possivel para que fique bem a fazenda real, e com a brevidade possivel me mande as ordens para entrega das aldeias e direitos, e dando o que tenho dito, ainda não fica completa a conta de 12:000 rupias, e será preciso ainda algumas aldeias de Calana e Puary; e como o dito Domingos de Mascarenhas falla em todos os pontos necessarios e uteis á fazenda real, eu escuso repetir, e só espero a resposta com as decisões todas. Eu faço presente a S. Ex.ª deste facto, dando conta do que tenho recebido e do estado em que se acha, e do que tenho escripto a V. m. para trabalhar nessa côrte. O dito senhor nos determine o que for muito servido. Deus Nosso Senhor etc. Damão, 26 de Junho de 1783. — João Gomes da Costa.

Copia da carta de Domingos Mascarenhas escripta ao enviado Naraná Sinay a Punem

(Arch. da India, livro das Monções, n.º 164, 2.ª parte, fol. 1459.)

Sr. Naraná Sinay Dumò. — Em dias do mez de Abril proximo preterito chegou a esta praça Gopal Paravú com os Sonodos, carta de S. Ex.ª e de V. m. para o meu Governador, e nomeando-me este logo para hir encontrar com Anane Rao Bicagy, Sobedar que estava em Saurém, a pedir execução dos sonodos, houve demora de huns dias, por haver noticias com muita probabilidade em como as pazes estavam feitas da casa de Punem com os Inglezes, e que lhe cedia as terras tomadas, menos a ilha de Salcete, chamada Tanã, e que a entrega era logo; e como nos ditos sonodos ordenava que das aldeias, que dominava a casa de Punem, isento dos Inglezes, desse ao nosso Magestoso Estado quantas fizessem a conta de 12:000 rupias do rendimento annual do tempo do General sido Vissagy Panta, e as mais chegadas á jurisdição de Damão, e para evitar segunda questão na occasião de pedir trocas, demorou os ditos dias, que foram até 19 de Maio, em que vendo não haver a entrega, e estar o inverno a vir, e V. m. recommendar na carta do meu Governador que acceitasse por hora onde fosse; no dito dia 19 fui mandado para a dita diligencia, e chegando a Saurem no dia 24, fui bem recebido do dito Cabo, a quem fallei no mesmo dia, e no segundo ficou dito que no terceiro mandasse para Darbar ao Lingua Arbá para dar principio ao ajuste da entrega, o que assim fiz, e tendo gasto nelle tres dias, no quarto fui eu chamado para as ultimas decisões, que foram as seguintes. 1783 Junho 26

Que as aldeias que davam, eram da jurisdição Nagar Avely, que rendera no tempo do Vissagy Panta 16:000 rupias, das quaes reservava seis aldeias e os direitos, que contou em 1:000 rupias, e o rendimento das seis aldeias em 3:000 rupias, fizeram 4:000 rupias, as quaes tirada dava as mais; respondi que eu daquella jurisdição não tinha noticia certa,

1783 Junho 26 mas que tinha ouvido a algumas pessoas que no tempo, em que o Rey Chotiá dominava, não rendia mais que 6:000 até 8:000 rupias, e no tempo do Vissagy Panta não chegára a 12:000 rupias, e que elle queria que fossem 16:000 rupias, das quaes separava o rendimento de 4:000 rupias, com o que ficava o meu Sarcar muito e gravemente prejudicado, e presentemente que toda a jurisdição, e os direitos não renderiam 6:000 rupias; ao que me respondeu, que nos presentes rendimentos não fallasse pela ruina das guerras, como tambem a ordem que tinha era para dar do tempo dito; emfim depois de muitos argumentos que puz a respeito do prejuizo da fazenda real, pude fazer o ajuste de que todas as vezes que as aldeias doadas não rendessem as 12:000 rupias no dito tempo, que elle se obrigava a dar as que reservava, e que mandassemos ver na secretaria de Punem, e o que lá achasse era verdade, aonde poderia requerer a entrega das que elle reservava e dos direitos, em que não haveria duvida conseguir logo, visto termos nessa côrte a V. m.; eu vendo não haver outro remedio, e que argumentos nem razões não valia, e que val mais o pouco que nada, e de ficar elle obrigado a restituir toda a falta por um papel que passou, assignado por mim e elle, cuja copia o meu Governador lhe remette; acceitei, e recebi a ordem para cabo Bilagy Panta, que estava na jurisdição de Calana e Puary, fazer entrega da dita jurisdição com reserva dos direitos, e seis aldeias, as quaes está já a fazenda real de posse, como verá da carta, que o meu Governador lhe escreve, das quaes aldeias doze estão desertas, que não rendem huma só rupia. Tenho informado a V. m. do que cá se passa, e de algumas cousas, que no Darbar se passou, passo em silencio, por me não ser conveniente pôr em papel, o que dirá o Gopal de bôca, que presenciou tudo, e esteve em Saurem nesse tempo.

Agora o que muito precisa he a grande diligencia que espero da capacidade de V. m. como bom vassallo de Sua Magestade, e Emissario do mesmo Senhor, que com a brevidade possivel faça dar busca na secretaria dessa côrte, aonde hade achar a receita do rendimento da dita Praganã, que julgo não passará no tempo de Vissagy Panta de 10:000 rupias. Com esta clareza, e com o treslado do papel que remetto, cheio de justiça e rasão fallará ao Ministro desse Estado em como o que temos recebido presentemente não renderá 5:000 rupias pelo estado em que se acha, e para o complemento da conta veja o que falta, e ainda que responda que no presente rendimento não falle, sendo ainda depossado (*sic*), não chegando a render 12:000 rupias, como lhe tenho dito, tirando as 4:000 rupias, veja o que resta; com o que não hade haver duvida em mandar restituir as seis aldeias e os direitos, que ainda não fica cumprida a promessa das 12:000 rupias, mas ao menos de alguma sorte remediado os prejuizos da fazenda real. 1783 Junho 26

V. m. não repare na extensão desta carta, porque mais vale que seja longa, do que diffusa, para que V. m. depois de ficar bem inteirado nesta dependencia tão interessante á fazenda real, entre na diligencia primeira do consto do rendimento, que hade achar na fórma que tenho dito, pois eu tenho feito todas as diligencias necessarias, e sabido de muitas pessoas de credito, e de varios rendimentos, que foram daquella jurisdição, acho que nunca, nem em tempo nenhum chegou a 12:000 rupias, e se o Sobedar Anane Rao deixou as ditas aldeias, e os direitos de fóra, talvez seja para que na occasião de segunda ordem para execução della seja preciso novo favor delle (e supponho que já me entende), e para que não haja esta dependencia, os Sonodos que V. m. alcançar seja para que logo que apresentado for ao Sobedar, este mande fazer a entrega das seis aldeias e dos direitos, que reservou, para assim se evitar tambem despezas, que a fazenda real faz em mandar pessoa para fallar ao dito Sobedar.

A este dito fallando-lhe eu que a producção daquella Praganã passaria livre dos direitos, ao menos no choquem de Dadará, me respondeu que não, e por muito favor só dispensou no dito choquem o mantimento que fosse de jame e alguns viveres, que fossem de pensão; repliquei-lhe, dizendo que produzindo aquella Praganã madeira, e tendo o meu

1783 Junho 26 Soberano ribeira, na qual sempre tinha despeza della, que não parecia rasão que pagasse direito sendo da sua propria terra e para o seu serviço; respondeu-me, que esta decisão requeresse a essa côrte, aonde seria attendido; lembro a V. m. ser esta huma condição, que deve vir no Sonodo para passar livre tudo o que produzir a jurisdição, ou na fórma que V. m. lá ajustar.

Tenho exposto a V. m. quanto he necessario para V. m. lá trabalhar, o ponto he saber do rendimento certo no dito tempo, e com o papel do ajuste requerer ao ministerio alcançar a ordem, e remetter com a brevidade que lhe for possivel para entrega das seis aldeias e direitos que reservou.

Lembra-me dizer a V. m. que a noticia da paz, que cá corre e V. m. melhor saberá, sendo certa, trate tambem o ajuste da troca para dar ao Estado aldeias de Calana e Puary, as quaes me segurou o Arbá que a lista dellas estava em poder de V. m por ser as mais visinhas á nossa jurisdição; que as nove nomeadas nos Sonodos passados não só ficavam longe, mas eram pensionadas de Dassamuquy e outras pensões, que elles haviam de cobrar, e nesta fórma era ser a fazenda de dois senhores, aonde desordens não podiam faltar; mas este meu dizer, e tudo o mais que dito tenho he não encontrando ordens de S. Ex.ª que estas prevalecem a tudo.

Lembro-lhe por fim que dando elles as aldeias e os direitos, depois de V. m. ver que a Praganã nunca rendeu mais de 10:000 rupias, será preciso pedir o resto em aldeias de Calana e Puary para complemento da promessa.

Deus Guarde a V. m. muitos annos. Damão 26 de Junho de 1783. — Domingos Mascarenhas.

Carta do Governador D. Frederico Guilherme de Sousa ao Secretario d'Estado Martinho de Mello de Castro

(Arch. da India, livro das Monções, n.º 164, 2.ª parte, fol. 1135.)

1784 Maio 6 Illmo e Exmo Sr. — Em execução do Tratado da paz, que assignei feito com Madou Rao Pandito Pradan, Senhor da casa de Punem, Dominante dos Marathas, o qual já remetti a

V. Ex.ª tem este mandado satisfazer no Real Erario no tempo do meu governo a quantia de 86:813 xerafins, 1 tanga e 15 réis, como consta do documento n.º 1.º 1784 Maio 6

Os Marathas ajustaram a paz com os Inglezes, cujos artigos constam da copia n.º 2.º Já os mesmos Inglezes ajustaram a paz com o Nababo Tipú Sultão, largando-lhe as praças e terras dos Reinos de Canará e Sunda, e remetterei a copia do ajuste, quando a houver.

Deus Guarde a V. Ex.ª Goa 6 de Maio de 1784.—Rubrica do Governador.

P. S. Depois desta feita me veio á mão o Tratado de paz do Nababo Tipú Sultão com os Inglezes, de que vae junta a copia n.º 3.º

N.º 1.º

Relação do dinheiro que Madua Rau Pant Pradan, senhor de Punem, tem pago á fazenda real da cidade de Goa desde o anno de 1780 até ao presente, em virtude da paz celebrada com o Estado, por mãos de Gupalá Custam Poy, morador em Combarjua, e seu socio Surguery Naique Baguilcutucar, morador em Marcela, em cumprimento ao termo, que estes prestaram na secretaria do Estado em 21 de março do dito anno de 1780.

	Rupias	Quartos	Annás	Avanço de rupias em xerafins	Importancia de rupias em xerafins
1780 Setembro 14 — Pela addição n.º 1781	8.000	0	00	-	16.000-0-00
» » 30 — Idem, n.º 1820	2.630	0	00	-	5.300-0-00
» Outubro.. 6 — Idem, n.º 1888	3.250	0	00	-	6.500-0-00
» » 19 — Idem, n.º 2030, com avanço de 3 por cento	1.600	0	00	930-0-00	3.200-0-00
» Dezembro 19 — Idem, n.º 2337	5.000	0	00	300-0-00	10.000-0-00
1782 Março... 26 — Idem, n.º 678	6.700	0	00	402-0-00	13.400-0-00
» Junho.... 8 — Idem, n.º 1249	3.300	0	00	198-0-00	6.600-0-00
1783 Janeiro.. 30 — Idem, n.º 273	2.090	0	00	-	4 180-0-00
» Março.... 31 — Idem, n.º 679	2,110	0	00	252-0-00	4.220-0-00
	34.700	0	00	2.082-0-00	69.400-0-00
1784 Janeiro... 24 — Idem da conta de madeira de teca n.º 210	2.706	2	02	161-2-18	5.413-1-15
» Fevereiro 9 — Idem, n.º 333 pertencentes ao rendimento das aldeias cedidas ao Estado	6.000	0	00	360-0-00	12.000-0-00
Somma	43.406	2	02	2.603-2-18	86.813-1-15

(Arch. da India, livro das Monções, n.º 164, 2.ª parte, fol. 1136.)

Sergio Justiniano Pereira, Contador Geral da junta da Fazenda Real da cidade de Goa, Estado da India, por Sua Magestade Fidelissima, que Deus Guarde, etc. 1784 Março 24

Certifico sommar esta relação em 43:406 rupias, 2 quartos e 2 annás, seu avanço em 2:603 xerafins, 2 tangas e 18 réis, a 3 por cento, por serem rupias de Sarcar, e a importancia das ditas rupias em 86:813 xerafins, 1 tanga e 15 réis, que tantos tem satisfeito Maduá Rau Pant Pardan no Thesouro Geral do Estado desde o anno de 1780 até o presente, em virtude da paz celebrada com o Magestoso Estado; a saber, 34:700 rupias por ajuste de certa negociação, 2:706 rupias, 2 quartos e 2 annás, pela madeira de teca e 6:000 rupias pelo rendimento das aldeias cedidas ao Estado, como se declara por extenso na dita relação; e esta passei em obediencia á Portaria do Ill.mo e Ex.mo Sr. Governador e Capitão General de 22 do corrente. Gabriel Caetano de Noronha, escripturario, a fez em Goa a 24 de Março de 1784. — Sergio Justiniano Pereira.

N.º 2

Tratado de perpetua amisade entre a honrada Companhia Ingleza da India oriental e o Peshuá Madou Rau Pandit Pardhan ajustado pelo Senhor Anderson por parte da honrada Companhia em virtude dos poderes delegados para o mesmo effeito pelo honrado Governador General e conselho nomeado pelo Rey e Parlamento da Gram Bretanha para dirigir e sindicar todos os negocios politicos da honrada Companhia Ingleza das Indias Orientaes na India, e pelo Maa Rajah Subedar Madoo Raw Sendia, como plenipotenciario da parte do Peshuá Madoo Raw Pundit Pardhan, Ballajee Pandit, Naná Phurnish, e o todo dos chefes da nação Maratha, conforme aos seguintes artigos, os quaes serão para sempre obrigatorios aos seus herdeiros e successores, e as suas condições serão invariavelmente observadas por ambas as partes.

(Arch. da India, livro das Monções, n.º 164, 2.ª parte, fol. 1132.)

Artigo 1.º

He estipulado e ajustado entre a honrada Companhia da India Ingleza, e o Peshuá pela mediação de Madou Rau Sen- 1783 Maio 17

1783 Maio 17 diá, que todas as terras, praças, cidades e fortes, incluindo Baçaim, etc., as quaes tem sido tomadas ao Peshuá durante a guerra, que houve depois do Tratado ajustado com o Coronel Upton, e tem cahido na posse dos Inglezes, serão entregues ao Peshuá. Os territorios, fortes, cidades, etc., que hão de ser restituidas dentro do espaço de dois mezes do tempo em que este Tratado for completo (como abaixo se declarará) áquellas pessoas que o Peshuá, ou o seu ministro Naná nomearem.

Artigo 2.º

He ajustado entre a Companhia Ingleza e o Peshuá, que Salsete e as outras tres Ilhas, a saber, Elephanta, Caranjá e Hog, as quaes estão incluidas no Tratado do Coronel Upton, continuarão para sempre na posse dos Inglezes. Se algumas outras tiverem sido tomadas durante a guerra, serão restituidas ao Peshuá.

Artigo 3.º

Como foi estipulado no 4.º artigo do Tratado do Coronel Upton «que o Peshuá e todos os chefes da nação maratha, ajustavam dar á Companhia Ingleza, para sempre, todo o direito e acção da cidade de Broach (Baroche) tão inteira e completamente como o obtiveram do Mogol, ou de outro modo, sem reter alguma reclamação ou outras pretenções quaesquer que sejam, de sorte que a Companhia Ingleza a possuirá sem participação de reclamação de qualquer qualidade»; este artigo fica existindo e continuando em inteiro vigor e effeito.

Artigo 4.º

O Peshuá tendo antigamente no Tratado com o Coronel Upton ajustado por modo de amizade, de dar ou ceder a terra ingleza 3 lacks de rupias junto a Broach (Baroche), os Inglezes presentemente a instancia de Madoo Raw Sendiá consentem em ceder da sua pretenção á dita terra a favor do Peshuá.

Artigo 5.º

As terras que Seajee e Tully Sing Gaecuwares deu aos Inglezes, as quaes são mencionadas no artigo 7.º do Tratado do Coronel Upton, ficando em modo de suspensão; os Inglezes com o objecto de obviar todas as futuras disputas, presentemente ajustam que serão restituidas; e he portanto ajustado que se as ditas terras forem parte do estabelecido paiz de Gaecuwar, serão restituidas a Gaecuwar, e se forem parte dos territorios do Peshuá, serão restituidas ao Peshuá. 1783 Maio 17

Artigo 6.º

Os Inglezes se obrigam que tendo concedido a Ragoonath Raw o têrmo de quatro mezes do tempo, em que este Tratado for completo, para fixar o logar da residencia; depois de expirar o dito termo, lhe não concederão alguma assistencia, protecção ou mantença, nem lhe supprirão com dinheiro para os seus gastos; e o Peshuá da sua parte se obriga que, se Ragoonath Raw voluntariamente, e de seu proprio accordo voltar para Maa Rajah Madoo Raw Sendia, e quietamente com elle residir, a somma de 25:000 rupias por mez lhe serão pagas para sua mantença, e não lhe será commettida alguma injuria pelo Peshuá ou por alguma da sua gente.

Artigo 7.º

A honrada Companhia Ingleza da India, e o Peshuá desejando que os seus respectivos alliados sejam incluidos neste Tratado, he portanto mutuamente estipulado que cada huma das partes fará paz com os alliados da outra na fórma ao diante especificada.

Artigo 8.º

O territorio que tem sido longamente o estabelecido *Sagur* (*sic*) de Siajee Gaecuwar e Fatty Sing Gaecuwar, convem a saber, quaesquer territorios que Fatty Sing Gaecuwar possuia ao principio da presente guerra, ficarão daqui em diante para sempre na sua posse e usual estado, e o dito Fatty Sing pagará da data, em que este Tratado for completo, para o futuro ao Peshuá o tributo usual e anterior da presente guerra, e executará aquelle serviço, e será sujeito áquella obediencia como tem sido longamente estabelecido e de costume.

1783 Maio 17 Nenhuma reclamação será feita sobre o dito Fatty Sing pelo Peshuá pelo tempo passado.

Artigo 9.º

O Peshuá se obriga a que, por quanto o Nababo Hyder Ally Caun (Kan) tem com elle concluido hum Tratado, e tenha inquietado, e tomado posse dos territorios pertencentes aos Inglezes, e seus alliados, será o dito Nababo compellido a largal-os, e a serem restituidos aos Inglezes, e ao Nababo Mahamed Ally Caun (Kan). Todos os prisioneiros, que tem sido tomados por alguma das partes durante a guerra, serão libertos, e Hyder Ally Caun (Kan) será obrigado a ceder todos os territorios pertencentes á Companhia ingleza, e seus alliados assim como delles tiver tomado posse depois de 9 Aamzan no anno de 1181 (Agosto de 1779 A. D.) sendo a data do Tratado do Peshuá, e os ditos territorios serão entregues aos Inglezes, e ao Nababo Mahamed Ally Caun (Kan) dentro de seis mezes depois deste Tratado ser completo, e os Inglezes em tal caso ajustam que em quanto Hyder Ally Caun (Kan) ao diante se abstiver de commetter hostilidades contra elles e seus alliados, e em quanto se contiver em amizade com o Peshuá, elles de nenhum modo praticarão algum acto de hostilidade contra elle.

Artigo 10.º

O Peshuá contrata em seu abono, assim como em favor dos seus alliados Nabab Nizam Ally Caun (Kan), Ragojee Bonsoló Syng Saheb Subah, e o Nabab Hyder Ally Caun (Kan), que elles em todos os respeitos manterão paz com os Inglezes e seus alliados, o Nababo Asophall Dowlah Bahadoor, e o Nababo Mahamed Ally Caun (Kan) Bahadoor, e que por modo nenhum qualquer que seja lhes causarão algum disturbio. Os Inglezes se obrigam em seu abono, assim como a favor dos seus alliados o Nababo Asopha Doulah, e o Nababo Mahamed Ally Caun (Kan), que elles em todos os respeitos manterão paz para com o Peshuá, e seus alliados o Nababo Nizam Ally Caun (Kan), e Ragojee Bonsolah Synd

Saheb; e os Inglezes mais se obrigam a seu favor, como dos seus alliados, que elles manterão paz para com o Nababo Hydar Ally Caun (Kan) debaixo das condições declaradas no artigo 9.º deste Tratado. 1783 Maio 17

Artigo 11.º

A honrada Companhia da India ingleza e o Peshuá mutuamente ajustam que as embarcações de cada hum não motivarão disturbio na navegação das embarcações do outro, e que as embarcações de cada hum serão admittidas nos portos do outro, nos quaes não encontrarão molestia alguma, e a mais ampla protecção será reciprocamente concedida.

Artigo 12.º

O Peshuá, e os Chefes dos Estados do Maratha, portanto ajustam que os Inglezes gosarão do privilegio de commercio como antigamente nos territorios do Maratha, e não encontrarão com genero algum de interrupção, e do mesmo modo a honrada companhia da India oriental ajusta que aos vassallos do Peshuá será permittido o privilegio de commercio nos territorios dos Inglezes sem interrupção.

Artigo 13.º

O Peshuá portanto se obriga que elle não consentirá alguma feitoria de outras nações Européas, estabelecidas nos seus territorios, ou daquelles dos chefes delle dependentes, exceptuando aquellas já estabelecidas pelos Portuguezes, e que elle não conservará algum trato de amizade com alguma outra nação Européa; e os Inglezes da sua parte ajustam que elles não concederão assistencia a alguma nação do Decan, ou Hindostan, em inimizade com o Peshuá.

Artigo 14.º

Os Inglezes, e o Peshuá, mutuamente ajustam que nenhum concederá algum genero de assistencia aos inimigos do outro.

Artigo 15.º

1783 Maio 17 O honrado Governador General, e o Conselho de Forte William, contratam que elles não permittirão que algum dos chefes, dependentes, ou vassallos dos Inglezes, os cavalheiros de Bombaim, Surrate, ou Madrasta, procedam em qualquer parte contrario aos termos deste contrato; do mesmo modo o Peshuá Madoo Raw Pandit Pardhan se obriga que nenhum dos chefes, ou vassallos do Estado Maratha, obrarão em contrario aos termos do Tratado.

Artigo 16.º

A honrada Companhia da India oriental, e o Peshuá Madoo Raw Pandit Pardhan, tendo a mais inteira confiança em Maa Rajah Subedar Madoo Raw Sendia Bahadoor, ambos pediram ao dito Maa Rajah para ser o mutuo garante para a perpetua e invariavel adherencia de ambas as partes ás condições deste Tratado, e o dito Madoo Raw Sindiá pela estimação do bem de ambas as partes toma na mesma conformidade sobre si a mutua garantia, e se alguma das partes se separar das condições deste Tratado, o dito Maa Rajah se unirá com a outra parte, e com todo o seu poder cuidará em trazer os aggressores a huma propria intelligencia.

Artigo 17.º

He portanto ajustado que quaesquer territorios, fortes, ou cidades, que em Guzerate fossem concedidas por Ragonath Raw aos Inglezes antes do Tratado do Coronel Upton, e de que tomarão posse, a restituição das quaes foi estipulada no artigo 7.º do dito Tratado, serão restituidas conforme os termos do dito artigo.

Este Tratado, constando de dezesete artigos, he ajustado em Talbey, no campo de Maa Rajah Subedar Madoo Raw Sindiá, aos 4 do mez Jumonadil Saaney no anno de 1197 da Hegira, correspondendo aos 17 de Maio de 1783 da era de Christo, pelo dito Maa Rajah e o Sr. David Andreson, copias do qual serão mandadas por cada huma das sobreditas pessoas aos seus respectivos superiores ao Forte William e a

Poonah (Punem), e quando ambas as copias voltarem, huma debaixo do sêllo da honrada Companhia ingleza da India oriental, e assignatura do honrado Governador General, e Conselho de Fort William, será entregue a Maa Rajah Madoo Raw Sendiá Bahadoor, e a outra debaixo do sêllo do Peshuá Madoo Raw Pandit Pardhan, e assignatura de Ballajee Pandito Naná Phurnish, será entregue ao Sr. David Andreson, este Tratado será reputado completo, e ratificado, e os capitulos nelle conteudos serão obrigatorios a ambas as partes contratantes. 1783 Maio 17

Ratificado em o Forte William, aos 6 dias de Junho de 1783.

(Assignados) Warrant Hastings — Duarte Wheler — João Macpherson — David Andreson, assistente da embaixada.

Verdadeira copia.

N.º 3

Tratado da paz com o Nababo Tipoo Sultão Bahauder

(Arch. da India, livro das Monções, n.º 164, 2.ª parte, fol. 1145.)

Sêllo da Companhia.

Sêllo de Tipoo Sultão.

Tratado de perpetua paz e amizade entre a honrada Companhia ingleza da India oriental, e o Nababo Tipoo Sultão Bahauder em seu favor pelas terras de Seringapatam, Hyder Nagur, etc., e todas as outras suas possessões, ajustado por Antonio Sadleir, Jorge Leonard Staunton, e João Hadleston, Escudeiros, em favor da honrada Companhia ingleza da India oriental por todas as suas possessões, e por Carnatic Payen-Ghaut, por virtude dos poderes delegados ao muito honrado Presidente, e selecta Junta do Forte de S. Jorge, para esse effeito pelo Governador geral, e Conselho nomeado pelo Rey e Parlamento de Gran-Bretanha, para ordenar, e syndicar todos os negocios politicos da honrada Companhia ingleza da India oriental, e pelo dito Nababo, conforme aos seguintes artigos, os quaes hão de ser estrictamente, e inva- 1784 Março 11

1784 Março 11 riavelmente observados em quanto o Sol e a Lua durarem por ambas as partes, a saber, pela Companhia ingleza, e os tres governos de Bengala, Madras e Bombaim, e o Nababo Tipoo Sultão Bahauder.

Artigo 1.º

Paz e amizade terá lugar immediatamente entre a dita Companhia e o Nababo Tipoo Sultão Bahauder, e seus amigos e alliados, particularmente incluindo nella os Rajahs de Tanjore e Travancore, os quaes são amigos e alliados dos Inglezes, e o Carnatic Payen-Ghaut, assim tambem os amigos e alliados do Nababo Tipoo Sultão, o Bibi de Cananor, e os Rajahs, ou Zemindars da Costa do Malabar são incluidos neste Tratado; os Inglezes não assistirão directa, e indirectamente, os inimigos do Nababo Tipoo Sultão Bahauder, nem farão guerra aos seus amigos e alliados, e o Nababo Tipoo Sultão Bahauder directa, ou indirectamente, não assistirá aos inimigos, nem fará guerra aos amigos e alliados dos Inglezes.

Artigo 2.º

Immediatamente depois de assignado e sellado este Tratado pelo Nababo Tipoo Sultão e os tres Commissarios inglezes, o dito Nababo mandará ordens para a completa evacuação de Carnatic, e restituição de todos os fortes e lugares nella presentemente occupados pelas suas tropas, excepto os fortes de Ambirgur e Satgur, e esta evacuação e restituição será actual e effectivamente feita no espaço de trinta dias do dia em que for assignado o Tratado, e o dito Nababo assim tambem immediatamente depois de assignar o Tratado mandará ordens para libertar todas as pessoas que foram tomadas, e feitas prisioneiras na proxima guerra, e se acharem vivas, ou sejam Européas, ou nacionaes, e para serem conduzidos seguramente, e entregues nos fortes inglezes, ou estabelecimentos que forem mais proximos aos lugares, em que elles presentemente se acham, de sorte que a dita liberdade, e entrega dos prisioneiros, será actual e effectivamente feita em trinta dias da data em que for assignado o Tratado. O Nababo fará que elles sejam assistidos com provisões e conducções para a jornada, a qual despeza lhe fará boa a Companhia; os Commissarios mandarão hum official, ou officiaes para acompanharem os prisioneiros aos differentes lugares, em que devem ser entregues, em particular Abdul Wahal Caun, tornado e a sua familia em Chitour, será immediatamente libertado, e se quizer voltar a Carnatic lhe será permittido fazel-o. Se alguma pessoa, ou pessoas pertencentes ao Nababo, e tomadas pela Companhia na ultima guerra se acharem vivas, e na prisão em Boncoolen, ou em outros territorios da Companhia, tal pessoa, ou pessoas serão immediatamente libertadas, e se quizerem voltar, serão mandadas sem demora ao forte, ou estabelecimento mais proximo na terra de Misore Bassivapa, ultimo Amaldar de Palicachery, será liberto, e posto em liberdade para partir. 1784 Março 11

Artigo 3.°

Immediatamente depois de assignado e sellado o Tratado, os Commissarios inglezes darão ordens por escripto para a entrega de Onor, Caruar e Sadashevaguda [1], e fortes e lugares immediatos, mandando navio, ou navios para conducção das guarnições. O Nababo Tipoo Sultão Bahauder, fará que as tropas naquelles lugares sejam assistidas com provisões, e qualquer outra necessaria assistencia para a sua viagem a Bombaim, pagando os Inglezes a despeza. Os Commissarios semelhantemente darão ao mesmo tempo ordens por escripto para a immediata entrega dos fortes, e districtos de Caroor, Ayracourchy e Daraporam; e immediatamente depois da liberdade e entrega dos prisioneiros como supramencionado, o forte e districto de Dindigal serão evacuados, e restituidos ao Nababo Tipoo Sultão Bahauder, e nenhuma das tropas da Companhia ficarão depois nas terras do Nababo Tipoo Sultão Bahauder.

Artigo 4.°

Logo que todos os prisioneiros forem libertados e entregues, o forte e districto de Cananor, será evacuado e resti-

[1] Sadashigor, ou Sinvanserra, como tambem lhe chamavam.

1784 Março 11 tuido a Aly Rajah Biby, Raynha daquella terra, em presença de qualquer pessoa, sem tropas, que o Nababo Tipoo Sultão Bahauder lhe parecer nomear para esse effeito, e ao mesmo tempo que as ordens forem dadas para a evacuação e entrega dos fortes de Cananor e Dindigal, o dito Nababo dará as ordens por escripto para a evacuação e entrega de Amboorgur e Satgur aos Inglezes, e no entretanto nenhumas tropas do dito Nababo ficarão em alguma parte de Carnatic, excepto nos dois fortes supramencionados.

Artigo 5.º

Depois da conclusão deste Tratado, o Nababo Tipoo Sultão Bahauder não fará alguma reclamação qualquer que seja em futuro a respeito de Carnatic.

Artigo 6.º

Todas as pessoas que foram tomadas, e levadas de Carnatic Payen-Gaut, em que se inclue Tanjore, pelo ultimo Nababo Hyder Aly Caun (Kan) Bahauder, que está no céu, ou pelo Nababo Tipoo Sultão, e que por qualquer modo pertenceram a Carnatic, e presentemente se acham nos dominios do Nababo Tipoo Sultão Bahauder, e que quizerem voltar, serão immediatamente permittidas a voltarem com as suas familias e filhos, ou quando lhe for conveniente; e todas as pessoas pertencentes a Vencantajherry Rajah, que foram tomadas prisioneiras voltando do forte de Vellore, serão tambem libertadas, e permittidas immediatamente a voltarem. Listas das principaes pessoas pertencentes ao Nababo Mahomed Aly Caun (Kan) Bahauder, e ao Rajah de Vencatajherry serão entregues aos Ministros do Nababo Tipoo Sultão, e o Nababo fará que o conteúdo deste artigo seja publicado nas suas terras.

Artigo 7.º

Sendo este o feliz periodo da paz geral, e reconciliação, o Nababo Tipoo Sultão Bahauder, como testemunho e prova da sua amizade aos Inglezes, ajusta que os Rajahs, ou Zemindares nesta costa, que tem favorecido aos Inglezes na proxima guerra, não serão molestados por esse motivo.

Artigo 8.º

O Nababo Tipoo Sultão aqui renova e confirma todos os privilegios de commercio, e immunidades concedidas aos Inglezes pelo ultimo Nababo Hyder Aly Caun (Kan) Bahauder, que está no céu, e particularmente estipulados e especificados no Tratado entre a Companhia e o Nababo, concluido em 8 de Agosto de 1770. 1784 Março 11

Artigo 9.º

O Nababo Tipoo Sultão Bahauder restituirá a feitoria e privilegios possuidos pelos Inglezes em Calicut até o anno de 1779, ou 1193 da Hegira, e restituirá Monte Delhy, e seu districto pertencente ao estabelecimento de Tillicherry, e possuido pelos Inglezes, até que foi tomado por Sadur Caun (Kan) no principio da proxima guerra.

Artigo 10.º

Este Tratado será assignado pelos Commissarios inglezes, e huma copia delle será depois assignada e sellada pelo Presidente e selecta Junta do Forte de S. Jorge, e entregue ao Nababo Tipoo Sultão Bahauder dentro de hum mez, ou antes se for possivel, e o mesmo será reconhecido debaixo dos punhos e sellos do Governador geral e Conselho de Bengala, e Governador e selecta Junta de Bombaim, ligando e obrigando todos os governos na India; e copias deste Tratado assim reconhecido serão mandadas ao dito Nababo dentro de tres mezes, ou antes se for possivel.

Em testemunho do que as ditas partes contratantes tem assignado, sellado, e em troca entregue dois instrumentos do mesmo teor e data, convem a saber, os ditos tres Commissarios em favor da honrada Companhia ingleza da India oriental, e de Carnatic Payen, Gaut, e o dito Nababo Tipoo Sultão Bahauder em seu proprio favor, e dos dominios de Seringapatam, Hyder-Nagar, etc.

Assim executado em Mangalor, de outro modo chamado Córial-Bunder[1], neste dia 11 de Março de 1784 da era christã,

[1] Tambem se escreve Coddial.

1784 Março 11 e 16 dias da lua Rabillassary no anno da Hegira 1198.— Assignatura de Tipoo Sultão — Anth. Sadleir (L. S.) — Jorge Leonard Staunton (L. S.) — João Hudleston *(sic)* (L. S.)

Verdadeira copia. — W. C. Jackson, Secretario da Embaixada — Feliciano Ramos Nobre Mourão.

Treaty of peace with the Nabob Tippoo Sultaun Bahauder

Treaty of perpetual peace and friendship, between the Honorable: the English East India Company and the Nabob Tipoo Sultaun Bahauder on his own behalf for the countries of Seringapatam, Hyder Nagur, etc., and all his other possessions settled by Anthony Sadleir, George Leonard Staunton, and John Hadleston, Esquires, on behalf of the Honorable; the English East India Company for all their possessions and for the Carnatic Payen-Ghaut, by virtue of powers delegated to the Right Honorable: the President and select Committee of Fort S.[t] George for that purpose, by the Honorable; the Governor General and Council appointed by the King and Parliment of Great Britain to direct and controul all political affairs of the Honorable: the English East India Company in India; and by the said Nabob, agreeably to the following articles which are to be strictly and invariably observed as long as the Sun and Moon shall last by both parties; that is to say, by the English Company, and the three Governments of Bengal, Madras, and Bombay, and the Nabob Tippoo Sultaun Bahauder.

Article 1.[rst]

Peace and friendship shall immediately take place between the said Company, the Nabob Tippoo Sultaun Bahauder, and their friends and allies, particularly including therein the Rajahs of Tanjore and Travancore, who are friends and allies to the English and the Carnatic Payen-Ghaut; also Tippoo Sultaun's friends and allies, the Biby of Cananore, and the Rajahs or Zemindars of the Malabar Coast are included in this Treaty; the English will not directly or indirectly assist the enemies of the Nabob Tippoo Sultaun Bahauder, nor make war upon his friends or allies, and the Nabob Tippoo Sultaun Bahauder will not directly or indirectly assist the enemies nor make war upon the friends or allies of the English. 1784 Marzo 11

Article 2.nd

Immediately after signing and sealing the treaty by the Nabob Tippoo Sultaun and the three English Commissioners, the said Nabob shall send orders for the complete evacuation of the Carnatic, and the restoration of all the forts and places in it now possessed by his troops, the forts of Amboorgur and Satgur excepted; and such evacuation and restoration shall actually and effectually be made in the space of thirty days from the day of signing the treaty, and the said Nabob shall also immediately after signing the Treaty, send orders for the release of all the persons, who were taken and made prisoners in the late war, and now alive, whether European or Native, and for their being safely conducted to and delivered at such English forts or settlements as shall be nearest to the places where they now are, so that the said release and delivery of the prisoners shall actually and effectually be made in thirty days from the day of signing the Treaty.

The Nabob will cause them to be supplied with provisions and conveyances for the journey, the expence of which shall be made good by the Company to him. The Commissioners will send an officer or officers to acompany the prisoners to the different places where they are to be delivered, in particular Abdul Wahab Caun taken at Chiltour, and his family shall be immediately released and if willing to return to the Carnatic, shall be allowed to do so. If any person or persons belonging to the said Nabob, and taken by the Company in the last war be now alive, and in prison in Boncoolen or other territories of the Company, such person or persons shall be immediately released and if willing to return, shall be sent without delay to the nearest fort or settlement in the Mysore Country. Buswapa late Amuldar of Palicacherry shall be released and at liberty to depart.

1784 Março 11

Article 3.rd

Immediately after signing and sealing the Treaty the English Commissioners shall give written orders for the delivery of Onore, Carwar and Sadashevaguda, and forts and places adjoining thereto, and send a ship or ships to bring away the garrisons. The Nabob Tippoo Sutaun Bahauder will cause the troops in those places to be supplied with provisions, and any other necessary assistance for their voyage to Bombay they payning for the same. The Commissioners will likewise give at the same time written orders for the immediate delivery of the forts and distrits of Caroor, Airacourchy, and Daraporam; and immediately after the release and delivery of the prisoners as before mentioned the fort and district of Dindigul shall be evacuated and restored to the Nabob Tippoo Sultaun Bahauder, and none of the troops of the Company shall afterwards remain in the country of the Nabob Tippoo Sultaun Bahauder.

Article 4.th

As soon as all the prisoners are released and delivered, the fort and district of Cananore shall be evacuated and restored to Aly Rajah Biby the Queen of that country in the presence of any one person, without troops, whom the Nabob Tippoo Sultan Bahauder may appoint for that purpose; and at the same time that the orders are given for the evacuation and delivery of the forts of Cananore and Dindigul the said Nabob shall give written orders for the evacuation and delivery of Amboorgur and Satgur to the English, and in the meantime none of the troops of the said Nabob shall be left in any part of the Carnatic, except in the two forts above mentioned.

Article 5.th

After the conclusion of this Treaty the Nabob Tippoo Sultauh Bahauder will make no claim whatever in the future on the Carnatic.

Article 6.th

All persons whatever who have been taken and carried

away from the Carnatic Payen-Ghaut, which includes Tanjore, by the late Nabob Hyder Aly Caun Bahauder, who is in Heaven, or by the Nabob Tippoo Sultaun Bahauder, or otherwise belonging to the Carnatic and now in the Nabob Tippoo Sultaun Bahauder's dominions, and willing to return, shall be immediately allowed to return with their families and children, or as soon as may be convenient to themselves, and all persons belonging to the Vencatajherry Rajah, who were taken prisoners in returning from the fort of Vellore, shall also be released, and permitted immediately to return. Lists of the principal persons belonging to the Nabob Mahomed Aly Caun Bahauder, and the Rajah of Vencatajherry, shall be delivered to the Nabob Tippoo Sultaun's Ministers; and the Nabob will cause the contents of this article to be publicly notified throughout his country. 1784 Marzo 11

Article 7.th

This being the happy period of general peace and reconciliation, the Nabob Tippoo Sultaun Bahauder as a testimony and proof of his friendship to the English, agrees that the Rajahs or Zemindars on this coast, who have favoured the English in the late war, shall not be molested on that account.

Article 8.th

The Nabob Tippoo Sultaun hereby renews and confirms all the commercial privileges and immunities, given to the English by the late Nabob Hyder Aly Caun Bahauder, who is in Heaven, and particularly stipulated and especified in the Treaty between the Company and Nabob concluded the 8.th of August 1770.

Article 9.th

The Nabob Tippoo Sultaun Bahauder shall restore the factory and privileges possessed by the English at Calecut untill the year 1779, or 1193 Hegira; and shall restore Mount Dilly and its district, belonging to the settlement at Tillicherry and possessed by the English till taken by Sadur Cawn at the commencement of the late war.

Article 10.th

1784 Março 11 This Treaty shall be signed and sealed by the English Commissioners, and a copy of it shall be afterwards signed and sealed by the President and select committee of Fort S.t George and returned to the Nabob Tippoo Sultaun Bahauder in one month or sooner if possible, and the same shall be acknowledged under the hands and seals of the Governor General and Council of Bengal and the Governor and select committe of Bombay, as binding upon all the governments in India; and copies of the Treaty so acknowledged, shall be sent to the said Nabob, in three months, or sooner if possible.

In testimony whereof the said contracting parties have signed, sealed and interchangeably delivered two Instruments of the same tenor and date, to wit, the said three commissioners in behalf of the Honorable: the English East India Company, and the Carnatic Payen-Ghaut, and the said Nabob Tippoo Sultaun Bahauder on his own behalf and the dominions of Seringapatam, Hyder Nagur, etc.

Thus executed at Mangalore otherwise called Corial Bunder, this 11.th day of March, and year 1784, of the Christian aera, and 16.th day of the Moon Rabillassary, in the year of the Hegyra 1198. — Tippoo Sultaun's signature — (Signed) Anth. Sadleir (L. S.) — George Leonard Staunton (L.S.) — John Hudleston (L. S.)

A true copy. — W. C. Jackson, Secretary to the Embassy.

Copia contemporanea no livro das cartas de Damão deste anno de 1784.

Carta do Secretario d'Estado Martinho de Mello de Castro ao Governador

(Arch. da India, livro dos Monções, n.º 163, fol. 854.)

1784 Março 8 Foi presente a Sua Magestade a carta de V. S.ª que trouxe a data do 1.º de Dezembro de 1782 em resposta da que lhe dirigi em 27 de Fevereiro do mesmo anno, sobre o Tratado feito com os Marathas; e nada mais tenho a acrescentar ao que disse na referida carta, que deve V. S.ª proseguir as diligencias para que os mesmos Marathas executem o Tratado, que celebraram com esse Estado, verificando a entrega das aldeias, que prometteram, ou de outras de igual rendimento, porque talvez que as que os ditos Marathas nos cederem, possam fazer conta aos Inglezes, e trocal-as pelas que elles tomaram junto a Damão. 1784 Março 8

Deus guarde a V. S.ª Palacio de Nossa Senhora da Ajuda em 8 de Março de 1784.—Martinho de Mello de Castro.

Senhor Dom Frederico Guilherme de Sousa.

Resposta do Governador

(Arch. da India, livro das Monções, n.º 165, fol. 855.)

Ill.mo e Ex.mo Sr.—Recebi a carta de 8 de Março de 1784, em que V. Ex.ª me recommenda a respeito do Tratado feito com os Marathas, que devo proseguir as diligencias para que elles executem o Tratado, que celebraram com este Estado, verificando a entrega das aldeias, que prometteram, ou de outras de igual rendimento, porque talvez que as que os ditos Marathas nos cederem possam fazer conta aos Inglezes, e trocal-as pelas que elles tomaram junto a Damão. 1785 Fevereiro 11

Os Inglezes fizeram paz com os Marathas, e lhes entregaram Baçaim com as aldeias da sua jurisdicção até os confins do districto de Damão, como dei conta a V. Ex.ª com a copia do Tratado por carta de 6 de Maio de 1784, que começa pelas palavras.—Em execução do Tratado.—Logo mandei pelo Emissario do Estado, Narana Sinay Dumó, que se acha na côrte de Punem, solicitar a entrega das aldeias proximas a Damão, e só se póde obter que entregassem as aldeias do Praganã Nagar Avely, reservando seis aldeias do dito Praganã, e os direitos, que se cobravam em certo logar, de que se fez acceitação, e se tomou posse pelo Governador da dita praça, segundo as ordens que lhe tinha expedido, de que no caso de Madon Rao não ceder as aldeias proximas á jurisdicção da mesma praça, que não deixasse de acceitar as que lhe

1785 Fevereiro 11 offerecessem, por não nos expormos a ficar sem nenhumas.

Da entrega das ditas aldeias já dei conta a V. Ex.ª por carta de 11 de Dezembro de 1783, que começa pelas palavras — Por carta de 10 de Fevereiro de 1783 — Tenho mandado pelo dito Emissario requerer a entrega das seis aldeias reservadas no dito Praganã, para que este fique inteiramente na jurisdicção de Sua Magestade, e já o mesmo Emissario me certifica por cartas, que delle recebi que obtivera os despachos para se nos entregarem as aldeias reservadas, mas até o presente ainda se não pôde concluir a entrega pelas grandes demoras, que ha na dita côrte em os despachos, e execuções delles.

Deus guarde a V. Ex.ª Goa, 11 de Fevereiro de 1785.

Carta do Governador de Damão ao Governador do Estado

(Arch. da India, livro de Damão, fol. 292.)

1785 Julho 30 Illmo e Exmo Sr. — As seis aldeias, e direitos reservados pelo Subedar de Baçaim, já o Felicissimo Madú Rao mandou entregar, de que já tomei posse, e fica a Praganã completa ao Estado, e já remetti a V. Ex.ª pelos patamares, que voltaram a essa côrte, a copia do termo da posse, e já as referidas aldeias e direitos ficam arrendados até o fim de Dezembro, que são cinco mezes, em 3:250 xerafins, por estarem despovoadas.

Esta Praganã, sendo arrendada todos os annos, he prejudicial á fazenda real, que por ser para pouco tempo, os rendeiros cuidam sómente em disfructar sem lhe fazer beneficio algum, que serve de ruina; e sendo arrendada ao menos por tres annos, cuidarão melhor com interesse de terem lucros, e sobre isto espero a determinação de V. Ex.ª

Tendo eu noticia de que o Alferes Manuel Coutinho (que se acha preso nessa capital) se utilisará de algum dinheiro do rendimento da Praganã Nagar Avely, quando a administrou no anno de 1783 por conta da fazenda real, mandei proceder a huma justificação no juizo da ouvidoria, que sendo-me remettida, a enviei ao Alcaide mór e Feitor da fazenda real desta praça para que combinando a cobrança que da dita justificação constava fizera o dito Alferes administrador pela entrega que fez na feitoria, passasse a mandar fazer sequestro nos seus bens, pela falta que se conhecesse; e executando-o o dito Alcaide mór e Feitor assim, achou que o sobredito Alferes administrador cobraria o rendimento daquella Praganã 4:813 rupias, tres quartos e quatorze ducrás, e que fazendo abatimento de 3:413 rupias, tres quartos e quatorze ducrás, que o dito administrador lhe entregou por conta daquella administração, vinha a faltar para complemento da cobrança que tinha feito, 1:390 rupias, por 3:127 xerafins e meio, como tudo constará da justificação, que por copia remetti a V. Ex.ª pelos ditos patamares. 1785 Julho 30

E porque esta quantia que falta he em defraude da real fazenda, se mandou fazer o sequestro nos seus bens, e se pozeram em deposito até que V. Ex.ª resolva o mais que se deve executar.

A Ill.ᵐᵃ e Ex.ᵐᵃ pessoa de V. Ex.ª Guarde Deus muitos annos. Damão 30 de Julho de 1785. — João Gomes da Costa.

(Arch. da India, livro de Damão, fol. 203.)

Copia. — O Escrivão desta feitoria traslade ao pé desta o termo da posse das aldeias restantes da Praganã Nagar Avely, feito em 22 de Julho do corrente. Damão e de Julho 27 de 1785. — Manuel Antonio de Faria. 1785 Julho 22

Em execução á ordem acima se traslada aqui o termo de que a dita ordem faz menção, extrahido do livro 99 dos registos desta feitoria, onde se acha registado, cujo teor he o seguinte.

Anno do nascimento de Nosso Senhor Jesus Christo de 1785 aos 22 de Julho na aldeia Dadrá da Praganã Nagar Avely, onde sendo presente o Alcalde mór e Feitor da fazenda real da praça de Damão Manuel Antonio de Faria e o Meiri-

1785 Julho 22 rinho da fazenda Lucas de Sá Baptista commigo Francisco Caetano Coutinho Pereira, tabellião publico das notas, e escrivão dos feitos da fazenda, por ter vindo á dita aldeia tomar posse das seis aldeias restantes da dita Praganã, e tambem das alfandegas por ordem, que o Governador da dita praça de Damão João Gomes da Costa teve por Sonodos do Felicissimo Madou Rao Pandito Pradan, Senhor de Punem, e seus dominios, e do Subedar General de Baçaim Givagi Gopal para o administrador das ditas aldeias Sadassiva Pant as entregar ao Magestoso Estado Portuguez, para assim ficar a Fidelissima Rainha de Portugal Nossa Senhora, de toda a Praganã de Nagar Avely, e suas alfandegas, conforme o Tratado o ajuste feito em Punem em 6 de Janeiro de 1780, que daria a dita casa de Punem ao Estado Portuguez Aldeias, que rendessem 12:000 rupias por anno, para subsidio da referida praça de Damão; e sendo tambem presente o dito administrador Sadassiva Pant, na presença dos Naiques, e Pateis das referidas Aldeias, disse que não punha duvida á entrega das mencionadas Aldeias e alfandegas da inteira Praganã, e por assim ser conforme, se investiu de posse o sobredito Alcaide mór e Feitor da fazenda real das mencionadas Aldeias e alfandegas por parte do dito Governador da praça de Damão João Gomes da Costa, e do Illmo e Exmo Senhor Governador e Capitão General do Estado da India Dom Frederico Guilherme de Sousa, com todas as solemnidades do costume, para a Corôa da Rainha de Portugal Nossa Senhora, de que mandou fazer este termo, em que se assignou o referido administrador Sadassiva Pant, e Naiques e Pateis abaixo declarados, com o dito Alcaide mór e Feitor, Meirinho da fazenda, e commigo dito tabellião e escrivão, que o escrevi. — Francisco Caetano Coutinho Pereira — Manuel Antonio de Faria — Signal de Sadassiva Pant, administrador das seis Aldeias — Signal de Jan Ramá, Naique da Praganã — Signal de Arjun Gocal, Naique da dita Praganã — Signal de Dagi Naná, Patel de Dadrá — Signal de Ramá Gagi, Patel da Aldeia Sely — Signal de Damá Malgy, Naique da Aldeia Morcol — Signal de Oliá Ramegy, Patel da Aldeia An-

ly — Signal de Bicá Ramogy, Patel da Aldeia Sady — Signal 1785
de Cacor Bimogy, Patel da Aldeia Ranadem grande — Lucas Julho
de Sá Baptista. 22

E não se continha mais no dito termo segundo o seu registo, o que assim certifico, e ao dito livro me reporto. Feitoria de Damão, 27 de Julho de 1785. — João Manuel Rodrigues — Feliciano Ramos Nobre Mourão.

Resposta do Governador

(Arch. da India, livro de Damão, fol. 295.)

Recebi a carta de Vossa Mercê de 30 de Julho proximo 1785
passado com a interessante noticia de ter V. m. toma- Setembro
do posse por parte da Real Corôa de Sua Magestade das seis 24
Aldeias, e direitos reservados do Praganã Nagar Avely, como consta do termo da posse, que V. m. me remetteu.

Estimo muito que V. m. no tempo do seu governo fizesse este serviço a Sua Magestade por effeito das negociações, que mandei fazer em Punem.

Fico na intelligencia de ter V. m. mandado arrendar as referidas Aldeias e direitos até o fim de Dezembro deste anno por 3:350 xerafins, e espero que nos annos futuros seja maior o rendimento do dito Praganã, fazendo-se diligencia para se ver se póde chegar á quantia de 12:000 rupias por anno conforme o que se estipulou no Tratado.

Não constando do rendimento certo dos direitos da alfandega, nem quanto se costuma cobrar dos generos e effeitos, que as pessoas e boyadas que passam pela alfandega, e lugares do dito Praganã, onde se costuma fazer a cobrança, mandará V. m. tirar huma exacta informação com toda a clareza, e individuação dos ditos generos e effeitos, que por costume antigo pagam direitos, e quantia destes, para com esta informação mandar fazer hum regulamento que se haja de observar no dito Praganã sem prejuizo da fazenda real, nem dos povos, mas conservando-lhes os seus usos e costumes.

1785 Setembro 24 He preciso que V. m. pela armada me remetta os proprios Sonodos, Formões, ou ordens do Felicissimo Madu Rao para a entrega das ditas Aldeias e direitos, para se conservarem nos archivos da Secretaria do Estado, e da Contadoria Geral, deixando-os V. m. registados em fórma authentica nos livros da Feitoria dessa Praça.

Quanto a ser o dito Praganã arrendado ao menos por tres annos, para que os rendeiros cuidem em beneficiar as Aldeias, e suas terras com melhor cultura, me parece justo este arbitrio, e permitto que se arrende o dito Praganã por tempo de tres annos.

Mandei remetter ao Desembargador Juiz dos Feitos da Corôa e Fazenda a justificação que V. m. me enviou sobre a usurpação de 3:127 xerafins e meio, que fez o Alferes Manuel Coutinho na administração do dito Praganã, para que procedesse contra elle na fórma das leis de Sua Magestade, e até que haja decisão conservará V. m. em deposito os bens que lhe mandou sequestrar. Deus guarde a V. m. Goa, 24 de Setembro de 1785.—D. Frederico Guilherme de Sousa.

Carta do Governador de Damão ao Governador do Estado

1786 Fevereiro 12 Illmo e Exmo Sr.—Foi arrendada por tres annos a Praganã Nagar Avely, e os seus direitos por 3:000 xerafins pelo triennio, e a renda por 19:000 xerafins em cada anno, cuja quantia excede a do arrendamento do anno passado.

E devendo constar esta Praganã de setenta e duas Aldeias, achei quando cheguei a esta praça o acontecimento seguinte. Mandando o rendeiro passado Thomaz de Villanova hum sipay seu no mez de outubro para fazer as cobranças, e indo este á Aldeia chamada, Pará de Corodiá, huma das dezesete Aldeias desertas da mesma Praganã, que o dito rendeiro em dois annos seus povoou possivelmente, saiu o Patel, ou hum dos tres moradores novos della, e disse ao Sipay que elle tinha mandado sua pessoa a Damão buscar dinheiro, e que esperasse até á tarde pela satisfação. E chegando as horas, appareceram perto de 20 homens armados entre Sipaes e frecheiros do Rey de Ramanagar, Rupadeu Ranna, e com ameaças entraram a dizer ao Sipay que aquella era do seu Rey, e não da Praganã doada ao Estado Portuguez, ao que o Sipay lhes respondeu que elle vinha da parte do rendeiro da Praganã fazer a cobrança dos moradores daquella Aldeia, postos pelo mesmo rendeiro, e que para dizer que não queria pagar, e que a Aldeia não pertencia ao Estado, não necessitava viessem 20 homens armados contra hum, o que elle Sipay ia dar a dita resposta ao rendeiro. 1786 Fevereiro 12

Do qual acontecimento dando parte o mesmo rendeiro ao meu antecessor, este pelo Lingoa Arbá fez escrever ao Rey de Ramanagar, e com a minha chegada eu repito outras, cujas copias, e das respostas remetto a V. Ex.ª para mandar averiguar no Darbar de Punem, e dar as providencias que V. Ex.ª for servido a este respeito.

Alem da referida diligencia fez outra de chamar os quatro Naiques da Praganã, e a maior parte dos Pateis das Aldeias, e inquirindo destes sobre a dita Aldeia de Pará de Curidiá, disseram todos a huma voz que o Maratha a não possuia junto com as outras doadas ao Estado, ao mesmo tempo que os mesmos Naiques da Praganã a nomearam entre as outras da dita Praganã, em occasião que o Feitor Manuel Antonio de Faria foi tomar posse da primeira vez das ditas Aldeias.

A dita Praganã toda he composta de oitenta e quatro Aldeias, das quaes doze possue o Rey de Ramanagar, e setenta e duas ficavam a cargo do Darbar de Punem, que as entregou ao Estado, e se o dito Rey diz que esta Aldeia lhe pertence, fica elle neste caso com treze, em logar de doze, e o Estado com setenta e huma; pois se disser que he Pacaria de huma das suas doze Aldeias; na Praganã estão bastantes Pacarias com nome de Aldeias no numero de setenta e duas, como são Tigrá, Pacaria de Dadrá, Quellem, Pacaria de Rudanu, Rusparà, Pacaria de Duduny, Jalvenga, Pacaria de Selty, Atal, Pacaria de Noroly, Chinchipará, Pacaria de Dapnará, e outras deste modo, porque o Maratha, ou algum Rey

1786 antecessor do Rey compoz a Praganã de oitenta e quatro Al-
Fevereiro deias, dividindo as suas Pacarias para fazer aquelle numero.
12 A Illma e Exma Pessoa de V. Ex.ª Guarde Deus muitos annos. Damão, 12 de Fevereiro de 1786.—D. Christovão Pereira de Castro.

Traducção das cartas que escreveu o Senhor João Gomes da Costa, Governador que foi d'esta praça, ao Rey Rupa Deu Rana, Rey de Rama Nagar

1785 Pelo Tratado do ajuste, que o Felicissimo Peçoá fez com
Novembro o Estado, se deu a esta Praça a Praganã Nagar Avely com to-
6 das as suas Aldeias, excepto as seis, que presentemente restituiu, com as quaes são setenta e duas, na qual conta entra a Aldeia Corddeá Chapaddá, que estava deserta, e neste anno tinha povoada em parte, e na novidade presente querendo os recebedores da dita Praganã cobrar as rendas della, o Naique de Fatepor embaraçou, vindo com huma guarda, a dita cobrança, razão por que me he preciso fazer esta a Vossa Alteza que o dito Naique de Fatepor não impeça a dita cobrança, visto pertencer a esta Praça sem mais duvida. Damão, a 6 de Novembro de 1785.

Resposta da carta acima que escreve o Rey

1785 Recebi a carta de V. m. e vejo o que me diz sobre a Aldeia
Novembro Coddá Chapaddá, a qual Aldeia de abinicio a esta parte per-
10 tence ao meu Sercar sem duvida alguma; e escusado he metter embaraço, porque a Aldeia legitima se chama Madubana, e a sua Pacaria he Corddeá Chapaddá, e assim se observou hum cabo de Maratha, chamado Bachagi Panta Subcdar, que foi administrador da dita Praganã Nagar Avely, e desde aquelle tempo pertence a sua renda á Aldeia Madubana; sendo assim abinicio, agora me escreve V. m. que o dito Felicissimo deu as Aldeias escriptas, nas quaes entra esta Aldeia Corddeá Chapaddá, pois isto he para se admirar não

saber eu sendo a dita terra e a Praganã minha, pois quando houve o ajuste do Maratha com esta Praganã, desde aquelle tempo pagava a dita Aldeia a sua renda á Aldeia Madubana, por ser sua Pacaria, e presentemente por ficar V. m. com a dita Praganã, quer fazer cousa nova, o que não póde ser, e sem embargo disso me mande a clareza da dita Praganã que deu por escripta, pois sobre esta Aldeia, que me pede, os Naiques, Pateis, e mais moradores da dita Praganã sabem que sempre foi a dita Corddeá Chapaddá annexa á Aldeia Madubana, e por isso se deve V. m. informar bem, porque eu não havia de consentir cousa nova, á vista da nossa amizade: e não sou mais largo. Darampôr, a 10 de novembro de 1785.

1785 Novembro 10

Segunda carta que escreveu o dito Senhor João Gomes da Costa ao dito Rey

Tendo visto o que Vossa Alteza me diz ácerca da Aldeia Corddeá Chapaddá, que entra na conta de setenta e duas Aldeias da Praganã Nagar Avely, e como consta da lista da dita Praganã, parece-me que não tem duvida nenhuma ficar a dita Aldeia por minha conta, e para melhor saber, remetto a lista das ditas Aldeias, por onde verá se pertence, ou não; e assim espero de Vossa Alteza ordenar ao Naique de Fatepôr para não impedir a meu administrador a sua cobrança, e como se não offerece mais, não sou mais largo. Damão, 30 de Novembro de 1785.

1785 Novembro 30

Resposta do Rey á carta acima

Depois de tantos dias recebi a sua carta, e sou presente da materia que me escreve sobre a Aldeia de Nagar Avely, que o Felicissimo deu para Damão, com lista de setenta e duas Aldeias, e como os Naiques querem embaraçar a cobrança da dita Aldeia Corddeá Chápaddá, e V. m. me pede para não ser impedida a dita cobrança, ao que lhe digo que desde o tempo que o Felicissimo tomou esta minha Praganã,

1786 Dezembro 8

1786 Dezembro 8 ficou esta Aldeia annexa para Aldeia Madubana, que he minha, alem de mais duas, que tinha dado ao Bramane no meu tempo, que não deve ser embaraçada por V. m. pela liga da nossa amizade, e não deve haver duvida alguma nesta conservação, e neste particular melhor sabe Jana Naique, e mais moradores daquella Praganã, que a dita Aldeia Corddéa Chappaddá pertence a Madubana, e por esta razão não se embarace com a dita Corddeá Chap[illegible]ddá, e sendo assim, não sei com que fundamento me escreve V. m. e por cuja inforformação. Darampor, 8 de Dezembro de 1786.

Carta que escreveu o Senhor D. Christovão Pereira de Castro, Governador actual d'esta praça, ao dito Rey

1786 Janeiro 8 Na presente armada, que de Goa veiu para esta Praça, della desembarquei nesta cidade, de que faço sabedor a Vossa Alteza pelo que sou informado da boa alliança que tem com este Estado, estimando logre perfeita saude com felicidades, e eu fico para o que for do seu serviço. He preciso escrever a Vossa Alteza sobre a Aldeia Corddeá Chappaddá, que o Maratha deu por ajuste á Praganã Nagar Avely, e como esta Aldeia vem na conta de setenta e duas Aldeias aonde entra a dita Aldeia Corddeá Chappaddá, e peço não se embarace ao meu recebedor a sua cobrança, visto pertencer a dita Aldeia a esta dita Praganã Nagar Avely, e sobre esta mesma materia tem escripto o meu antecessor para se desembaraçar, e eu tambem peço o mesmo. Damão, 8 de Janeiro de 1786.

Resposta da carta acima

(Arch. da India, livro de Damão, fol. 855.)

1786 Janeiro 15 Recebi a sua carta, e muito estimo a sua noticia, e a sua vinda a essa Praça, aonde logre felicidades para conservação da nossa amizade.

Vejo o que me diz a respeito da Aldeia Corddeá Chappaddá, sobre a qual me escreveu tambem o amigo Governador passado, a quem respondi que a dita Aldeia de abinicio foi annexa á Aldeia Madubana, como sabem os Naiques, Pateis, e mais moradores da dita Praganã, e por esta razão não deve escrever cada hora neste particular, pois quererão informar mal a V. S.ª para haver desunião entre nós, o que não deve ouvir, e ordenar aos seus administradores para se não embaraçarem com a dita Aldeia. 1786 Janeiro 15

No que respeita á licença para levar o mantimento das rendas da Praganã Nagar Avely, sem embargo de ter arrendado os direitos, lhe mandarei passar livre, e deve estar advertido V. S.ª para se não embaraçar o meu fato, que mando vir de Damão para minha despeza, porque os recebedores da alfandega querem pedir os direitos; e no mais que for do seu agrado me tem prompto. Darampór, 15 de Janeiro de 1786.

Vae traduzido bem e fielmente segundo as cartas, e suas respostas, por My Arbagy Parabú. Lingua desta fortaleza de Damão, 10 de Fevereiro de 1786.— Arbagy Parabú.

Carta do Governador D. Frederico Guilherme de Sousa ao Secretario d'Estado Martinho de Mello e Castro

(Arch. da India, livro das Monções, n.º 167, fol. 99.)

Ill.mo e Ex.mo Sr.—Por carta de 11 de Fevereiro de 1785, que principia pelas palavras —Recebi a carta de 8 de Março de 1784 —dei conta a V. Ex.ª que em execução do Tratado feito com a côrte de Punem, mandára Madua Rao Pandito Pradan, Dominante dos Marathas, entregar ao Estado a Praganã Nagar Avely do territorio da jurisdicção antiga de Damão [1], posto que não era proximo á dita praça, reservando o dito Dominante seis Aldeias, e a Alfandega, em que se 1786 Março 23

[1] Ha engano nisto. Nagar Avely pertencia no tempo antigo ao Rey de Sarceta ou Assarceta, chamado por nós communmente Rey Choutiá, e tambem Rey de Rama Nagar, e modernamente Rajá de Dramapur ou Darampór.

1786 Março 22 cobravam os direitos das passagens dos generos do commercio.

Que dei ordem ao nosso Emissario, assistente na dita côrte, para sollicitar a entrega das reservadas Aldeias, e Alfandega, e obtendo elle os Formões, e ordens necessarias do dito Madua Rao, se fez a entrega, e por carta do Governador, e mais deputados do Adjunto de Damão se me participou que se tomára posse em 22 de Julho de 1785 das seis Aldeias reservadas, e da Alfandega, onde se cobravam os direitos, e se acha o dito Praganã inteiramente com as setenta e duas Aldeias, e Alfandega, de que se compõe, que constam da relação junta, nos bens proprios da Real Corôa de Sua Magestade, ficando o dito Praganã addicto á jurisdicção, e administração do dito Governador. O que participo a V. Ex.ª para ser presente a Sua Magestade. E arrendou-se o dito Praganã neste triennio por 22:100 xerafins em cada anno. Deus guarde a V. Ex.ª Goa, 22 de Março de 1786.—Rubrica do Governador.

A relação das setenta e duas aldeias do Praganã Nagar Avely cedidas ao Estado pela casa de Punem, que accusa esta conta, se acha junta ao caderno das cartas de Damão a fl. 322.

Carta do Adjunto de Damão ao Governador D. Frederico Guilherme de Sousa

(Arch. da India, livro das cartas de Damão, fol. 320.)

1785 Julho 23 Ill.mo e Ex.mo Sr.—Aos 22 de Julho do corrente (por ordens que vieram de Punem, e de Baçaim) tomou posse o Alcaide mór e Feitor da fazenda real desta Praça das Aldeias, que restavam da Praganã Nagar Avely, que sendo seis, vem a ser sete para o numero das setenta e duas Aldeias, de que se compõe aquella Praganã, cujos nomes constam da relação junta, assignada pelo dito Alcaide mór e Feitor. São sete as Aldeias, de que se tomou posse, denominando-se seis, porque na posse de 10 de Junho de 1783, devendo os cabos do Maratha entregar sessenta e seis Aldeias, não entregaram mais que sessenta e cinco, por nos tirarem Tigrá, por ser Pacaria da Aldeia Dadrá, que elles reservaram para si, e como agora se entregasse esta com as mais Aldeias, por este motivo vem a ser sete Aldeias, constando do termo da posse só seis pelas razões referidas. 1785 Julho 29

Tambem em virtude das mesmas ordens se tomou posse em o mesmo dia 22 de julho do corrente das alfandegas daquella dita Praganã, tudo para a Real Corôa.

As referidas sete Aldeias se arrendaram todas unidas conforme as das mais Praganã (*sic*), e com as mesmas condições, até o fim de Dezembro deste anno, por 2:800 xerafins, e parece que para o anno vindouro será bom unirem-se estas Aldeias ás mais da Praganã, para inteiramente ser arrendada com as setenta e duas Aldeias; e parece tambem que se esta dita Praganã se arrendasse por tres annos, havia de haver quem melhor lançasse nella, por esperar colher fructo do seu trabalho pelas bemfeitorias que no decurso deste podiam fazer, o que fica impraticavel sendo por hum anno, porque como em tão curto espaço não esperam receber utilidade do que trabalhar, por isso se não resolvem a adiantal-o.

As alfandegas desta dita Praganã constam de cinco lugares, ou sitios, a que chamam *Choquens*, onde se cobram direitos das carretas, que vem dos mattos com cargas de páos, patingas, bambús, etc. a razão de hum tanto por cada carreta: pagam tambem ali os bois, que vem de Balagate com roupas, e mantimentos, a razão de hum tanto por cada trouxa, de hum tanto por cada carga de mantimentos, cujo rendimento, que he só de Novembro até Maio; porque em taes distancias, e similhantes sitios, se não possam pôr pessoas fidedignas para cobrança destes direitos, tomámos a resolução de os arrendar até o fim de Dezembro deste anno, e esperâmos que V. Ex.ª seja servido determinar o que se ha de fazer para o anno vindouro.

Arremataram-se os ditos direitos por 452 xerafins até o fim de Dezembro referido, e sem embargo de que Sua Magestade não ha por bem de que as alfandegas andem arrendadas, parece que as desta Praganã será melhor arrenda-

1785 Julho 29 rem-se, do que andarem por conta da Real Fazenda, por serem as cobranças compostas mais de costumes, do que direitos, e não ser facil formalisar-se contas correntes delles: o que V. Ex.ª sobretudo resolverá o que for muito servido.

A Ill.ma e Ex.ma Pessoa de V. Ex.ª Guarde Deus muitos annos. Damão em Adjunto de 29 de Julho de 1785.—João Gomes da Costa—Fabien de Mondotegui [1]—Manuel Antonio de Faria.

Relação das setenta e duas aldeias do Praganá Nagar Avely, que a Casa de Punem cedeu ao Estado pelo ajuste e tratado feito em janeiro de 1780, de cujas Aldeias se tomou posse em 10 de Junho de 1783, e 22 de Julho de 1785.

As de que se tomou posse em 10 de Junho de 1783 são as seguintes:

Boneset	Cadoly
Ranadem pequeno	Pinora
Quinonim	Birdabar
Galunda	Canoly
Umborcoy	Cantoly
Palenym	Selty
Atoala	Rundanan
Xelvana	Talanly
Samboronym	Xinxadam
Massat	Vanseda
Cundassum	Mandonam
Racoly	Berpan
Carar	Querpan
Vassonam	Bejadan
Dapoara	Charcunda
Ximsapara	Gorvary
Xicaly	Gunexan

[1] Este *Fabien de Mondotegui* era parente do outro mais celebre *Jacques Filippe de Mondotegui*. Era Tenente Coronel, e falleceu em Abril ou Maio de 1786. Havia outro Tenente chamado *Victor de Mondotegui*.

Surumgui	Caocham	1785 Julho 29
Abty	Cascham	
Velgão	Jamanepara	
Carachigão	Dodenim	
Ambolim	Ambabary	
Mera	Chaura	
Varchaula	Loary	
Cotar	Atal	
Querarbary	Noroly	
Umboronym	Bamanepara	
Pally	Goracapara	
Vagachumpa	Ramanipara	
Jononim	Para de Corodia	
Pardey	Jalvengana	
Cardy	Ruypara	
Dolora	Quelem	

As de que se tomou posse em 22 de Julho de 1785, são as seguintes:

Dadrá	Auly
Tigrá	Saely
Morcol	Ranadem grande
Sely	

Feitoria de Damão, 29 de Julho de 1785.—Manuel Antonio de Faria—Feliciano Ramos Nobre Mourão.

Resposta do Governador do Estado

(Arch. da India, livro das cartas de Damão, fol. 321.)

Recebi a carta do Adjunto da praça de Damão de 29 de Julho proximo precedente com a interessante noticia de se ter tomado posse pelo Alcaide mór e Feitor dessa praça das seis Aldeias, e direitos que se reservaram no Pragaña Nagar Avely, declarando que se entregaram sete Aldeias, porque 1785 Setembro 21

1785 Setembro 21 antes não entregaram mais que sessenta e cinco, por terem tambem reservado Tigrá, por ser Pacaria da Aldeia Dadrá, ficando agora o Estado de posse do inteiro Praganã, que consta de setenta e duas Aldeias.

Que as alfandegas do dito Praganã constam de cinco logares, ou sitios, onde se cobram os direitos, os quaes o Adjunto arrematou até o fim de Dezembro deste anno por 452 xerafins; e porque os ditos direitos não são certos, e se cobram em partes distantes, me supplicava faculdade para os poder arrendar, como tambem as Aldeias por tempo de tres annos, para que os rendeiros cuidem melhor na sua cultura, e bemfeitorias, e possam produzir maior rendimento.

E me parece resolver que o Adjunto mande tirar exacta informação dos generos, e effeitos, que passam pelos ditos logares, e quantia de direitos que costumam pagar, para com esta informação determinar hum regimento dos direitos que se devem pagar, sem prejuizo da Fazenda Real, nem alteração dos usos e costumes dos povos.

Permitto que o Adjunto possa arrendar as Aldeias e direitos pelo dito tempo de tres annos a quem mais der, fazendo diligencia que chegue ao rendimento de 12:000 rupias por anno, se tanto se podér conseguir conseguir. Nosso Senhor, etc. Goa, 21 de Setembro de 1785.— Rubrica do Governador.

Carta do Governador do Estado Francisco da Cunha e Menezes ao Governador de Damão D. Christovão Pereira de Castro

1788 Novembro 26 Ao meu predecessor escreveu V. m. em 12 de Fevereiro de 1786 a carta, que lhe remetto por copia com esta sobre a Aldeia Pará de Corodiá, de que o Rey de Rama Nagar se tem apoderado. E porque o Adjunto dessa praça deu conta do mesmo facto pela Junta da Fazenda Real em 22 de Fevereiro de 1786, lhe foi expedida pela mesma Junta a Provisão de 28 de Novembro do referido anno, pela qual lhe foi ordenado que remettesse copias authenticas das cartas da Rainha Choutiá, dos documentos que ella produzisse, e do exame e averiguação, que o mesmo Adjunto houvesse praticado para conhecimento deste negocio, ao que esse Adjunto julga ter satisfeito com os documentos, que remetteu inclusos na conta que deu á junta da Real Fazenda em 8 de Fevereiro de 1787. 1788 Novembro 26

Querendo-se agora tomar sobre este ponto a deliberação mais conveniente, visto não constar na Secretaria do Estado que o meu predecessor houvesse feito tratar este negocio na côrte de Punem, e querendo-se conferir os papeis remettidos por esse Adjunto com a carta de V. m., apparecem algumas implicancias, que he necessario remover primeiramente antes de outra deliberação.

Por quanto V. m. diz na dita sua carta que o Darbar de Punem nos entregou setenta e duas Aldeias, e o mesmo vem a dizer o Adjunto na sua conta de 22 de Fevereiro de 1786.

Examinando-se porém o termo da posse que tomámos no mencionado Praganã aos 10 de Junho de 1783, se mostra delle que nos foram cedidas então sessenta e duas Aldeias, às quaes se ajuntarmos as seis, de que depois tomámos posse em 22 de Julho de 1785, vem a ser sessenta e oito as Aldeias cedidas.

Revendo o papel que em 1783 veiu remettido da Côrte de Punem com a declaração das Aldeias, que nos eram cedidas, devem ellas ser ao todo sessenta e nove, sendo cincoenta e quatro povoadas e quinze despovoadas; entram neste numero as seis, que então eram reservadas. Vendo outro papel, que o seu predecessor João Gomes da Costa remetteu ao nosso Emissario em Punem Naraena Sinay Dumó, consta delle serem as ditas Aldeias sessenta e seis, a saber, treze devolutas, seis reservadas então, que depois se entregaram, e quarenta e sete cultivadas. Observando finalmente hum mappa que veiu remettido a esta côrte, que numera e nomeia as aldeias do mencionado Praganã, de que tomámos posse a 10 de Junho de 1785, se acha que concorda este mappa com o dito termo de posse em declarar em ambos sessenta e duas Aldeias.

1788 Novembro 26 Tambem he de notar que nem no papel que veiu do Sarcar de Punem, nem no outro que foi remettido pelo seu predecessor, se acha esta Aldeia declarada, ou com o nome de Cordá Chaporá, com que vem na conta do Adjunto de 8 de Fevereiro de 1787, e nas cartas do seu predecessor escriptas ao Rey de Rama Nagar em Novembro e Dezembro de 1785, e na de V. m. escripta ao mesmo Rey em Dezembro de 1786, ou com o nome de Pará de Cordiá, que V. m. lhe dá na carta inclusa, e com a qual se acha em ultimo logar no mappa acima referido.

Nestes termos, para se aclararem estas difficuldades, e implicancias, ordeno a V. m. que antes da sua partida se informe bastantemente desta materia, para me dar aqui as informações necessarias. Deus guarde a V. m. Goa, 26 de novembro de 1788.—Francisco da Cunha e Menezes.

Traducção da ordem do Dominante de Punem Bagi Ráo Rogunata Pradan, expedida ao Subedar de Punem sobre se não entender com os direitos da Praganã Nagar Avely, que são da possuição do Estado.

(Arch. da India, livro 3.º de Pazes, fol. 5.)

1799 Janeiro 12 Ao ornato da perpetua felicidade, honrado Vamanagi Hary.

Eu servidor Bagi Ráo Rogunata Pradan com devida cortezia faço saber, que para o soccorro de Damão havendo feito cessão aos portuguezes de Goa por este Sarcar do Praganã Nagar Avely da jurisdicção de Rama Nagar, dominio de Baçaim, com os direitos, districtos, e lagimas do gado para todo sempre, e estando elles nesta posse, e por consequencia ficando o Sipai dos Portuguezes no limite de Fátepur para a cobrança dos direitos da sua jurisdicção, os administradores, dizendo que os ditos direitos tomavam dos que pertenciam á renda de Gambirgodo, o opprimiam, e havendo contendas a respeito do limite quando foi posta guarda, proximamente tendo-se expedido ordem daquelle governo para os administradores restituirem o gado, panellas e dinheiro que elles levaram, dá parte o honrado procurador Vital Ráo Gorqui que se não fez a dita restituição, pelo que mandei expedir o presente sonodo para que observe a ordem, que proximamente foi expedida por este Sarcar, sem acordar novas duvidas, e deixe cobrar aos Portuguezes por seu Sipai como cobram os direitos da sua renda no limite de Fatepur, e restitua o gado, panellas e dinheiro, que foi cobrado por causa da guarda, fazendo que não torne mais queixa, e assim o fique entendendo. Expedido em 5 do mez de Xaban do anno Mouro de 1199 (em portuguez 12 de Janeiro de 1799). Resolução firme.—Com o sêllo pequeno do Dominante de Punem—Registado. Traduzido a 28 de Fevereiro de 1799. 1799 Janeiro 12

Bogunà Camotim Vaga, lingoa do Estado.

O original maratha, fl. 6.

Carta do Secretario d'Estado para o Vice Rey da India

(Arch. da India, livro das Monções, n.º 101, fol. 31.)

Francisco José da Torre e João Baptista Marchini, Missionarios mandados pela congregação da Propaganda Fide para a China, obtiveram licença da Rainha nossa Senhora para passarem a Goa a bordo desta Nau de viagem, e se transportarem dali a Macau, onde Sua Magestade permitte que elles possam residir, emquanto não mandar o contrario. E ordena a mesma Senhora que V. S.ª proteja os ditos Missionarios em tudo o que for conducente ao fim do seu destino; e que lhes facilite a passagem para a dita cidade de Macau. 1780 Março 11

Deus guarde a V. S.ª Palacio de Nossa Senhora da Ajuda em 11 de Março de 1780. — Martinho de Mello e Castro. — Sr. D. Frederico Guilherme de Sousa.

Carta do Secretario d'Estado para o Vice Rey da India

1780 Março 15 Depois de ter escripto a V. S.ª sobre os dois Missionarios, ou procurador e seu companheiro, destinados pela Propaganda ás Missões da China, foi preciso que os mesmos Missionarios assignassem o termo da copia junta, o qual V. S.ª fará registar na Secretaria desse Governo, e remetterá no mesmo tempo uma copia authentica ao Governador de Macau, para que ali não permitta, nem consinta cousa alguma contraria ás promessas e seguranças contheudas no dito termo, dando conta de qualquer novidade que acontecer, ou pela via de Goa, ou immediatamente a Sua Magestade pelos navios portuguezes, que daquelle porto voltarem a este Reino.

Tambem remetto a V. S.ª a copia da carta, que de ordem de Sua Magestade escrevo ao Bispo Governador dessa Diocese, e o officio e memoria, que nesta Secretaria de Estado apresentou o Nuncio Apostolico, para que cooperando V. S.ª de commum accordo com o mesmo Bispo Governador, não nos deixemos surprehender dos *meios indirectos, e não sei se pouco sinceros, com que os Propagandistas querem estender a sua auctoridade com grave prejuiso do Real Padroado, e da ampla jurisdicção da Sé Primacial de Goa.*

Deus guarde a V. S.ª Palacio de Nossa Senhora da Ajuda em 15 de Março de 1780. — Martinho de Mello e Castro. — Sr. D. Frederico Guilherme de Sousa.

Copia do Termo

Aos 15 dias do mez de Março do anno de 1780, na presença do Illmo e Exmo Sr. Martinho de Mello e Castro, Ministro e Secretario de Estado dos Negocios da Marinha, e

Dominios Ultramarinos, appareceram os Padres Francisco José da Torre e João Baptista Marchini, da Congregação de S. João Baptista, o primeiro Procurador, e o segundo companheiro, encarregados das Missões da China; os quaes com faculdade da Rainha nossa Senhora passam a residir no presidio e cidade de Macau, emquanto Sua Magestade assim o houver por bem, e não mandar o contrario. E prometteram e promettem de cumprir e guardar as ordens de Sua Magestade, e de não emprehender, nem encontrar, ou permittir que se encontre ou permitta cousa alguma, directa ou indirectamente contra o Real Padroado, que Sua Magestade tem e conserva em todas as Missões da China. E assim o affirmam *toto pectore*, e juram aos Santos Evangelhos. Em fé do que assignaram este termo com o sobredito Illmo e Exmo Sr. Ministro e Secretario de Estado. Era *ut supra*. — Martinho de Mello e Castro. — Francisco José da Torre. — João Baptista Marchini. 1780 Março 15

Carta do Secretario d'Estado para o Bispo de Cochim

(Arch. da India, livro das Monções, n.° 161, fol. 121.)

Exmo e Rev.^{mo} Sr. — Por este navio, que faz viagem para essa capital, vão os Padres Francisco José de Torres e João Baptista Marchini, da Congregação de S. João Baptista, o primeiro Procurador, e o segundo seu companheiro, e ambos encarregados das Missões da China pela Propaganda, os quaes foram recommendados pelo Nuncio Apostolico, por ordem que teve de Sua Santidade, para que a Rainha nossa Senhora permittisse que podessem hir residir em Macau; o que Sua Magestade houve por bem conceder.

Como porém são conhecidas a V. Ex.ª as extensas pretensões dos Propagandistas, e o muito que com ellas nos tem incommodado; a fim de as evitar do modo possivel, e sendo esta a primeira vez que se consente a ecclesiasticos da refe-

1780 Março 15 rida Propaganda residirem no sobredito presidio de Macau, ou ainda passarem por aquella cidade para a China; ordenou Sua Magestade que os ditos Missionarios assignassem nesta Secretaria de Estado o termo da copia junta n.º 1, para que V. Ex.ª o mande registar na camara Archiepiscopal; e nas mais partes onde convier.

O mesmo Nuncio tambem da parte de Sua Santidade remetteu a esta Secretaria de Estado a carta e memoria, de que V. Ex.ª tambem achará as copias juntas debaixo dos n.ºs 2 e 3. Nellas pretende o dito Nuncio que a Rainha nossa Senhora ordene a V. Ex.ª que no caso de lhe requerer o Vigario Apostolico, estabelecido no Imperio do Mogol, faculdades para governar os povos christãos de Baçaim, e das mais terras ao Norte de Goa, como tambem as do extenso Reino do Canará, V. Ex.ª lhe não negue as referidas faculdades; allegando por motivo desta singular pretensão que ainda que as ditas terras e Reino sejam da jurisdicção do Arcebispado de Goa, os Potentados do gentilismo não queriam que os ditos povos fossem governados, quanto á religião, pelo referido Arcebispo, nem por Ministros ou Missionarios destinados por elle para aquellas igrejas.

Quem deu a Roma estas noticias, sem que ellas tenham chegado a Portugal, he o que o Nuncio não refere; e he o de que V. Ex.ª se deve informar com a circumspecção que o caso merece, para o pôr na real presença, dando interinamente aquellas providencias que lhe parecerem necessarias, de sorte porém que nem os referidos povos fiquem totalmente destituidos de Pastores, nem o Real Padroado, e a ampla jurisdicção da Diocese Primacial, que V. Ex.ª administra, se diminuam por modo algum, ou se permittam novidades, de que se lhes siga o menor prejuizo.

Deus guarde a V. Ex.ª Palacio de Nossa Senhora da Ajuda em 15 de Março de 1780. — Martinho de Mello e Castro.

Analyse d'estes documentos

Fazendo a analyse destes documentos, em primeiro logar vê-se que o Vigario Apostolico no Imperio do Mogol com fundamentos frivolos, e menos verdadeiros, reiteradamente apresentados á Congregação da Propaganda Fide, pretendia surprehender as Côrtes de Roma e Portugal, para de hum modo indirecto alienar certas igrejas da jurisdicção do Arcebispado Primaz de Goa. Vê-se que a Côrte de Roma, cedendo ás instancias da Congregação, e julgando sinceras as allegações do Vigario Apostolico, ordenava ao Nuncio em Portugal rogasse da sua parte a Sua Magestade Fidelissima fosse servida insinuar ao Prelado Goano que sendo requerido do Vigario Apostolico do Mogol, fosse condescendente em conceder-lhe as suas faculdades, para elle administrar as taes igrejas, sitas ao norte e sul de Goa, e a seu Arcebispado pertencentes. Vê-se que no meio disto o Santo Padre declara expressamente á Rainha de Portugal, que a providencia requerida era extraordinaria, e que cessando as circumstancias actuaes, tornariam as cousas ao seu primeiro estado. Vê-se que o Santo Padre se abstem de tocar na integridade das Dioceses, ou de infringir os direitos da Mitra Goana. Vê-se que o mesmo Santo Padre consentia e o Vigario Apostolico não duvidava requerer ao Arcebispo de Goa as faculdades precisas para o governo daquellas igrejas, e para nessa parte da Diocese obrar como dependente e Delegado do Arcebispo. Vê-se que apesar de tudo isto a Rainha de Portugal não julgou conveniente condescender por esta vez com o pedido do Santo Padre. E vê-se finalmente, que nem por isso o Nuncio, nem o Santo Padre levaram a mal esta negativa, pois reconheciam o amplo direito que para isso havia.

Vê-se em segundo logar que ao mesmo tempo que o Nuncio andava com estes requerimentos na Côrte de Lisboa em nome do Santo Padre, vinham a elle alguns Missionarios destinados ás Missões da China pela Congregação da Propaganda, e ahi com sciencia do mesmo Nuncio assignavam termo na Secretaria de Estado, por onde *toto pectore*, e debaixo de juramento se obrigavam a cumprir e guardar naquellas regiões as ordens de Sua Magestade Fidelissima, e de não emprehender, nem encontrar, ou permittir que se emprehendesse cousa alguma, directa ou indirectamente, contra o Real Padroado que a mesma Magestade tem, e conserva em todas as Missões da China. Vê-se que esta promessa e juramento não escandalisou a Congregação da Propaganda, pois logo depois mandou pela mesma via outros Missionarios com destino ás Missões do Imperio do Grão Mogol e de Madrasta, os quaes tambem não duvidaram assignar semelhante termo com declaração de que reconheciam que a Rainha de Portugal tem e possue o Padroado em todas as Missões da Asia.

Tudo isto se vê em 1780 e 1782. E que vemos nós hoje? Terão mudado os canones da igreja desde os ultimos annos do seculo passado até hoje? Se o não têem (e assim o julgamos emquanto nos não provarem o contrario) como de supplicantes e submissos se transformaram os Vigarios Apostolicos no que ora são? Só os Summos Pontifices podem, como hoje defendem os innovadores, sem mais formalidade que o seu motu proprio, conceder e revogar Padroados, como submettiam ás restricções de um Principe secular os Breves de suas Delegações?

Se podem com absoluto poder dispor de todas as Missões, supprimir e retalhar as Dioceses erectas pelos meios competentes; como pediam por favor a um Principe, e a um Arcebispo o que era de seu imperioso dever praticar como Pastores do rebanho universal?

(Reflexões sobre o Padroado Portuguez no Oriente, pag. 33.)

Auto de juramento de vassalagem, obediencia e fidelidade, que fazem á Rainha Nossa Senhora os Dessays Sidobá Ganabá Sinay Suriá Ráo, Dessay de Bicholim, e as mais pessoas abaixo declaradas na dita Provincia, e da de Sanquelim.

(Arch. da India, livro 2.º de Pazes, fol. 292.)

Anno do Nascimento de Nosso Senhor Jesus Christo de 1781, ao primeiro dia do mez de Setembro do dito anno, na Villa de Pangim, no Palacio da residencia do Illmo e Exmo Sr. D. Frederico Guilherme de Sousa, Governador e Capitão General da India, estando o dito Senhor debaixo do seu docel na Sala da audiencia, se apresentaram ao mesmo Senhor Sidobá Ganabá Sinay Suriá Rao, Dessay de Bicholim, Ballavanta Govinda Vissuas Ráo Dessay, Hiriá Rogunata Porobu Dessay, Apagi Siuramo Porobu Dessay, Vitu Deve Porobo Dessay, todos da dita Provincia de Bicholim; assim mais dois Gancares e hum Escrivão adiante assignados, de cada aldeia da dita Provincia; assim mais os Cabos pequenos Govinda Dandó, Narana Sinay de Carapur; assim mais os Escrivães da alfandega da dita Provincia Sadassiva Babú Sinay Dangui; assim mais de Cancarpal Vital Gorqui Sinay, Escrivão, Vitú Nara Xeti Dangui; assim mais Umbá Zalbá Rane, Dessay de Sanquelim, vulgarmente chamado de Gululem, Deubá Suriagi Rane, Dessay de Sanquelim, vulgarmente chamado de Pariem, Custamgi Mallugi Rane, Dessay de Sanquelim, vulgarmente chamado de Saleli, Suriagi Balagi Rane, Dessay de Sanquelim, vulgarmente chamado de Maulinguem; assim mais os Escrivães de alfandega Datu Sinay, Govinda Sinay, Danguis, Vitú Dangui, e Govinda Dangui para firmarem e ratificarem, como presentemente firmam e ratificam com o maior juramento do seu rito, a perpetua vassallagem, obediencia e fidelidade que fazem á Rainha Fidelissima de Portugal Nossa Senhora, e aos seus Governadores e Capitães Generaes do Estado da India, tanto ao Exmo S. 1781 Setembro 1

1781 Setembro 1 D. Frederico Guilherme de Sousa, que actualmente governa, como aos seus Ex.^{mos} Successores, por reconhecerem as justificadas razões, com que o Illmo e Exmo Sr. D. Frederico Guilherme de Sousa declarou guerra ao Sar Dessay Quema Saunto Bounsuló, a cuja obediencia estavam submettidos, por haver elle occupado as fortalezas, de que são dependentes as terras, em que viviam, e reconhecendo tambem que as victorias, com que S. Ex.ª tem conseguido a conquista das mesmas fortalezas, são consequencia da justiça das suas acções, e que na continuação dellas tem bem fundada esperança de serem por S. Ex.ª protegidos; que por estas razões chegam á presença de S. Ex.ª e a seus pés a protestar, como protestam, a sincera obediencia, total submissão e perpetua fidelidade, que por elles, por todos os seus dependentes, e pela sua descendencia, querem ter a este Magestoso Estado da India da muito Alta e muito Poderosa Senhora Rainha de Portugal nossa Senhora, e como vassallos de Sua Magestade admittidos benevolamente por S. Ex.ª a viverem debaixo da sua Real protecção promettem, e se obrigam de sua livre e boa vontade a cumprir e guardar inviolavelmente todas as obrigações de leaes vassallos, a qual obrigação fazem com o maior juramento de seu rito, que he o de pôrem as mãos solemnemente nas suas espadas, como o fizeram com effeito ao tempo de se pronunciarem estas palavras; em fé do que inviolavelmente cumprirão tudo o que promettem sob pena de que as suas mesmas espadas se tornem contra elles a qualquer tempo que faltarem ao promettido, o que desejam que Deus não permitta, porque a sua tenção e firme vontade he de cumprirem sempre pontualmente tudo o que assim promettem e ratificaram com o dito juramento. E logo o Illmo e Exmo Sr. D. Frederico Guilherme de Sousa, Governador e Capitão General do Estado, benignamente houve por bem de os receber na protecção de Sua Magestade, admittindo-os a elles, aos seus dependentes com as suas familias, e a toda a sua descendencia a lograrem o fôro de vassallos da Corôa de Portugal, observando elles o juramento e fidelidade, que promettem; em fé do que para perpetuo testemunho se fez este auto, em que assignou o Ill.mo e Ex.mo Sr. Governador e Capitão General, e assignaram tambem os referidos Dessays e mais pessoas abaixo declaradas; e eu José Joaquim de Sá, official da Secretaria do Estado, o escrevi. O Secretario Feliciano Ramos Nobre Mourão o fiz escrever. — *D. Frederico Guilherme de Sousa.* 1781 Setembro 4

Assignaturas Marathas: Sidobá Gonobá Suriá Rau, Dessay da provincia de Batagrama — Balvanta Visvassa Rau, Dessay da provincia de Batagrama — Hiré Porobu, Dessay da provincia de Batagrama — Apagi Porobu, Dessay de Batagrama — Umbá Rane, Dessay de Sanqueli — Deubá Rane — Crusnagi Rane, Sar-Dessay da provincia de Sanqueli — Suriagi Rane, Dessay — Naraena Sinai, de Carapur — Govinda Dondó — Vital Gorqui Senai — Govinda Sinay, da alfandega de Sanqueli — Ramachandra Sinai Corqui, Dangui (recebedor) dos direitos de Bicholi — Dotu Sinai, Borcar da alfandega de Sanqueli — Vittu Naraena Xette, Dangui (recebedor) de Cancarpale — Sadassiva Bab Sinai Lavonis — Pandu, Dangui de Bicholim — Naraena Crusna Potqui — Babagi Fortó Amonecar — Vitté Gaunço — Roulu Sinai, Culcornim Amoncar — Vittú Dangui — Govinda Dangui — Rogú Dangui.

Aldeia Peligão: Babu, gauncar — Budé Porbu, Culcornim — Naraena Sinai, Culcornim de Carapur — Naraena Sinai, Culcornim de Virdi — Callé Porbu Gauncar, Cabo Usgauncar — Pandu Sinai, Culcornim de Usgão — Rama Botto, Gauncar da aldeia Velguem — Guno Dolvi, Culcorni.

Aldeia Surla: Deú, Gauncar — Rogo Sinai, Culcornim — Baba Saunto Sorvoncar — Naraena Sinai Carapurcar — Govinda Gauncar Gangecar — Madú Gauncar Gangecar — Pandú Sinai, Culcornim de Gangem — Narbá, Gauncar de Bicholy — Crusmá Rama, Gauncar de Bicholy — Sadassiva Baba Sinai, Culcornim — Babo Gaunço, Gauncar da aldeia Palli — Mossono Xette, Xettió do Cassabé e mercado de Bicholi — Essó Pollo Bordecar — Govinda Pollo, de Bordem — Narraena Sinai Carapurcar — Vithu Gad Mulgauncar — Arbá Gauncar Sirgauncar — Mangagi Sinai Mulgauncar.

Aldeia Narvém: Xivarama Xette — Mossono Xette.

1781 Setembro 4 Aldeia Latambarcem: Callú Mollico — Vithú Gauncar, Culcornim.

Aldeia Advolpal: Gauncar e Culcornim.

Aldeia Colomba: Calle Porobo — Vitola Porobo.

Aldeia Mencurém: Hari Babú, Gauncar — Haria Porobo — Sadassiva Crusna, Culcornim.

Aldeia Dumacém: Mortogi, Gauncar — Sadassiva Crusna, Culcornim.

Aldeia Aturli: Omonóm Gaunço.

Aldeia Vainguinim: Gopalla Gauncar — Rama Gauncar.

Aldeia Palli: Babó Gaunço, Gauncar — Gunó Dolvi, Culcornim.

Pissurlem: Essó Porobo Gauncar — Govinda Sinai, Culcornim.

Aldeia Navely: Rama Gaunço e Fonde Gaunço, Gauncar — Culcornim.

Aldeia Cudnem: Nar Mollico — Essó Mollico — Rama Mollico — Nilcontta — Vithu Dondó.

E serviu de Interprete neste acto o Capitão Sadassiva Camotim Vaga.

Noticias das Missões de Cochinchina e Tunkim escriptas e apresentadas ao Secretario d'Estado Martinho de Mello e Castro, no anno de 1782, pelo Padre João de Loureiro.

(Collecção dos meus Mss.)

1782 Com as provincias de Yun-Nan, Guang-si, e Cantão, confina para o Sul em latitude de 23 graus do Norte o reino de Tunkim, e dali se estende até perto de 18 graus, aonde começa o reino de Cochinchina, que se prolonga naquelle golfo até á ponta de Camboja, que fica em 8° 45′ de latitude Boreal, incluindo algumas provincias de Camboja, e o pequeno reino de Champa, conquistados pelo Rey de Cochinchina.

São muito povoados estes dois reinos, e o idioma que fallam he quasi o mesmo, mas totalmente differente do da China; assim como tambem he o trage de que usam; mas as letras que escrevem são as mesmas em Tunkim, Cochinchina, na China e no Japão, que cada huma destas nações exprime com diversas vozes. A lei que seguem he, como na China, a idolatria, e a philosophia de Confucio. Cada hum destes reinos tem seu Rey, que os governa absoluto; mas o de Tunkim de algum modo reconhece o Imperador da China, mandando-lhe de tres em tres annos 125 onças de ouro, o que não faz o de Cochinchina. 1782

Neste ultimo reino fundaram primeiro a fé catholica os Missionarios Jesuitas Diogo de Carvalho e Francisco Buzomi, sendo ali conduzidos por hum navio portuguez de Macau no anno de 1615. Destes, o primeiro voltou para Japão, aonde dantes tinha sido Missionario, e ali acabou a vida nos tormentos pela fé de Christo. O Padre Buzomi perseverou na Cochinchina até á morte, em que deixou muitas mil almas convertidas á Igreja de Deos. No seu tempo, e depois delle, o seguiram os Padres Francisco Barreto, Francisco de Pina, Carlos da Rocha, Alexandre de Rhodes, Pedro Marques, e outros mais de quarenta Missionarios Jesuitas, sujeitos todos ao governo Portuguez, e que tinham reduzido em Cochinchina ao rebanho de Christo perto de 150:000 almas, dos quaes morreram muitos martyres pela constancia na fé até ao anno de 1682, em que os Missionarios Portuguezes foram obrigados pelo Papa a sahirem de Cochinchina, por não darem juramento aos Vigarios Apostolicos contra o direito do Padroado Real. Depois tornados a mandar pelos senhores Reys de Portugal outros muitos, que foram até agora continuando, e com grande fructo a mesma Missão.

Tendo-se começado a fundação do seminario de Paris em 1663, foram mandados para Cochinchina pelo Papa varios Missionarios daquelle gremio com o Vigario Apostolico Bispo de Berythe, a que se seguiram outros, que nos principios fizeram bastante fructo nas almas; mas com o tempo, nascendo varias discordias e escandalos, e não reconhecendo

1782 em cousa alguma o Padroado de Portugal, se viram obrigados os Portuguezes a recorrer ao Senhor Rey Dom João V para que lhes désse (como tambem para Tunkim) Bispos nacionaes que os protegessem, emendassem as desordens, e promovessem a fé. Sua Magestade, annuindo benignamente a esta justa petição, apresentou a Sua Santidade o Padre Jacome Greff, Jesuita allemão, para Bispo de Cochinchina, e o senhor D. Hilario de Santa Thereza para Bispo de Tunkim; o que Sua Santidade não só approvou, mas louvou muito o zêlo de Sua Magestade na carta que lhe escreveu em Maio de 1745. Porém não chegou a ter effeito esta pia e util determinação de Sua Magestade, ou porque poucos annos depois chamou Deos para si este grande Monarcha, para lhe dar o premio do zêlo que sempre mostrou da sua Igreja, ou porque no mesmo anno de 50 se levantou em Cochinchina huma terrivel perseguição, em que foram arrazadas todas as igrejas, presos e desterrados todos os Missionarios, que então eram vinte e sete de diversas nações, permanecendo sómente ali hum Jesuita no serviço daquelle Rey, o qual depois admittiu outros com o titulo de o servirem nas sciencias, os quaes sendo por este respeito attendidos dos infieis, conservavam aquellas missões.

No anno de 1781 restava lá sómente hum ex-Jesuita italiano, tendo morrido pouco antes tres Portuguezes, que naquellas terras não tinham outro subsidio temporal mais que algumas esmolas dos fieis mui limitadas. Tambem se estabeleceram naquelle reino, no anno de 1719, os Religiosos Franciscanos Hespanhoes, vindos das Phelippinas por conta de ElRey de Hespanha. Mas os Clerigos Francezes do Seminario de Paris (não obstante a divisão dos districtos approvada pela Santa Sé) tem usurpado quasi todas aquellas missões de Portuguezes e Hespanhoes, por meio dos seus Vigarios Apostolicos, que sempre conservam da mesma nação. Nestes ultimos sete annos se acha o reino de Cochinchina muito arruinado em tudo por razão das guerras com que hum rebelde, que se chama Nhae, se tem apoderado da maior parte, e acclamando-se Rey; e dos Tunkins, que tem

conquistado todas as provincias confinantes para o Norte até 1782
á Côrte, ou Metropole, chamada vulgarmente Hué, antigamente Sinuà. Ficando ao legitimo Rey a menor parte para o Sul, nos confins de Camboja. Os navios portuguezes de Macau ainda lá vão commerciar todos os annos.

A Missão de Tunkim, em que se contavam 200:000 almas catholicas, he mui gloriosa nos seus martyres, e alem dos naturaes, que foram muitos, padeceram ali martyrio por diversas vezes no presente seculo, seis Jesuitas Portuguezes, e quatro Dominicos hespanhoes. Foi fundada pelos Jesuitas Portuguezes no anno de 1627. Logo desde o principio foi mui fertil na conversão das almas. No anno de 1666 entrou nella o primeiro Missionario francez do Seminario de Paris, chamado Monsieur Deydier. A este se seguiram outros do mesmo Seminario com o Vigario Apostolico Bispo de Berythe, que tambem o era de Cochinchina. E desde aquelle tempo até ao presente, tem sempre os Vigarios Apostolicos francezes governado aquella Igreja, isentos e oppostos ao Padroado Real, não obstante serem mais numerosas, e estabelecidas em primeiro lugar as Missões Portuguezas. No anno de 1745 esperavam ellas grande allivio e protecção na eleição, que tinha feito o senhor Rey Dom João V de hum Bispo do Padroado para Tunkim; mas como não teve effeito, ficaram suspirando como dantes. E os Religiosos Dominicos hespanhoes, que ali tinham entrado ultimos, se aproveitaram desta occasião para alcançar, por nomeação do Rey catholico, hum Vigario Apostolico da sua mesma ordem e nação que os governa, ficando os Portuguezes sujeitos aos dois Vigarios Apostolicos estrangeiros, hum hespanhol, e outro francez.

Ao presente se conservam ainda prégando a fé em Tunkim oito Missionarios por conta do Padroado, de nação Portuguezes, italianos e allemães, todos ex-Jesuitas. Tem estes ali alguns pequenos redditos de esmolas, annexos a diversos oratorios e lugares, para sustento dos catechistas; mas como os Vigarios Apostolicos os pretendem tomar a si pela extincção dos Jesuitas, seria talvez util que Sua Magestade mandasse ordem para se administrarem por conta do Padroado;

1782 e os sujeitos que ali são Missionarios, e me parecem mais aptos para esta administração, são o Padre José de Moura, Portuguez; e em sua falta o Padre José Candia, italiano.

Conquista de Bicholim e Sanquelim

Carta do Governador D. Frederico Grilherme de Sousa ao Secretario d'Estado Martinho de Mello e Castro

(Arch. da India, livro das Monções, n.º 162, fol. 1244.)

1782 Fevereiro 21 Illmo e Exmo Sr.—Foi Deos Nosso Senhor servido abençoar as armas de Sua Magestade, e fazel-as senhorear com distincto e intrepido valor da praça e fortaleza de Bicholim, e de Sanquelim com suas provincias e jurisdicções.

Antes que dê conta a V. Ex.ª das circumstancias desta acção, devo representar-lhe os justos motivos que me obrigaram a declarar a guerra a este inimigo.

Conservando o Magestoso Estado ha muitos annos o projecto da paz, e socego publico com os visinhos e dominantes da Asia, favorecendo a navegação e commercio sem o menor designio de os perturbar, procurou com especialidade a amizade do Sar Dessay Quema Saunto Bounsuló, como visinho mais confinante.

O meu antecessor admittiu o seu Enviado; com elle se fizeram muitas conferencias para se comporem as discordias, e nada se concluiu, nem se deram as satisfações competentes sobre os insultos, que se tinham commettido até o tempo que perdurou o seu governo, que são os seguintes.

Sendo obrigado o Sar Dessay Bounsuló, pelos Tratados de 22 de Agosto de 1726, de 11 de Setembro de 1741, de 25 de Outubro de 1754, de 26 de Julho de 1759, de 24 de Dezembro de 1761, e de 14 de Outubro de 1768, não trazer embarcações a corso, nem fazer prezas, deixar livre o commercio dos vassallos do Estado, não lhe dar cartazes, antes

pedil-os ao Estado para as suas embarcações, tem feito infracções nos ditos Tratados, trazendo embarcações piratean- 1782 Fevereiro 21
do no mar, como inimigo commum, contra todos os direitos.

No anno de 1768 por huma galveta do dito Sar Dessay foi reprezada huma embarcação de Vitogi Sinay Dempó, e se lhe ficou devendo o valor de 2:222 ½ rupias, que até o presente se lhe não tem satisfeito, sendo vassallo do Estado.

No anno de 1773 por outra galveta do mesmo Bounsuló se fez preza junto a Mormugão de hum parangue com a sua carga no valor de 13:218 xerafins, tudo pertencente a Rama Porobo, mercador vassallo do Estado.

No anno de 1777 reprezou huma galveta do dito Bounsuló hum sibar de Soireá Camotim, vassallo do Estado, que vinha carregado de copra, assucar e outros generos.

No anno de 1778 tomou huma embarcação com madeira de Babxeá Naique, vassallo do Estado, morador em Cumbarjua.

Em 7 de Maio do dito anno huma embarcação do dito Bounsuló reprezou junto aos Ilhéus Queimados hum batelão com sua carga, tudo no valor de 3:466 xerafins, pertencentes a Daqueá Camotim, mercador vassallo do Estado.

No anno de 1779 reprezou o Bounsuló, pelas suas galvetas junto a Chaporá, hum parangue com sua carga do valor de 2:275 xerafins, pertencentes ao vassallo do Estado Goindá Sinay, rendeiro que foi do tabaco.

Reprezou mais o dito Bounsuló huma embarcação de Pandú Camotim, vassallo do Estado.

Por huma galveta do dito Bounsuló se roubaram 500 fardos de arroz do parangue de Vencatexa Camotim.

Em Janeiro de 1773 moveu o Bounsuló as suas tropas contra as terras do Estado, levando muitas cabeças de gado, e outros bens moveis das pessoas das aldeias que atacaram, fazendo muitas familias prizioneiras, de sorte que foi preciso ao Magestoso Estado mandar marchar as suas tropas para os limites da provincia de Satary e Sanquelim.

Mandou o Governo do Estado soccorro aos Dessays da provincia de Sanquelim, vassallos do Estado; formou na

1782 Fevereiro 21 provincia de Bardez, e sobre o rio de Coluale; hum corpo de tropas regladas; soccorreu a provincia de Pernem, que então estava na posse do Estado, animando os seus cabos e partidos, engrossando os seus corpos com alguma gente para defender os direitos desta capital, fazendo o mesmo Estado huma grande despeza nesta guerra, sem que até agora esteja satisfeita.

Devendo o dito Bounsuló conservar os Dessays vassallos do Estado na posse dos seus Dessayados, e cobrança das suas rendas, na fórma que he obrigado pelos Tratados das pazes de 1712 e 1741, de 1754, de 1759, de 1761 e de 1768, elle fez infracção dos ditos Tratados, por lhe ter usurpado suas rendas, fazendo que andassem em vida errante, e mendigando para se sustentarem.

Ao Dessay da provincia de Bicholim Suriagi Rao tinha privado, da posse do Dessayado, e usurpado das suas rendas dezenove mil e tantas rupias.

A Ananda Visvas Rao, Dessay da dita provincia de Bicholim, tinha privado ha mais de oito annos da posse da sua aldeia, e mercês chamadas Votam [1].

A Antobá Sinay, vassallo do Estado, e Dessay da aldeia de Mandrem, da provincia de Pernem, tem o Bounsuló privado, e espoliado da mercê feita pelo Rey Idalxá, que desde antiguidade tinha, de 150 pagodes cada anno. Assim mais o espoliou dos palmares e vargeas, em que tem cinco borás de Cumbumlem [2] de bate e arroz, e mais pensões do Dessayado, em que se comprehendem a vargea Mossor, o palmar Chaporá, e huma vargea que tinha comprado a Ireá Porobo.

Ao Dessay de Arabó, da dita provincia de Pernem Lacximinagi Zossovanta Rao, tem o Bounsuló privado e espoliado da posse do seu Dessayado, que rende annualmente mais de 15:000 rupias, sendo elle filho legitimo, e successor do ultimo Dessay, e estando como vassallo do Estado debaixo da sua protecção.

[1] *Votonas*, ou *Ottonas*.

[2] *Borá* equivale a 4 candis; *Cumbolem* he hum modo de medir, acrescentando na medida a altura da mão.

As rendas do dito Dessayado consistem nas tenças de Morgim, Alorna, Ozri, e a metade de Tuvem, entrando as cazanas; os palmares e vargeas annexas, como são o palmar Suncalem de Corgão, dezoito pedaços de vargea de Proscadem, a vargea Tial na aldeia de Bargol, o palmar Oxelbaga com a vargea annexa na dita aldeia Bargol, a vargea Nagaló Cunto na aldeia de Virnorá, a vargea chamada Cazana na dita aldeia de Virnorá, o palmar Chinchona na dita aldeia, o palmar Sidrassem Pandit na dita aldeia, as boticas de tabaco de folha na de Morgim na aldeia Alorna, na aldeia Ozri, na metade de Tuvem, e na aldeia Macazana: as lagimas chamadas Chorguem na alfandega de Coluale, passagem de Sivolim, na do Passo de Ibrampor, passagem de Caissua: as tenças particulares chamadas Poti e Passori, distribuidas nas aldeias de toda a provincia 325 pagodes chamados Nissanim: na provincia de Pernem alguns pedaços de vargeas e palmares: mais 50 pagodes para os brahmanes do dito Dessay, sendo este vassallo do Estado.

1782 Fevereiro 21

A Zoitobá Rane, Dessay de Sanquelim, tem o Bounsuló espoliado das suas rendas e aldeias de Carapur, da provincia de Bicholim.

A Vitogi Gorqui Sinay, vassallo do Estado, privou o Bounsuló da escrevaninha da alfandega de Cançarpale, e dos seus rendimentos.

Sendo o Bounsuló feudatario do Magestoso Estado, e obrigado a pagar annualmente o feudo de 4:000 xerafins pelos Tratados de 24 de Dezembro de 1761, e de 14 de Outubro de 1768, faltou ha muitos annos ao reconhecimento de feudatario sem pagar o devido feudo desde o anno de 1774 até o presente tempo, pedindo-se-lhe por muitas vezes com vigorosos e efficazes officios o dito pagamento, propondo-selhe prudentes lenitivos, que alhanassem as suas difficuldades, de que se receberia a solução em parcellas, e diversos tempos.

Tanto que eu cheguei ao Estado, e tomei posse do governo, procurei manter a paz publica com os dominantes da Asia, auxiliar a navegação e commercio, e empenhei as mais

1783 Fevereiro 21 officiosas diligencias para trazer o Sar Dessay Quema Saunto Bounsuló a huma honrada e reciproca composição, admittindo o seu Enviado Givagi Vissarama Sabanis, dei-lhe muitas audiencias, fizeram-se muitas conferencias, porém ficaram os ditos insultos sem se repararem, nem se darem as devidas satisfações ao Estado, até que se ausentou o mesmo Givagi Vissarama Sabanis, fazendo muitas promessas verbaes, mas tudo sem effeito e realidade, dilatando com pretextos e respostas não concludentes a devida execução.

Ao mesmo tempo que eu tinha sido sensivel a todos os referidos attentados, estando prompto e apparelhado para os repellir com vigor, me comportei com a maior benevolencia, apurando a moderação, e soffrimento no ultimo ponto, por amar a paz e socego publico, desejando attender e favorecer ao Dessay em tudo que podesse concorrer para a sua felicidade e socego dos seus povos, não sendo contra o decoro do Estado. Esperei que o Sar Dessay, vendo a extremosa contemplação com que o tratava, fizesse as serias considerações, e devidas reflexões para a harmonia de ambas as partes, concluindo hum Tratado de paz e amigavel composição, dando satisfação effectiva a todas as faltas, dividas, e attentados, sobre que fazendo-se-lhe repetidas queixas em muitas cartas que se lhe escreveram, porém ainda que as respostas foram amigaveis, não tiveram outra satisfação mais que a repetição de insultos e violencias contra o Estado, e seus vassallos.

Porquanto no mez de Fevereiro do anno proximo precedente os Sipaes de Sar Dessay vieram em huma noite, e lançaram fogo em duas casas na aldeia de Pirna, e as queimaram, querendo levar o gado furtado.

No dito mez e anno os Sipaes do mesmo Bounsuló na aldeia de Camorlim, da provincia de Bardez, lançaram tambem fogo a duas casas, queimando huma que era do gentio Polpoto, e outra não, por se impedir.

No referido mez tambem lançaram fogo a huma casa de Gurem, da aldeia de Sivolim.

Com estas noticias fui precisado de mandar mover as tropas, e guarnecer as fronteiras, dando positivas ordens para que não hostilisassem as terras, dominios, e subditos do Sar Dessay Bounsuló, mas se contivessem sómente na defeza do Estado e de seus vassallos, querendo ainda em circumstancias tão criticas obrigar ao Sar Dessay com a moderação. 1782 Fevereiro 21

A correspondencia que tive do Sar Dessay foi a de continuarem os roubos, pirataria e attentados.

Por quanto sahindo a 23 de Março do anno proximo passado da praça de Dio hum batelão do senhorio Florencio José de Moraes Sarmento, do porte de 60 candins, encontrando huma manchua do Sar Dessay, pediu o Cabo della 4 rupias de direitos; repugnou-se ao pagamento dizendo-se-lhe que as embarcações do Estado não pagavam direitos, e que deviam reconhecer a bandeira de Sua Magestade. Fez-se a dita manchua na volta do mar, e virando sobre o dito batelão, lhe atirou tres tiros de peça e o abordou, tomando a bandeira das armas reaes, que trazia á pôpa, tomando huma espada e faca de mato do Alferes Maximiano Pereira, e mettendo no dito batelão Sipaes armados, o levaram a reboque até á barra de Rarim, e depois o levaram á barra de Cochorá, donde vindo o Subedar, apprehenderam todo o fato do dito batelão; sendo passados sete dias, foram conduzidos o dito Alferes, e Mocadão com hum Escrivão do senhorio e mais gente da lotação debaixo de huma guarda a Varim, aonde fallaram ao Sar Dessay Bounsuló, o qual foi informado que o batellão era do Estado, que trazia cartas do Governador de Dio do serviço de Sua Magestade dirigidas para mim, como tambem conduzia fazendas para as outras pessoas; não teve o dito Sar Dessay attenção alguma, porque se deixou ficar com o dito batelão, conservando ainda prisioneira toda a gente da lotação do mesmo com as fazendas que conduzia.

No mez de Abril do anno proximo precedente roubou o Sar Dessay pelas suas galvetas duas embarcações de Vitogi Sinay Dempó, mercador vassallo do Estado; de huma, de que era Mocadão Chondru Naique, levou 123 fardos de arroz, huma ancora de ferro e hum caixão; do parangue, de que

1782 Fevereiro 21 era Mocadão Narana Naique, roubou 25 fardos de arroz; tudo no valor de 764 xerafins.

Em 18 do dito mez e anno o parangue de Vitogi Camotim, mercador vassallo do Estado, e morador em Pangim, de que era Mocadão Massaneá Naique, da parte do sul dos ilheus de Mormugão foi acommettido por quatro galvetas do Sar Dessay, e lhe roubaram 2 rupias a titulo de direitos, e 10 fardos de arroz.

No dito mez, vindo de Mangalor hum parangue de Rogu Camotim Mamai, mercador e vassallo do Estado, encontrando quatro galvetas do Sar Dessay Bounsuló, pedindo-lhe cartaz, e mostrando-o, lhe não deram livre passagem, e lhe roubaram 45 fardos de arroz.

Em 16 do mesmo mez encontrando as galvetas do Sar Dessay Bounsuló o parangue de Vitogi Sinai Nerlicar, vassallo e mercador do Estado, de que era Mocadão João de Menezes, pedindo-lhe o cartaz do Sar Dessay, posto que lho mostrasse, lhe tomaram tres fardos de arroz.

Em 17 do dito mez sahindo do porto de Mangalor Luiz Vaz, fiel de Porsu Naique, Mocadão do parangue pertencente a Custam Porobo Murcundi, vassallo do Estado, conduzindo carga de areca e pimenta, pertencente a dois guzerates mercadores de Dio, encontrando com duas galvetas do Sar Dessay Bounsuló, estas roubaram tudo que traziam os ditos guzerates, como foram roupas, camas, dois caixões, huma carteira, peças de cobre e alguns fardos de coral, outras vasilhas, huma trouxinha de roupa; que tudo importava em 1:500 xerafins, entrando nessa somma sessenta e tantos pagodes, e alem disso hum fardo de areca.

No mez de Maio do referido anno, vindo de Candapor hum parangue de Vencú Sinay Zuari, mercador vassallo do Estado, com 25 corgeas de arroz, pertencentes a Santu Queni, morador em Pangim, foi represado por huma galveta de Irogi, e chegando defronte de Vingurlá, faltando o vento, fugio o dito Irogi, e o Cabo da fortaleza do Bounsuló fez preza no dito parangue e arroz, tendo sido apprehendido por hum pirata, e por isso se devia restituir.

No dito mez, vindo hum mangueri de Rajapur, pertencente a Quensoá Porobo Loundó, mercador vassallo do Estado, foi represado pelas galvetas do Bounsuló defronte de Rarim com as fazendas que trazia, que eram 200 cambolins, no valor de 400 xerafins, mais 104 xerafins em dinheiro, e sendo o valor do dito mangueri 1:000 xerafins, importa tudo em 1:504 xerafins. 1782 Fevereiro 21

No referido mez, as galvetas do Bounsuló fizeram preza em dois parangues de Pondolica Queni, e Antá Queni, mercadores vassallos do Estado, e moradores em Pangim; hum parangue com seus preparos, no valor de 1:500 xerafins, mais 1:134 fardos de arroz no valor de 4:216 xerafins e duas tangas, mais 7 fardos de urida, no valor de 28 xerafins, 5 fardos de jagra no valor de 50 xerafins e 15 pares de formas de cobre 15 xerafins; de outro sibar, do Mocadão Anú Bacur, pertencente aos mesmos roubaram 19 fardos de Mangalor, 8 rupias chirinas e duas resmas de papel, importando o valor dos roubos das ditas embarcações e fazendas em 5:928 xerafins, 4 tangas.

No sobredito mez, roubaram as galvetas do Bounsuló 20 fardos de arroz do parangue pertencente a Malú Porobo, mercador e vassallo do Estado, morador em Pangim.

No mesmo mez, na vizinhança da fortaleza do Cabo da Rama represaram as galvetas do Bounsuló hum parangue de Assolnã, e o largaram por encontrarem as manchuas de guerra do Estado, mas sempre lhe roubaram e levaram cento e tantos fardos de arroz.

Querendo eu fazer a ultima prova das intenções do Sar Dessay Bounsuló, lhe escrevi repetidas cartas, tendo-lhe referido individualmente os attentados, infracções dos Tratados e faltas que tinha commettido, para ver se desejava a paz e socego dos povos, e se dava as competentes satisfações ao Magestoso Estado, intimando-lhe por carta de 25 de Junho do dito anno que a moderação, com que me tinha havido, tinha limites, que não podia exceder nem dissimular, sem comprometter-me contra o decoro e auctoridade do Estado, assignando-lhe o termo de hum mez para pagar o feu-

1782 Fevereiro 21 do, e restituir tudo o que tinha usurpado aos Dessays e mais vassallos do Estado, e todas as satisfações, com que reparasse os damnos, que tinha causado, que dentro do dito termo de hum mez mandasse aqui pessoa para ajustar todas as duvidas.

Porém o Sar Dessay não mandou pessoa fazer os ajustes das discordias, nem deu satisfação alguma, mas todas as suas respostas foram paliativas, de sorte que não cessando os aggravos, nem se vendo da parte delle propensão alguma em os reparar, me vi na precisão de não permittir que continuassem por mais tempo os insultos, nem deixar de tomar satisfação dos que tinha recebido o Estado.

Por quanto pelo Tratado da paz de 31 de Agosto de 1741, do Marquez de Louriçal se convencionou com o Bounsuló no ultimo artigo, o seguinte:

«Na fórma sobredita se ajusta esta paz perpetua e permanente, debaixo das condições aqui declaradas, e faltando-se a qualquer dellas por huma ou outra parte, *a parte offendida fará aviso á outra por huma só vez, para que promptamente seja satisfeita em cumprir-se o presente Tratado, em qualquer dos seus artigos, a que se faltar, porém, se com o dito aviso não houver prompto cumprimento, será licito á dita parte offendida tomar as medidas, que lhe parecer, para ser satisfeita.*»

O mesmo se ajustou e convencionou, pelo Vice Rey Conde da Ega, no Tratado de paz de 21 de Dezembro de 1761, feito com o Bounsuló no 20.º artigo.

«Na fórma sobredita se ajusta a concordia e paz declarada, perpetua e permanente, debaixo das condições estipuladas nestes artigos. Succedendo haver falta em algum delles, o que se não espera, *a parte offendida fará aviso á outra huma só vez para ser promptamente satisfeita com a devida e religiosa observancia do presente Tratado, e quando assim não o execute, será licito tomar as medidas que lhe parecer, para conseguir a dita satisfação.*»

O que se acha tambem ratificado por outros Tratados. Neste presupposto e circumstancias relatadas, me vi na sensivel necessidade de me valer de todos os meios, que Sua Magestade Fidelissima me tem confiado, para vindicar e reparar o decoro, e respeitavel auctoridade da sua corôa e soberania, resarcir os damnos feitos ao Estado e seus vassallos, punir os referidos insultos, tomando com o corpo militar a justiça que não pude obter e que por tantas vezes amigavelmente solicitei. 1782 Fevereiro 21

Considerando pois por huma parte que as provincias de Bicholim, Sanquelim e Manerim são as chaves e barreiras do Estado, por se acharem as ilhas de Goa e provincia de Bardez e Ponda, que constituem o centro da união e forças do Estado da India, abertas e expostas, por confinarem a provincia de Bardez com a de Pernem, ao oriente pela de Bicholim e Manerim; por Sanquelim confinantes e fronteiras á provincia de Pondá e ilhas de Goa, comprehendendo-se nas ditas provincias de Manerim e Sanquelim os Gates de Falcate, de Gaval e de Quelgate.

Vendo por outra parte que Sua Magestade na instrucção 5.ª que mandou dar ao meu antecessor, ordena que se faça toda a diligencia para que o Bounsuló ceda ao Estado as ditas tres provincias de Bicholim, Sanquelim e Manerim; que no caso de elle renitir e succeda pedir auxilio quando for invadido pelo Maratha, que o Estado o soccorra, porém, que as tropas fiquem guarnecendo as ditas provincias, ainda depois de se retirar o Maratha, tomando quaesquer pretextos, que as circumstancias das conjuncturas poderem fornecer para demorar as tropas, permittindo usar com o Bounsuló da simulação, por ser necessaria e justa em razão da habitual perfidia deste Regulo, e que tambem se fazia licita, e legitima pela indispensavel necessidade da defeza do Estado, não podendo este ter outra segurança, que não seja a de conservar guarnecidas e sustentadas com as suas tropas as ditas tres provincias.

Parecendo-me que mandando Sua Magestade, e permittindo haver e tomar as referidas provincias com simulação, debaixo do titulo de amizade, no auxilio que pedisse o Bounsuló, e se lhe concedesse, que com mais justificados motivos

1782 Fevereiro 24 pelo quebrantamento dos Tratados, por não pagar o tributo, nem reconhecer a vassallagem, e para punir tantos e tão repetidos e ignominiosos attentados e insultos, contra o Real pavilhão, contra o decoro e soberania da Rainha nossa Senhora, lhe devia mover a guerra e tomar-lhe as ditas provincias por surpreza, no tempo em que o mesmo Bounsuló se achava occupado com as suas tropas, no cerco e ataque da fortaleza de Ranganó, pertencente ao Rey de Calapor, senhor de Melondim, que fica ao Norte de Goa, por ser licito na guerra assegurar a victoria com as artes, sem expol-a toda ao perigo das armas, pois nenhuma ha tão certa ao parecer dos homens, que não esteja sujeita ao acaso.

Por quanto já era não só indecorosa mas escandalosa, qualquer dissimulação ou soffrimento, nem havia já medidas que tomar com hum Regulo infiel, soberbo, ingrato e incorrigivel, do qual se não podia esperar outra emenda, senão a que pelo castigo á força de armas o constrangesse, e todo que se dilatasse era augmentar-lhe o animo para commetter maiores insultos e assoprar-lhe as chamas do seu orgulho.

Tendo assentado neste projecto, fui dispondo as cousas necessarias para atacal-o. O meu principal cuidado foi na escolha da pessoa a quem devia encarregar esta acção. Nomeei entre todos ao Brigadeiro General [1], por ser intrepido, activo, intelligente e com pratica da guerra do paiz. Fiz e lhe dei a instrucção, que consta da copia n.° 1.°, para se regular nos tres pontos principaes: 1.° da ordem da marcha e ataque; 2.° das justas medidas para a conservação da praça; 3.° da moderação, com que se deviam tratar os habitantes della.

A expedição e marcha das tropas, tinha bastantes difficuldades, porque por terra faltam carros e bestas para a conducção dos petrechos de guerra e mantimentos; todos se conduzem aos hombros dos bigarins, gente frouxa, desanimada e fraca por natureza, bastando hum só tiro de mosquete para largarem tudo e deitarem a fugir, sem que haja forças humanas que os detenha. A condução por mar não

[1] Henrique Carlos Henriques.

tinha menos obstaculos com os bancos dos rios, e ser preciso esperar algumas horas da maré para passar por elles. 1782 Fevereiro 21

Todas as difficuldades se venceram pela boa direcção e actividade do Brigadeiro General, que fez aprestar em hora certa os escaleres e balões precisos para o embarque dos petrechos e munições de guerra e bôca, e da tropa, em o rio de Pangim e outros sitios, para a passagem da gente da Legião da provincia de Pondá para a de Bicholim, admirando em todos estas disposições o segredo, que se conservou, pois havendo discursos entre o povo, qual era a acção a que se destinava este movimento de tropas, nenhum assentava com certeza.

Pelas quatro horas da tarde do dia 24 de Agosto do anno proximo precedente, no rio de Pangim se embarcaram duas companhias de granadeiros com 127 soldados e 80 artilheiros, debaixo do commando do seu Tenente Coronel Antonio José de Sepulveda, com o destino a hir desembarcar na aldeia de Mahem, que fica já na provincia de Bicholim, aonde chegou a tropa pela huma hora da noite, e tendo se ordenado a chegada mais cedo, se não conseguiu pela demora de huma das companhias de granadeiros com perca de tres horas de maré.

O Brigadeiro General com o dito Tenente Coronel, tinham chegado com antecipação ao sitio da dita aldeia Mahem, conduzindo em sua companhia duas peças de campanha, os petardos e mais trem de guerra.

Mandou o mesmo Brigadeiro General pelas quatro horas da madrugada do dia 25 de Agosto do dito anno formar o corpo em batalha, montar a artilharia, recommendou os petardos ao Tenente Francisco da Costa Diniz de Ayala e ao Alferes Agostinho José da Motta, do seu regimento, cada hum com quatro officiaes inferiores para os ajudarem á conducção, e marchou com pressa a avistar a fortaleza, o que conseguiu na distancia de hum quarto de legua antes de chegar a ella, não podendo pelo tenebroso da noite, chuva e aspereza do caminho chegar antes de nascer o sol do dito dia 25 do referido mez e anno.

1782 Fevereiro 21 Neste logar mandou pôr na vanguarda 200 Sipaes, que commandava o segundo Commandante dos partidos volantes José Felix da Cunha, marchou o dito Brigadeiro General em direitura ao Bazar (logar onde se acham as lojas dos mercadores e tendeiros) aonde alguma gente do inimigo se poz em defensa, disputando com fogo de caitocaria a marcha e entrada delle, mas o valor dos Sipaes, levados do bom exemplo do seu commandante, rebateu com brevidade a sua ousadia e o rendeu, prisionando os que quizeram resistir, ferindo oito e matando dois.

O Brigadeiro General não podia aqui executar já o primeiro projecto, de tomar a fortaleza por surpreza, mas sim investindo-a á cara descoberta, porque já era sol fóra, e os inimigos se achavam prevenidos em defeza, e não querendo que se perdesse tempo com que se difficultasse mais e arriscasse a empreza, se poz em marcha forçada a buscar as muralhas da fortaleza, a qual com tiros de artelharia e mosquetaria, procurou offender a tropa, mas por beneficio de Deus Nosso Senhor, não experimentou damno algum.

O mesmo Brigadeiro General em pessoa com intrepido valor chegou á primeira porta da fortaleza, onde já estavam os officiaes com petardos, e pregando-se o primeiro a lacerou pelo meio. Entrou o dito Brigadeiro General com alguns officiaes e parte dos granadeiros, e neste logar morreria muita gente, se o Céo não favorecesse a causa justa, e por milagre da misericordia divina escapou pessoa viva, porque cada homem era alvo dos tiros da mosquetaria e outros instrumentos do fogo do inimigo; porém, não fizeram mais damno do que mal ferirem dois dos nossos. O que não obstante, os soldados com animo e valor acompanharam ao dito Brigadeiro na diligencia da segunda porta, que acharam aberta, e procurando-se logo a terceira porta igualmente forte, mandando o dito Brigadeiro General pregar-lhe o petardo, estando-se pregando, gritaram os defensores de dentro que se rendiam, o que fizeram abrindo logo a dita porta e vindo o Governador da fortaleza com parte da guarnição prostrar-se ao dito Brigadeiro General, que mandou logo arvorar o Real

Pavilhão, e buscar pelas muralhas o restante da gente, tirar-lhe as armas, pol-os em prisão até que mos remetteu, e em breves dias os mandei pôr em liberdade; guarneceram-se os baluartes e portas da fortaleza pela tropa do Estado, e deu o dito Brigadeiro todas as providencias e cautellas necessarias para a segurança. 1782 Fevereiro 21

O Coronel da Legião Antonio de Assa Castelbranco, que com 400 homens do seu corpo teve ordem para ficar de emboscada pela parte de Sermanus, os Dessays Ranes pela de Sanquelim com 400 Sipaes, executaram bem as ordens, que se lhe tinham dadó. Da mesma sorte o Sargento mór Commandante dos Partidos Rodrigo Homem de Quadros, e Manuel Godinho, Sargento mór da Legião, pela parte de Mulgão com 300 homens fizeram alguma mumpostaria pela parte do seu destino, e pelo do recinto exterior da praça.

Concluida esta primeira acção, logo o Brigadeiro General expediu a toda a pressa os Dessays Custamba Rane, e Zoitobá Rane com o Capitão da Legião Affonso Simões, acompanhados de 600 homens de tropa ligeira a atacar a fortificação do Pagode do Sanquelim, que se renderam depois de quatorze horas de porfiada resistencia, perdendo-se da nossa parte 2 Sipaes e ficando da dos inimigos 17 prisioneiros.

Depois mandei ao Brigadeiro General que fizesse reparar as ruinas da fortaleza, pondo-se-lhe portas novas, e que animasse a constancia e fidelidade dos povos, o que bem executou, mandando ao palacio da minha residencia os Dessays, Gancares e mais gente das aldeias render vassallagem a Sua Magestade, e prestar o juramento de fidelidade, o que fizeram, como consta do termo transcripto no documento n.º 2.º

Alhanadas todas as difficuldades pelo dito Brigadeiro General por espaço de dezanove dias, que ali se demorou, mandei entregar o commando da fortaleza e provincias ao Tenente Coronel do primeiro regimento José Pacheco de Carvalho com 1800 homens destacados nos logares, que servem á conservação e defensa destes importantes continentes, e que o restante da tropa marchasse para as fronteiras de Bardez e seus quarteis.

1782 Fevereiro 21 Foram prisioneiros 51 homens dos inimigos, em que entraram dois feridos.

O descontentamento que me fica he não ter com que premiar e remunerar esta acção ao Brigadeiro General, porém, não duvido que Sua Magestade pela sua Real grandeza o attenda conforme o seu distincto merecimento e relevantes serviços, que lhe tem feito; nem tambem poder remunerar aos mais officiaes, que se distinguiram nesta acção, porque o Chanceller mettendo-se nas suas glosas a conhecer das acções distinctas dos officiaes militares, as não julga taes, como dou conta a V. Ex.ª em outra carta.

Mandei publicar alguns editaes em gentilico segurando a todos os Dessays, que são os senhores das terras, aos Gangares, que são os principaes das aldeias e mais povos das provincias, que os conservaria nos seus usos e costumes, na posse dos seus Dessayados, tenças, fazendas e rendimentos, na fórma que se achavam pelo Bounsuló; e que as suas contendas e demandas seriam decididas na Intendencia, por louvados por elles nomeados, da mesma sorte que se observava em Pondá.

Tive muitos e varios requerimentos para Cabos de Partidos das ditas provincias de Bicholim e Sanquelim, e lembrando-me que o Marquez de Alorna quando conquistou estas provincias levantou 800 Sipaes de Queri e Sanquelim, e que sem os Cabos e Partidos da gente das mesmas provincias se não segurariam estas, porque ou desertariam, ou facilmente se levantariam contra o Estado buscando os Partidos do Bounsuló, me deliberei a levantar 368 Sipaes com seus Cabos os Dessays e principaes das mesmas provincias para conservarem os seus povos em socego, e melhor os defenderem nas metas e passagens, por onde o inimigo podesse fazer invasão e o numero dos Partidos, e seus vencimentos consta do documento n.º 2.º importarem por mez em 2:860 xerafins e por anno em 34:520 xerafins.

A provincia de Bicholim comprehende trinta aldeias, a de Sanquelim cem, como se vê da relação dellas no documento n.º 3.º e o seu rendimento annual importa em 43:879

xerafins, 2 tangas e 11 réis, como consta do dito documento. 1782 Fevereiro 21

A fortaleza e praça de Bicholim he hum pentagono irregular, tem de circuito 100 braças e 9 palmos e meio, defendida por cinco baluartes, que tem de distancia no circuito interior 34 braças, somma que unida á das cortinas faz o computo de 134 braças, 9 palmos e meio; a grossura do seu reparo ou muralha, he de 15 palmos e 5 pollegadas; a sua altura nas cortinas de 3 braças e 4 palmos até 4 braças; os baluartes excedem a mais 3 palmos e 6 pollegadas de alto, com pouca differença em alguns; tem entre a muralha e o fosso hum corpo de rocha, que faz terraplano, cuja largura he de 1 braça e 2 palmos, até 2 braças; o seu fosso he de 3 braças e 3 palmos, até 3 braças e 7 palmos. Tem da parte do Norte huma estrada encuberta, no fim da qual corre huma muralha, que fecha em hum dos baluartes, a qual serve de obra exterior. Tem a praça tres portas dispostas de modo que são defendidas de dois baluartes approximados, havendo entre ellas hum corpo de muralha, aonde está a segunda, da qual a direcção he differente. Em todos os parapeitos e mais muros ha hum numero infinito de setteiras, que o seu fogo cruza toda a campanha e o fosso, de modo que não póde ficar a salvo individuo algum, que pretenda approximar-se a ella. As cortinas e baluartes são emmadeiradas e telhadas, e pela sua construcção se fazem muito difficultosas as escaladas. Tem seus armazens, casa de commandante e tercenas, em que persistia a cavallaria dos inimigos. O exterior recinto está cercado de hum muro de pedra em sosso, que tem de circuito 990 braças. Tem quatro portas, e dentro em si hum bazar povoado de grande numero de mercadores, aonde o commercio no verão excede a todos os mais pela grande occorrencia dos generos de Balagate. O que tudo participo a V. Ex.ª para o representar a Sua Magestade, e se digne dar a sua Real approvação.

Deus guarde a V. Ex.ª Goa, 21 de Fevereiro de 1782. — Rubrica do Governador.

Documentos que acompanham a carta antecedente

N.º 1

Instrucção que se deu ao Brigadeiro General Henrique Carlos Henriques

(Arch. da India, livro das Monções, n.º 162, fol. 1262.)

1781 Agosto 21 Tendo resolvido (depois de bem examinado o espirito das ordens de Sua Magestade, o respeito, que o Magestoso Estado deve conservar, e as suas utilidades) que se deva fazer a surpreza de Bicholim, nomeio a V. S.ª para commandante desta acção, confiando na Divina Omnipotencia (que sempre favorece as causas justas) o seu feliz exito, e no zelo, ardor e actividade, com que V. S.ª se emprega no serviço de Sua Magestade, a applicação dos meios para o conseguir. Para este fim tenho conferido com V. S.ª sobre o numero, qualidade de tropa, que deve fazer a acção, seus petrechos, munições, e sobrecelentes; resta-me unicamente fazer hum pequeno plano de instrucção, tanto relativamente á ordem da marcha, e hora della de Mahem para diante, como ás justas medidas, que se devem tomar para a conservação daquella praça, e moderação, com que se devam tratar os habitantes della, e da provincia, que se não oppozerem a que ella passe, e se conserve no dominio de Sua Magestade.

Estes tres pontos: 1.º da ordem de marcha, 2.º de justas medidas para a conservação da praça, 3.º da moderação, com que se devam tratar os habitantes della, farão os desta instrucção, com a qual V. S.ª se deverá inteiramente conformar, emquanto algum obstaculo (de tantos, a que estão sujeitas as mais bem ponderadas determinações) não instar para que V. S.ª a altere, em cujo caso deverá V. S.ª conferir com o Tenente Coronel de artilharia Antonio José Sepulveda, executando o que se determinar de commum accordo, e variando os pareceres, V. S.ª se determinará pelo seu mesmo parecer, dando-me de tudo huma exacta conta, depois de se recolher a Pangim.

Primeiro ponto

Depois de junta em Mahem a tropa de granadeiros, artilheiros e sipaes, V. S.ª lhe passará a mais exacta revista a armamento, e munições, tendo especial cuidado em que nenhum se disperse do lugar, que V. S.ª lhe tiver determinado para *alto,* e servindo-se dos melhores guias se porá em marcha a tempo que chegue a dois tiros de mosquete distante da praça, duas horas antes de amanhecer, tendo o primeiro corpo na ordem de marcha dez Sipaes com hum official esperto, que se adiantaram hum tiro de mosquete do grosso da tropa, e com o maior silencio hirão vendo se persentem, ou encontram alguem, e pegando, e remettendo á presença de V. S.ª todo aquelle sujeito que encontrarem; do grosso da tropa fará a vanguarda meia companhia de granadeiros, a ella se seguirá no centro o destacamento da artilharia com as peças, suas palamentas, e as mais munições; fará a rectaguarda o restante dos granadeiros e sipaes, que tudo deve marchar com o maior silencio, pois delle depende ordinariamente o bom exito destas acções; nesta ordem se conservaram até chegar ao lugar, que V. S.ª determinar, a dois tiros de mosquete da praça pouco mais ou menos; ali depois de feito alto, deve V. S.ª pelas noticias que V. S.ª tem dos espias, e pelas observações, que V. S.ª mesmo tem feito, determinar os lugares por donde se ha de fazer a escalada, dividindo para ella, e para os petardos a sua tropa, nomeando os officiaes para estes diversos serviços, e deixando huma sufficiente guarda ás munições, passando as suas ordens ao official commandante da artilharia, para que opere com ella de sorte que melhor proteja o plano, que V. S.ª tiver determinado. 1781 Agosto 21

Devo advertir a V. S.ª que do caminho, ou do ultimo *alto,* (como V. S.ª melhor entender) deve hir hum destacamento ao bazar segurar o Avaldar, e conter os mercadores delle para que nem aquelle possa fugir, nem estes passar algum aviso á praça, mas este destacamento deve levar especial ordem para que não faça mais hostilidades do que segurar-se

1781 Agosto 21 daquelles sujeitos pelas razões apontadas; feitas estas disposições V. S.ª fará surprehender a praça huma horas antes de amanhecer, e com o favor divino, com a boa disciplina, e com huma viva execução dirigida pela intelligencia, e actividade de V. S.ª espero que V. S.ª tenha a satisfação de logo que for dia arvorar a bandeira portugueza naquella praça com o mais feliz successo.

N. B. Recommendo novamente a V. S.ª hum grande cuidado em ter bons guias, em ter as precisas cautellas para que estes se não afastem de seus lugares, este cuidado se deve igualmente ter até na vespera da marcha, para que os guias não bebam vinho de sorte, ou em quantidade, que os perturbe. (Lembra-me esta advertencia, por ser este vicio muito commum entre estes povos.) Igualmente recommendo a V. S.ª que na marcha, e na execução da surpresa se observe debaixo de maior disciplina o mais profundo silencio.

Segundo ponto

Supposta felizmente escalada, e tomada a praça, seguro o governador della, guarnecidas as suas portas com sufficiente guarda, senhoreado de algum deposito publico de munições de guerra, ou de bocca, estabelecido hum corpo de guarda principal, postas as competentes sentinellas na muralha, que para tudo isto terá V. S.ª tropa daquella, que assim que amanhecer chegará á vista da Praça, deve V. S.ª mandar hum official com um destacamento passar aviso ás embarcações de comboio de munições, que se hão de achar surtas na bocca do Rio de Bicholim, commandadas pelo Sargento mór Manuel Preto, para que se cheguem á praça, fazel-as descarregar, e pôr em arrecadação bem acondicionados os effeitos, se deve cuidar em reparar algumas ruinas de portas e muralhas, sejam antigas ou modernas, montando-lhe mais alguma artilharia em lugares proprios, e destinar algumas metas, ou seja nas passagens, ou seja em algumas eminencias naquella provincia para a parte exterior della, para que nessa praça, e nesta sala se saiba as pessoas que entram na provincia, e a que vem a ella; e feitas estas disposições, e passadas as competentes ordens, que para este fim a V. S.ª lhe parecerem mais coherentes, V. S.ª persuadirá aos Dessays Ranes que devem hir tomar Sanquelim no dia seguinte, emquanto alguma tropa do Bounsuló, que lá se achar, não tenha tempo de se engrossar, nem o de diminuir o susto da primeira impressão; com o qual farão certamente muito menor resistencia. Para a tomada de Sanquelim, e sua alfandega, dará V. S.ª aos Ranes aquella auxilio, que julgar preciso, e esperando V. S.ª na praça a conclusão da tomada de Sanquelim, logo que V. S.ª tiver certeza della passará a palacio, deixando o governo da mesma e provincias encarregado ao Tenente Coronel Antonio José Sepulveda, com especial recommendação de que nella se faça hum exacto serviço de praça nomeando officiaes, que inteiramente façam os serviços de Sargento mór, e Ajudante della; e ficando na ausencia de V. S.ª na praça official de maior patente que a de Tenente Coronel, se observarão as reaes ordens a este respeito. 1781 Agosto 21

Com as noticias, que V. S.ª me der da capacidade da praça, se lhe determinará a sua competente guarnição.

Terceiro ponto

Logo que V. S.ª concluir a acção, e que cessar a resistencia, V. S.ª terá todo o cuidado em que a boa ordem se conserve na sua tropa, não só para que separando-se, e dividindo-se em pequenos corpos não fique exposta a algum funesto acontecimento, como para que os soldados se não entreguem ao saque, e ás atrocidades, que em similhantes casos entendem lhe são licitos, as quaes recommendo a V. S.ª que ponha todo o cuidado em evitar. V. S.ª mandará buscar todos os rendeiros, Narcarnis, e mais sujeitos da vizinhança da praça, que pelas suas qualidades, ou empregos conservarem respeito entre aquelles povos, e lhes fará hum persuasivo discurso, em que os capacite que esta hostilidade se não dirige contra os povos, nem directamente, só sim ao fim de cobrar do Sar Dessay Quemá Saunto Bounsuló a divida, que

1781 Agosto 21 elle tem contrahido com o Magestoso Estado na falta do pagamento de tantos annos de pensão, que he obrigado a pagar-lhe pelos antigos, e reiterados Tratados, e em recompensa das hostilidades e prejuizos, que os mercadores do Estado experimentaram ainda o anno passado na continua pilhagem das suas embarcações de commercio, finalmente que o Magestoso Estado quer conservallos na posse do que lhes pertencer, fazer-lhes a justiça, governal-os com ella, e com moderação, fazendo-lhe por este modo suave, quanto póde ser, o jugo da obediencia; que os ha de defender, e proteger comtanto que elles se constituam fieis vassallos de Sua Magestade Fidelissima, cujo juramento hão de dar solemnemente na Secretaria do Estado, quando por hum bando forem chamados a ella. Aos Dessays daquella provincia, que estão debaixo da protecção do Estado, V. S.ª lhes fará conhecer que chegou o tempo feliz para disfructarem pacificamente os dois Dessayados com os seus rendimentos por inteiro, e que elles devem com huma boa vigilancia ajudar em conservar este bem, que ha tanto tempo elles desejavam.

O Avaldar, ou Governador, e aquelles que V. S.ª observar que devem ter, ou tem repugnancia na sujeição ao Estado, devem ficar seguros na praça, sem porém experimentarem outro mal que o da segurança de suas pessoas, e V. S.ª deve recommendar que sejam bem tratados, ainda na ausencia de V. S.ª

Esta he a instrucção sobre os pontos principaes, que me occorreram, deixando á intelligencia de V. S.ª os que lhe parecer se devem demais destes tocar para mover os povos por affeição e docilidade a abraçar hum novo dominio. Pangim, 21 de agosto de 1781.—Dom Frederico Guilherme de Sousa.

N.º 2

Relação dos sugeitos que devem ser admittidos no Real serviço com o numero de sipaes

Dessays da Provincia de Bicholim

Suriagy Rau	50	
Sidobá Rau	50	
Balavanta Rau	30	
Iriá Porobo	40	
Apagy Porobo	25	195

Malcar

Govinda Dondo		10
		205

Dessays da Provincia de Sanquelim

Umbá Rane	50	
Ramachandra Rane	25	
Irbá Siubá Rane	30	
Vitobá, Dessay de Caramboly	15	
Suriobá Rane	15	135
		340
28 Sipaes do partido dos menacurcares		28
		368

Ha 8 xerafins por mez:

Cada mez	2:720
Cada anno	32:640

Mais os 28 Sipaes:

Cada mez	140
Cada anno	1:680
Total.. Cada mez	2:860
Total.. Cada anno	34:320

N.º 3

Traducção da folha da receita apresentada por Parisrama Xette, que servia de Avaldar da provincia de Bicholim, em que se diz o seguinte

	Rendimento antigo — Rupias, quartos e quartos dos quartos	Rendimento do anno de 1780 — Rupias, quartos e quartos dos quartos
Receita da provincia de Bicholim, das alfandegas d'ella, Sanquelim, e Cançarpale, da renda do tabaco, pasto do gado, e das mais cousas:		
Anno Mouro Isane Samanim (1781).		
Cassabé de Bicholim..........	530-3-0	501-1-0
Sarvana destinada para a gente da praça..................	287-0-0	150-0-0
Peligão....................	1:115-0-0	502-2-0
Naroá......................	717-2-2	502-2-0
Bordem, mercê do Dessay do Sodó.....................	551-0-0	551-0-0
Aturly......................	176-0-0	191-0-0
Mulgão e Sirgão............	3:308-2-2	2:750-0-0
Vainguini...................	715-2-0	305-0-0
Latambarcem...............	501-2-1 ²/₄	451-2-1 ²/₄
Adavalpal, mercê de Gopal Rau	507-3-0	507-3-0
Dumassem..................	85-0-0	85-0-0
Menacurem.................	750-0-0	750-0-0
Vargea Donani..............	1:092-0-0	700-0-0
Vargea Digui...............	156-0-0	156-0-0
Vargea Indalim.............	190-1-0	110-0
Jurisdicção de Usgão, de que é rendeiro Madu Sinay, Carcuno do Dessay Hiriá Porobo:		
Colombo....................	445-0-0	325-0-0
Pisurla.....................	731-0-0	650-0-0
Usgão......................	2:051-0-0	1:100-0-0
Gangem....................	112-1-0	70-0-0
Surla.......................	17:5[illegible]0-0-0	150-0-0
Palli........................	825-0-0	625-0-0
Verguem....................	803-0-0	600-0-0
Navelim....................	1:570-0-0	1:300-0-0
Arvalem....................	375-0-0	210-0-0
Cudanem...................	1:150-3-0	1:050-0-0
Passagem de Amoná.........	180-0-0	180-0-0
Direitos de lenha de Usgão....	104-0-0	60-0-0
Amoná, cujos fóros pagam em Vadi os seus rendeiros á bôca do cofre..................	2:300-0-0	250-0-0
Carapur, mercê do Dessay Zoitoba Rane..............	982-2-0	982-2-0
Direitos da madeira..........	212-2-0	112-0-0

	Rendimento antigo Rupias, quartos e quartos dos quartos	Rendimento do anno de 1780 Rupias, quartos e quartos dos quartos
Pensão maratha nas aldeias Lamagão, Virdi, e Maulinguem, as quaes são de mercê dos Dessays n.º 2.º fl. 11........	25-0-0	25-0-0
Direitos do pasto do gado n.º 2.º fl. 6	327-0-0	200-0-0
Direitos da lenha de Naroá 13 rupias, e de Mulgão 22, e todas são n.º 2.º, fl. 11.	0-0-0	35-0-0
Bazar de Naroá n.º 2.º, fl. 11...	25-0-0	0-0-0
Fóros das vargeas de Amoná aforadas por Upia Camotim.....	250-0-0	0-0-0
Fóros extinctos..............	10-0-2	0-0-0
Azeiteiro do Cassabé..........	6-1-0	0-0-0
Fóros das propriedades dos particulares, n.º 2.º fl. 9	219-2-0	219-2-0
Taverna do Cassabé..........	180-0-0	0-0-0
Taverna de Mulgão...........	6-1-0	0-0-0
Alfandegas de Sanquelim, Bicholim, Cançarpale, Candeapar e Chinaval.................	14:000-0-0	9:000-0-0
Tabaco e Cate, cujo rendimento	2:000-0-0	1:000-0-0
Somma retro.....	41:327-1-01²/₄	27:839-2-03²/₄
Estas reduzidas em dinheiro de Goa vem a importar, xerafins	82:654-3-26	55:679-2-11¹/₄
Deve-se abater n'estas importancias o dinheiro de Tainat de Suria Rau, Visvas Rau, e do Dessay Aria Porobo, contribuições de hac (acca), dos mercenarios, Sonod, e outras congruas, que pouco mais ou menos será a quantia de 5:900 rupias, de que são xerafins, o que consta da folha junta, quantia liquida...........	11:800-0-0	11:800-0-0
	70:854-3-26¹/₄	43:379-2-11¹/₄

A declaração individual destas contribuições, e suas quantias tem todas as aldeias, e nas rendas de alfandegas, tabaco, e outras, conforme a qual se leva em conta.

Traduzido por mim Ananta Camotim Vaga, Lingua do Estado a 1 de Setembro de 1781.—Ananta Camoty Vaga.

Carta do Secretario d'Estado Martinho de Mello e Castro ao Governador

(Arch. da India, livro das Monções, n.º 163. fol. 163.)

1783 Abril 9 Levei á Real presença da Raynha Nossa Senhora a carta, em que V. S.ª me participa a agradavel noticia da tomada de Bicholim e Sanquelim, e mais terras adjacentes, e Sua Magestade manda louvar a V. S.ª as acertadas disposições, que tão efficazmente contribuiram para o bom successo desta util acquisição. A mesma Senhora ordena igualmente que V. S.ª faça conhecer ao Brigadeiro General Henrique Carlos Henriques, commandante da tropa empregada neste serviço, e aos mais officiaes della o muito que Sua Magestade se dá por bem servida do valor, e actividade, com que se houveram neste feliz successo. A mesma Senhora recommenda muito a V. S.ª de tomar as indispensaveis cautellas, e dar as providencias necessarias para que aquelles novos, e importantes dominios não se tornem a alienar dos da sua Real Corôa, como precedentemente aconteceu, sem se saber o motivo, e a razão.

Deus guarde a V. S.ª Palacio de Nossa Senhora da Ajuda, em 9 de abril de 1783.—Martinho de Mello e Castro.

Sr. D. Frederico Guilherme de Sousa.

Resposta do Governador

1784 Outubro 18 Illmo e Exmo Sr.—Pela carta de 9 de Abril de 1783 me participa V. Ex.ª que levando á Real presença da Raynha Nossa Senhora a carta, em que eu referia a agradavel noticia da tomada de Bicholim, e Sanquelim, e mais terras adjacentes: que Sua Magestade me mandava louvar pelas acertadas disposições, que tão efficazmente contribuiram para o bom successo desta util acquisição: que a mesma Senhora ordenava igualmente que eu faça conhecer ao Brigadeiro General Henrique Carlos Henriques, commandante da tropa empregada neste serviço, e aos mais officiaes della, o muito que Sua Magestade se dá por bem servida do valor e actividade, com que se houveram neste feliz successo; que a mesma Senhora me recommendava muito de tomar as indispensaveis cautellas, e dar as providencias necessarias para que aquelles novos, e importantes dominios não se tornem a alienar dos da sua Real Corôa, como precedentemente aconteceu sem se saber o motivo, e a razão. 1784 Outubro 18

Supplico a V. Ex.ª que se digne de beijar em meu nome a Real Mão de Sua Magestade pela honra e mercê de me louvar na disposição, que fiz para esta conquista, e augmento dos dominios da Real Corôa da mesma Senhora. O meu maior prazer sempre será o de mostrar o zelo, com que me emprego no seu Real serviço, e que as minhas disposições se conformem com o Real agrado da mesma Senhora.

Certifiquei ao Brigadeiro General Henrique Carlos Henriques que Sua Magestade se dava por bem servida do valor, e actividade, com que se houvera nesta importante acção, o que tambem farei conhecer aos mais officiaes que nella cooperaram.

Tenho dado as providencias precisas de estarem bem guarnecidas as fortalezas de Bicholim e Sanquelim, e mais postos vantajosos para que aquelles dominios se conservem, e tomarei todas as cautellas para se não alienarem.

Deus guarde a V. Ex.ª Goa 18 de Outubro de 1784.— Rubrica do Governador.

Condições com que se concedeu um partido de duzentos Sipaes ao Dessay Somá Gondá, filho do Dessay de Sodó

(Arch. da India, livro dos Reis visinhos, fol. 5.)

1782 Novembro 10

Attendendo ao voluntario offerecimento, que Govinda Gondá, Dessay de Sodó, faz de seu filho Somá Gondá, para servir ao Magestoso Estado, lhe acordo as favoraveis condições seguintes:

1.ª Que se concede ao dito Somá Gondá hum partido de 200 Sipaes com paga de 5 rupias a cada hum por mez, com declaração que, quando o Magestoso Estado haja de fazer reforma nos Sipaes no tempo da paz, se lhe conservará sómente o dito partido com 100 Sipaes, ficando estes sempre obrigados a qualquer serviço do Estado.

2.ª Que se concedem 4 Cabos para a disciplina do dito seu partido com o vencimento de 15 rupias a cada hum, e 1 Bragmane com o vencimento de 20 rupias por mez, com declaração que cada 50 homens deverá ter seu Cabo.

3.ª Que se lhe concede que se terá attenção ao seu merecimento com remuneração correspondente ao serviço do dito Somá Gondá.

4.ª Que se lhe concede não admittir no seu partido de 200 homens Cabo Portuguez em lugar dos 4 que se lhe permittem para cada 50 Sipaes ter seu Cabo.

5.ª Que se lhe concede poderem ser rendidos alguns Sipaes do dito partido em algumas occorrencias, sendo porém obrigado o dito Somá Gondá a preencher o numero dos rendidos, apresentando-o ao official que eu determinar para os approvar.

6.ª Que será obrigado o dito Somá Gondá dentro de hum mez depois de entrar no serviço do Magestoso Estado, a mandar vir a sua familia para morar em Goa, no sitio que se lhe destinar, ficando nesta cidade no entanto o Dessay Govindá Gondá em refens desta estipulação.

Declara-se que no referido numero de 200 Sipaes se comprehenderão os rabaneiros, singuis e alquecares [1]; e por conclusão deste comprometimento se promette toda a ajuda e favor ao dito Dessay Govindá Gondá por parte do Magestoso Estado. Goa, 10 de Novembro de 1782. — D. Frederico Guilherme de Sousa. 1782 Novembro 10

Nova condição em 1810

(Arch. da India, livro 3.º de Pazes, fol. 30 e livro de Reis visinhos, n.º 26, fol. 5.)

Alem das condições, com que foi concedido o partido, S. Ex.ª exige mais a seguinte condição do actual Dessay Zagadiva Rao. 1810 Outubro 16

Que não consentirá nas suas terras qualquer Dessay rebelde, ou traidor ao Magestoso Estado, nem consentirá que se façam hostilidades, ou inquietações no mesmo Estado, e não só para elles não dará auxilio, antes as evitará castigando os perturbadores em serviço do soberano. E se acaso se verificar que o sobredito Dessay contravem a esta condição, logo se dará baixa ao partido, que agora se lhe concede, e será tido como rebelde.

Secretaria do Estado, a 16 de Outubro de 1810. — (Assignado) Zagadiva Rao, Sar Dessay de Carapur, morador em Soró.

Auto de juramento de vassalagem, obediencia e fidelidade que faz á Rainha Nossa Senhora o Dessay da Provincia de Manerim Mahé Gaunço

(Arch. da India, livro 2.º de Pazes, fol. 297.)

Anno do nascimento de Nosso Senhor Jesus Christo de 1784, a 20 . . . [2] de março do dito anno, na praça de Bicho- 1784 Março

[1] *Rabana,* especie de tambor; *singa* ou *xinga,* trombeta curva grande de latão; *alqui,* especie de timbales.

[2] Está assim huma lacuna no proprio termo.

1784 Março lim se apresentou Mahé Gaunço, Dessay da provincia de Manerim, na presença de Henrique Carlos Henriques, Brigadeiro General, Commandante das provincias de Bicholim e Sanquelim, para firmar e ratificar, como presentemente firma, e ratifica com o maior juramento do seu rito a perpetua vassallagem, obediencia e fidelidade, que faz á Rainha Fidelissima de Portugal nossa senhora, e aos seus Governadores e Capitães Generaes da India, tanto ao Illmo e Exmo Sr. D. Frederico Guilherme de Sousa, que actualmente governa, como aos seus excellentissimos successores, rogando-lhe humildemente que como a vassallo do Magestoso Estado acuda e soccorra nas consternações que lhe causar o Sar Dessay Bounsuló, ajudando-o e favorecendo-o com tropa e munições de guerra para a defeza de Uspá contra o mesmo Sar Dessay Bounsuló, protestando, como protesta, a sincera obediencia, total submissão, e perpetua fidelidade, que por elle dito Dessay Mahé Gaunço, por todos os seus dependentes, e pela sua descendencia quer ter a este Magestoso Es-

---

Breve do Santo Padre Pio VI dirigido á Rainha de Portu

(Torre do Tombo, Maço 62-D de Bullas, n.º 72.)

CARISSIMÆ IN CHRISTO FILIÆ NOSTRÆ

MARIÆ FRANCISCÆ, PORTUGALLIÆ ET ALGARBIORUM REGINÆ FIDELISSIMÆ

PIUS PAPA VI

1786 Agosto 2 Carissima in Christo Filia Nostra, Salutem, et Apostolicam Benedictionem. Gravissima urgemur causa ad implorandum a Magestate Tua Fidelissima pro ipsa divina Fide præsidium, idque tanto alacrius facimus, quod in singularem pietatem Tuam intuentes, nihil nobis a Te non polliceamur, quodcumque ad sublevandum religionis statum pertinere possit. Atque ut ad argumentum ipsum veniamus, minime Tibi ignotum

tado da India da muito alta e muito poderosa senhora Rainha de Portugal nossa senhora, e como vassallo de Sua Magestade admittido por S. Ex.ª a viver debaixo da sua real protecção, promette e se obriga de sua livre e boa vontade cumprir e guardar inviolavelmente toda a obrigação de leal vassallo, a qual obrigação faz com o mesmo maior juramento de seu rito, que he de pôr as mãos solemnemente na sua espada, como o fez ao tempo de pronunciar estas palavras, em fé do que inviolavelmente me obrigo a cumprir tudo o que tenho promettido, sob pena da mesma sua espada se tornar contra elle a qualquer tempo que falte ao promettido, o que deseja que Deos não permitta, porque a sua tenção e firme vontade he de cumprir sempre pontualmente o que acima promette, e ratificou com o dito juramento. 1784 Março

Assignatura maratha de Mahé Gaunço, Dessay da provincia de Maneri.

O texto maratha a fl. 298.

---

gal, sobre as perseguições contra os Christãos na China

(Traducção particular.)

Á NOSSA MUITO CARA FILHA EM CHRISTO

D. MARIA FRANCISCA, RAINHA FIDELISSIMA DE PORTUGAL E DOS ALGARVES

O PAPA PIO VI

Nossa muito cara filha em Christo, saude e a bençam apostolica. Insta-nos huma causa gravissima a pedir-vos soccorro a favor da divina Fé, no que somos tão promptos, porque, considerando a vossa piedade, contâmos com Vossa Magestade para tudo que puder ser conducente a favorecer o estado da religião. E para que entremos no assumpto, não deveis ignorar o decreto que o Imperador da China promulgou no 1786 Agosto 2

1786 Agosto 2 esse debet, quod apud Sinas prodiit die XV maii anni proxime præteriti, illius Imperatoris Edictum, quæque inde consecuta sit, per vastissimas statim Regiones diffusa, Christianorum vexatio. Ex iis, quæ huic nostræ de Propaganda Fide Congregationi relata sunt, perspicue constat, ibidem diligentissime per Mandarinos, inimicos ac potentes homines, inquiri in Episcopos, ac Missionarios nostros, ut pertrahantur Pekinum in custodias, ac omnes Sinenses Christianos catenis onerari, in exilium ejici, verberari, torqueri, tamque sævum in modum haberi, ut ejurare cogantur fidem. Quantumvis enim fidei nostræ prædicatio, atque exercitatio permissa Pekini sit, eadem tamen omnibus aliis Imperii Regionibus per Regni leges est vetita. Illic igitur adversarii nostri Christianos inquirunt, ac insectantur; comprehensosque tanquam Reos Pekinum ipsum custodiendos puniendosque pertrahunt. Pleni erant illi carceres Præsulibus, Sacerdotibus, aliisque Christifidelibus cum Europæis, tum Sinensibus; jamque novem, angustiis ærumnisque consumpti ex hac misera ad beatam vitam emigrarant. Inter hos Jesu Christi Confessores duo numerantur Episcopi, Apostolici scilicet Provinciarum Chansi, et Chensi Vicarii, ambo Itali, prætereaque Genuensis Civis de Turre, hujus Congregationis nostræ in Urbe Cantone Procurator, aliique sex Missionarii, variarum nationum Sacerdotes. Quantum tam funestis allatis nunciis perculsi animo, quamque intimo dolore oppressi fuerimus, potes ipsa facile, Carissima in Christo Filia nostra, ex tuo pietatis sensu intelligere, ipsi certe satis explicare non possumus. Summas quidem habemus Omnipotenti Deo gratias, quod in hoc etiam tam pravo, tamque corrupto sæculo renovari videamus martyria, confessionesque primorum Ecclesiæ temporum; sed ex alia parte amarissime deflemus miseros multorum lapsus, qui victi persecutorum minis, et cruciatuum terrore animum dispondentes abnegaverunt fidem, ac intimo cor nostrum dolore transfigitur, ob illos in carceribus asperrime habitos fortes atque illustres Viros, ad quos nulli Piorum patent, qui Pekini sunt, accessus, nulla suorum subsidia, ac solamina permittuntur. Nostrum hunc luctum, nostram hanc acerbitatem ad Te, Ca-

dia 15 de Maio do anno proximo passado, e a perseguição que logo dahi resultou e se diffundiu por aquellas vastas regiões contra os christãos. Pelas noticias dadas a esta nossa Congregação da Propagação da Fé, consta claramente que por ordem dos mandarins, inimigos e poderosos, são alli procurados com toda a diligencia os nossos bispos e missionarios, a fim de se enviarem para as prisões de Pekim, e todos os chins christãos são carregados de cadeias, desterrados, açoutados, atormentados e tratados cruelmente, para serem obrigados a abjurar a fé. E com quanto a prégação e pratica da nossa fé seja permittida em Pekim, é comtudo prohibida pelas leis do imperio em todas as mais provincias daquelle estado. Alli, portanto, os nossos adversarios procuram os christãos e os perseguem, e agarrando-os, levam-nos como criminosos a Pekim, para serem presos e castigados. Os carceres estavam cheios de prelados, de sacerdotes, e de outros fieis christãos, tanto europeus, como chins; e já nove, consumidos de angustias e trabalhos, haviam passado desta miseravel vida para a bemaventurança. Entre estes confessores de Jesus Christo contam-se dois bispos, vigarios apostolicos das provincias de Chansi e de Chensi, ambos italianos, e alem destes o cidadão genovez Torre, procurador desta nossa Congregação na cidade de Cantão, e outros seis sacerdotes missionarios de varias nações. Com os vossos piedosos sentimentos podeis facilmente comprehender, nossa muito cara filha em Christo, quanto estas funestas noticias nos feriram a alma, e que dor profunda nos opprimiu; nós de certo não o podemos exprimir sufficientemente. Devemos porém summas graças a Deos Omnipotente, porque n'hum seculo tão mau e tão corrompido vemos renovar os martyrios e as confissões dos primeiros tempos da igreja; mas por outro lado chorâmos amargamente as quédas de muitos, que vencidos das ameaças dos perseguidores, e perdendo a coragem com o terror dos tormentos, renegam da fé; e o nosso coração está intimamente amargurado por causa daquelles fortes e illustres varões, duramente encarcerados, a quem se nega toda a communicação com os fieis que estão em Pekim, e a quem se não per-

1786 Agosto 2 rissima in Christo Filia Nostra, deferre per hasce Litteras voluimus, ut Tecum non solum dolorem nostrum, sed et curas etiam divideremus (cum præsertim præ oculis habeamus, quantopere solicita sis ad Christianam Religionem in illo Imperio retinendam propagandamque) ut illi persecutionis furores aliqua a Nobis communiter allata ope saltem leniantur. Nos profecto, quantum in Nobis fuit, nulla interposita mora mandavimus eidem Nostræ Congregationi, ut quinque Scutorum millia Gades transmitteret, quæ inde Sinas Suecorum navibus transferrentur. Quod ipsa jam.est pro suo more diligenter executa. Si nunc Fidelissima Majestas Tua iis calamitatibus permota, Tuaque Regii animi pietate inducta causam hanc juvandam, protegendamque suscipiet, atque idcirco Venerabilem Fratrem Alexandrum de Gouvea Pekinensem Episcopum pro sua auctoritate excitabit, eique commitet, ut suo Regio Nomine Sinensi Imperatori eam ipsam Religionis Nostræ causam summa, qua debet contentione commendare curet, utque pecuniam, aliamque, quam poterit, adhibeat opem ad eos, qui in vinculis detinentur, sublevandos; tum certe, si quidquam sperandum est, ex hac Tua opera studioque sperandum, cum gravissimum etiam apud Sinensis, magnæque Auctoritatis sit Augustum tuum Nomen, Tuaque clara, et perillustris ibidem sit, ut esse debet, Lusitana natio. Sed tandem quicumque fuerit ejusmodi solicitudinis Tuæ successus, gloriosissima certe erit illa tuæ heroicæ pietatis actio, perspectæque eximiæ Religioni Tuæ, ac præcellentibus hujusmodi tuorum majorum exemplis maxime consentiet. Propterea ad Majestatem tuam deferrimus, quantas maximas possumus, Pontificii animi obsecrationes, ex quibus intelligas nullam potiorem Tui deprecandi causam esse posse in eo qui Christianorum est omnium Pater, et Pastor, neque majorem ad Te rationem afferri posse, quam tam necessarium hoc tempore præstandi, Fidem Christi profitentibus, patrocinium; unde verum, ac solidum sit Majestati Tuæ decus accessurum. Est aliud etiam quod a Te Carissima in Christo Filia nostra, plurima tuæ pietatis fiducia postulemus, ut scilicet commendatos, acceptosque habeas, Tuaque Regia Clementia prosequa-

mittem nenhuns auxilios nem consolações dos seus. Quizemos, nossa muito cara filha em Christo, transmittir-vos por estas letras o nosso lucto e amargura, não só para repartirmos comvosco a nossa dor, mas tambem os nossos encargos (considerando sobretudo a solicitude que tendes em conservar e propagar a religião christã naquelle imperio) para que os furores da perseguição ao menos se mitiguem, com algum auxilio que prestemos em commum. Com a menor demora possivel ordenámos á nossa mesma Congregação que enviasse para Cadix 5:000 escudos, para se remetterem para a China em navios suecos, o que já executou diligentemente, como costuma. Se a compaixão de todas estas calamidades e a piedade do vosso real animo vos levarem agora a amparar e proteger esta causa, e portanto a instigar com a vossa auctoridade o nosso veneravel irmão Alexandre de Gouveia, bispo de Pekim, encarregando-o de recommendar ao Imperador da China no vosso real nome esta causa da nossa religião com toda a instancia devida, e de soccorrer com dinheiro, ou por outro qualquer meio os que estão encerrados nas prisões; então, com certeza, se resta alguma esperança, deve fundar-se na vossa intervenção e zêlo, visto que o vosso augusto nome é muito respeitavel e de grande auctoridade até entre os chins, e alli mesmo é muito nomeada e celebre a vossa nação portugueza, como o deve ser. Mas finalmente seja qual for o resultado da vossa solicitude, aquella acção da vossa heroica piedade, será certamente muito gloriosa, e sobretudo conforme á vossa notoria e insigne religião e aos prestantes exemplos dos vossos maiores. Por isso vos dirigimos estas supplicas com a maior instancia da nossa alma de pontifice, para conhecerdes que o Pae e Pastor commum dos christãos não póde ter maior causa para estes rogos, nem é possivel apresentar-vos huma razão mais forte, que a necessidade de soccorrer nesta occasião os que professam a fé christã, do que resultará huma solida gloria a Vossa Magestade. Confiados na vossa muita piedade, ainda pedimos, nossa muito cara filha em Christo, que dispenseis o vosso favor e real clemencia aos missionarios que esta nossa Congregação mandou para aquel-

1786 Agosto 2

1786 Agosto 2 ris Missionarios illos, quos nostra hæc Congregatio isthac ad Sinenses regiones dimisit. Magnopere cupimus, ut studium Tuum in eosdem significes Machai Gubernatori, a quo nimirum propenso animo excipiantur, permissumque ipsis sit ibidem per omne id tempus commorari, donec opportunitas aderit commode vel Cantonem, vel alias, prout videbitur, Sinenses oras transmittendi. Hoc ipsum quod pro presenti necessitate a Majestate Tua petimus, de futuro etiam tempore solicitos nos efficit, cogitque ut a Te pari fiducia flagitemus, quo in posterum Missionariis illuc profecturis pariter tua benignitate consulatur. Primum igitur a Te summopere petimus, ut Machai Gubernatori, ac Senatui mandata generatim dari velis, ut quoties illuc deinceps advenient missionarii, eorum patrocinium unquam ipsis ne desit, utque Procuratori pro tempore tam nostræ Congregationis de Propaganda Fide, quam Seminarii Parisiensis Missionum exterarum, stabile in ea Urbe domicilium habere liceat: propterea que, quod alterum est, ut Procurator uterque suam pro cujusque respectiva Procuratione comparare sibi Domum, seu ædificare possit. Postremo, ut hujusmodi Regiorum mandatorum exemplum extare apud utrumque Procuratorem, servarique in ejus Domus Archivo debeat, quo opportune proferatur, ostendaturque Gubernatoribus, si quos unquam contraire adversarique contingat. Deum Optimum maximum precamur, ut, prout te ipsam in religionem, sacrosque ejus Ministros egregie animatam esse agnoscimus, ita uberiora in Majestatem Tuam, Regiamque Familiam omnem, ac Universum, quam late diffunditur Lusitaniæ Regnum felicitatis et gloriæ incrementa constare videamus. Ac in amplius divinorum munerum auspicium Apostolicam Benedictionem Fidelissimæ Majestati Tuæ ex intimo paternæ Caritatis sensu profectam amantissime impertimur. Datum Romæ apud Sanctam Mariam Majorem sub annulo Piscatoris die II Augusti MDCCLXXXVI. Pontificatus Nostri Anno Duodecimo. —Benedictus Stay.

las regiões da China. Muito desejâmos que o governador de Macau seja avisado da protecção que lhes concederdes, para os receber favoravelmente, e lhes permittir que estejam alli, até que seja possivel envial-os para Cantão, ou para outros logares da China, conforme parecer. Isto mesmo, que pela necessidade presente vos pedimos, nos dá tambem cuidado quanto ao futuro, e nos obriga a rogar-vos, com igual confiança, que ampareis da mesma sorte com a vossa benevolencia os missionarios que mais tarde para alli partirem. Portanto pedimos em primeiro logar que vos digneis ordenar ao governador e ao senado de Macau em geral que não deixem de proteger os missionarios, todas as vezes que alli chegarem, e que seja permittido tanto ao nosso procurador, que então for da nossa Congregação da Propagação da Fé, como ao do seminario das missões estrangeiras de Paris, estabelecer domicilio naquella cidade; e alem disto que possa cada hum dos procuradores, por este motivo, comprar ou edificar sua casa para a respectiva procuradoria, e que finalmente ambos os procuradores tenham em seu poder hum transumpto destas vossas reaes ordens, e o conservem no archivo das suas casas para o apresentarem e mostrarem opportunamente aos governadores, se estes alguma vez as contrariarem, ou se lhes oppozerem. Rogâmos a Deos Omnipotente, que assim como havemos reconhecido os vossos egregios sentimentos a favor da religião e dos seus sagrados ministros, assim nos deixe ver cada vez maiores os augmentos de felicidade e de gloria em Vossa Magestade, em toda a real familia, e em todo o reino e dominios de Portugal. E para maior auspicio dos dons celestes lançâmos muito affectuosamente com a mais profunda caridade paternal a benção apostolica a Vossa Magestade Fidelissima. Dado em Roma em Santa Maria Maior, sob o annel do Pescador, no dia 2 de Agosto de 1786, anno duodecimo do nosso pontificado. — Bento Stay.

1786 Agosto 2

Tratado de paz ajustado entre o Illmo e Exmo Sr. Francisco da Cunha e Menezes, Governador e Capitão General da India, e o Grandioso Rajá Babadar Quema Saunto Bounsuló, conferido pelo Illustre Secretario do Estado Sebastião José Ferreira Barroco, e o honrado Vissagi Mahadeu, Ministros Deputados pelos seus respectivos poderes, em 29 de Janeiro de 1788.

(Arch. da India, livro 2.° de Pazes, fol. 308.)

1788 Janeiro 29 Havendo o Illmo e Exmo Senhor Francisco da Cunha e Menezes, Governador e Capitão General da India, attendido ás instantes supplicas e ás protestações, que lhe fez o Grandioso Rajá Quema Saunto Bounsuló Bahadar, Sardessay da Praganã Cuddale e mais provincias, pela pessoa do seu Enviado Vissagi Mahadeo, tomou a resolução de se esquecer das infracções repetidas dos antigos Tratados, admittindo novamente ao Grandioso Rajá Bahadar na amizade do Magestoso Estado, concedendo-lhe a protecção, que experimentaram os seus antepassados, debaixo das condições estipuladas nos artigos seguintes:

1.°

Haverá huma paz solida e sincera entre o Magestoso Estado, e o Grandioso Rajá Bahadar abolindo totalmente quaesquer passadas discordias e promette o Grandioso Rajá Bahadar em seu nome, e de todos os seus successores tratar, e viver com toda a fidelidade ao Magestoso Estado, não lhe valendo para poder dizer que não infringe a paz as asseverações de que qualquer acto de violação he exercitado por este, ou aquelle individuo, sendo este dos seus dominios, e existindo nos mesmos.

2.°

Servirão de base a este presente Tratado os que foram feitos entre o Magestoso Estado e o Grandioso Rajá Bahadar em 7 de Abril de 1712, em 25 de Outubro de 1754, em 29 de Julho de 1759 e em 24 de Dezembro de 1761, os quaes por este se ratificam, e renovam, exceptuando a parte, em que por este forem moderadas, ou alteradas as clausulas estabelecidas nos mesmos Tratados. 1788 Janeiro 29

3.°

Consentirá o Grandioso Rajá Bahadar nos seus dominios livre exercicio da religião catholica aos Padres Missionarios e aos Christãos seus vassallos, conservando-lhes a igreja que tem, ou dando-lhes licença para fazer outras, se lhes for necessario, e permittindo-lhes as celebridades dos sacrificios divinos, e a administração de sacramentos, sem lhes ser feita violencia alguma.

4.°

Todos os soldados, cafres, captivos, e mais pessoas, que fugirem das terras do Magestoso Estado para as do Grandioso Rajá Bahadar, serão restituidos com as armas, e o mais que levarem, e se lhes promette não proceder contra elles á pena de morte, não sendo criminosos de lesa magestade divina ou humana, e o mesmo se praticará com os Sipaes, e subditos do Grandioso Rajá Bahadar, e de seus successores, retirando-se para as terras do Magestoso Estado, ficando só exceptuados aquelles que sem constrangimento algum, e muito de sua livre vontade quizerem ser christãos, e tambem se exceptuam os cabos de guerra.

5.°

As embarcações de guerra do Magestoso Estado darão ajuda e favor a todas as que pertencerem ao Grandioso Rajá Bahadar, tanto de guerra como mercantes, contra os inimigos do Magestoso Estado, e piratas, com declaração que as embarcações mercantes do Grandioso Rajá Bahadar devem trazer cartazes do Magestoso Estado, e no caso de não os trazerem, não gosarão da mencionada ajuda e favor, e poderão ser apprehendidas como a de qualquer nação inimiga.

6.°

Pelo mesmo modo as embarcações de guerra do Grandioso Raja Bahadar, quando se offerecer occasião auxiliarão as

1788 Janeiro 29 do Magestoso Estado, e de fórma alguma as apprehenderão, ou estas levem cartazes ou não do Magestoso Estado, nem aquellas que trouxerem cartazes do Magestoso Estado, ainda que não sejam de vassallos seus, ou navegarem dos portos, ou para os portos delle.

7.°

Ficarão francos e mutuamente abertos os portos do Magestoso Estado e do Grandioso Rajá Bahadar para o commercio reciproco, e para nelle entrarem as embarcações de guerra, não sendo tantas que possam causar desconfiança.

8.°

As embarcações do Magestoso Estado, e de seus vassallos, que forem aos portos do Grandioso Rajá Bahadar, serão isentas de pagar cousa alguma a titulo de direitos, ou ancoragem, salvo as que forem commerciar, as quaes devem pagar só os direitos das alfandegas de que antes havia estylo, e se estipulou pelo artigo 3.° do sobredito Tratado de paz ajustado com o Senhor Vice Rey D. Rodrigo da Costa em 1712.

9.°

Não poderá o Grandioso Rajá Bahadar passar cartazes a embarcação alguma mercante de vassallo do Magestoso Estado, ainda que por parte de algum delles lhe seja pedido.

10.°

Por quanto o Grandioso Rajá Bahadar tem representado ao dito Illmo e Exmo Senhor Governador e Capitão General do Estado a difficuldade que tem, e vexação que lhe causa a estipulação que fez pelo artigo 9.° do Tratado de 24 de Dezembro de 1761, obrigando-se nelle a pagar de tributo annualmente á Real fazenda do Magestoso Estado 4:000 xerafins, e a impossibilidade em que está de pagar ao menos inteiramente a divida preterita dos annos, em que não pagou o mencionado tributo, pedindo-lhe diminuição em huma e outra cousa, resolveu o dito Illmo e Exmo Senhor, por livrar motivos de discordias para o futuro, e continuar a respeito do dito Rajá Bahadar a usar daquella generosidade, e

favor que sempre para com elle usaram os seus predecesso- 1788 Janeiro 29
res, reduzir o tributo annual á quantia de 1:000 xerafins, que foi estipulada pelo artigo 10.° do mencionado Tratado de 1712, e perdoar ao Grandioso Rajá Bahadar, metade da divida, em que está á Real fazenda do Magestoso Estado pelos vencimentos dos tributos preteritos, que não pagou.

11.°

O Magestoso Estado promette ter sempre o Grandioso Rajá Bahadar, e seus successores debaixo da Real protecção da Muito Alta e Muito Poderosa Senhora Rainha de Portugal cumprindo-lhe fielmente a vassallagem devida a Sua Magestade Fidelissima, e nas contendas que o dito Grandioso Rajá Bahadar tiver com os seus inimigos, procurará o Magestoso Estado interessar-se por elle, e concluil-as sem damno seu, e não o podendo fazer pacificamente, o soccorrerá com as suas forças por mar, ou por terra em qualquer parte onde não haja inconveniente para acudirem as suas tropas, o que presentemente assim praticará o Magestoso Estado a respeito do Rajá de Colapur, a fim de que este retire dàs terras do Grandioso Rajá Bahadar as tropas, que nellas tem.

12.°

Concorrerá o Magestoso Estado com polvora e balla pelo seu justo preço sempre que se entender ser necessaria ao Grandioso Rajá Bahadar para a sua conservação, e defensa; e por quanto presentemente se acham os dominios do Grandioso Rajá Bahadar invadidos pelas tropas do Rajá de Colapur, o soccorrerá o Magestoso Estado com 50:000 rupias em effeitos, generos e dinheiro, incluindo nellas a metade do importe dos tributos vencidos, que o Grandioso Rajá Bahadar deve ao Magestoso Estado, e que importam em 13:227 rupias, e tres quartos, e o resto da entrega se fará dando-selhe já metade dos effeitos que pede, e que constam de huma lista junta a este Tratado, ficando reservada a outra metade dos generos e effeitos para se lhe entregar no caso que continue a guerra, em que o Rajá Bahadar está com o Rajá de

1788 Janeiro 29 Colapur, entregando-se tambem já a quantia de dinheiro que sobrar, e ficar liquida depois do abatimento da dita divida do tributo, e do valor total dos ditos effeitos.

13.º

Attendendo o Grandioso Rajá Bahadar ás vantagens, que lhe resultam desde Tratado, cede ao Magestoso Estado, e demitte de si para sempre todo e qualquer direito, que podesse pretender por si, e por seus successores ás provincias e praças de Alorna, Bicholim, e Sanquelim, e á parte da provincia de Pernem, que lhe foram conquistadas com as armas de Sua Magestade Fidelissima; e cede igualmente para sempre para o Magestoso Estado o resto, que ainda possue da dita provincia de Pernem, ficando todo o referido perpetuamente pertencendo com todas as suas jurisdicções, districtos, aldeias, vargens palmares, e todos os direitos á Muito Alta e Muito Poderosa Senhora Rainha de Portugal, sendo conservados com as suas congruas, e pertenças os Pagodes, os Botos, os Dessays, os Mercenarios, os Consignatarios, no caso de serem das pessoas que fiquem existindo dentro da dita parte da provincia de Pernem novamente cedida, e que prestem juramento de fidelidade a Sua Magestade Fidelissima, reservando sómente a quantia de 2:000 rupias annuaes, que he parte do rendimento que o seu Sarcar tem em huns palmares de terras cedidas, cuja quantia o Magestoso Estado se obriga a reservar-lhe annualmente, emquanto não fizer as averiguações necessarias, e buscar os modos de dar ao Grandioso Rajá Bahadar hum equivalente da dita porção annual.

14.º

Tambem se obriga, e promette o Grandioso Rajá Bahadar a não fazer metas nas margens dos rios, nem consentir que outrem as faça, sem beneplacito do Magestoso Estado, porque se reputará por infracção, exceptuando sómente aquellas metas, que o Grandioso Rajá Bahadar tiver em alguns passos, em que cobra direitos.

15.°

Quando for preciso ao Grandioso Rajá Bahadar conduzir pelos rios do Magestoso Estado alguns generos e effeitos para as suas fortalezas, o mandará primeiro declarar para se lhe conceder licença para o seu transporte. 1788 Janeiro 29

16.°

Serão admittidos no Magestoso Estado os tres Dessays Hiriá Porobo, Sidobá Rao, e Chandobá Rane, e perdoados dos insultos e roubos, que tem feito até ao presente, podendo recolher comsigo as suas familias e parentes, prestando e jurando vassallagem a Sua Magestade Fidelissima o Dessay Chandobá Rane, que ainda não a jurou, sendo os outros dois Dessays obrigados a ratificar o juramento que deram, visto o terem quebrado; e nestes termos poderá cada hum delles possuir o que lhes pertencer.

17.°

Igualmente se póde recolher ao Magestoso Estado o Dessay Govindagi Zossovanta Rao, e depois de prestar a Sua Magestade Fidelissima o devido juramento de fidelidade, poderá disputar com o Dessay Lacximinagi Zassovanta Rao o seu direito a respeito do Dessayado, cuja questão será decidida segundo os usos e costumes praticados em similhantes causas de Dessays.

18.°

Na fórma sobredita se ajusta a concordia e paz declarada perpetua e permanente debaixo das condições estipuladas nestes artigos; e succedendo haver falta de cumprimento em algum, ou alguns delles, o que se não espera, a parte offendida fará aviso á outra huma só vez para ser promptamente satisfeita com a devida e religiosa observancia do presente Tratado, e quando assim o não execute, será licito tomar as medidas que lhe parecer para conseguir a dita satisfação, o que tudo se executará inviolavelmente, assim da parte do Magestoso Estado como da do Rajá Bahadar, que o promette, e ratifica em seu nome, e de todos os seus successores.

19.°

1788 Janeiro 29 Do presente Tratado se darão copias do mesmo teor assignadas e selladas, para ficar huma na secretaria do Magestoso Estado, e remette-se outra ao Grandioso Rajá Bahadar, e que pela sua reciproca observancia e perpetuo cumprimento se extinga totalmente a memoria das discordias, e seja radicado hum indefectivel estabelecimento da paz. Goa, 29 de Janeiro de 1788.—Sêllo das Armas Reaes em lacre vermelho—Sebastião José Ferreira Barroco—Assignatura maratha de Vissagi Mahadeo.

O texto maratha, fl. 314.

Artigo particular secreto entre o Magestoso Estado e o Grandioso Rajá Bahadar, celebrado pelo Illustre Secretario do Estado Sebastião José Ferreira Barroco e o honrado Vissagi Madeu, Ministros Deputados pelos seus respectivos poderes, em 29 de Janeiro de 1788.

(Arch. da India, livro 2.° de Pazes, fol. 320.)

Que o Illmo e Ex.mo Senhor Governador, e Capitão General da India por este particular e secreto artigo promette ao Grandioso Rajá Bahadar Quema Saunto Bounsuló a protecção do Magestoso Estado não só na fórma que foi estipulada pelos artigos da paz, que hão de ser publicados, mas tambem concorrer com todos os bons officios de informar a situação, em que se acha o Grandioso Rajá Bahadar na representação que elle intenta fazer a Sua Magestade Fidelissima para que a dita Senhora lhe mande restituir todas, ou parte das provincias, que cede pelo artigo 13.° do presente Tratado, e para a sua devida observancia se dará huma copia do presente artigo para ser enviada ao Grandioso Rajá Bahadar. Goa, 29 de Janeiro de 1788. Sêllo pequeno das Armas Reaes—Sebastião José Ferreira Barroco—Assignatura maratha de Vissagi Mahadeo.

Original maratha, fl. 321.

PLENIPOTENCIA

(Arch. da India, livro 2.º de Pazes, fol. 301.)

Francisco da Cunha e Menezes, do Conselho de Sua Magestade Fidelissima, Governador e Capitão General da India, etc. 1788 Janeiro 30

Por quanto o Grandioso Rajá Quema Saunto Bounsuló Bahadur, Sar Dessay do Praganã Cudale, me representou que verdadeiramente arrependido de repetidas infracções, que tinha feito aos Tratados celebrados entre o Magestoso Estado e elle dito Raja Bahadar e seus predecessores, me pedia lhe concedesse huma paz permanente, e o restituisse em virtude della, e do seu arrependimento á protecção, que sempre elle e seus predecessores acharam neste Magestoso Estado: Hei por bem conceder-lhe, e manter-lhe a dita paz na fórma das condições do presente Tratado, que he resultado das conferencias, que por ordem minha teve o Desembargador Secretario do Estado Sebastião José Ferreira Barroco com o Honrado Vissagi Mahadeo, Enviado do mesmo Grandioso Rajá Bahadar; e para que as condições do presente Tratado hajam inteiramente o seu devido effeito pelo modo que nelle se contém, concedo ao dito Desembargador Secretario do Estado Sebastião José Ferreira Barroco todos os poderes necessarios para assignar o mesmo Tratado com o dito Honrado Vissagi Mahadeo, e para seu maior vigor não só será assignado pelos ditos ministros plenipotenciarios de ambas as partes, mas tambem com o sêllo das armas reaes do Magestoso Estado, e com o do Grandioso Rajá Bahadar, porque debaixo desta condição he que auctoriso tudo que obrar o dito Desembargador Secretario do Estado Plenipotenciario deste Magestoso Estado. Dada em Goa sob o sêllo das armas reaes da corôa de Portugal aos 30 de Janeiro de 1788.—Francisco da Cunha e Menezes,

Traducção maratha, fl. 302.

PLENIPOTENCIA DO BOUNSULÓ

(Arch. da India, livro 3.º de Pazes, fol. 303.)

1788 Janeiro 14 Traducção.—Illmo e Exmo Possuidor de grande Estado e felicidades, General de grande exercito, Grandioso Senhor Francisco da Gunha e Menezes, Governador e Capitão General do Estado da India em Goa, cuja felicidade seja perpetua.

Eu o Rajá Quema Saunto Bounsuló Bahadar, Sar Dessay do Praganã Cudale, e mais provincias, envio esta com cortezia de muitos salamos, ficando de saude, e desejando ter as boas novas de V. Ex.ª

Para haver resolução do Estado sobre varios negocios meus tendo enviado o anno passado á presença de V. Ex.ª o honrado Vissagi Mahadeo, este ainda ali se conserva. Pela conta que elle me deu, e pela carta que recebi do Grandioso Sebastião José Ferreira Barroco, Secretario do Estado, fico certo na materia conferida respectiva a ambas as partes; e porque pelas differenças havidas ficando desfigurada a amizade, por consequencia estão nullos os Tratados preteritos celebrados entre ambas as partes; e esperando eu que no tempo do governo de V. Ex.ª se resolva hum Tratado de novo, que seja perduravel, e causa para augmento da maior amizade, e para que o Estado termine os meus negocios com amor, resultando de tudo grandes utilidades, e para não ficar sem effeito o que se estipular, e alcançar do Estado varias provincias, dou poderes ao mesmo Vissagi Mahadeo para que elle em virtude dos ditos meus poderes possa conferir negocios na presença de V. Ex.ª e celebrar Tratado por sua via, e assentar as mais providencias, nas quaes espero attenção de V. Ex.ª pois os poderes são firmes, e convem á generosidade de V. Ex.ª que concorra e faça o que for a bem de ambas as partes; e o mais dirá o mencionado Vissagi Mahadeo conforme as instrucções.

Não sou mais largo. Conserve-me na sua graça e amizade. Escripta a 4 do mez Rabitacar (14 de Janeiro). Esta he a carta.

Traduzida por mim Ajudante do Lingoa do Estado a 18 de Janeiro de 1788. S. E.—Bouguná Camotim Vaga. Original maratha, fl. 304. 1788 Janeiro 14

Traducção da carta do Rajá Quema Saunto Bounsuló Bahadar, Sar Dessay do Praganã Cudale, escripta a Vissagi Mahadeo, seu Enviado n'esta côrte de Goa

(Arch. da India, livro 2.º de Pazes, fol. 305.)

Honrado Vissagi Mahadeo. Eu o Rajá Quema Saunto Bounsuló Bahadar, Sar Dessay do Praganã Cudale, e mais provincias. Faço saber no anno Mouro 1188 (em portuguez 1788) que sendo-me presente em consequencia do que ordenei a V. m. os dias passados, para que celebrando hum Tratado entre o meu Sarcar e os Portuguezes, se resolvessem os negocios, concorrendo elles presentemente para castigar ao Senhor de Colapur, que tem hostilisado os meus dominios, dando para isso auxilio de petrechos, munições, gente e dinheiro; que eu devia ceder ao Estado toda a provincia de Pernem para haver todos os auxilios: que particularmente davam feito hum artigo secreto, cuja copia remettesse eu para Portugal com carta minha, para que sendo Sua Magestade sciente de que não dava utilidade aquella provincia, haveria por bem de mandar restituir-ma: que apontando este meio com expressões de affecto, tinham dado palavra firme para favorecerem ou protegerem os meus dominios: que isto he que convinha fazer, narrando ao mesmo tempo distinctas acções do credito do Grandiosissimo Senhor Governador, e do Grandioso Secretario, e o desejo que tinham para a conservação dos meus dominios: que estando eu na sua amizade, por elles, ou por determinação de Sua Magestade viria conseguir muitas cousas, e ainda as praças, e provincias; e como isto escreveu tambem ás pessoas daqui, que me podiam dar certeza, fazendo confiança della; e resolvendo eu a ouvir o dito delles, e conseguir todas as minhas dependencias, e de fazer augmentar a amizade do Estado, escrevo esta a V. 1788 Janeiro 27

1788 Janeiro 27 m. que lhes dê por escripto toda a provincia de Pernem, exceptuando aquellas cessões, e cousas declaradas na memoria separada, e depois de feito o Tratado, mandarei os Sonodos do referido, e sem esperar mais resolução, faça logo o dito Tratado, que seja util a ambas as partes sem incommodos, para que a sua observancia seja firme, e sobre isso proximamente escrevi ao Grandioso Secretario, que sei he dotado de prudencia, e espero que faça o que for justo. Se houver demora de quatro dias para o Tratado, expondo-lhes as minhas necessidades, no dia seguinte da chegada desta carta faça expedir os auxilios de munições, gente, dinheiro, e armada na fórma expressada nas cartas antecedentes; e assim o fique entendendo. Escripta a 17 do mez Ribalacar (27 de Janeiro de 1788). Conferindo que ficam exceptuadas as congruas dos Pagodes, Botos, Dessays, Mercenarios e consignações, conclua este artigo dizendo que toda a mais provincia de Pernem fica entregue ao Estado. Data *ut supra.*—Com o sêllo pequeno de Bounsuló.

Traduzida por mim Ajudante do Lingoa do Estado a 29 de Janeiro de 1788. S. E.—Bougunâ Camotim Vaga.

Original maratha, fl. 306.

Documentos relativos ao antecedente Tratado com o Bounsuló, e Provincia de Pernem

Relação dos effeitos que o Enviado Visagi Mahadeo pediu em nome do seu amo Rajá Quema Saunto Bounsuló Bahadar Sar Dessay do Praganá Cudale

(Arch. da India, livro 2.° de Pazes, fol. 322.)

100 barris de polvora.
40 cunhetes de balla.
10:000 pedras de fogo.
2 candins de chumbo.

2 candins de ferro.
3:000 fardos de arroz pacheril.
2:000 fardos de arroz cozido.
Ahi mesmo a mesma lista em maratha.

Soccorro que prometteu o Estado ao Sar Dessay Bounsuló, em xerafins..............	100:000
1788—Pagamento.	
Fevereiro 1.º Em dinheiro de contado.......	40:000
Março 14—Mais........................	8:000
Março 27—Mais........................	6:000
E em effeitos entrando o transporte.........	11:409-1-43
Em desconto dos tributos.................	26:455-2-30
	91:864-4-13
Ha de haver o Sar Dessay................	8:135-0-47

Importancia das munições de guerra e bocca que deram ao Bounsuló

De cincoenta barris cheios de polvora a 124 xerafins, entrando o barril e o seu transporte	6:200-0-00
De vinte e oito arrobas e dezenove arrateis e meio de ballas de chumbo, a 23 xerafins e 24 réis a arroba, entrando a cunhete de pau e o seu transporte........................	660-1-13
De duas mil e oitocentas pedras de fogo a 4 xerafins e 12 réis o cento, entrando o seu transporte..........................	113-0-36
De cento cincoenta e tres fardos de arroz produzidos de cinco cumbos e dois candins de bate do Norte a 5 xerafins tres tangas e 18 réis a cada fardo, entrando o seu transporte	865-4-54
De setecentos fardos de arroz mais de Narba a 5 xerafins e 30 réis, entrando o seu transporte............................	3:570-0-00
	11:409-1-43

Termo da posse de parte da Provincia de Pernem, que desfructava o Bounsuló, cedida ao Magestoso Estado

(Arch. da India, livro 2.° de Pazes, fol. 325.)

1788 Fevereiro 4 — Aos 4 de Fevereiro de 1788 no Cassabé, ou villa da provincia de Pernem, na conformidade dos poderes concedidos pelo Illmo e Exmo Senhor Francisco da Cunha e Menezes, Governador e Capitão General do Estado da India, ao Coronel Governador da praça de Alorna Manuel Godinho de Mira, presente este, os officiaes militares do Estado, Vissagi Mahadeo, Enviado do Rajá Quema Saunto Bounsuló Bahadar, os camaristas da dita provincia, e Ganó Essagi, que commandava interinamente a dita provincia, junto com Bicagi Custã, Dessay de Mandrem, por parte do referido Rajá Bahadar, na ausencia de Rama Saunto Tiraudecar, seu legitimo commandante, os quaes todos abaixo assignaram, sendo lidos os mesmos poderes, as ordens do dito Rajá Bahadar, e avisos do seu Enviado para entregar á posse do Magestoso Estado para todo sempre a dita parte da provincia de Pernem, consistente em dezeseis aldeias, a saber, o dito Cassabé, ou villa de Pernem, as Aldeias Corgão, Mandrem, Arambol, Queri, Paliem, Parascodem, Amberem, Cazanem, Uguem, Tambocem, Torcem, Mopa, Varcanda, Chandel, e Cansarvordem, e a Alfandega, que fica no nosso districto de Macazana, que pertencendo ao dito Rajá Bahadar, tudo cedeu ao Magestoso Estado no Tratado celebrado em 29 de Janeiro de 1788, e tomou posse e entrega dellas o dito Coronel Manuel Godinho de Mira para ficarem na posse do Magestoso Estado desde a data deste para todo sempre, assim as ditas Aldeias, direitos da alfandega, do tabaco, da lenha, as lagimas e tudo o mais que pertencer ao Divão; e eu Bouguná Camotim Vaga, Ajudante do Lingoa do Estado, que escrevi este termo.—Manuel Godinho de Mira, Coronel Governador — Joaquim Vicente Godinho, Coronel e Ajudante General — Manuel José de Freitas, Tenente Coronel — Rodrigo Homem de Quadros e Lemos, Tenente Coronel Commandante dos Partidos — José Felix da Cunha, Tenente Coronel Commandante o Cabo de Rama — Henrique Claudio Des-anjes de Tonnelet, Major de cavallaria — José Joaquim da Costa, Capitão de cavallaria e Ajudante — Capitão Affonso Simões de Oliveira — Capitão João Caetano Gallego da Fonseca — José dos Santos Callado, Capitão — Bernardo José de Freitas, Capitão — Filippe Rodrigues Ferro, Capitão — Antonio Manuel de Mello, Tenente de cavallaria — Domiciano José de Abreu Castello Branco — José Carvalho da Fonseca Quintão — Manuel Monteiro de Faria — José Manuel Xavier do Rego — Joaquim Vaz Pereira — Florencio José de Almeida, Alferes de cavallaria — Antonio Zepherino Velasco — José Maria do G... — Joaquim Antonio Marques, Alferes — Miguel da Costa, Alferes.

1788 Fevereiro 4

Assignaturas marathas: — Vissagi Mahadeo, Enviado do Bounsuló — Bicagi Custam, Dessay de Mandrem — Gonù Essagi, Guarda do Sarcar do Bounsuló — Bium Saunto Bounsuló, Cabo do Bounsuló.

Camaristas: — Vital Pundalica Porobu, Dessay do Cassabé — Dessa Porobu — Bapú Fotu Naique, Dessay do Cassabé — Ramachandra Custam Porobu, Dessay do Cassabé — Sutobá Naique, Dessay — Roulú Sidagi, Dessay do Cassabé — Bicú Porobu, Dessay do Cassabé — Mahadeo Ganes Dessay do Cassabé — Rama Savol, Dessay do Cassabé — Roulú Porobu, Dessay de Corgão — Custam Podiar, Dessay de Parcem — Dulbá Naique, Dessay de Parcem — Custangi Porobu, Dessay de Parcem — Bicagi Custam, Dessay de Mandrem — Essagi Sivagi, Dessay de Mandrem — Rama Custam Porobu, Dessay de Dargali — Bascar Rama Chandra, Escrivão da Camara de Pernem.

Bougunà Camotim Vaga, Ajudante do Lingoa do Estado.

Traducção do Sonodo junto do Sar Dessay Quema Saunto Bounsuló

(Arch. da India, livro 2.º de Pazes, fol. 343.)

1778 Abril 25 Determino aos Gancares das Aldeias de mercês, do Dessayado, e outras da provincia de Pernem que o honrado Custangi Zassavanta Ráo, Dessay della, faz cobrança, do seu Dessayado, e porque a Aldeia Alorna por agora se acha na posse do Sarcar, della são 325 rupias, e das lagimas de Chorguem sitas em Colvale na outra parte, que por causa dos credores se acham em questão, são 150 rupias, humas e outras 475 rupias, as quaes ha de cobrar pelo seu Dessayado, a saber:

Da aldeia Morgim	125
Da aldeia Tuem	25
Do palmar Oxal, de mercê	25
Da aldeia Ozori	100
Da vargea sita na aldeia Virnodem	50
Da vargea Fial, de mercê	25
Das passagens de Chaporá e Laiçua	25

Das pensões de Potti, e Passodi nas aldeias, a saber:

Cassabé Pernem	10
Parxem	5
Dargali	5
Arambol	6
Agarvaddó	3
Torcem	10
Cancarvadem	6
Mopa	2
Uguem	2
Ravolvordem	2½
	427½

Transporte.....	$427^1/_2$
Corgão	10
Mandrem	9
Querim	8
Paliem	4
Chopodem	3
Virnodem	4
Cazanem	2
Paraseodem	2
Varcanda	$2^1/_2$
Chandel	2
Tamboxem	1
	475

1778 Abril 25

São por esta fórma 475 rupias que lhe mandei dar, que ha de cobrar pelos seus chitos, e lhe paguem em cada anno, e no Cassabé Pernem deixem continuar ao dito Zassavanta Ráo o titulo, que tem nelle, e ordeno aos colonos que deixem fazer ao sobredito a sua cobrança, sem procurarem pela nova determinação, e tomando a copia deste, lhe restituam o proprio. Hoje 25 do mez Rabilaval do anno Mouro 1178. (25 de Abril de 1778). Com o sêllo pequeno do Rajá Quema Saunto Bounsuló—Registado.

Traduzido em 18 de Agosto de 1801. S. E.—Bouguná Camotim Vaga, Lingoa do Estado.

Está junto o original maratha.

Traducção do Sonod entregue ao Senhor Secretario do Estado Sebastião José Ferreira Barroco por Vissagi Mahadeu, sobre não embaraçar o Bounsuló a posse dos direitos de Coluale, pertencentes á Provincia de Pernem cedida ao Magestoso Estado pelo Tratado de 29 de Janeiro de 1788.

(Arch. da India, livro 2.º de Pazes, fol. 357.)

Honrado Administrador da Alfandega, e direitos de Coluale. Eu o Rajá Quema Saunto Bounsuló Bahadar, Sar Dessay do Praganã Cudale, e mais provincias, faço saber no an- 1789 Julho 10

1789 Julho 10 no da Era Moura 1189, que em portuguez vae adiante explicado. O dominio dos referidos direitos tendo cedido ao Estado Portuguez, que os deixe cobrar conforme as condições, e se não entremetta nelles, porque assim he a minha determinação, e fique sabendo na sobredita fórma. Escripto em 16 do mez Sovel (10 de Julho de 1789). Com o sêllo pequeno do Rajá Bounsuló.

Traduzido em 30 de Julho de 1789. S. E.—Boguná Camotim Vaga, Ajudante do Lingua do Estado.

Está junto o original maratha.

Auto de juramento de vassalagem, obediencia e fidelidade, que fazem á Rainha Nossa Senhora os Dessays, Narcornis, e as mais pessoas da Provincia de Pernem abaixo declaradas

(Arch. da India, livro 2.° de Pazes, fol. 330.)

1788 Fevereiro 23 Anno do nascimento de Nosso Senhor Jesus Christo de 1788, aos 23 dias do mez de Fevereiro do dito anno, na villa de Pangim, no palacio da residencia do Illmo e Exmo Sr. Francisco da Cunha e Menezes, Governador e Capitão General da India, estando o dito Senhor debaixo do seu docel na sala da audiencia, se apresentaram ao mesmo Senhor, Pondulica Vite Porobu, Sambagi Dadu Naique, Naraena Sambagi Porobo, Roulú Siva Sinay, Antobá Madou Naique, Bicó Madé Porobo, Madeu Ganesa Naique e Chondra Rama Saunto, Dessays, e Sorea Porobo, Gancar de Cassabé, da provincia de Pernem; Roulu Porobo e Seguna Porobo, Dessays da aldeia Corgão; Custam Poriar, Dalbá Naique, Custangi Porobo e Madeu Poriar, Dessays da aldeia Parcem; Mangu Sinay, Antobá Sinay e Rogú Baba Sinay, Dessays da aldeia Mandrem; Sabagi Porobo e Rama Custam Porobo, Dessays da aldeia Dargol; Sarzea Sinay e Sivarama Bapú, Narcornis da dita provincia, para firmaram e ratificarem, como presentemente firmam e ratificam de sua livre e espontanea vontade, a perpetua vassallagem, obediencia e fidelidade, que fazem á Rainha Fidelissima de Portugal nossa Senhora, na presença do Illmo e Exmo Sr. Francisco da Cunha e Menezes, que actualmente governa, ao qual e aos seus Ex.^{mos} Successores, protestam firmemente obedecer como Loco Tenentes e Representantes da dita Senhora, cuja alta protecção imploram, e a quem promettem servir como fieis e honrados vassallos de hoje em diante, visto que o Sar Dessay Bounsuló, de quem até aqui eram vassallos, pelo artigo 13.° do Tratado de 29 de Janeiro proximo passado demittiu de sí qualquer direito, que podesse ter á provincia de Pernem, e a cedeu perpetuamente ao Magestoso Estado, a qual cessão e demissão de direito, elles ditos acima nomeados, como habitantes da mesma provincia de Pernem gostosamente abraçam, e para darem mostra da sinceridade de seus animos, das expressões e promessas que fazem de obediencia, sujeição e vassallagem, para todo sempre, á muito alta e muito poderosa Senhora Rainha de Portugal nossa Senhora, prestam o maior juramento de seu rito, que he porem as mãos solemnemente nas suas espadas, como o fizeram com effeito ao tempo de se pronunciarem estas palavras, em fé do que inviolavelmente cumprirão tudo o que promettem sob pena de que as mesmas suas espadas se tornem contra elles a qualquer tempo que faltarem ao promettido, o que desejam que Deus não permitta, porque a sua tenção, e firme vontade he de cumprirem sempre pontualmente tudo o que assim promettem e ratificam com o dito juramento. E logo o dito Illmo e Exmo Sr. Francisco da Cunha e Menezes, Governador e Capitão General do Estado, benignamente houve por bem de os receber na protecção de Sua Magestade, admittindo-os a elles, aos seus dependentes com as suas familias, e a toda a sua descendencia a lograrem o fôro de vassallos da corôa de Portugal, observando elles o juramento e fidelidade, que promettem; em fé do que para perpetuo testemunho se fez este auto, em que assignou o Illmo e Exmo Sr. Governador e Capitão General, e assignaram tambem os referidos Dessays e mais pessoas abaixo declaradas; e eu Antonio Luiz Ribeiro, Official da Secretaria do Estado, o escrevi. O Secretario, Se-

1788 Fevereiro 23

1788 Fevereiro 23 bastião José Ferreira Barroco o fiz escrever. — Francisco da Cunha e Menezes.

Assignaturas marathas: — Pondelica Vital, Dessay de Cassabé de Pernem — Sambagi Porobo, Dessay — Nàraena Sambagi, Dessay — Antobá Naique, Dessay — Roulo Sivagi, Dessay — Boco Made Porobo, Dessay — Mahadeu Gonessa, Dessay — Chandro Ramo Sanvol, Dessay — Roulo Porobo, Dessay de Corgão — Seguná Porobo, Dessay de Corgão — Custã Porial, Dessay de Parcem — Dulbá Naique, Dessay — Custam Porobo, Dessay — Madeu Porial, Dessay — Mangu Sinay, Dessay de Mandrem — Antobá Sinay, Dessay de Mandrem — Rogu Baba Sinay, Dessay — Sabagi Porobo, Dessay Dargol — Rama Custam Porobo, Dessay — Sazará Sinay, Narcorni — Sivarama Bapu, Narcorni — Sorea Porobo Corçuto.

E serviu de interprete neste acto o Lingua do Estado, Ananta Camotim Vaga.

Traducção da Relação do rendimento da Provincia de Pernem, escripta por Vissagi Mahadeu, e apresentada por elle n'esta Secretaria do Estado, sendo Emissario por parte do Rajá Quema Saunto Bounsuló Bahadar, Sar Dessay do Praganá Cudale, em o mez de Abril de 1788.

(Arch. da India, livro 2.º de Pazes, fol. 340.)

1788 Abril Relação dos rendimentos da provincia de Pernem, exceptuando as congruas, que pertencem aos Pagodes, aos Botos, obras pias, ás mercês das Mesquitas, aos Dessays e outros mercenarios, feitas nas aldeias da dita provincia, anno da era Moura 1188 (em portuguez 1788).

Fóros das aldeias

	Rupias
Cassabé Pernem	1:512 1/2 - 2 1/2
Corgão	1:776 3/4
Parcem	807 1/2 - 1/2
Mandrem	2:399 1/2 - 3 1/4
Dargali	1:294 3/4 - 1/4

Paliem	$588^{3}/_{4}-3^{1}/_{2}$	1788
Tamboxem	$522^{1}/_{2}$	Abril
Virnorá	$279^{1}/_{4}-3^{1}/_{2}$	
Mopa, separada a consignação	$17^{1}/_{4}-1^{1}/_{4}$	
Amberem	$154^{3}/_{4}$	
Queri	$841^{1}/_{4}$	
Arambol	$961^{3}/_{4}-3^{3}/_{4}$	
Cazanem	$356^{1}/_{2}-1$	
Poroscodem	$371\ -3$	
Uguem	$824^{1}/_{2}-2$	
Chopadem	$146\ -2^{3}/_{4}$	
Torxem	$904^{1}/_{2}-1^{1}/_{4}$	
Raulvordem	$730^{3}/_{4}-3^{1}/_{2}$	
Chandel	$76^{1}/_{2}$	
Varcanda	$613^{1}/_{4}-3^{1}/_{4}$	
Tuem	$341^{1}/_{4}-3^{1}/_{4}$	
Bairro Malpem	$33^{1}/_{4}-3^{1}/_{4}$	
Foros do bairro Parcem	26	
Do bairro Alconem da aldeia Mandrem	5	
Alorna	$1:946^{1}/_{4}-2^{1}/_{4}$	
	$17:533^{3}/_{4}-\ ^{1}/_{2}$	

Fóros das vargeas por quantia liquida

Fondem cazan	80
Sondiem	$41^{1}/_{4}$
Gotiem	$186^{1}/_{2}$
Paliem	$127^{1}/_{2}$
Madalá	$412^{1}/_{2}$
Godaquem	$332^{1}/_{2}$
Dutondem, aforamento na aldeia Paliem	$5^{1}/_{4}-1$
A vargem de Queri por orçamento	$66\ -2$
A vargèm de Queri a Antagi Rogunata	$3^{1}/_{2}$

Vargeas conforme o ajuste condicional

Paliem	$853^{1}/_{4}-\ ^{1}/_{2}$
Deussum	$436^{1}/_{2}-3$
Baila cazan de Corgão	$170^{1}/_{2}-3$
	$2:606^{3}/_{4}-3$

Fóros das propriedades seguintes

1768 Abril	Vargem Gundem da aldeia Parcem........	664$^{3}/_{4}$–3$^{1}/_{4}$
	Pela de Agarvadó...........	8$^{1}/_{2}$– $^{1}/_{2}$
	Retalho de Parcem....................	51$^{1}/_{2}$
		725 $^{3}/_{4}$

Rendas dos palmares de Sarcar

De varios palmares, abate-se:	
Quitado o lucro do palmar pela Canturla....	411 –1$^{3}/_{4}$
	3:351$^{3}/_{4}$
Dos retalhos chamados Qhozechem xito, na aldeia Arambol, segundo a concessão....	39
O palmar de Queri, arrendado por Narahar Ganes Quercar, por..................	132$^{1}/_{2}$– $^{3}/_{4}$
O palmar de Morgim..................	2:100
O palmar Suriá Rau, de Morgim..........	51$^{3}/_{4}$–1$^{3}/_{4}$
Marinha no palmar de Arambol..........	128
De Zanardan Balamb Boto..............	364$^{1}/_{4}$–1
Do bairro Taramboi de Alorna...........	108$^{1}/_{4}$–1$^{3}/_{4}$
Palmar da fortaleza de Alorna...........	45$^{1}/_{4}$– $^{1}/_{2}$
	6:521 –1$^{1}/_{2}$

A contribuição chamada Tofó pelos Dessays

Govindagi Zassavanta Ráo, Dessay da provincia de Pernem..................	600
Govinda Porobo, Dessay de Parcem........	100

Pensão que pagam pela vendagem de sal as aldeias seguintes

Cansarvordem.........................	5
Ozory.............................	3
Arambol...........................	6
Morgim...........................	4

Marinhas

Agarvadó..........................	58$^{1}/_{2}$–3$^{1}/_{2}$
De Arambol por Narahar Ganes...........	32

Direitos de catte, tabaco e alfandega.......	2:995½-3¼ 1788 Abril
Direitos do pasto do gado...............	113¾
Direitos de lenha......................	30
O acrescimo da vargem Maina, de Corgão...	13¾
Acrescimo com Antu Rangana Sinai, de Mandrem.............................	25
	3:986¾-2¼
Dos cocos de presente em respectivas festas de todas as aldeias..................	84½-3

Resumo

Fóros das aldeias.........................	17:333¾-2
Fóros das vargens.......................	2:606¾-1¼
Rendas dos palmares.....................	6:521 ½
Das propriedades.........................	725 -3¼
Direitos em varias addições.............	3:986¾-2¼
Do presente de côcos....................	84½-3
	31:458 ½

Abate-se conforme a determinação do Sarcar:

A Mocundá Xete, da propriedade Bochibaga	4¼-3¾
Quita ao Baniane Palmar Nabibaga........	7
A Nagueá Porobo, da vargem chamada Moli Satiá...........................	3¾-3
	31:443⅓-1½/

Abatem-se aos Mercenarios pelo Sarcar:

Aldeia Torxem ao Dalvi Bounsuló.........	904½-1¼

A Narbar Ganes Quercar

Aldeia Arambol para todo sempre.........	961¾-3½
O palmar de Arambol.....................	393¼- ½
A marinha de sal........................	32
A Madagi Balcustam Narconim por conta da aldeia Amberim......................	85½-1½

Ao dito Narhar Ganes Quercar

1788 Abril Do seu proprio titulo.................... 231 1/2-3 1/4
Do palmar arrendado.................... 132 1/2- 3/4
A Balcustam Rogunata e Ramachandra Vital, da aldeia Cazanem.................... 64
A Bascar Ramachandra, Escrivão da Camara, o palmar Langarbaga, aldeia Torxem.... 215
A Ramacustam Sivagi, do palmar Maissur, da aldeia Corgão.................... 38 1/4-2 1/2
A Zaganata Xete Gontogo, do palmar Baida, da aldeia Corgão.................... 80

31:423 1/2-1 1/4

Rendimento liquido.................... 28:300 1/2- 1/4
Cuja quantia reduzida a pardaos de Goa importam.................... 56:601:0:10

Traduzida por mim Bouguná Camotim Vaga, Lingua do Estado, ao 1.º de Fevereiro de 1801. — Bouguná Camotim Vaga.

O original maratha em duas folhas logo em seguida.

Carta do Governador Francisco da Cunha e Menezes ao Secretario d'Estado Martinho de Mello e Castro

(Arch. da India, livro das Monções, n.º 168, fol. 1155.)

1787 Março 12 Illmo e Exmo Sr.—Recebi o officio que V. Ex.ª me dirigiu em data de 29 de Março do anno proximo passado, que principia pelas palavras «Do que vou a dizer» [1]. Nelle me refere V. Ex.ª em summa: 1.º, a desagradavel discordia, que se tinha agitado neste Estado entre o meu predecessor e o Marechal de Campo Francisco Antonio da Veiga Cabral com

[1] Não achámos este officio, mas a resposta diz sobre o seu conteúdo quanto basta para o negocio do Bounsuló.

perniciosas consequencias para o real serviço; 2.°, os passos que se haviam dado na guerra, que o meu predecessor fizera ao Bounsuló, e as omissões, que tinha havido; 3.°, a negociação que se seguíra á suspensão de armas feita com o dito Bounsuló, em que se mettera por medianeiro da paz o Maratha com proposições exorbitantes e inauditas a favor do dito Bounsuló, e o frouxo comportamento que tinha havido da nossa parte neste caso; 4.°, a maneira com que me devia portar nesta negociação, se o Maratha continuasse a patrocinar o Bounsuló, e este repetisse as sobreditas proposições, sem embargo da decisiva resposta, que já tinha dado o meu predecessor ao Bounsuló nas vistas que teve com elle. 1787 Março 12

Emquanto ao primeiro ponto. Tem cessado, ao menos em parte, a antiga discordia com a soltura do Marechal de Campo Francisco Antonio da Veiga Cabral, com a morte do Brigadeiro Henrique Carlos Henriques, e com a estimação, com que trato o sobredito Marechal de Campo, a qual, se não faz que haja huma perfeita reconciliação entre o sobredito Marechal de Campo, e os officiaes, que lhe não são affectos, faz que por ora se cohibam mutuamente em publico quanto podem.

Emquanto ao segundo ponto. Fico bastantemente instruido do que Sua Magestade houve por bem approvar, ou reprovar na guerra que se fez ao Bounsuló.

Emquanto ao terceiro ponto. Fico igualmente instruido dos passos, que se deram na negociação, que se seguiu á suspensão de armas, e da mediação, que intentou fazer o Maratha.

Emquanto ao quarto ponto. Sendo o meu intento regular-me inteiramente pelas instrucções, que V. Ex.ª me communica, pedi ao meu antecessor que me informasse do ultimo estado da negociação, que no tempo do seu governo se tinha feito com o Bounsuló e Maratha, o qual me deixou huma instrucção do que tinha passado a este respeito. Examinei o que constava na Secretaria deste Estado pelos registos e mais livros e documentos della, e visto ser fallecido o Brigadeiro Henrique Carlos Henriques, mandei chamar o seu testamen-

1787 Março 12 teiro o Capitão de mar e guerra Xavier de Mendonça Côrte Real, para que me entregasse todos os papeis que tivesse achado concernentes á mesma negociação entre os mais do dito fallecido Brigadeiro, o qual depois de me segurar que ia procural-os, voltou dizendo-me que não havia achado cousa alguma.

Portanto vendo-me reduzido só ao que sobre esta negociação consta dos livros e mais papeis da Secretaria, com o que concorda a sobredita instrucção do meu predecessor, e achando neste Estado, quando tomei posse do governo delle, hum Emissario do Maratha chamado Gopalá Ráo Ramachandra, lhe concedi a audiencia, que me pediu, na qual não fez mais que mostrar-me a sua carta credencial, e dar-me as boas vindas da parte de seu amo, sem que nem a mim, nem ao Secretario deste Estado, a quem foi comprimentar a sua casa, ou fallasse em algum negocio, ou desse a entender que tinha materia que tratar em outra occasião.

Chegou depois a este Estado o Emissario do Bounsuló, Vissagi Mahadeo, e me pediu audiencia por carta de 29 de Dezembro do anno proximo passado. Concedi-lha, e nella me apresentou carta credencial de seu amo, e me disse logo que vinha da parte do dito seu amo tratar da conclusão da paz, porque esperava que tivessem vindo ordens de Sua Magestade Fidelissima sobre este ponto, pelas quaes o dito meu predecessor havia dito que esperava.

Como nesta mesma occasião me pediu audiencia o Emissario do Maratha, e me disse que tinha negocio que propor da parte de seu amo, parecendo-me que viria tambem fallar sobre a mesma paz, não me parecendo justo nem ainda expor-me a ouvir de qualquer dos dois Emissarios as exorbitantes e indecentes proposições, que fizeram ao meu predecessor, lhes nomeei ministros conferentes, a saber, para o do Maratha o Chanceller desta Relação, José Joaquim de Sequeira Magalhães e Lançóes, e para o do Bounsuló o Secretario deste Estado o Desembargador, Sebastião José Ferreira Barroco, não dando a cada hum dos ditos ministros mais poderes do que para ouvirem a abertura das proposições, que lhes fossem feitas, e recommendando ao sobredito Secretario deste Estado que tratasse de entreter o Emissario do Bounsuló, que se mostrava mais activo, sendo-me necessario na fórma da instrucção de V. Ex.ª não lhe dar resposta positiva, senão depois de se ter expedido huma pessoa habil á côrte de Punem no caso deste Dominante continuar a favorecer as pretenções do Bounsuló. 1787 Março 12

Conferiram os ditos Emissarios com os ministros respectivos. O Emissario do Bounsuló fazendo huns grandes protestos de amizade da parte do seu amo, e confessando que as provincias, que lhe tinhamos tomado, as havia antes recebido de nós como dadiva, tornava agora a pedil-as, por se lhe haverem conquistado em huma guerra, que elle dizia injusta, negando as contravenções da paz, que se lhe tinham attribuido, e não fazendo nem ainda a minima menção da resposta, que meu predecessor havia dado ao dito Bounsuló sobre a incorporação, que Sua Magestade mandava fazer na sua corôa, das provincias conquistadas, como o dito meu predecessor participou a V. Ex.ª em carta de 16 de Maio de 1785, em resposta da de V. Ex.ª de 16 de Março do anno antecedente.

Respondeu-lhe o dito ministro que lhe desse por escripto as suas pretenções, porque nem tinha mais poderes, nem os podia ter para huma tão inesperada proposição. Teve nisto o dito Emissario alguma difficuldade, mas por fim ficou em dar as suas pretenções por escripto, o que até aqui não tem feito, sem embargo de ter sido a dita conferencia no dia 11 de Janeiro deste anno, e só dirigiu ao dito Secretario deste Estado a carta de 14 do dito mez, que remetto por copia n.º 1.º, com a resposta n.º 2.º, que por minha ordem lhe foi dada, de que ficou o dito Emissario tão assustado, que preterindo todo o costume, sem pedir escaler, nem licença, veiu procurar o dito ministro, desculpando-se de haver escripto a dita carta.

O Emissario do Maratha fez na primeira conferencia as proposições seguintes: 1.ª, que, achando-se seu amo armado contra o Nababo Tipú, o enviára a este Estado a pedir soc-

1787 Março 12 corro, para que as nossas armas fossem tambem castigar o inimigo commum; e que entrando nesta cidade ha nove mezes, fôra entretido até então sem outra resposta mais que a de não ser possivel conceder-se o soccorro que pedia; pelo que como ainda durava a causa da sua pretenção, pois que seu amo e o Nababo se achavam com exercitos em campo, tornava a renovar a dita proposição, e a pedir a resposta della; 2.ª, que havia recebido huma carta da sua côrte, para me pedir que permittisse licença a hum carcumo, ou official papelista do Rey Sunda, para que fosse a Punem, a fim de que seu amo se podesse informar com elle de algumas cousas relativas ao Reino de Sundem.

Posto que eu sabia que entre o Estado e a côrte de Punem tinha havido os artigos offerecidos pela dita côrte, e as respostas deste Estado, que constam da copia n.º 3.º a que a côrte de Punem não respondeu, pareceu-me melhor sem entrar em materia mandar dar pelo dito ministro a seguinte resposta:

Emquanto á primeira proposição: que tendo eu chegado a esta capital havia tão pouco tempo, e achando-me muito occupado na expedição dos negocios relativos ao Reino, não podia ainda dar-lhe huma positiva resposta sobre o soccorro que pedia; que me havia de informar de tudo que conviesse para resolver este importante objecto; que havia ouvir os Ministros do conselho do Estado examinando as Reaes ordens de Sua Magestade Fidelissima, para depois resolver o que achasse justo.

Emquanto á segunda proposição: que os carcumos do Rey Sunda todos eram novos no seu serviço, e não tinham conhecimento algum do Reino de Sundem para poderem informar a seu amo das cousas do dito Reino; que querendo fazer maior obsequio ao dito seu amo, mandaria alguma pessoa do Estado com pleno conhecimento do mencionado Reino, que podesse responder em tudo que se quizesse saber delle.

Na segunda conferencia repetiu as mesmas proposições, e disse mais que lhe tinha esquecido expor na primeira conferencia; que o Bounsuló era vassallo do Estado, mas que tambem o era do seu amo; que o Estado tinha tomado algumas terras ao dito Bounsuló, e que seu amo pedia que lhas entregasse para haver huma mutua paz e amizade. 1787 Março 12

Acrescentou que o Bounsuló enviava hum soccorro de gente a seu amo; que já lhe havia remettido 2:000 homens; e que o Estado unisse o seu soccorro ao do Bounsuló, e marchassem ambos a incorporar-se ao exercito de seu amo. Deu a entender que se dividiriám as terras conquistadas; mas sendo instado para repetir a proposição e declaral-a melhor, se retractou, e respondeu expressamente, que da conquista tiraria o Estado grande gloria.

Queixou-se de alguma diminuição, que se tinha feito no tempo do meu predecessor do numero de praças, que se lhe pagava pelo Estado, e das poucas que se pagavam ao Emissario do Bounsuló, pedindo que a ambos se augmentasse; mas deixando no arbitrio do dito Ministro o fallar ou não neste particular conforme achasse conveniente; pelo que o mesmo Ministro se escusou logo de mo representar com o fundamento de que era injusto.

Vista a declaração do dito Emissario na parte em que diz respeito ao Bounsuló, não me restando mais do que seguir a instrucção de V. Ex.ª que he mandar tratar este negocio por hum agente nosso na côrte de Punem, e estando na averiguação de qual seria a pessoa mais propria que deveria escolher, chegou aqui Narana Sinai Dumó, que estava por nosso Emissario na côrte de Punem desde o anno de 1775, o qual trouxe as cartas que vão por copia n.º 4, e apresentou huma memoria das proposições que vinha encarregado de fazer, que remetto por copia n.º 5.º

Eis aqui o estado, em que as cousas se acham até o presente, e como o dito Narana Sinai Dumó foi o que fez em Punem a negociação para serem resarcidos ao Estado os prejuizos que elle padeceu pela tomada da fragata *Santa Anna* e *S. Joaquim*, em recompensa dos quaes se nos deram 63:000 rupias, alem de 72 aldeias no Praganã de Nagar Avely e direitos das alfandegas, de que tomou ultima posse o Estado em 22 de Julho de 1785; posto que das ditas 63:000

1787 Março 12 rupias ficou com grande parte aquelle ministerio; e se tem feito agradavel aos Ministros daquella côrte, como se mostra das sobreditas cartas, em que se pede que seja restituido a ella; estou por ora com intento de o encarregar desta nova negociação, visto que elle completou a antecedente, e me não será facil achar para este caso alguma pessoa daquellas que podem hir sem caracter publico, como V. Ex.ª me recommenda, em que eu tenha rasão de fazer maior conceito, alem do dissabor que poderá causar em Punem com os Ministros daquella côrte a mudança de novo Emissario, que até agora nos tem sido util, e que he aqui de huma familia antiga e estabelecida no Estado.

Na monção seguinte, ou por terra, darei parte a V. Ex.ª do mais que se seguir nesta materia, conforme o pedir a urgencia do caso.

Deus guarde a V. Ex.ª Goa, 12 de Março de 1787. — Rubrica do Governador.

N.° 1

Traducção da carta do Enviado do Bounsuló

(Arch. da India, livro das Monções, n.° 166, fol. 1161.)

1787 Janeiro 14 Amparo dos amigos, e conservador da verdadeira amizade, grandioso Sr. Sebastião José Ferreira Barroco, Secretario do Estado da India, cuja amizade seja perpetua.

Eu Vissagi Mahadeo envio esta com cortezia de muitos salamos, etc.

Nas ordens que recebo do felicissimo e honrado Rajá Bahadar Sar Dessay, meu amo, expedidas de Rarim, me participa que fez sahir galvetas da sua armada, as quaes tendo encontro com as do inimigo, quando succeda que não possam aturar, será preciso que entrem em qualquer porto, cuja noticia me manda dar ao grandioso amigo para o fim de alcançar concesso do Estado que possam acolher-se em Goa, ou em quaesquer seus rios, ou com prezas, ou sem ellas, e acharem todo o favor para poderem voltar ao seu respectivo porto; pede firme palavra a este respeito, sem que se ponha duvida, attendendo á amizade. 1787 Janeiro 14

No tempo passado algumas duas vezes os governos fizeram tomar as galvetas, que acolheram nesses rios por haver amizade, deixando as armas, e largando unicamente com vida a gente; ainda considera duvida sobre isso, e por este motivo me manda escrever ao grandioso amigo com antecipação, pelo que dando parte ao Illmo e Exmo Sr. Governador e Capitão General, queira expedir passaporte para se ver livre de suspeita, sendo certo que na presente conjunctura não haverá injustiça nessa Côrte. Esta reflexão era bastante para não ter suspeita, mas hum seguro que tenha a armada lhe serve de utilidade, e sendo preciso poderá valer-se do Estado.

Sobre o botiqueiro de Usgão, que o grandioso amigo me recommendou, tenho representado ao Sr. Sar Dessay, meu amo, e participarei a sua resposta, e tambem mandarei a memoria dos artigos, ficando certo no seu favor.

Escripta em 23 do mez Rabilavol (14 de Janeiro). Não sou mais largo; tenha-me na sua graça e amizade. Esta he a carta.

Traduzida por mim Ananta Camotim Vaga, Lingua do Estado, a 16 de Janeiro de 1787.

Original maratha, fl. 1162.

N.° 2

Carta do Secretario do Estado a Vissagi Mahadeu, Enviado do Sar Dessay Quema Saunto Bounsuló

(Arch. da India, livro de Reis visinhos, fol. 30.)

Puz na presença do Illmo e Exmo Sr. Francisco da Cunha e Menezes, Governador e Capitão General deste Estado, a carta que V. m. me dirigiu de 14 do presente, pretendendo alcançar segundo as ordens que tem do grandioso Sar Dessay hum passaporte, que segure o poderem entrar neste 1787 Janeiro 20

1787 Janeiro 20 porto de Goa, e em quaesquer rios do Magestoso Estado as galvetas da armada do referido grandioso Sar Dessay com presas, ou sem ellas, dando V. m. a entender que em outro tempo se lhe tinham tomado as galvetas de seu amo, estando em amizade, e que assim não bastava só palavra de segurança, mas que era preciso que ella se desse por escripto.

Com a exposição desta sua carta ficou justamente admirado o Illmo e Exmo Sr. Governador e Capitão General de que algum dos seus antecessores tivesse faltado á fé publica, tomando em tempo de amizade, como V. m. me diz, as galvetas de seu amo, e chegando-lhe a parecer impossivel que se commettesse pelo Magestoso Estado facto, que envergonharia a qualquer nação polida, e que só os barbaros sabem executar sem vergonha, se informou deste caso, e achou que o que deu motivo a elle, foi o ter o grandioso Sar Dessay quebrantado o artigo 5.° do Tratado de 24 de Dezembro de 1761, ratificado pelo de 14 de Outubro de 1768, cujo artigo remetto por copia, para que V. m. veja a justa razão que houve de se tomarem naquelle tempo as galvetas, que o dito grandioso Sar Dessay tinha mandado ao corso sem licença do Magestoso Estado.

Certifico a V. m. que o dito Illmo e Exmo Sr. Governador e Capitão General ficou justamente resentido de V. m. attribuir a este Estado hum facto tão injurioso, e fica com esta sua carta duvidando daquella sinceridade, que V. m. me protestou na sua ultima conferencia; pelo que me ordena responda a V. m. que o quebrantamento dos Tratados antigos não póde ser principio do estabelecimento da paz, que seu amo pretende; e que como o grandioso Sar Dessay se obrigou pelo dito artigo e tratados a não continuar o corso da sua armada ligeira sem licença deste Magestoso Estado, que assim o deve observar, pedindo primeiro a dita licença antes de pedir seguro acolhimento nos portos delle.

Deos alumie a V. m. Secretaria, 20 de Janeiro de 1787.— Sebastião José Ferreira Barroco.

N.º 3

Artigos offerecidos por parte da Côrte de Punem sobre a guerra contra Tipú Sultan.	Resposta dos Artigos

(Arch. da India, livro das Monções, n.º 168, fol. 1165.)

1.º	1.º
O Magestoso Estado, como amigo de Panta Pradan, expõe quebrar, e fazer guerra contra Tipú Sultan, pelo que os generaes das tropas do Estado, e os dos exercitos de Panta Pradan, que vão a castigar ao dito Tipú Sultan, estes devem sómente castigar, e não fazer paz; e quando hajam motivos, em que o Panta Pradan seja obrigado a fazer paz, em tal caso tanto da parte do Estado, quanto a de Panta Pradan póde fazer com Tipú Sultan, e o Estado haver por bem.	Que o Magestoso Estado vendo começada a guerra entre Tipú Sultan e a Côrte de Punem, não tem duvida em se alliar com esta pela amizade que entre ella e o Magestoso Estado subsiste em virtude dos Tratados, que entre ambos se acham em vigor.
2.º	2.º
Havendo principio de marchar o exercito de Panta Pradan para a parte do sul, o Magestoso Estado mandará pôr promptas as suas tropas, e sendo chegado o dito exercito de Panta Pradan nos limites dos dominios do dito Tipú Sultan, o Estado man-	Havendo principio de marchar o exercito de Panta Pradan, e chegando o dito exercito nos limites dos dominios de Tipú Sultan, o Magestoso Estado fará marchar o seu exercito para donde entender que podem as circumstancias offerecer mais op-

dará marchar as suas tropas contra os dominios da costa maritima, e mais partes que for pertencentes ao dito Tipú Sultan, á força de armas fazer as possiveis conquistas tanto das terras, quanto das fortalezas, fazendo a empreza até onde chegarem os braços.

portunidade de fazer estrago ao inimigo, visto que este he o fim da união.

3.º

O exercito de Panta Pradan castigando a Tipú, e conquistando todas as suas terras e cidades, e acabando a empreza, neste caso toda a despeza, que tiver feito o Estado a esta empreza, pagará o Panta Pradan, e o Estado entregará a Panta Pradan as terras que tiver conquistado, e o dito Panta Pradan dará mais ao Estado a parte decente da conveniencia, alem das despezas.

3.º

Que felicitando Deos, e permittindo que tanto o exercito do Magestoso Estado, como o de Panta Pradan, façam muitas conquistas, e não sendo justo que fazendo-se as exorbitantes despezas, que traz comsigo a guerra, estas se não resarçam nas conquistas, parecendo ao mesmo tempo menos decente para o Magestoso Estado receber dinheiro pela defeza do seu alliado, convem em attenção ao ponderado, que das conquistas se faça a partilha seguinte. Que conquistando qualquer do sobredito exercito, ou ambos juntos parte ou todos os dominios de Tipú, ficará toda a conquista para os dominios do Panta Pradan, excepto o pequeno reino de Sundem, cujo Rey está debaixo da protecção de Sua

Magestade Fidelissima, e toda a costa maritima dos reinos que se tomarem com a extensão de 30 *couces* para o interior do paiz ao longo della, porque estes territorios exceptuados ficarão para os dominios do Magestoso Estado, deixando ao arbitrio de Panta Pradan qualquer outra cessão que queira fazer em demonstração da amizade, que felizmente subsiste entre elle e o Magestoso Estado.

4.°

Os exercitos de Panta Pradan marcharão a fim de castigar a Tipú Sultan, e sendo preciso ajustar com elle a paz recebendo dinheiro, neste caso pagará ao Estado toda a despeza que tiver feito nesta empreza, e Panta Pradan applicará possiveis diligencias, com que Tipú Sultan ceda ao Estado da conveniencia alguma parte da conquista das terras e fortalezas, que o mesmo Estado tiver feito, e quando encontre inconveniente, de que não possa escusar de fazer entrega da inteira conquista que o Estado tiver feito, em tal caso se entregará.

4.°

Que sendo caso que Panta Pradan se veja obrigado a ajustar paz com Tipú recebendo dinheiro, e entregando-lhe o que tiver conquistado, o Magestoso Estado fará tambem entrega do que já tiver adquirido, recebendo o Magestoso Estado de Panta Pradan huma quarta parte do que o dito Panta Pradan tomar para ajustar a dita paz, para inteiramente se regular pelo procedimento do seu alliado, e mostrar-se verdadeiramente unido.

5.º

No caso que Panta Pradan faça a paz com Tipú Sultan sem tomar dinheiro pelos motivos que offerecerem, o Estado não pedirá as despezas feitas nesta campanha, e supprirá em si, e entregará as terras e fortalezas conquistadas quando assim haja ajustado.

5.º

No caso que Panta Pradan faça a paz com Tipú Sultan sem tomar dinheiro pelos motivos que se offerecerem, o Magestoso Estado lhe não pedirá as despezas feitas nesta guerra, mas não se obriga a restituir as terras e fortalezas que tiver conquistado com o seu exercito, sem que a urgencia em que se achar Panta Pradan exija este sacrificio, ou que os interesses particulares do Magestoso Estado assim o requeiram.

6.º

Depois de haver paz tanto do Estado, quanto de Panta Pradan com Tipú Sultan, cada qual corresponderá segundo a expressão da mesma paz, em que não dando o Estado motivos da sua parte quando Tipú Sultan quebre com elle, e commetta desordens, neste caso Panta Pradan dará soccorro ao Estado, posto que havendo a sobredita paz pelo Panta Pradan não poderá commetter o contrario, sem embargo de que quando commetta, em tal caso Panta Pradan dará concertado, o que se não executando,

6.º

Concedido.

Panta Pradan concorrerá com ajuda, e por ella dará posto em boa ordem.

7.°

Sendo conquistado de Tipú Sultan completamente terras e cidades pelo Panta Pradan, eu terras de Bednur, praticará Panta Pradan com o Estado todas as jurisdicções e faculdades dos ditos dominios de Bednur, pelo que se observou pelos seus Reis, e na mesma conformidade se observou pela maior parte do tempo de Aidar Aly Kan depois que se apoderou dos ditos dominios de Bednur.

7.°

Respondido no artigo 3.°

8.°

Offerecendo precisão a Panta Pradan a fazer a paz com Tipú Sultan, será feita tambem a do Estado, mas de abinicio pelos Reis dos ditos dominios de Bednur tinha paz capitulada com o Estado, e até algum tempo de Aidar Kan se observou, e sendo assim, actualmente não tem completo cumprimento, pelo que se observou então conforme as capitulações, pelo que Panta Pradan concorrerá para poder haver inteiro cumpri-

8.°

Concedido com a declaração que não podendo Panta Pradan conseguir no ajuste de paz a restituição dos direitos e regalias que o Magestoso Estado tem no reino do Canará desde a antiguidade, nem por isso cederá o Magestoso Estado dos ditos direitos.

mento, applicando a este respeito força precisa, não se escusando por onde para sua execução, sem embargo de que não sendo concluido, o Estado deve ceder.

9.°

Entrando o Estado conquistar as sobreditas terras, não fará christãos aos gentios, bramanes e outros, que persistem nellas, nem opprimirá os pagodes, e casas de Sanassis e Tirtas dos mesmos gentios; na mesma conformidade os mouros do exercito de Panta Pradan, e outros não farão mouros aos christãos, nem opprimirão as igrejas, e padres que residirem nas mesmas terras.

9.°

Que se não obrigarão os gentios bramanes, nem os mouros a ser christãos, nem estes serão obrigados, ou violentados a mudar de religião; que se não matarão vaccas, e gados, que não forem proprios dos christãos, e que se não fará oppressão aos pagodes, Sanassis, e Tirtas.

10.°

A armada de Panta Pradan encontrando com a de Tipú Sultan, e havendo entre ellas pelejas, e tendo certa noticia o Estado, e achando a sua armada perto, deve soccorrer para a de Panta Pradan, offendendo a do Tipú Sultan.

10.°

Concedido.

11.°

Na occasião em que sahir a armada de Panta Pradan

11.°

Concedido.

para hir sobre as terras de Tipú Sultan, e tambem a castigar a sua armada, e sendo chegada na barra de Goa, dará noticia ao Estado, o qual deve dar a sua armada em companhia da armada de Panta Pradan; caso que não tenha prompta a armada do Estado, e tiver hido contra os dominios do dito Tipú Sultan, e chegando áquella parte a armada de Panta Pradan, deve ser soccorrida pela do Estado quanto póde.

12.°

Sendo castigado o Tipú Sultan pelo Panta Pradan, e tomado todas as suas terras, ou as de Sundem, ou pelo ajuste, ou sem elle ao Sarcar de Panta Pradan, neste caso ficará em poder do Estado ambas as fortalezas, a saber, Piro e Ximpim com terras de seus districtos na fórma que se achavam então em poder do mesmo Estado, quando este conquiste nesta occasião.

12.°

Respondido no artigo 3.°

N.º 4

Traducção da carta de Madou Rao Naraena Pant Pradan, Senhor de Punem

(Arch. da India, livro das Monções, n.º 168, fol. 1172.)

1786 Julho 4 Illustrissimo e excellentissimo possuidor de grande Estado e felicidade, grandioso Dom Frederico Guilherme de Sousa, Governador e Capitão General do Estado da India nos portos de Goa, cuja amizade seja perpetua.

Depois das expressões da amizade participo que o honrado Naraena Rao Vital, procurador por parte de V. Ex.ª no meu Sarcar, presentemente encarregado de varios negocios do mesmo Sarcar, depois de elle ter-se demorado aqui muito tempo vai despedido. V. Ex.ª ouvindo com attenção tudo quanto elle communicar, e dando-lhe a sua resposta, o queira enviar á minha presença.

Escripta a 7 do mez Ramazan do anno mouro 1787 (4 de Julho de 1786). Não sou mais largo.

Traducção do bilhete que veio na dita carta

Offereço a V. Ex.ª pelo honrado Naraena Rao Vital as peças seguintes: 2 xales, 2 mamudes, 1 peça de atalá. São 5 peças que ha de receber. Hoje 7 do mez Ramazan (4 de Julho de 1786).

Traduzida por mim Ananta Camotim Vaga, Lingua do Estado, ao 1.º de Fevereiro de 1787.

Original, fl. 1173.

Traducção da carta do primeiro Ministro Naná Fedais

(Arch. da India, livro das Monções, n.º 168, fol. 1176.)

1786 Julho 27 Illustrissimo e excellentissimo possuidor de grande Estado e felicidades, grandioso Dom Frederico Guilherme de Sousa, Governador e Capitão General do Estado da India nos portos de Goa, cuja amizade seja perpetua.

Eu Balagi Zanardan com expressões da amizade participo 1786
que o honrado Naraena Rao Vital, procurador de V. Ex.ª Julho
neste Sarcar, vai com licença encarregado de varios nego- 27
cios do mesmo Sarcar, elle segundo a ordem communicará tudo a V. Ex.ª, que espero o ouça, e que com a sua resposta torne a enviar o sobredito neste Sarcar.

Escripta em o 1.º do mez Seval (27 de Julho). Não sou mais largo. Esta he a carta.

Traduzida por mim Ananta Camotim Vaga, Lingua do Estado, ao 1.º de Fevereiro de 1787.

Original maratha, fl. 1177.

Traducção da carta de Madou Ráo Naraena Pant Pradan, Senhor de Punem

(Arch. da India, livro das Monções, n.º 168, fol. 1169.)

Illustrissimo e excellentissimo possuidor de grande Esta- 1786
do e felicidades, grandioso Francisco da Cunha e Menezes, Dezembro
Governador e Capitão General dos portos de Goa, cuja ami- 19
zade seja perpetua.

Depois das expressões da primorosa amizade, participo que estimei muito a noticia que me deu o honrado Naraena Vital, procurador, de ter sido expedido de Portugal ao governo desse porto, e a de ter chegado V. Ex.ª a elle. O dito procurador como ficou muito tempo neste Estado ou Sarcar, agora com as resoluções que este lhe deu, vai á presença de V. Ex.ª a quem tudo quanto communicar queira ouvir, e o queira tornar a enviar aqui logo com resposta. Espero sempre a continuação das suas cartas, para que concorra para o augmento da amizade deste Sarcar como convem.

Escripta a 28 do mez Safar do anno mouro 1787 (19 de Dezembro de 1786). Não sou mais largo.

Traduzida por mim Ananta Camotim Vaga, Lingua do Estado, a 31 de Janeiro de 1787.

Original maratha, fl. 1170.

N.º 5

Lembrança de que me encarregou o Felicissimo para tratar e fallar com S. Ex.ª pela maneira seguinte

(Arch. da India, livro das Monções, n.º 168, fol. 1169.)

Recommenda-me fallar, tratar, e trabalhar sobre a differença que tem entre o Estado e Sar Dessay Bounsuló, e saber os principaes motivos que por elle tem havido, e com elles voltar eu para aquella Côrte de Punem, a fim de se applicar as diligencias precisas para se acabar, visto ser o dito Sar Dessay Bounsuló vassallo do Felicissimo, e o Estado ser amigo, e entre estes não ser decente haver differença.

Segundo, he sobre o deposito e deixa que tem nas mãos dos mercadores de Goa pelos Vital Vissarama, e Sadassiva Ramachandra pertencente ao Sarcar, tanto respectivo a esta restituição, e igualmente ás contas da aldeia Queulá, sobre que tem communicado commigo individualmente.

Terceiro. No Sarcar faz preciso haver algumas peças de artilharia grossas e pequenas, e de nova invenção com todos os seus preparos necessarios, e estas devem ser de bronze; tambem polvora e ballas, visto presentemente ser occasião de guerra, e como amigo o Estado deve concorrer com o referido.

Quarto. Quer que trate sobre o negocio do soccorro da gente branca contra o Tipú Sultan.

Quinto. Dar a elle noticias assim dos Inglezes, dos Francezes, como dos Hollandezes, e das suas capitaes com todo o fundamento. — Narana Sinay.

Carta do Governador Francisco da Cunha e Menezes ao Secretario d'Estado Martinho de Mello e Castro

(Arch. da India, livro das Monções, n.º 169, fol. 132.)

Illmo e Exmo Sr.—Na monção passada participei a V. Ex.ª em carta de 12 de Março de 1787 a execução que tinha dado ás ordens de Sua Magestade, que V. Ex.ª me dirigiu em officio de 29 de Março de 1786, que principia pelas palavras—Do que vou a dizer—, referindo na dita minha carta quaes tinham sido as proposições feitas pelos Emissarios do Maratha e Bounsuló, quaes as respostas, que mandei a cada hum delles, e porque rasões me tinha resolvido tornar a mandar Narana Sinay Dumó para tratar na côrte de Punem os negocios respectivos ao Bounsuló, de que o Dominante de Punem se queria fazer medianeiro; e agora me resta dar a V. Ex.ª huma exacta noticia do mais, que se tem passado a este respeito, tanto em Punem como em Goa. 1788 Janeiro 18

Antes de partir para Punem o dito Narana Sinay Dumó se deu aqui repentina e inesperadamente por certo que Tipú Sultan, e o Dominante de Punem estavam em termos de fazer entre si hum Tratado de paz: que o Nababo despendia huma grande quantidade de laques de rupias, ou pagodes, dada em parte ao Dominante de Punem, e em outra parte aos seus ministros e generaes: que Nizamali desconfiado de similhante Tratado não queria assentir a elle, nem desfazer o seu exercito, parecendo-lhe que o Sarcar de Punem, de quem elle até ali era alliado, se portava com pouca sinceridade.

Estas noticias, e a justa admiração que causou a todos similhante paz tão dispendiosa a Tipú Soltan (homem ambicioso e cheio de vaidade, que se não sujeitaria a ella sem fins occultos, visto não haver rasão alguma publica, que a isso o constrangesse) me fizeram expedir o dito nosso Emissario com as instrucções, que vão por copia n.º 1, humas das quaes são respectivas não só ás differenças do Estado com o Boun-

1788 Janeiro 18 suló, mas tambem á mencionada paz, e ás diligencias que o dito nosso Emissario devia fazer para descobrir a causa dellas, e as outras instrucções são humas succintas respostas dadas ás proposições, de que o nosso Emissario viera encarregado pelo Dominante de Punem.

Por carta que me escreveu o dito Emissario em data de 30 de Maio do anno proximo passado me deu parte que a 25 do dito mez tinha entregue as minhas cartas que levava ao Dominante de Punem, e ao seu primeiro ministro Naná Fodnis, e que no dia 29 seguinte entregára ao dito primeiro ministro a memoria e a exposição, que daqui levou, e que vão por copia n.º 2 cuja memoria foi feita regulando-me pelo que contém a dita carta de V. Ex.ª de 29 de Março de 1786, no paragrapho que principia pelas palavras — Na primeira das ditas memorias — e a exposição he com pouco acrescentamento composta dos mesmos factos que contém a carta do meu predecessor de 21 de Fevereiro de 1782, parte da qual me remetteu V. Ex.ª por copia com o dito officio de 29 de Março de 1786.

Com a outra carta de 8 de Junho do anno proximo passado me remetteu o dito Emissario huma collecção das noticias, que tinha podido adquirir em Punem, principalmente a respeito das causas, e artigos da paz, que se acabava de verificar entre o Dominante de Punem, e o Nababo Tipú Sultan, cujas noticias remetti logo a V. Ex.ª por Bombaim em carta de 18 de Julho proximo passado, e debaixo do n.º 3 remetto a V. Ex.ª por copia, tanto as ditas noticias como a mencionada carta.

Em 30 de Agosto recebi huma carta datada de 10 do dito mez, do Dominante de Punem, que vae por copia debaixo do n.º 4, pela qual me dava parte de que mandava recolher o seu Enviado, que tem no Estado, chamado Gopal Ramachandra, para conferir com elle, e com o nosso Emissario as materias pertencentes ao Bounsuló; como porém tive toda a razão para me capacitar que o dito Gopal Ramachandra não era chamado pelo ministerio de Punem senão porque não concorria aos ministros delle com presentes, ou com alguma certa consignação tirada da subsistencia, que recebe do Estado, e ao mesmo tempo entendo que não deixava de ser util estar elle por ora aqui, porque em razão da sua utilidade particular não deixa de manejar a união com o Estado, me resolvi a responder á carta do Dominante de Punem que tinha feito participar ao seu Enviado que se lhe passariam os passaportes quando elle os pedisse, o que tudo se comprova pela copia n.° 5, de que resultou ter o mencionado Emissario tempo de acommodar os ministros que o queriam fazer retirar, e se conserva.

1788 Janeiro 18

Depois em carta de 13 de Setembro proximo passado me participou o nosso Emissario que no dia 29 de Agosto antecedente fôra chamado pelo primeiro Ministro Naná Fodnis, e que tivera com elle a conferencia que consta do Documento n.° 6, o qual remetto por copia, para não faltar em cousa alguma á exactidão que devo, sem embargo delle estar quasi inintelligivel, mas pela resposta que lhe mandei dar, e vae debaixo do mesmo numero verá V. Ex.ª mais claramente a materia da dita relação, e quaes foram as proposições do dito primeiro Ministro, e como a dita resposta assenta sobre duas cartas, que o dito Emissario escreveu ao Desembargador Secretario do Estado, vae tambem por copia a parte, que julguei necessaria dellas debaixo do mesmo numero.

Recebi finalmente cartas do Dominante de Punem, e do primeiro Ministro Naná Fodnis datadas de 21 de Outubro proximo passado em resposta das que lhe escrevi, as quaes vão por copia debaixo do n.° 7, escrevendo ao mesmo tempo o nosso Emissario dizendo que o mencionado primeiro ministro lhe asseverára que desejava todo o bem da Nação Portugueza, e que nos acautelassemos de Tipú, por ser inimigo mau e tyranno, e ter astucias bastantes para conquistar a todos.

Este he o estado actual, em que estão as cousas a respeito da mediação, em que queria a côrte de Punem entrar a respeito das nossas dissenções com o Bounsuló, e ao nosso Emissario tenho recommendado que não trate de similhante materia, senão provocado a isso, porque o nosso intento he pol-a em esquecimento.

1788 Janeiro 18 Emquanto se trataram estes negocios em Punem apresentou aqui o Emissario do Bounsuló humas proposições tão exorbitantes, como as que offereceu no tempo do meu predecessor, pedindo não só a restituição das terras novamente conquistadas, mas tambem a de outras ha muitos annos possuidas pelo Estado, e que lhe foram cedidas por Tratados.

Estive esperando na fórma das ordens de Sua Magestade que o nosso Emissario em Punem me desse parte de ter entregue a memoria e exposição, que levára, para eu mandar entregar então outras ao Emissario do Bounsuló, pelas quaes ficasse desenganado das suas pretensões.

Chegou a noticia da entrega feita em Punem, mas como as cousas estavam em muito differente situação, do que quando Sua Magestade me expediu a mencionada ordem, porque nesse tempo se achava em guerra o Maratha e Tipú, não havendo nada que podessemos recear, nem de hum nem de outro, e quando recebi as ditas noticias estava feita huma paz, que era hum enigma a quem considerava os motivos della, vendo alem disto estar hum corpo de tropas de Tipú sobre os Gates, e sabendo que o dito Bounsuló tinha mandado presentes a Tipú, e que eram frequentes os correios de huma para outra parte, pareceu-me que não era então tempo opportuno de lhe dar huma dura resposta, que elle tinha que receber de nós.

Demorei-lha por tanto algum tempo, e habilmente fiz insinuar ao seu Emissario a pouca fé, que seu amo podia fazer na amizade de Tipú, o qual estimaria muito ter occasião de fingir que o soccorria para lhe absorver os seus dominios, como elle, e seu pae Aidar Aly Can tinham feito a outros muitos pequenos dominantes, de que haviam frescos e multiplicados exemplos: que nenhuma outra alliança lhe era tão natural, e tão util, como a do Estado contra outra qualquer potencia inimiga, que podesse descer os Gates, e que se visse vexado pelo Tipú, havia experimentar a generosidade do Estado.

Logo que com as protestações de sinceridade, que fez aqui

o dito Enviado, e com o movimento das tropas de Tipú, que se retiraram algum tanto depois de tomarem Quitur com a sua jurisdicção, e o arrazarem, vi que era então occasião opportuna de cumprir as ordens de Sua Magestade, mandei entregar ao referido Enviado do Bounsuló a memoria, que vae por copia debaixo do n.º 8, ajuntando-lhe huma relação, ou exposição similhante á que foi para Punem, só com a differença de conter alguns factos posteriores á suspensão de armas offensivas, cujas memorias appareceram na secretaria do Estado depois de expedida a primeira exposição. 1788 Janeiro 18

Á vista da dita exposição e memoria, e da declaração que mandei fazer ao Bounsuló, de que, se fizesse algum insulto, ou roubo nas nossas fronteiras, vindicaria a injuria logo incontinente, sem deixar accumular factos offensivos, tomou por unico partido pedir-me licença para escrever directamente a Sua Magestade, rogando-lhe a restituição das provincias novamente conquistadas, cuja licença julguei que não devia negar-lhe.

Estando a presente negociação nestes termos, chegaram aqui duas pessoas mandadas pelo Rajá de Colapur, senhor de Melundim, pedindo soccorro, ou ao menos neutralidade do Estado a respeito do Bounsuló, ao qual o dito Rajá principiava a fazer algumas hostilidades.

Posto que a alliança do Bounsuló he certamente mais natural ao Estado, nem a elle convem chamar outra alguma potencia das que estão acima dos Gates, e perder a barreira que elle naturalmente nos faz, sendo mais conveniente ter por visinho hum pequeno Dominante do que hum qual o Rajá de Colapur, que se absorvesse os dominios do Bounsuló, ficaria mais consideravel, pensei que poderia desta mensagem tirar alguma utilidade o Estado, e trazer o Bounsuló a ponto de fazer hum Tratado, que nos seja util.

Para este effeito fallei com todo o agrado ás pessoas mandadas pelo dito Rajá, e as dirigi depois a conferir com o Desembargador Secretario do Estado. Este me informa que lhe perguntára quaes eram os intentos de seu amo, quaes as causas da guerra, e que soccorros pretendiam do Estado: e

1788 Janeiro 18 que os ditos mensageiros lhe responderam que os intentos de seu amo eram destruir o Bounsuló, a quem tratou de insolente e traidor; que as causas da guerra nasciam do escandalo, que seu amo tinha do dito Bounsuló, o qual, sendo seu vassallo, lhe atacára huma fortaleza das principaes, se chamava Rajá, e trazia dois penachos[1]; que finalmente os soccorros que pretendia do Estado consistiam em não favorecer o Bounsuló contra seu amo, e que se quizessemos repartir os despojos da conquista, o poderiamos ajudar, ou por mar

[1] Sobre esta accusação, vejam-se os documentos seguintes:

Carta do Governador D. Frederico Guilherme de Sousa ao Rajá Quema Saunto Bahadar Bounsuló, estimando a noticia do titulo que teve de Rajá Bahadar

(Arch. da India, livro de Reis visinhos, fol. 146 v.)

Grandioso Rajá Quema Saunto Bahadar Bounsuló, Sar Dessay do Praganã Cudale, e mais provincias.

Eu D. Frederico Guilherme de Sousa, do Conselho de Sua Magestade Fidelissima, Capitão da Guarda Real da Companhia Allemã, Commendador de Santa Maria de Belmonte, e S. Salvador da Infesta na ordem de Christo, Governador e Capitão General da India.

Recebi a carta do Grandioso Rajá Quema Saunto Bahadar Bounsuló, Sar Dessay, e summamente estimei que o Imperador de Dily lhe accordasse o titulo de Rajá Bahadar, remettendo-lhe penachos de pavão, joias e roupa, de que tomou posse. Seguro ao Grandioso Rajá Quema Saunto Bahadar Bounsuló que me foi muito agradavel esta noticia, e que sempre lhe desejo as maiores felicidades. Nosso Senhor o alumie na sua graça. Goa, 25 de Maio de 1785.—D. Frederico Guilherme de Sousa.

Carta do Secretario do Estado ao mesmo

(Arch. da India, livro dos Reis visinhos, fol. 147.)

Ao Illustre e Grandioso Rajá Quema Saunto Bahadar Bounsuló, Sar Dessay do Praganã Cudale e mais provincias, que esteja com saude.

Eu o Desembargador Feliciano Ramos Nobre Mourão, Cavalleiro professo na ordem de Christo, Conselheiro do conselho ultramarino e Secretario do Estado.

Com grande estimação e alegria recebi a carta do Grandioso Rajá, por me dar nella a agradavel noticia de o Imperdor de Dily lhe ter

ou por terra. Perguntando-lhe o dito Desembargador conferente se algum delles trazia poderes para tratar da negociação, em que fallavam, responderam que elles sómente tinham vindo por ordem de seu amo ver as intenções do Estado, como se mostrava das cartas que apresentaram, mas que visto haverem sido tão bem recebidos, iam buscar os poderes necessarios para tratar com o Estado, para cujo fim me pediram logo passaporte, que concedi a hum delles, o qual saiu em huma galveta, em que viera, e até o presente não tem tornado. 1788 Janeiro 18

Mal que o Emissario do Bounsuló teve noticia da negociação que o Rajá de Colapur principiava com o Estado, pediu logo dia para conferencia, e concedendo-se-lhe, expoz nella a injustiça da guerra, que o Rajá fazia a seu amo, e a necessidade, que este tinha dos soccorros do Estado, lembrando o que se lhe havia dito quando Tipú estava sobre os Gates.

Respondeu-se-lhe que era verdade que o dito Rajá pretendia inteiramente a destruição de seu amo; que mandára pedir ao Estado soccorros, ou ao menos neutralidade; que offerecêra grandes vantagens; que os seus mensageiros tinham ido buscar os poderes necessarios para tratarem dos soccorros, e neutralidade pretendida; e que finalmente eu me não podia negar a tudo que fosse utilidade do Estado, pena de ser responsavel a Sua Magestade, muito principalmente quando entre o Estado e seu amo Bounsuló não havia mais que huma suspensão de armas, tendo elle quebrado os Tratados antigos; em cujos termos me parecia que o unico remedio seria fazer seu amo hum Tratado com o Estado, em que se estipulassem os soccorros mutuos, o qual me servisse de razão para o auxiliar, compensando elle por algum modo as vantagens, que nos offerecia o dito Rajá.

concedido novas honras do titulo de Rajá Bahadar, remettendo-lhe penachos de pavão, joias e roupa, de que tomou posse: eu lhe felicito os parabens desta sua exaltação, e da grande dignidade que alcançou, fazendo-lhe constante o meu desejo de que o Grandioso Rajá consiga maiores fortunas. Nosso Senhor o alumie na sua graça. Goa, 25 de Maio de 1785. — Feliciano Ramos Nobre Mourão.

1788 Janeiro 18 Poz algumas difficuldades o dito Emissario a isto, fundadas principalmente nas esperanças que seu amo tem de que Sua Magestade lhe mande restituir as provincias novamente conquistadas. Desfazendo-se-lhe porém as suas duvidas, e razões com as que pareceram mais solidas, dizendo-se-lhe que em se lhe dar o soccorro pelo modo acima mencionado mostrava o Estado na presente situação das cousas a sua generosidade, pois que nos era mais util receber as vantagens offerecidas pelo Rajá de Colapur; persuadindo-se-lhe que qualquer cessão feita pelo Tratado não prejudicaria a graça, que seu amo esperava de Sua Magestade; e vendo elle principalmente o aperto, em que estava seu amo, sem munições de guerra; tendo-lhe o dito Rajá tomado duas aldeias, e varias fortificações; respondeu que escreveria ao dito seu amo sobre esta materia, e que daria com toda a brevidade a resposta.

Com effeito escreveu o Bounsuló ao Ministro conferente declarando-lhe a brevidade, com que necessitava o soccorro de munições; que esta não soffria a demora de se fazer hum Tratado; mas que sendo necessario, mandaria para este effeito os poderes competentes, os quaes finalmente entregou hontem o seu Emissario, posto que os dois inimigos estão em suspensão de armas.

Fico agora vendo se posso tirar fructo de todo este trabalho, formando com o Bounsuló hum Tratado que nos seja util, de que irei dando parte a V. Ex.ª pelas embarcações, que forem saindo deste porto, ou por Bombaim, se for necessario. Deus guarde a V. Ex.ª Goa, 18 de Janeiro de 1788.—Francisco da Cunha e Menezes.

N.º 1

Instrucção particular, que se deu a Narana Sinay Dumó, ou como é chamado em Punem Naraena Ráo Vital

(Arch. da India, livro de Regimentos, fol. 101.)

1.º

Em vós chegando á côrte de Punem entregareis ao Felicissimo e ao primeiro Ministro Naná Fodnis as cartas que para elles levaes, e na primeira conferencia que tiveres com o dito primeiro Ministro, a qual pedireis com brevidade, entregareis a memoria e exposição pertencente á guerra, que o Magestoso Estado moveu ao Bounsuló, e as causas que o dito Sar Dessay deu a ella, e respondereis ás mais proposições de que viestes encarregado segundo a instrucção particular respectiva ás ditas proposições, que juntamente com as ditas memoria e exposição se vos entregam, e dareis logo parte de assim o ter executado. 1787 Abril 5

2.º

Antes de fazeres a entrega das ditas memoria e exposição, vos deveis instruir por ellas dos fortes motivos, que teve o Magestoso Estado para as novas conquistas, que fez ao Bounsuló, e a razão e necessidade que tem o mesmo Magestoso Estado de reter em si as mencionadas conquistas, visto que a experiencia de hum seculo lhe tem mostrado que nem o patrocinio nem a generosidade do Magestoso Estado, nem os Tratados, e a fé publica podem aquietar hum tão mau visinho, que ao mesmo tempo em que está fazendo a esta côrte as mais humildes supplicas, não perde occasião de fazer novos attentados: ser-vos-ha facil o capacitar-vos desta materia, porque ella está bem claramente deduzida nas ditas memorias e exposição de que deveis conservar huma copia.

3.º

Mostrareis ao primeiro Ministro o quão pouco se faz merecedór o Bounsuló da protecção daquelle Sarcar, e quanto

1787 Abril 5 mais vantajosa lhe he a continuação da amizade do Magestoso Estado, de que este tem dado as provas mencionadas nas ditas memorias, segurando vós que não deixará de as dar em todas as occasiões, que se offerecerem opportunas.

4.°

Se o Sar Dessay Bounsuló tratar de pôr em duvida no Sarcar de Punem os factos expendidos na dita exposição, podeis declarar que a verdade delles he tão notoria, que só a distancia deste Magestoso Estado ao dito Sarcar he que póde dar liberdade ao Bounsuló para negar nelle o que não se atreve aqui a contradizer, e como vassallo do Estado, e nacional delle podereis ser testemunha, ou estares bem informado, ainda independente da referida exposição, da maior parte dos ditos insultos e violação dos Tratados, alem de que antes da vossa partida haveis de ver na secretaria deste Estado os documentos em que se funda a dita exposição.

5.°

Deveis muito particularmente informar-me com a maior brevidade possivel sobre a paz que se dá por certa entre o Dominante de Punem e Tipú Sultan, remettendo-me o Tratado celebrado entre ambos, se já estiver publico, ou participar-me o que achardes de mais certo a este respeito. Deveis indagar cuidadosamente qual he a verdadeira causa desta paz, e que razão teve Tipú Sultan para a pedir, segundo dizem, e a ajustar com grande dispendio de laques de rupias, e de restituição de terras conquistadas. Deveis saber se Tipú Sultan e o Dominante de Punem tem já dividido as suas tropas, e desfeito os seus exercitos, e para que parte fazem marchar os corpos que separam. A mesma informação deveis tirar a respeito de Nizamaly, e saber de mais a mais se elle entra tambem na convenção da paz, ou se se oppõe a ella, e a contraria, e quaes são as forças de cada huma das tres Potencias. Como he certo que não podereis adquirir juntas todas estas informações, não demorareis humas por falta de outras, e me ireis logo participando aquellas que tiveres sabido.

6.º

Tereis toda a vigilancia para saberes o que se trata no Sarcar de Punem respectivo aos Inglezes e Francezes, e muito principalmente ao mesmo Tipú Sultan. 1787 Abril 5

7.º

Examinareis se o Rey Sunda tem no dito Sarcar algumas pretensões, e quem he a pessoa que as fomenta; e se no dito Sarcar se vos renovar a proposição, que nesta côrte fez o Emissario de Punem, pedindo-me nella que desse licença a hum Carcumo do Rey Sunda para que fosse a Punem, a fim que seu amo se podesse informar com elle de algumas cousas relativas ao Reino de Sundem, deveis responder do mesmo modo que nesta côrte se respondeu ao Emissario de Punem, que os Carcumos do Rey Sunda todos são novos no seu serviço, e não tem conhecimento algum do Reino de Sundem para poderem informar ao Felicissimo das cousas do dito Reino, que querendo fazer maior obsequio ao Felicissimo, enviaria ao seu Sarcar huma pessoa deste Magestoso Estado com pleno conhecimento do mencionado Reino, que podesse responder ao Felicissimo em tudo o que quizesse saber delle; e se achardes que estaes bastantemente instruido sobre o dito Reino de Sundem na fórma que se vos tem recommendado, deveis declarar que sois a pessoa, que o Magestoso Estado envia para dar as informações pedidas. Goa, 5 de Abril de 1787.—Francisco da Cunha e Menezes [1].

N.º 2

Carta do Governador Francisco da Cunha e Menezes a Madou Ráo Narana (Peishua de Punem)

(Arch. da India, livro de Reis visinhos, fol. 37.)

Ao muito Illustre, Grandioso e Felicissimo Madou Ráo Narana Pandito Pradan cuja amizade seja perpetua.

[1] O Emissario Dumó saíu a 8 de Abril de 1787.

1787 Abril 5 Recebi as cartas, que o Grandioso amigo dirigiu pelo honrado Naraena Ráo Vital ao meu predecessor em data de 4 de Julho do anno proximo passado, e a mim em 19 de Dezembro do dito anno, e ouvi com ellas as proposições, e negocios, de que vinha encarregado o dito honrado Naraena Ráo Vital. Agradeço ao Grandioso amigo os parabens que me dá pela minha feliz chegada a este Magestoso Estado, onde desejarei dar-lhe sempre certas provas da minha amizade segundo as intenções de Sua Magestade Fidelissima, minha Augusta Soberana, que quer que haja entre esta côrte, e esse Sarcar a mais fiel correspondencia.

Volta a esse Sarcar na fórma que o Grandioso amigo me pede o honrado Naraena Ráo Vital, que dará resposta sobre todos os negocios, de que deu parte vir encarregado, e entregará ao Grandioso amigo huma memoria e exposição respectiva á guerra feita pelo Magestoso Estado ao Sar Dessay Bounsuló.

O meu predecessor, que se ausentou para o Reino em huma das naus, que veiu este anno com soccorro a este Magestoso Estado, agradeceu muito a carta, que o Grandioso amigo lhe escreveu. Deus alumie ao Grandioso amigo em sua divina graça. Goa, 5 de Abril de 1787.—Francisco da Cunha e Menezes.

Carta do Governador a Balagi Zanardan Fodnis (Naná Fodnis, primeiro Ministro do Peishuá de Punem)

(Arch. da India, livro de Reis visinhos, fol. 37 v.)

Ao Illustre e generoso Balagi Zanardan Fodnis, cuja amizade seja perpetua.

Recebi a carta do generoso amigo da data de 27 de Julho do anno proximo passado, escripta ao meu predecessor, que me foi entregue por mão do honrado Naraena Ráo Vital, e em virtude do que nella expõe desejando condescender com a vontade do generoso amigo, torno a enviar a esse Sarcar o honrado Naraena Ráo Vital com a resposta dos negocios, de que veiu encarregado. Deus alumie ao generoso amigo em sua graça. Goa, 5 de Abril de 1787. — Francisco da Cunha e Menezes. 1787 Abril 5

Memoria que ha de ser entregue ao primeiro Ministro da côrte de Punem Naná Fodnis pelo Emissario do Magestoso Estado Naraena Rão Vital

(Arch. da India, livro dos Reis visinhos, fol. 37 v.)

Huma das mais particulares recommendações, que Sua Magestade Fidelissima, minha Augusta Soberana, me mandou fazer quando me encarregou o governo deste Magestoso Estado, foi a de cultivar com a côrte de Punem a mais cordial, e sincera amizade e união, estreitando-a cada vez mais em consequencia do ultimo Tratado celebrado entre esse Sarcar, e o Magestoso Estado em 4 de Maio de 1779, acceitado e confirmado pelo meu predecessor em 11 de Janeiro de 1780.

As provas da boa intenção do Magestoso Estado a este respeito são bem constantes a esse Sarcar. Elle as experimentou a respeito dos soccorros pedidos, e proposições feitas a este Magestoso Estado por Rogunata Rão Panta Pradan, que foram rejeitadas sem se attender ás grandes vantagens, que em si traziam, de que faz menção o artigo 17.º do dito Tratado. Igual correspondencia tem experimentado esse Sarcar deste Magestoso Estado na escrupulosa exactidão, com que tem cumprido o mencionado Tratado em todos e em cada hum dos seus artigos, muito principalmente quando em virtude da carta escripta pelo Felicissimo ao meu predecessor em 9 do mez Gilcad, anno da era Moura 1181 (que vem a ser entre nós 7 de Novembro de 1780) lhe fez entrega de Tulagi Ponvar, criminoso de lesa magestade, e foragido nas terras do Magestoso Estado.

Portanto tendo esse Sarcar mandado ao Magestoso Estado hum Emissario, Goinda Rão Lacximan, a rogos do Sar Dessay Bounsuló por conta da guerra, que o meu predecessor foi obrigado a mover-lhe, tendo repetido varias proposi-

1787 Abril 5 ções a este respeito o actual Emissario Gopalá Rão Ramachandra, e repetindo finalmente outras o Emissario deste Magestoso Estado Naraena Ráo Vital, que veiu dessa côrte, se faz preciso instruir a esse Sarcar dos pungentes motivos, que houve, para este justo procedimento, e dos que ha para ficarem no dominio do Magestoso Estado as provincias de Bicholim, Sanquelim e Alorna com as suas dependencias.

As acquisições, que o Magestoso Estado fez na mencionada guerra, foram precedentemente conquistadas ao dito Bounsuló em huma justa guerra, a que elle deu causa, e que nunca mais lhe foram formalmente restituidas, mas só por huma condescendencia do Magestoso Estado, a fim de ver se com ella ganhava a amizade daquelle mau vizinho, permittiu que elle as disfructasse com as condições expressadas nos artigos 10.° e 11.° do Tratado de 1768, que em grande parte lhe diminuiu as regalias, e rendas das terras cedidas.

Vendo porém o Magestoso Estado por huma longa experiencia que o dito Sar Dessay, e os seus antepassados sem respeito algum á fé publica dos Tratados, os quebrantavam cada vez que nisso achavam conveniencia, não tendo duvida em confessarem depois claramente a sua culpa, pedindo misericordia, declarando-se vassallos, e creaturas do Magestoso Estado, como se prova por todos os Tratados desde 2 de Setembro de 1699, portanto para o cohibir se estipulou expressa e claramente no Tratado de paz de 31 de Agosto de 1741 entre o Magestoso Estado e o dito Sar Dessay o seguinte artigo:

«23 Na fórma sobredita se ajusta esta paz perpetua, e permanente debaixo das condições aqui declaradas, e faltando a qualquer dellas por huma e outra parte, a parte offendida fará aviso á outra por huma só vez para que promptamente seja satisfeita em cumprir-se o presente Tratado em qualquer dos seus artigos a que se faltar; porém se com o dito aviso não houver prompto cumprimento, será licito á dita parte offendida tomar as medidas que lhe parecer para ser satisfeita.»

O mesmo se ajustou no Tratado de paz de 25 de Dezembro de 1761 no artigo 20.° pelo modo seguinte: 1787 Abril 5

«Na fórma sobredita se ajusta a concordia e paz declarada perpetua, e permanente debaixo das condições estipuladas nestes artigos. Succedendo haver falta em algum delles, o que se não espera, a parte offendida fará aviso á outra huma só vez para ser promptamente satisfeita com devida e religiosa observancia do presente Tratado, e quando assim não o execute, será licito tomar as medidas que lhe parecer para conseguir a dita satisfação.»

Pareceu no tempo, em que se celebraram os sobreditos Tratados, que estas expressas condições acima referidas fariam conter o dito Sar Dessay, temendo ser castigado logo por qualquer infracção que fizesse aos ditos Tratados; pareceu que ficasse agradecido ao Magestoso Estado por lhe permittir que disfructasse as terras acima mencionadas.

Os effeitos porém que o Magestoso Estado tirou desta contemplação, foram os roubos, os insultos, as hostilidades, as violações dos Tratados, e os mais gravames, que constam da exposição junta, pelo que á vista delles nem o Magestoso Estado póde ter outra reparação, que de alguma sorte lhe compense os damnos padecidos, nem algum socego, ou segurança, senão por meio de conservar, e unir aos seus dominios as sobreditas acquisições, e não ouvir pratica alguma a respeito de outras inauditas pretensões do referido Bounsuló sobre as terras, de que o Magestoso Estado se acha de posse depois de muitos annos, e que lhe foram cedidas por Tratados. Goa, 5 de Abril de 1787. — Francisco da Cunha e Menezes.

Exposição dos factos que provam a infracção que o Sar Dessay Bounsuló tem feito aos Tratados celebrados entre o Magestoso Estado e o sobredito Sar Dessay, principiando desde o anno de 1768, em que foi celebrado o ultimo tratado, no qual o mesmo Sar Dessay confessa ter faltado em cumprir os antecedentes, principalmente o de 24 de dezembro de 1761.

(Arch. da India, livro de Reis visinhos, fol. 39.)

1787 Abril 5 Conservando o Magestoso Estado ha muitos annos o projecto da paz e socego publico com os vizinhos e dominantes da Asia, favorecendo a navegação e commercio sem o menor designio de os perturbar, procurou com especialidade a amizade do Sar Dessay Quema Saunto Bounsuló como vizinho mais confinante.

O Sr. Governador e Capitão General deste Estado D. José Pedro da Camara admittiu o seu Enviado, com elle se fizeram muitas conferencias para se comporem as discordias, e nada se concluiu, nem se deram as satisfações competentes aos insultos que se tinham commettido até o fim do tempo que durou o seu governo, que são os seguintes:

Sendo obrigado o Sar Dessay Bounsuló pelos Tratados de 22 de Agosto de 1726, de 11 de Setembro de 1741, de 25 de Outubro de 1754, de 26 de Julho de 1759, de 24 de Dezembro de 1761, e de 14 de Outubro de 1768 não trazer embarcações a corso, nem fazer presas, deixar livre o commercio dos vassallos do Estado, não lhes dar cartazes, antes pedil-os ao Magestoso Estado para as suas embarcações, fez infracções nos ditos Tratados, trazendo embarcações pirateando no mar como inimigo commum contra todos os direitos.

No anno de 1768 por huma galveta do dito Sar Dessay foi apresada huma embarcação de Vitagi Sinai Dempó, e se lhe ficou devendo o valor de 2:222 rupias e meia, que até o presente se lhe não tem satisfeito, sendo vassallo do Magestoso Estado.

No anno de 1773, por outra galveta do mesmo Bounsuló, se fez presa junto a Mormugão de hum parangue com a sua carga no valor de 8:011 xerafins, tudo pertencente a Rama Porobo, mercador do Magestoso Estado. 1787 Abril 5

No anno de 1777, represou huma galveta do dito Bounsuló a hum sibar de Soireá Camotim, vassallo do Magestoso Estado, que vinha carregado de copra, côcos, cravo e outros generos, tudo no valor de 5:600 rupias.

No anno de 1778, tomou huma embarcarcação com madeira, de Babuxeá Naique, vassallo do Magestoso Estado, morador em Combarjua, importando em 2:100 xerafins.

Em 7 de Maio do dito anno, huma embarcação do dito Bounsuló, roubou junto aos Ilheos Queimados a hum mangueri, pertencente a Daqueá Camotim, cuja carga importa em 2:466 xerafins; e no mez de Novembro do dito anno represou hum batelão vazio com todos os seus preparos pertencentes ao mesmo senhorio, no valor de 10:000 xerafins.

No anno de 1779, represou o Bounsuló pelas suas galvetas junto a Chaporá hum parangue com a sua carga do valor de 9:275 xerafins, pertencente ao vassallo do Magestoso Estado Goinda Sinai, rendeiro que foi do tabaco.

Represou mais o dito Bounsuló huma embarcação de Pandú Camotim, vassallo do Magestoso Estado.

Devendo o Sardessay Bounsuló guardar com o Magestoso Estado aquella fé publica, e direito das gentes, que nenhum Dominante se atreve a quebrantar, por não padecer huma negra mancha na sua fama, o fez tanto pelo contrario, quanto se mostra no seguinte facto.

Por huma carta de 17 de Novembro de 1772, pediu com apparencia de amigo ao Magestoso Estado, que lhe enviasse a Vari, Gopalá Sinai Dumó, que era rendeiro da Provincia de Bicholim, declarando que o queria para se instruir na boa regularidade da referida provincia, e para communicar por elle a esta côrte os seus negocios, promettendo expressamente que o despediria com brevidade e com todo o decoro. Porém, sendo-lhe remettido pelo Magestoso Estado o sobredito Gopalá Sinai Dumó debaixo da fé publica, com que foi pedido, o deteve o dito Sar Dessay, e o impediu com senti-

1787 Abril 5 nellas á vista, prendendo-o finalmente, e mettendo-o em ferros com o pretexto de que lhe era devedor, e que queria ajustar as suas contas, e haver a satisfação do seu alcance, sem embargo de lhe ser notoriamente illicito semelhante procedimento, e de ser notoriamente falso o pretexto que tomava, porque no anno antecedente havia hido o dito Gopalá Sinai Dumó a Vari, havia ajustado as suas contas com o Sar Dessay, de quem tinha alcançado quitação das suas pensões, e hum palanquim, e renda para o sustentar; mas sem embargo destes factos, que são publicos e notorios, continuou o dito Bounsuló a metel-o em tormentos de açoutes e de fogo, despojou-o da prata que servia á sua mesa, e do resto do apparato, com que foi á sua capital, sendo todos estes procedimentos nascidos verdadeiramente de não poder soffrer que a provincia de Bicholim estivesse arrendada a hum vassallo do Magestoso Estado na fórma estipulada em o Tratado de 1768.

Ao mesmo tempo que o Sar Dessay cometteu huma acção tão vergonhosa a qualquer Dominante, estava escrevendo ao Estado cartas de amizade, encobrindo a verdade dos seus procedimentos, e preparando-se para mover guerra ao Magestoso Estado, temendo-se talvez que elle com tão justificada razão lha movesse primeiro.

Com effeito nos principios de Janeiro de 1773, moveu o Bounsuló as suas tropas contra as terras do Magestoso Estado, levando muitas cabeças de gado, e outros moveis das pessoas das aldeias que atacaram, fazendo muitas familias prisioneiras, de sorte que foi preciso ao Magestoso Estado, mandar marchar as suas tropas para os limites das provincias de Satari e Sanquelim.

Mandou o governo do Magestoso Estado soccorrer os Dessays da provincia de Sanquelim, seus protegidos, formou na provincia de Bardez sobre o rio de Coluale hum corpo de tropas regladas, soccorreu a provincia de Pernem, que então estava na devoção do Magestoso Estado, animando os seus Cabos e partidos, engrossando os seus corpos com alguma gente para defender o direito desta capital, fazendo o mesmo

Magestoso Estado huma grossa despeza nesta guerra, sem que até agora esteja satisfeita. 1787 Abril 5

Devendo o dito Bounsuló conservar os Dessays vassallos do Estado na posse dos seus Dessayados, e cobrança das suas rendas na fórma que he obrigado pelo Tratado das pazes de 1712, 1741, 1754, 1759, 1761 e 1768, elle fez infracção dos ditos Tratados, por lhe ter usurpado as suas rendas, fazendo que andassem em vida errante, e mendigando para se sustentarem.

Ao Dessay da provincia de Bicholim Suriagi Sinai Suria Ráo, em favor de quem se tinha lavrado expressamente o artigo 11.° do Tratado de 1761, confirmado pelo de 1768, privou o mesmo Bounsuló da posse do dito Dessayado, usurpando-lhe 19:000 e tantas rupias das suas rendas.

A Anandas Vissavas Rao, Dessay da dita provincia de Bicholim, privou pelo anno de 1771 da posse da sua aldeia, e mercês chamadas *Votan*[1].

A Antobá Sinai, vassallo do Magestoso Estado e Dessay da aldeia Mandrem, da provincia de Pernem, tem o Bounsuló privado e expoliado da mercê feita pelo Rei Idalxá, que desde a antiguidade tinha, de 150 Pagodes cada anno, sem embargo de o mesmo Bounsuló lhe ter concedido por hum seu Sonodo 75 Pagodes annuaes. Assim mais o expoliou dos palmares e vargens, em que tem 7 *Borás de cumbulem* de bate e arroz[2], e mais pensões do Dessayado, em que se comprehendem o palmar Chaporá e huma vargem, que tinha comprado a Ireá Porobu Dessay de Corgão, approvado tudo por Sonodos, rocós, ou ordens do Bounsuló, alem da vargem Mossor, que sendo do dito Dessay, a deu o Sardessay á mulher de Vittó Acarró, privando da posse della ao verdadeiro senhorio.

Ao Dessay de Arabó, da dita provincia de Pernem, Lacxi-

[1] *Ottona*, he mais conforme á pronuncia.

[2] *Borá*, medida igual a 4 candis das Velhas Conquistas.
Cumbulem, contrato de arrendamento.

1787 Abril 5 minagi Zassavanta Rau, tem o Bounsuló privado e expoliado da posse do seu Dessayado, que rende annualmente mais de 15:000 rupias, sendo elle filho legitimo e successor do ultimo Dessay, e estando como vassallo do Magestoso Estado debaixo da sua protecção.

As rendas do dito Dessayado consistem nas tenças de Morgim, Alorna, Ozori e metade de Tuvem, entrando as cazanas; os palmares e vargens annexas, como são o palmar Sanealem de Corgão; dezoito pedaços da vargem Proscoddem; a vargem Tial na aldeia de Bargol; o palmar Oxelbaga com a vargem annexa, na aldeia Bargol; a vargem Nagali Cunto, na aldeia de Virnorá; a vargem chamada Cazana, na dita aldeia Virnorá; a vargem e palmar Chicolná, na dita aldeia; o palmar Sidrossem Pandit, na dita aldeia; as boticas de tabaco de folha nas aldeias Morgim, Alorna, Ozori, na metade de Tuvem e na aldeia Macazana; as lagimas chamadas Chorguem na alfandega de Coluale, passagem de Sivolim, passo de Ibrampur, e na passagem de Caissuá; as tenças particulares chamadas *Potti*, e *Passori*, distribuidas nas aldeias de toda a provincia; 325 pagodes chamados Nissanim na provincia de Pernem; alguns pedaços de vargem e palmares; mais 50 pagodes para os Bragmanes do dito Dessay; sendo este vassallo do Estado.

A Zoitobá Rane, Dessay de Sanquelim, tem o Bounsuló expoliado das suas rendas e aldeia de Carapur, da provincia de Bicholim.

A Vitogi Gorqui Sinai, vassallo do Magestoso Estado, privou o Bounsuló da escrivaninha da alfandega de Cansarpale, e dos seus rendimentos.

Sendo o Bounsuló feudatario do Magestoso Estado, e obrigado a pagar annualmente o feudo de 4:000 xerafins pelos Tratados de 24 de Dezembro de 1761, e de 14 de Outubro de 1768, faltou ha muitos annos ao reconhecimento de feudatario sem pagar o devido feudo desde o anno de 1774 até o presente tempo, pedindo-se-lhe por muitas vezes com vigorosas e efficazes cartas o dito pagamento, propondo-se-lhe prudentes lenitivos que alhanassem as suas difficuldades, offerecendo-se o Magestoso Estado a receber as soluções em parcellas e em diversos tempos. 1787 Abril 5

Estavam as cousas nestes termos quando o meu predecessor tomou posse do governo do Magestoso Estado, que procurando manter a paz publica com os Dominantes da Asia, auxiliar a navegação e commercio, empenhou as mais officiosas diligencias para trazer o Sar Dessay Quema Saunto Bounsuló a huma honrosa e reciproca composição, admittindo o seu Enviado Givagi Vissarama Sabanis; deu-lhe muitas audiencias; fizeram-se muitas conferencias; porém, ficaram os ditos insultos sem se repararem e sem se darem as devidas satisfações ao Magestoso Estado, até que se ausentou o mesmo Givagi Vissarama Sabanis fazendo muitas promessas verbaes, mas tudo sem effeito, dilatando com pretextos e respostas não concludentes a devida execução.

Ao mesmo tempo que o dito meu predecessor tinha sido sensivel a todos os referidos attentados, estando prompto e apparelhado para os repellir com vigor, se comportou com a maior benevolencia, apurando a moderação e soffrimento no ultimo ponto, por amar a paz e socego publico, desejando attender e favorecer ao Sar Dessay, em tudo que podesse concorrer para a sua felicidade e socego dos seus povos, não sendo contra o decoro do Magestoso Estado. Esperou que o Sar Dessay, vendo a extremosa contemplação, com que o tratava, fizesse as serias considerações e devidas reflexões para a harmonia de ambas as partes, concluindo hum Tratado de paz e amigavel composição, dando satisfação effectiva a todas as faltas, dividas e attentados, sobre que fazendo-lhe repetidas queixas em muitas cartas, que se lhe escreveram, posto que as respostas foram amigaveis, não tiveram outra satisfação mais que a repetição de insultos e violencias contra o Magestoso Estado e seus vassallos.

Porquanto no mez de Fevereiro de 1781, os Sipaes do Sar Dessay, vieram na noite do dia 15 para o dia 16 e lançaram fogo em duas casas na aldeia de Pirna, e lhas queimaram, querendo levar o gado furtado.

No dito mez e anno, os Sipaes do mesmo Bounsuló na al-

1787 Abril 5 deia de Camorlim, da provincia de Bardez, lançaram tambem fogo a duas casas, queimando huma, que era do gentio Polpotó, e a outra não queimaram por se lhe impedir.

No referido mez tambem lançaram fogo a huma casa de Guddem, na aldeia Sivolim.

Com estas noticias foi precisado o dito meu predecessor a mandar mover as tropas e guarnecer as fronteiras, dando positivas ordens para que não hostilisassem as terras, dominios e subditos do Sar Bessay Bounsuló, mas que se contivessem na defensa sómente do Magestoso Estado e de seus vassallos, querendo ainda em circumstancias tão criticas obrigar o Sar Dessay com moderação.

A correspondencia que teve do Sar Dessay, foi continuarem os roubos, piratarias e attentados.

Porquanto, saindo a 23 de Março de 1781 da praça de Dio hum batelão do senhorio Florencio José de Moraes Sarmento, do porte de 60 candis, encontrando huma manchua do Sar Dessay, pediu o cabo della 4 rupias dos direitos; repugnou se o pagamento, dizendo-se-lhe que as embarcações do Magestoso Estado não pagavam direitos, e que deviam reconhecer a bandeira de Sua Magestade: fez-se a dita manchua na volta do mar, e virando sobre o dito batelão, lhe atirou tres tiros de peça e o abordou, tirando a bandeira das armas reaes que trazia á pôpa, tomando huma espada e faca de mato do Alferes Maximiniano Pereira, e mettendo no dito batelão sipaes armados, o levaram a reboque até á barra de Rarim, e depois o levaram para a barre de Cochorá, donde vindo o Subedar, apprehenderam todo o fato do dito batelão. Passados sete dias foram conduzidos o dito Alferes e mocadão, com hum Escrivão do senhorio, e mais gente da lotação debaixo de huma guarda a Varim, aonde fallaram ao Sar Dessay Bounsuló, o qual foi informado que o batelão era do Magestoso Estado, que trazia cartas do Governador de Dio, do serviço de Sua Magestade, dirigidas ao dito meu predecessor, e conduzia fazendas para outras pessoas, sem embargo do que não teve o Sar Dessay attenção alguma, porque se deixou ficar com o dito batelão, conservando ainda prisioneira toda a gente da lotação do mesmo com as fazendas que conduzia. 1787 Abril 5

No mez de Abril do anno proximo preterito roubou o Sar Dessay pelas suas galvetas duas embarcações de Vitogi Sinai Dempó, mercador vassallo do Magestoso Estado, de huma de que era mocadão Chandru Naique, levou 123 fardos de arroz, huma ancora de ferro e hum caixão; do parangue, de que era mocadão Narana Naique, roubou 25 fardos de arroz, tudo no valor de 764 xerafins.

Em 18 do dito mez e anno o parangue de Vitogi Camotim, mercador vassallo do Magestoso Estado e morador em Pangim, de que era mocadão Massaneá Naique, da parte do sul dos Ilheos de Mormugão foi acommettido por 4 galvetas do Sar Dessay, e lhe roubaram 2 rupias a titulo de direitos e 10 fardos de arroz.

No dito mez vindo de Mangalor hum parangue de Rogú Camotim Mamay, mercador e vassallo do Magestoso Estado, encontrando 4 galvetas do Sar Dessay Bounsuló, pedindo-lhe cartaz e mostrando-o, lhe não deram livre passagem, e lhe roubaram 45 fardos de arroz.

Em 16 do mesmo mez encontrando as galvetas do Sar Dessay Bounsuló o parangue de Vitógi Sinai Nerlicar, vassallo e mercador do Magestoso Estado, de que era mocadão João de Menezes, pedindo-lhe o cartaz do Sar Dessay, posto que lho mostrasse, lhe tomaram 3 fardos de arroz.

Em 17 do dito mez saindo do porto de Mangalor Luiz Vaz, fiel de Porsú Naique, mocadão do parangue pertencente a Custam Porobu Morcundi, vassallo do Magestoso Estado, conduzindo carga de areca e pimenta pertencente a dois Guzerates mercadores de Dio, encontrando-se com 2 galvetas do Sar Dessay Bounsuló, estas roubaram tudo que traziam os ditos Guzerates, como foram, roupa, camas, 2 caixões, huma carteira, peças de cobre e alguns fiados de coral, outras vazilhas, huma trouxinha de roupas, que tudo importava em 1:500 xerafins, entrando nesta somma 60 e tantos pagodes, e alem disto hum fardo de areca.

No mez de Maio do referido anno vindo de Canda, por

1787 Abril 5 hum parangue de Vencu Sinai Zuari, mercador vassallo do Magestoso Estado, com 25 corjas de fardos de arroz pertencentes a Santu Quini, morador em Pangim, foi represado por huma galveta do Irogi, e chegando defronte de Vingorlá, faltando vento, fugiu o dito Irogi, e o cabo da fortaleza do Bounsuló fez presa no dito parangue e arroz, tendo sido apresado por pirata, e por isso se devia restituir.

No dito mez vindo hum mangueri de Rajapur pertencente a Quensoá Porobu Loundó, mercador e vassallo do Magestoso Estado, foi represado pelas galvetas do Bounsuló defronte de Rarim com as fazendas que trazia, que eram 200 cambolins no valor de 400 xerafins, mais 104 xerafins em dinheiro, e sendo o valor do dito mangueri 1:000 xerafins, importa tudo em 1:504 xerafins.

No referido mez as galvetas do Bounsuló fizeram presa em dois parangues de Pundilica Quini, mercador e vassallo do Magestoso Estado, e morador em Pangim, hum parangue com os seus preparos no valor de 1:500 xerafins, mais 1:334 fardos de arroz no valor de 4:216 xerafins e 2 tangas, 7 fardos de urida no valor de 28 xerafins, 5 fardos de jagra no valor de 50 xerafins, 15 pares de formas de cobre, 15 xerafins. De outro sibar do mocadão Avum Bacur pertencentes aos mesmos, roubaram 19 fardos de arroz de Mangalor, 8 rupias chirinas e 2 resmas de papel, importando o valor dos roubos das ditas embarcações e fazendas em 5:928 xerafins e 4 tangas.

No sobredito mez roubaram as galvetas do Bounsuló 20 fardos de arroz do parangue pertencente a Malú Porobu, mercador e vassallo do Magestoso Estado, morador em Pangim.

No mesmo mez na visinhança da fortaleza do Cabo da Rama, represaram as galvetas do Bounsuló hum parangue de Assolnã e o largaram, por encontrarem as manchuas de guerra do Magestoso Estado, mas sempre lhe roubaram e levaram cento e tantos fardos de arroz.

Estes factos todos se acham provados evidentemente, ou por documentos que existem na secretaria deste governo, ou pelas cartas, que sobre estas infracções dos Tratados foram escriptas ao Bounsuló, ou pelas partes que deram os Generaes das provincias, ou commandantes das fronteiras e pelas queixas dos prejudicados, a maior parte dos quaes estão vivos, e mostram existentes e certos os seus prejuizos. 1787 Abril 5

Querendo o dito meu predecessor fazer ainda a ultima prova das intenções do Sar Dessay Bounsulò, lhe escreveu repetidas cartas tendo referido individualmente os attentados, infracções dos Tratados e faltas, que tinha commettido, para ver se desejava a paz e socego dos povos, e se dava as competentes satisfações ao Magestoso Estado, intimando-lhe por carta de 25 de Junho de 1781 que a moderação, com que se tinha havido, tinha limites que não podia exceder, nem dissimular sem compromelter-se contra o decoro e auctoridade do Magestoso Estado, assignando-lhe o termo de hum mez para o feudo, e restituir tudo o que tinha usurpado aos Dessays e mais vassallos do Magestoso Estado, e todas as satisfações, com que reparasse os damnos que tinha causado, que dentro do dito termo de hum mez mandasse aqui pessoa para ajustar todas as duvidas.

Porém, o Sar Dessay não mandou pessoa a fazer os ajustes das discordias, nem deu satisfação alguma, mas todas as suas respostas foram palliativas, de sorte que não cessando os aggravos, nem se vendo da parte delle propensão alguma em os reparar, se viu o dito meu predecessor na precisão de não permittir que continuassem por mais tempo os insultos, nem deixar de tomar satisfação dos que tinha recebido este Magestoso Estado.

Ainda depois de ser castigado o dito Bounsuló pelo meu predecessor, de lhe ter mostrado quanto era facil ao Magestoso Estado desapossal-o das suas terras e dominios, e de lhe ter concedido generosamente huma suspensão de armas, que elle nem merecia, nem devia esperar, tem continuado com a mesma infracção dos Tratados, ao mesmo tempo que anda o seu Emissario nesta côrte com a maior submissão, segurando a boa fé de seu amo, confessando-o vassallo do Magestoso Estado, e que delle recebera por mercê as terras novamente conquistadas.

1787 Abril 5 Porquanto tendo expressamente estipulado no artigo 1.º do Tratado de 14 de Outubro de 1768, que observaria huma paz solida e permanente, sem que lhe valesse desculpa de que os actos feitos contra ella eram exercitados por differentes individuos dos seus dominios, tem consentido que o Dessay Sidobá Rau, que está nas suas terras, tenha feito varias violencias aos vassallos do Magestoso Estado da provincia de Bicholim, e principalmente a Goindá Porobu, não querendo dar satisfação sobre o caso o seu Emissario a titulo de que aquelle procedimento não era do Bounsuló, mas do sobredito Dessay; e só deu tal ou qual satisfação quando se lhe declarou nesta côrte que se lhe não ouviria proposição alguma emquanto seu amo não fizesse cohibir ao dito Dessay, e pôr em liberdade ao dito Goindá Porobu, a quem tinha cruelmente martyrisado.

No principio deste anno pedindo o mesmo Bounsuló licença e segurança ao Magestoso Estado para recolher aos portos delle a sua armada no caso de se ver a isso obrigada; respondeu-se-lhe, que na fórma dos Tratados devia primeiro pedir licença para sairem as suas embarcações a corso, e que pedida ella, se lhe responderia ao mais; porém, o dito Bounsuló sem attender aos ditos Tratados, nem a mais do que a sua conveniencia, mandou sair as suas embarcações.

Não tem finalmente pago o feudo, a que claramente he obrigado pelos Tratados acima mencionados, e por todos estes factos verdadeiros e por outros muitos, que se lhe podiam accumular, se mostra ser incorrigivel este mau visinho, que nunca teve nem tem animo de guardar a fé publica dos Tratados, não reconhecendo por modo algum a clemencia do Magestoso Estado, que o conserva, podendo-se ter livrado facilmente delle.

Goa, 5 de abril de 1787. — Francisco da Cunha e Menezes.

Carta do Governador a Narana Sinay Dumó

(Arch. da India, livro dos Reis visinhos, fol. 50.)

Pela carta que me dirigistes com á data de 30 do mez proximo passado fico certo de teres chegado a esse destino aos 23 do mesmo mez, e de teres entregue ao primeiro ministro Naná Fodnis, e ao Felicissimo Madou Rao, as cartas que lhe dirigi e o sagoate, como tambem a Memoria e Exposição dos factos commettidos pelo Sar Dessay Bounsuló. Espero que appliqueis o vosso maior cuidado para executares as instrucções, com que vos enviei a essa côrte, e que me participeis as noticias do que passa a este respeito, e todas as mais que fores adquirindo. Nosso Senhor, etc. Goa, 14 de Junho de 1787. —Francisco da Cunha e Menezes. 1787 Junho 14

N.º 3

Carta do Governador Francisco da Cunha e Menezes ao Secretario d'Estado Martinho de Mello e Castro

(Arch. da India, livro das Monções, n.º 169, fol. 140.)

Ill.mo e Ex.mo Sr.—Em carta de 14 de Março passado[1], que dirigi a V. Ex.ª pelo navio *Senhor do Bom Fim e S. Thiago Maior*, participei a V. Ex.ª a noticia que havia da paz celebrada entre o Dominante de Punem e o Nababo Tipú Sultan, de que Mr. Montigni, residente por Sua Magestade Christianissima em Punem, ficára de me remetter o Tratado logo que se publicasse. 1787 Julho 18

[1] A carta de 14 de Março ao Secretario de Estado he esta:

Ill.mo e Ex.mo Sr.—Recebo presentemente huma carta de 25 do mez proximo passado, na qual Mr. de Montigni, residente na Côrte de Punem por Sua Magestade Christianissima, me dá parte de estar concluida a paz entre o Dominante de Punem e o Nababo Tipú Sultan, promettendo

1787 Julho 18 Como porém recebo presentemente a carta inclusa do dito Montigni [1], e as noticias do nosso Enviado em Punem, com que concordam as mais que tem aqui chegado pelas espias que mandei áquellas partes, e não he o meu animo nem perturbar a Sua Magestade, e a V. Ex.ª com cuidados intempestivos, nem ser omisso em declarar as necessidades deste Estado quando ellas forem urgentes, me resolvo a remetter os referidos papeis a V. Ex.ª, a quem hirei remettendo as mais noticias que receber sobre esta importante materia, e eu julgar dignas de serem communicadas a V. Ex.ª

Deos guarde a V. Ex.ª Goa, 18 de Julho de 1787.—Rubrica do Governador.

Noticias que dá o Enviado de Punem, a 8 de junho de 1787

(Arch. da India, livro das Monções, n.º 169, fol. 141.)

1787 Junho 8 Não he publico o Tratado da paz celebrado entre Tipú Sultan e o Dominante de Punem, nem pude achar copia delle, só sim a certeza que com muita diligencia tenho tido de todas as circumstancias nelle expressadas, como são as seguintes.

de me remetter com brevidade o Tratado della, e já por aqui correm varias noticias, que confirmam a sobredita paz.

Fico portanto naquelles mesmos cuidados, em que estava essa Côrte, e o meu predecessor antes do rompimento das guerras destas ditas potencias, porque a aversão que nos tem o Nababo he manifesta, nem elle trata de a occultar; as suas forças são desigualissimas em numero, e as faculdades deste Estado não chegam nem para a subsistencia delle na paz; pelo que rogo a V. Ex.ª queira pôr esta grave materia na real presença de Sua Magestade, para que a mesma senhora seja servida de dar as providencias que achar serem mais do seu serviço.

Deos guarde a V. Ex.ª Goa, 14 de Março de 1787.—Rubrica do Governador.

(Arch. da India, livro das Monções, n.º 168, fol. 1195.)

[1] Esta carta de Montigni não apparece.

Para ver o Ill.mo e Ex.mo Sr. Governador e Capitão General. 1787 Junho 8

Causa para haver paz, e razão de Tipú Sultan a pedir, he sem embargo de haverem dois ataques, e nelles não deixar de aproveitar Tipú Sultan pelos roubos feitos, nem por isso a outra parte não retirou, antes hia augmentando campo, ainda que não deixou de haver peste e fome, eram duas potencias poderosas vindo huma com outra estarem destroçando as terras, e tambem passar peste no exercito de Tipú Sultan, e por ella perder muita gente sua. He o que por ora tenho achado, e se tiver havido mais causa, logo que descobrir darei parte.

A referida paz se acha ajustada com esta Côrte, em que entra o Mogor Nizamali Qhan, com condição de Tipú Sultan restituir a elle as suas terras conquistadas, e igualmente a fortaleza de Aduany com sua jurisdicção, e o dito Mogor não dar de sua parte motivos para discordia, e quebra na dita paz; como tambem o dito Tipú não dar occasião alguma de quebrantar com o dito Mogor, porque o Sarcar será obrigado a juntar-se com o dito Mogor.

O dito Tipú Sultan entregará a esta Côrte de Punem a fortaleza do Nargunda, e seus dominios geralmente, e da mesma conformidade Quitur com sua jurisdicção, alem de ficar o Felicissimo com a fortaleza de Badamy tambem com sua jurisdicção; que todos estes tres lugares tem de rendimento 14 ou 15 laques por anno, e com elles ficar o Felicissimo possuindo como cousa sua, restituindo ao dito Tipú Sultan a fortaleza Gazendrá Goddo com seus dominios, e mais fortes e terras conquistadas, como tambem as terras da jurisdicção de Darwar, cujo rendimento he mais do que o cedido a este Sarcar.

O Tipú Sultan não entender, nem inquietar os Cabos e Sardares do Felicissimo, e suas terras e jurisdicções, que a elles pertencerem, e da mesma conformidade o Felicissimo não fazer nos dominios do mesmo Tipú Sultan, e a seus Cabos e Generaes.

Tipú Sultan quando queira pretender castigar os seus ini-

1787 Junho 8 migos, o Felicissimo não dar soccorro algum contra elle; da mesma fórma o Felicissimo, pretendendo castigar aos seus, Tipú Sultan não dar soccorro algum contra o dito.

Alem das referidas condições dar Tipú Sultan ao Felicissimo 15 laques de rupias por anno, na fórma do ultimo ajuste da paz havida no tempo de seu pai Aidar Aly Qhan; e assim pagar logo 45 laques de rupias ao Felicissimo destes tres annos, que ficavam em poder do dito Tipú sem os satisfazer; da mesma sorte 15 laques de rupias de *Darbar qharcha*, que são dadivas ao ministerio, e aos officiaes dos tribunaes, que tambem tinham ficado pelos referidos tres annos.

O Nababo de Xaunur[1] com sua familia se acha em Vejapur, na jurisdicção deste Sarcar, e as terras e fortalezas de Xaunur eram do dito Nababo, ficaram em poder do Tipú Sultan, e no dito Xaunur fica por Cabo Baranadin com 15:000 homens de pé, e 5:000 cavallos.

Logo que veiu ajustar paz nos referidos termos, retirando Tipú Sultan com o seu campo, e passando o rio Punga Badrá, de donde deu execução á dita paz, e pagou logo a quantia ajustada; elle marchou para Bengalor com seu exercito.

São as circumstancias acima mencionadas as da referida paz havida entre o dito Tipú Sultan e a Côrte de Punem; alem do que dou as noticias da disposição della, que são as que se seguem.

A fortaleza de Bandamy com suas terras se acha entregue ao Cabo Rastheá, tanto a administrar, quanto a guardar a mesma fortaleza e terras.

Para as terras de Quitur se acha posto por administrador o chamado Abagy Babú Rao, assim para administrar, como para guardar as mesmas terras, das quaes se acha applicado o rendimento de 30:000 rupias para o sustento da familia do Dessay do mesmo Quitur.

Nargunda fica na administração do Trinboca Rao Narana

[1] Tambem se escreve *Saunur*.

Copolcar, assim as suas terras como para guardar a fortaleza delle, dando desta jurisdicção tres aldeias ao sustento da familia do antigo dominante delle, que entregou ao dito Tipú Sultan, promettendo tambem entregar a Callapá, por ser obrigado a entregal-o quando esteja vivo, com condição de não dar a dita fortaleza e suas jurisdicções ao dito primeiro Dominante. 1787 Junho 8

Hary Panta he que fez estas disposições.

O Sarcar de Punem não está contente com a assistencia do Inglez e Francez, que se acham nesta Côrte Enviados, julgando serem inuteis, visto não tratarem negocio algum, e estarem capitulados com todos; e tambem repara em de proposito fazer o Mestre Malitta *(sic)* humas excessivas despezas, para as quaes precisarão pouco mais ou menos 30:000 rupias por mez, para o que contribuem de Calcuttá em letras enviadas a Cassy *(sic)*, de donde vem para este Punem, e tambem o mesmo Malitta passa letras, e tem fabricado humas casas fóra desta cidade para sua assistencia, em que poderá gastar 15:000 rupias, e ainda vai continuando, o que não gosta o mesmo Sarcar: supponho não deixou de haver conferencia com o dito Malitta sobre sua assistencia, perguntando qual era a utilidade que tinha elle, e a sua nação com a assistencia nesta Côrte; respondeu que nenhuma; só sim era para conservação de amizade do Sarcar com a sua nação, a cujo fim ter huma pessoa de caracter em presença do Felicissimo para responder, fallar, e acabar todas as duvidas que houverem de parte a parte, a fim da conservação do Tratado, visto que não fazia caso das despezas; tambem o Sarcar podia pôr pessoa distincta em Calcuttá, que era sua capital; pelo que o Sarcar não póde tomar resolução alguma, nem intentar proprios meios de fazer recolher. O francez Montigni não deixa tambem de fazer suas despezas, pouco mais ou menos 1:000 rupias por mez, sobre o qual parecer do Sarcar he pelo seguinte *(sic)*; comtudo não deixa de desconfiar da positiva assistencia com tanta despeza sem dependencia.

Sobre Tipú Sultan por ora este Sarcar não tem outro in-

1787 Junho 8 tento algum senão concertar a paz, em quanto não dê motivos sufficientes para mandar mover as suas tropas.

O General do Mogor Nizamaly Qhan, quando o exercito chegou ao sitio por onde podesse tomar o seu caminho, por elle se foi recolhendo á sua capital.

Hary Panta veiu por caminho de Quitur a Mergeo, de donde recolheu a Punem com o Cabo Holcar, e Bounsuló de Nagpur chamado Senasaibo Subá, no dia quinta aos 31 de Maio ás tres horas da tarde, sahindo o Felicissimo e Naná Foddnis huma legua adiante, onde tinha armado barraca grande, em que receberam aos Cabos Holcar, e outros, e a Hary Panta, e depois o Felicissimo recolheu com Naná, ficando naquelle sitio Hary Panta acampado. No dia sabbado 2 de Junho chegou o dito Bounsuló, que se tinha demorado na sua devoção de Zezury, a quem o Felicissimo e Naná ás tres horas da tarde foram huma legua adiante a receber, e depois do encontro o Felicissimo recolheu a casa, e o Bounsuló fica acampado em quanto alcance licença para recolher á sua capital; parece que não poderá tardar a licença, e tambem ao Cabo Holcar Hary Panta vai despedindo as tropas para depois recolher a casa, que está molesto e bem acabado, de quem eu tive encontro em o 1.º deste mez no dia sexta feira pelas oito horas da manhã, estive com elle mais de duas horas de relogio, e offerecendo eu conforme ao costume, por eu ter vindo de Goa, e elle do exercito, o sagoate em cinco peças de roupas de valor de 250 rupias, pegou nelle, e amarrou bem na mesma toalha em que hia, e o poz na sua cabeça, e entregou com o Maldar para entregar com meus servidores, e me disse que não devia eu usar ceremonias com elle de offerecer roupas, só sim algum traste, inda que fosse do valor de huma rupia, e com mais palavras de politicas em publico, onde se achava muita gente da maior graduação me deixou muito satisfeito, do que dou parte a V. Ex.ª, como tambem achar-me em procura a descobrir algum traste capaz de poder offerecer, para não ficar envergonhado com semelhante pessoa.

As forças de Nizamaly Qhan, as deste Sarcar, e as do Tipú Sultan, mais ou menos são as seguintes.

Nizamaly Qhan quando seja preciso póde pôr no campo 6:000 cavallos, 30:000 até 35:000 homens de pé, e 80 peças de artilharia. Este Sarcar póde pôr no campo com facilidade 80:000 até 100:000 cavallos, 10:000 homens de pé, e 40 até 50 peças de artilharia, sem entrarem nesta conta o Cabo Sendiá, nem o Bounsuló de Nagpur, ainda que nesta occasião se achava com pequeno corpo. Da mesma fórma Fate Singa Gaicowar de Guzerate, e Tipú Sultan, exceptuando a guarnição de suas terras e fortalezas, póde pôr no campo 80:000 homens de armas de fogo, 20:000 até 25:000 cavallos, e 125 peças de artilharia. He o que posso dizer, e querendo individual conta neste particular, darei principalmente deste Sarcar.

1787 Junho 8

Sobre a materia do Rey de Sunda o que houve he o seguinte.

Sem embargo de o primeiro Ministro se achar muito occupado em despedir tropas, tomar visitas dos Cabos, e em dar a elles os banquetes conforme o costume do Sarcar, fui dar-lhe parabens da paz com Tipú Sultan, por não ter feito esta obrigação nà primeira e segunda audiencia, onde propoz commigo a respeito do Rey Sunda pelo modo seguinte: Qual era a razão de haver tanta dilação para dar licença ao Carcuno do Rey Sunda, pedido por este Sarcar ao Estado; respondi que este dito Rey era muito rapaz, e nada sabia de sua Côrte, porque era nascido de jurisdicção de Goa depois de perder o reinado, e nenhum Carcuno tinha daquelle tempo; todos que com elle estavam eram modernos, e outros alguns actuaes, e o Estado para satisfazer o empenho do Felicissimo procurava pessoa capaz, e que tivesse experiencia daquella parte; entretanto cheguei eu ali, e em huma das conversas informaram de mim as noticias do reinado de Sundem, e achando algum fundamento, tinha encarregado em mim esta incumbencia; perguntou-me que sendo a materia differente para aquella que eu sabia, que faria; disse que responderia em tudo, principalmente cousas que pertencessem a minha soberana, e ainda que fosse respectivo ao mesmo Rey, disse-me que está bem, e conversariamos

1787 Junho 8 com vagar, como tambem na materia do Bounsuló, e outras. Segundo a noticia que tive, foi-me preciso responder pela referida fórma.

Hum mercador de Rarim tambem existe em Vaddim chamado Laczimana Sinay, e hum outro bramane, que ainda não sei dizer quem he, vieram, e trataram a negociação do Rey Sunda nesta Côrte por via de Ballagi Panta Tonssar, o por hora acha alcançar ordem do Sarcar para entregar huma parte (?) que então era dada de 600 até 700 rupjas cada anno na jurisdicção de Qhanapur, e o negocio especial corre em grande segredo, e a este fim, acha pessoa para diligenciar e tratar com o dito Ballagi Panta procurador. He o que por hora posso dizer pelo que colhi; vou examinando, e conforme alcançar com toda a certeza darei parte.—Narana Sinay.

N.º 4

Traducção da carta de Madou Ráo Pradan

(Arch. da India, livro das Monções, n.º 169, fol. 146.)

1787 Agosto 10 Ao illustrissimo e excellentissimo possuidor de grande Estado e felicidades, grandioso Francisco da Cunha e Menezes, Governador e Capitão General dos portos de Goa, cuja amizade seja perpetua.

Depois das expressões de amizade, faço constante que recebi a carta que V. Ex.ª me dirigiu, e me foi presente toda a materia communicada pelo honrado Procurador Naraena Vital.

Para haver de concertar as grandes differenças acontecidas entre V. Ex.ª e o Saunto (Sar Dessay Bounsuló) por occasião de se quebrantar o ajuste, tendo enviado este Sarcar á presença de V. Ex.ª o honrado Gopal Ramachandra, e sendo preciso informar-me deste negocio individualmente, o mando vir á minha presença, e V. Ex.ª concedendo-lhe licença, queira despedil-o. Em chegando elle aqui, e ouvindo as suas representações, os negocios do Saunto serão conferidos na minha presença com o Procurador da parte de V. Ex.ª 1787 Agosto 10

Escripta em 25 do mez Soval do anno mouro 1188 (10 de Agosto de 1787). Não sou mais largo.

Traduzida por mim Ananta Camotim Vaga, Lingua do Estado, em 30 de Agosto de 1787.

O original maratha, fl. 147.

N.º 5

Carta do Vice Rey a Madou Rão Naraena Pradan

(Arch. da India, livro de Reis visinhos, fol. 56 v.)

Muito illustre, felicissimo e grandioso Madou Rao Naraena Pradan, cuja amizade seja perpetua. 1787 Setembro 6

Recebi a carta do felicissimo da data de 10 de Agosto, pela qual me participa ter mandado recolher a esse Sarcar o honrado Gopal Rao Ramachandra, Enviado nesta Côrte, e para que assim o possa fazer, lhe mandei já participar que se lhe passariam passaportes do estylo.

Deos alumie ao grandioso amigo na sua divina graça. Goa, 6 de Setembro de 1787.—Francisco da Cunha e Menezes.

N.º 6

Carta do Secretario do Estado para Narana Sinay Dumó

(Arch. da India, livro de Reis visinhos, fol. 72.)

Recebeu S. Ex.ª a carta que V. m.cê lhe dirigiu em data de 13 de Setembro passado com as *Memorias* da mesma data, que nella vinham inclusas, e levei á presença do mesmo senhor as cartas que V. m.cê me escreveu datadas de 30 do dito mez de Setembro e de 15 do presente mez de Outubro, ás quaes cartas todas me manda S. Ex.ª responder. 1787 Outubro 30

1787 Outubro 30 Causou admiração a S. Ex.ª o que V. m.cê diz logo no principio da *Memoria* respectiva á conferencia[1], que teve com o primeiro Ministro dessa Côrte Naná Fodnis, na parte em que V. m.cê affirma que elle lhe dissera que esta Côrte lhe confessava na carta ser estylo entre os Europeus entregar as pessoas criminosas de lesa-magestade, de cuja confissão o dito primeiro Ministro se valera para abater o valor da fineza, e obsequio, que o Estado tinha feito áquelle Sarcar na entrega de Tulagi Pounvar.

Posto que V. m.cê não declara expressamente a que carta se referiu o dito primeiro Ministro, remetto a V. m.cê por copia a carta que foi escripta ao Dominante de Punem, e ao dito primeiro Ministro, e que V. m.cê levou juntas com a *Memoria e Exposição* dos factos que deram causa á guerra, que o Estado fez ao Sar Dessay Bounsuló, ás quaes cartas he crivel que se referia Naná Fodnis na conferencia que teve com V. m.cê Pelas ditas cartas verá que nem em huma, nem em outra se confessou a esse Sarcar o que V. m.cê affirma na sua, que os Europeus costumam entregar as pessoas criminosas de lesa-magestade; nem he possivel que nas ditas cartas, ou em outras algumas se dissesse semelhante cousa, a qual diminuiria a razão da obrigação e reconhecimento, que convem que esse Sarcar tenha a esta Côrte.

He necessario que V. m.cê responda positivamente a este ponto, porque huma pessoa, que occupa o seu lugar, não deve fazer, nem ainda nas mais pequenas cousas, equivoca a sua verdade.

Se o dito primeiro Ministro em outra alguma conferencia tornar a tratar com V. m.cê os mesmos pontos mencionados na dita *Relação* ou *Memoria* de 13 de Setembro passado, deverá V. m.cê acrescentar ás suas respostas, que então deu, as seguintes:

[1] A relação da conferencia que o Emissario Narana Sinay Dumó teve com o primeiro Ministro de Punem Naná Fodnis, em 29 de agosto, escripta em 13 de Setembro, omitte-se pelas razões dadas na carta do Governador ao Secretario de Estado de Sua Magestade.

Emquanto á entrega de Tulagi Pounvar: que nenhuma nação deixou de se mostrar agradecida a semelhante obsequio, e que esse Sarcar não poderá ter em pouco o valor delle, se reflectir o modo com que foi feito; e se for certo ter-lhe fallado o primeiro Ministro no estylo que tem as nações Européas de entregarem mutuamente semelhantes criminosos, responderá V. m.[cê] que, posto que haja semelhante estylo, não deixam porém de se excitar bastantes difficuldades antes della se fazer, porque guardando as ditas potencias religiosamente o direito da hospitalidade, duvidam fazer entrega de pessoas, que se acolhem aos seus reinos, ou dominios, sem que primeiro se lhe remettam as culpas, que fazem certo ser ella criminosa de lesa-magestade. 1787 Outubro 30

Emquanto ao soccorro negado a Dadá Saibo pelo Magestoso Estado, deverá V. m.[cê] em iguaes termos demonstrar ao dito primeiro Ministro o pouco valor que merece semelhante acção; responder que os differentes partidos, em que se achava dividida essa Côrte, e os seus Estados, no tempo em que foi negado o dito soccorro; as guerras civis que então ahi havia, e que tinham todos os povos inquietos e consternados, punha tudo em taes termos, que se elle dito primeiro Ministro pensar bem, conhecerá que a alliança do Estado, e o soccorro delle em tão critica situação, faria facilmente pender a fortuna para a parte a que se encostasse; que o Estado porém, não só não patrocinou, nem soccorreu então a Dadá Saibo, mas que apesar das grandes vantagens, que deste podia esperar, offereceu de mais a mais ao Felicissimo todos os obsequios, que coubessem nas suas faculdades; que finalmente, como se não offerecem todos os dias occasiões de se praticarem semelhantes signaes de amizade, nenhuma potencia deixa de estimar em muito os que se lhe fazem em tempo opportuno, muito principalmente quando elles são da qualidade deste.

Poderá V. m.[cê] acrescentar a isto que o Estado não intenta fazer huma enumeração geral dos obsequios que tem feito a essa Côrte, tanto por ser semelhante enumeração impropria da sua generosidade, como porque se capacita que esse

1787 Outubro 30 Sarcar se não esquece delles, e entre os mais que no anno de 1771, estando hum exercito do Felicissimo sobre as fronteiras do Estado, pretendendo passar pelas terras delle sem necessidade alguma, ou outro justo motivo, pedira Aidar Aly Kan a esta Côrte que o soccorresse, e esta lhe negou o dito soccorro e alliança que buscava; e que em tempos mais antigos foram sacrificar as suas vidas sobre os campos de Dandá Rajapôr muitos illustres Portuguezes em soccorro da casa do Felicissimo.

Quanto ás manchuas de guerra, deverá responder que não foram represadas neste porto, nem a sua equipagem, ou cabos castigados; que só foram postos na devida segurança emquanto se examinava e decidia a verdade, e logo que se fez este exame e decisão, foram restituidas plenamente, sem falta, ou diminuição alguma, dando-se-lhes todo o favor para poderem ser reparadas e concertadas.

Quanto ás proposições relativas ao Rey Sunda, respondeu V. m. o que devia, mas se se vir obrigado a dar sobre ellas mais alguma resposta, acrescentará que o bem, que os Portuguezes tem feito ao dito Rey, he sustentar a sua pessoa e o seu decoro com huma renda competente, e com huma guarda militar quasi similhante á do Illmo e Exmo Senhor Governador e Capitão General: he defendendo de seus inimigos exteriores, e dos seus domesticos e proprios Bragmanes, que procuram a sua ruina incessantemente: que se o dito Rey tivesse os annos, e capacidade precisa para se reger, e procurar as suas fortunas, conhecendo e precavendo os riscos a que expuzesse a sua pessoa nos passos que seguisse, livrando-se dos seus proprios Bragmanes, e dos que aspiram os seus dominios; se emfim Sua Magestade Fidelissima não tivesse, como tem, recommendado a mais obsequiosa hospitalidade, e a maior cautela, defensa e conservação para com a pessoa do mesmo Rey, certamente o deixaria em plena liberdade, sem que lhe importasse de lhe acautelar os perigos: que esta côrte permittiu ao Rey Sunda pae que passasse aos dominios de Punem a procurar os soccorros, quo pretendia para a restituição das suas terras: que o mesmo Rey saiu do Estado a buscar a satisfação do seu intento, e passado algum tempo se recolheu ao logar donde saiu sem tirar outro fructo da sua jornada mais que fadigas e despezas, e hum grande abatimento da sua reputação: que esta mesma licença se concederia ao Rey seu filho, se não obstassem as razões acima mencionadas, pelas quaes entende esta côrte que lhe faz obsequio em lha negar, e o ter debaixo do seu amparo.

1787 Outubro 30

Quanto ao soccorro de gente, petrechos, e munições de guerra, não deve V. m. dar desengano expresso, nem continuar com modo que augmente, ou conserve a desconfiança da boa fé, com que este negocio se trata: deve insistir com termos que mostrem sinceridade em que esse Sarcar satisfaça como lhe parecer ás respostas, que esta Côrte deu aos artigos do Tratado offerecido pelo mesmo Sarcar, porque aplanando-se as duvidas, e reduzindo-se tudo a termos de razão, de gloria e de interesse de huma e outra Potencia, convirá esta Côrte no que for justo, e assignará o Tratado.

Finalmente quanto ao negocio de Vital Vissa Rama, e da Aldeia Qeulá não tem V. m. mais resposta que dar, do que a que deu, que he verdadeira e justa, pois que o Estado não nega aos Mazanes o uso do seu direito, nem ha de obrigar a Ramachandra Naique a pagar, ou dar contas do que se lhe pede, sem constar da effectiva entrega que lhe dizem foi feita. Como os parentes de V. m. são os que mais tem tratado aqui deste negocio contra o dito Ramachandra Naique, clama este que V. m. he parte interessada, e que a sua paixão he que move este ponto de pretensão desse Sarcar. Pede portanto a sua honra que se mostre o contrario do que dizem, e do que parece, fazendo V. m. conhecer que antepõe o serviço do Estado e das obrigações do officio, de que está encarregado, ás dissenções particulares da sua familia.

A tomada que fez Tipú Sultan da praça de Quitur, de que arrasou toda a fortificação, e a que fez das mais terras pertencentes á jurisdicção da mesma praça, tendo esta guarnição de tropa maratha, que se retirou sem resistencia algu-

1787 Outubro 30 ma, feito isto depois de ter assignado o dito Nababo ha pouco tempo huma paz, que lhe foi tão dispendiosa, e o socego em que está esse Sarcar, segundo o que V. m. me diz nas suas cartas, e segundo o mesmo que me consta por outras noticias, faz tudo nascer mil conjecturas e suspeitas, que só o tempo póde verificar, muito principalmente não tendo V. m. remettido até agora a esta côrte huma copia exacta do Tratado, que precedeu a dita paz.

Faz-se portanto necessario que V. m. esteja com summa attenção a todos os movimentos dessa Côrte, que forem capazes por algum modo de aclarar a confusão presente das cousas. Que examine com toda a exactidão possivel a negociação, que se trata no Sarcar por parte de Tipú, os progressos que ella tem feito, o estado em que se acha, o verdadeiro valor que o dito Sarcar tem dado ás acções daquelle Nababo contra Quitur, e suas visinhanças, e se se move, ou destina alguma gente para as ditas partes de Quitur..

Que nas conferencias que tiver com os ministros dessa Côrte, que julgar mais imparciaes, e menos affectos a Tipú Sultan, lhes excite toda a attenção que merecem, não só os progressos de Tipú Sultan, mas tambem o animo com que este os faz. Dirá que elle vae de dia em dia estendendo os seus dominios, e augmentando as sua forças, não só com as armas na mão, mas muito principalmente com manejos occultos, e politicos de má fé: que tendo já Aidar Aly Kan em tão breve tempo engrossado com os despojos, dominios e conquistas de pequenos dominantes, continuando o actual Nababo com a mesma ambição, e com a mesma politica, se esse Sarcar não acudir a tempo, deixará crear na sua vizinhança huma Potencia formidavel, de que lhe será difficultoso defender-se: que he necessario portanto cortar a fortuna deste Nababo vizinho inimigo, e ambicioso, emquanto he possivel, e emquanto não cresce a mais: que o Felicissimo se deve oppor ao augmento das conquistas deste Nababo, sem que se fie na simulação da paz por elle assignada, a qual he mais perigosa ao mesmo Felicissimo do que a guerra declarada, não se devendo fiar de Tipú Sultan, de quem se sabe que não guarda similhantes Tratados de paz, senão emquanto não tem occasião opportuna de a quebrar, o que actualmente tem feito com a tomada de Quitur em injuria da tropa Maratha que a guarnecia. 1787 Outubro 30

Continuará V. m. tambem em averiguar a pratica que diz que tiveram os Francezes na presença de Fr. Joaquim de Santo Antonio, porque nenhuma cousa destas se deve ter á primeira vista por indigna de attenção.

Emquanto porém a averiguação, que V. m. se offerece fazer nos papeis do Padre José Ribeiro, não proceda a ella, por não ser conveniente fazer maior motim nesse Sarcar por huma cousa, que está inteiramente conhecida nesta Côrte.

Ainda aqui se acha Gopal Rào, Enviado desse Sarcar a esta Côrte, a quem o Estado tem continuado a assistir sem differença alguma em obsequio a esse Sarcar, e assim o deve V. m. declarar ao primeiro Ministro, e a Hary Panta, visto referir V. m. na sua carta de 15 de Outubro que os ditos repararam em se não ter já retirado o dito seu Enviado, e em lhe continuar a assistir o Estado, sem o despedir. O Estado fez o que devia segundo a generosidade com que se porta em todas as suas acções, e não ha de obrigar á força o dito Enviado a saír desta côrte, sendo bastante o ter-lhe mandado declarar que se lhe passariam os passaportes necessarios quando elle quizesse partir.

Como as suas cartas, e as suas relações ou memorias vem ordinariamente tão confusas, que custam muito a perceber, será util que V. m. escreva em gentio usando de cifra nos negocios mais particulares, e de segredo. Deus guarde a V. m. Goa, 30 de Outubro de 1787.— Sebastião José Ferreira Barroco.

P. S. Agora recebo huma carta do Dessay Sirpoty Rào, na qual me dá parte de não ter podido conseguir em Azarem a entrega do Padre José Antonio, que he o principal cabeça da rebellião, que houve neste Estado; e receiando já S. Ex.ª que o Governador ou Secretario Bramane da dita aldeia, não

1787 Outubro 30 quizesse fazer a dita entrega do mencionado Padre sem consentimento desse Sarcar, me ordenou que escrevesse a V. m. a carta que vae por copia em data de 12 do mez passado, a qual o dito Dessay Sirpoty Ráo levou para dirigir a V. m. no caso de não poder effectuar a entrega: e posto que o dito Dessay me diz que remettêra a V. m. a dita carta, sempre lhe torno a recommendar este negocio por ser da primeira supposição, e espero que mostre na conclusão delle toda a efficacia.

A carta referida he esta.

Carta do Secretario do Estado para Karana Sinay Dumó

(Arch. da India, livro de Reis visinhos, fol. 59.)

1787 Setembro 12 Na ultima que proximamente escrevi a V. m. lhe participei que varios naturaes do Estado tinham premeditado huma sublevação contra elle, e que a maior parte dos Réus se achavam presos, e agora lhe participo por ordem do Illmo e Exmo Senhor Governador e Capitão General do Estado que constando aqui ser o primeiro cabeça da dita sublevação hum clerigo chamado o Padre José Antonio Gonçalves, que depois da prisão dos mais réus fugiu do Estado, e foi para Azarem, onde se acha preso á ordem do Secretario Bragmane, que governa a dita aldeia, se tem mandado por parte de S. Ex.ª fazer todas as diligencias particulares para que o mesmo Bragmane o entregue, e como isto se não tem podido conseguir, manda agora S. Ex.ª o Dessay Sirpoty Ráo protestar publicamente o dito Bragmane que conserve em prisão segura o mencionado Padre, e a V. m. ordena que nesse Sarcar, e como negocio da primeira consideração peça a entrega delle, declarando que he criminoso de lesa magestade, e que por este motivo em qualquer parte deve ser preso e entregue, lembrando V. m. o procedimento que este Estado teve a respeito desse Sarcar, quando lhe fez entrega de Tulagi Ponvar. Torno a repetir a V. m. que deve concluir infallivelmente este negocio, que he de maior empenho de

S. Ex.ª pelas circumstancias que occorrem, e se o dito Dessay Sirpoty, a quem esta he entregue, lhe escrever juntamente com ella, V. m. dará credito ao que elle disser. 1787 Setembro 12

Estimarei que V. m. se acredite na conclusão deste negocio, sendo a breve execução delle huma das cousas mais necessarias para elle ter effeito. Deus guarde a V. m. Secretaria 12 de Setembro de 1787.—Sebastião José Ferreira Barroco.

Carta do Secretario do Estado para Karana Sinay Dumó

(Arch. da India, livro dos Reis visinhos, fol. 55.)

Recebi as cartas de V. m. datadas de 5 e 15 do presente mez, em que me responde a outras que lhe dirigi com as datas de 14 e 27 de Junho, e 12 de Julho passado. Recebeu tambem o Illmo e Exmo Senhor Governador e Capitão General a carta que V. m. lhe escreveu datada de 5 do presente mez com huma *memoria* das noticias, que até aquelle dia havia V. m. podido alcançar desse Sarcar. 1787 Agosto 31

Já ahi terá chegado a noticia da sublevação, que intentaram fazer no Estado huns homens naturaes delle, faltos de honra e de juizo, cuja conspiração foi descoberta, e se acham presos quasi todos os comprehendidos nella para receberem o castigo, que merece a sua traição. Consta que hum clerigo natural deste Estado chamado José Ribeiro, que se acha em Punem, se communicava com os cabeças da dita conjuração, e que tinham entre si justo de mandar o dito clerigo de Punem alguns homens de armas, que a favorecessem. Veja V. m. se póde tomar sobre este ponto alguma informação verdadeira, e ma participe.

Verifica-se a noticia, que V. m. participou a S. Ex.ª na mencionada *memoria* de 5 do presente mez a respeito da resolução, em que V. m. diz que estava esse Sarcar de fazer recolher para Punem a Gopal Ráo Pernecar, seu Enviado neste Estado, porque ante-hontem recebeu S. Ex.ª carta do Felicissimo, em que lhe participa ter mandado recolher a Punem o dito Gopal.

1787 Agosto 31 O pretexto, de que usa he dizer que se faz necessario informar-se delle a respeito das differenças e dissensões que tem havido entre o Estado e o Sar Dessai Bounsuló, para que depois de ser ouvido o dito Gopal, se conferirem com V. m. as materias respectivas a este negocio.

Ou seja apparente, ou verdadeiro o dito motivo, sempre V. m. deve estar prompto para seguir as instrucções, que daqui levou, se for avisado para alguma conferencia, porque se não tiver aviso para ella, não deve por si fallar mais em similhante negocio, como já em outra o adverti, pois que como o Estado não pretende senão que esse Sarcar se calle a respeito das pretensões do Sar Dessai Bounsuló, não he necessario que peça V. m. alguma resposta positiva.

Imprudentemente tira V. m. grande parte ao valor dos seus serviços com as cartas que escreve, das quaes sempre o principal motivo he pedir dinheiro, é queixar-se da falta que tem delle, sem que considere que nunca o Estado fez maior despeza com Enviado algum desse Sarcar, do que tem feito actualmente com V. m. que recebeu com pouca demora de tempo 10:000 xeratins, parecendo que esta benignidade, com que S. Ex.ª o tratou, em lugar de ter servido de applacar as suas pretensões, he o motivo de V. m. as multiplicar continuadamente, mais de que fez em tempo algum, quando aqui se sabe que ha Enviados ou Procuradores em Punem, que têem mais rasão de se queixar do que V. m. porque têem menores assistencias, e que certamente esse Sarcar não faz outro gasto equivalente com o seu Enviado que tem nesta côrte.

A replica que V. m. dá na sua carta de 15 do presente mez ao que eu lhe escrevi em carta de 12 de Julho passado, he inteiramente inattendivel, porque não consta que jámais Enviado algum nosso tivesse tres pares de patamares, como V. m. pretende, nem ha motivo para similhante innovação, devendo V. m. contentar-se com a mercê, e especialidade, que se lhe faz, de se pagarem á custa de Sua Magestade os patamares, que trouxerem á secretaria do Estado cartas suas de serviço.

Continue V. m. a communicar cuidadosamente as noticias que puder alcançar tanto a respeito dos movimentos e intenções desse Sarcar, como de Nizamali e de Tipú, o qual tem avesinhado algumas tropas de Quitur, segundo aqui consta. Deus guarde a V. m. Pangim, 31 de Agosto de 1787.—Sebastião José Ferreira Barroco. 1787 Agosto 31

P. S. Depois de escripta esta me ordena S. Ex.ª lhe remetta a V. m. a copia da carta, que recebeu de Punem, a respeito da ida do Enviado desse Sarcar, que se acha nesta côrte, e a copia da resposta, que S. Ex.ª dá á dita carta do Felicissimo, cuja resposta vae tambem para V. m. lha entregar.

N. B. He a do n.º 5.

Capitulos da Carta de Narana Rau Vittal (Narana Sinay Dumó) ao Secretario do Estado, de Punem em 30 de Setembro de 1787

(Arch. da India, livro das Monções, n.º 169, fol. 163.)

O Clerigo que se acha nesta côrte, sobre o qual examinando, não acho até agora noticia como elle preparava, ou tinha sinalado gente alguma de armas; hum irmão delle se achava em Quitur servindo de soldado na companhia de D. Manuel de Noronha. 1787 Setembro 30

Aqui se acha hum Frade chamado Fr. Joaquim de Santo Antonio, que veiu de Chaul, o qual me disse que estando elle em casa do Francez Mutró *(sic)*, que está servindo a este Sarcar, onde se achava outro Francez chamado Ferrat, que ha pouco veiu de Goa, estes estando conversando na sublevação havida, entraram a fallar que entre os Francezes e Tipú estava ajustado, hum por mar com os disfarces precisos, e outro por terra, conquistar os dominios Portuguezes, com condição de entregar Goa aos Francezes: isto havia de ser executado ha tempo; porém ficou suspenso com a guerra do Maratha. Perguntando eu ao dito Frade como conversaram em sua

1787 Setembro 30 presença, me disse que se achavam alegres; comtudo se arrependeram, e mudaram a conversa.

Tipú tem mandado seu Embaixador a França: esta noticia he deste Sarcar.

Capitulos da carta do mesmo, escripta de Punem em 15 de outubro de 1787

(Arch. da India, livro das Monções, n.° 169, fol. 157.)

1787 Outubro 15 Pela carta de V. S.ª soube a noticia verdadeira da sublevação que intentaram fazer no Estado huns naturaes delle, pois nunca era pensado, nem sonhado, e com a carta de V. S.ª acabei de conhecer. Deus descobriu por sua misericordia livrar pobres de nós, e deu victoria, e felicidade a S. Ex.ª de livrar desta maldade de diabolica e infame gente, de que lhe dou muitos parabens.

O Clerigo José Ribeiro com minha chegada veiu visitarme, e dahi não tem apparecido. Hum irmão delle, e outro por nome Lazaro de Sousa estão servindo de soldados na companhia de D. Manuel de Noronha, e se achavam em Quitur, e continuavam muito assim pessoal, como com cartas. O dito Clerigo não deixou de ter noticia muito antes de se descobrir o segredo. No exame não me consta até agora ter elle promptificado alguma gente de armas, nem fazer convite a ella para dirigir a essas partes, mas vejo que o dito Lazaro de Sousa, que de presente aqui está, e o Clerigo nas conversações suas não ter sinceridade, senão toda a cautela até com as pessoas que se correspondem e communicam commigo, e eu ando com a diligencia competente para examinar a verdade, e havendo darei parte, por quanto podia fazer diligencia para liberdade, e com ella dar busca á papellada delle, quando assim V. S.ª o tivesse ordenado, visto ser caminho para ter melhor conhecimento: o tal Clerigo não deixa de ser esperto junto com o dito Lazaro de Sousa.

Em o ultimo do mez passado tenho participado a V. S.ª as noticias da tomada de Quitur, e depois se tem apoderado de Canapur; esta noticia não poderá de a ter V. S.ª e elle neste mesmo tempo mandou aqui 300:000 rupias em pagodes á conta do que devia do ajuste da paz; nestes termos não posso entender com firmeza o modo da idéa, só o que descubro he que em hum dos capitulos do Tratado cedeu o dito Quitur com condição de se acommodar ao seu primeiro dominante, ao qual estes não fizeram mais que dar 36:000 rupias de renda em terras; he a rasão que tem; comtudo vejo estes não fazerem movimento algum. Naná Foddnis me disse que elle tinha por noticia certa que Tipú tinha mandado mais 15:000 homens, alguma cavallaria e artilharia, e já passado para cá o rio Tuncabadra, e que era contra os dominios de Goa, e disse que o dizia com certeza, recommendando-me para eu o participar logo, a fim de haver tempo de se prevenir e acautelar; e tambem disse que seria melhor e util se houvesse a paz de Quema Saunto, para ambas as partes se unirem huma com a outra, do contrario haveria prejuizo ao Estado, e muito mais ao dito Saunto. He o que ponho na presença de V. S.ª Tambem me disse que elle ouvira como estavam unidos; sendo aquillo verdade, elle o estimaria, porque desejava muito o socego, a fim de não levar vantagem o inimigo. 1787 Outubro 15

Hoje ao meio dia chegaram cartas de Quema Saunto Bounsuló a este Sarcar, e para alguns ministros; o fundamento dellas he para conservar a Gopal Ráo em Goa, que me parece ainda elle se acha nessa parte; queixando se muito ser diligencia minha para o mandar recolher, porém a verdade conhece-a o primeiro Ministro e Hary Panta, e mais alguns ministros. Quando o primeiro Ministro recebeu carta de S. Ex.ª em resposta ao Felicissimo, não deixou de reparar em não ter chegado o dito Gopal Ráo, e me disse que não devia a elle assistir com cousa alguma, e logo despedir, de que dou a V. S.ª noticia.

O francez Montigny, Enviado, que tambem nesta côrte diz que veiu nomeado por Governador de huma fortaleza chamada Pontachery; e esta noticia elle deu a varios. Tambem me disse huma pessoa ordinaria, que assiste em casa do mesmo Montigny, em como recebêra carta de Quitur, escri-

1787 Outubro 15 pta pelo Lally, dizendo que elle tinha ordem de Tipú para depois de conquistar Quitur, mandar para as partes de Goa, para o que vinha mais exercito.

He o que ouvi, que ponho na presença de V. S.ª

N.º 7

Traducção da carta do Dominante de Punem

(Arch. da India, livro das Monções, n.º 169, fol. 165.)

1787 Outubro 21 Ao Ill.mo e Ex.mo Possuidor de grande Estado e felicidade, Grandioso Francisco da Cunha e Menezes, Governador e Capitão General dos portos de Goa, cuja amizade seja perpetua.

Depois das expressões de amizade faço constante que chegou a este Sarcar o honrado Naraena Vital Dumó, o qual teve audiencia minha, e nesta occasião me entregou a carta de V. Ex.ª com o sagoate que trouxe. Elle me participou o desejo de V. Ex.ª para a conservação da amizade, e correspondencia deste Sarcar, o que estimo muito. Apresentou a *Memoria* dos artigos a respeito do Illustre Quema Saunto Bounsuló, Sar Dessay do Praganã Cudale, e mais provincias, e me faz presente ultimamente a resolução dos negocios deste Sarcar. Pelo que tenho mandado communicar ao dito Naraena Vital Dumó varios particulares deste Sarcar, e os do Sar Dessay, Rey do Sunda, e Rama Chandra Naique, os quaes elle porá na presença de V. Ex.ª que se sirva de os attender, dirigindo logo a sua resolução, e concorrendo sempre para o augmento da nossa amizade. Escripta a 9 do mez Moharamo do anno Mouro 1188 (21 de Outubro de 1787). Não sou mais largo.

Traducção da carta do primeiro ministro Naná Fodnis (Balagi Zamardau)

Ao Ill.mo e Ex.mo Possuidor de grande Estado e felicidades, Grandioso Francisco da Cunha e Menezes, Governador e Capitão General dos portos de Goa, cuja amizade seja perpetua. 1787 Outubro 21

Eu Balagi Zanardan com muitas expressões de amizade, manifestando a minha saude, estimarei que V. Ex.ª me participe sempre as suas boas novas.

Chegou a este Sarcar o honrado Naraena Vital Dumó mandado por V. Ex.ª o qual teve audiencia minha, e nesta occasião me entregou a carta de V. Ex.ª

(E tudo o mais he o mesmo que a carta do Dominante de Punem).

Traduzida por mim Ananta Camotim Vaga, Lingoa do Estado, a 1.º de Novembro de 1787.

Os originaes marathas, fl. 166.

N.º 8

Carta do Governador ao Bounsoló

(Arch. da India, livro de Reis visinhos, fol. 56 v.)

Ao Grandioso Rajá Quema Saunto Bounsuló Bahadar, Sar Dessay do Praganã Cudale, e mais provincias, cuja amizade seja perpetua. 1787 Abril 30

A exposição inclusa dos factos, que provam as infracções, que o Grandioso Sar Dessay tem feito aos Tratados celebrados entre o Magestoso Estado, e o Grandioso Sar Dessay, principiando desde o anno de 1768, prova por modo evidente a paciencia, que o Magestoso Estado tem tido a respeito do dito Grandioso Sar Dessay. As offensas publicas, que tem soffrido; os damnos e prejuizos, que o Grandioso Sar Dessay tem causado, tanto ás rendas reaes de Sua Magestade Fidelissima, como aos vassallos do Magestoso Estado; o pouco escrupulo e reparo, que o mesmo Grandioso Sar Dessay, tem feito e faz em quebrantar os Tratados e a paz, por mais solemnemente que seja firmada; consequentemente a justiça da guerra, que lhe fez o meu predecessor, e a necessidade,

1787 Abril 30 que tem o Magestoso Estado de conservar e unir aos seus dominios as praças e provincias novamente conquistadas, para de alguma fórma reparar os mencionados prejuizos e cohibir o Grandioso Sar Dessay, a quem mostrou com huma generosa suspensão de armas em tempo, em que podia facilmente adiantar as suas conquistas, a boa vizinhança que intenta fazer-lhe, e que só instigado a ultimo ponto pelo Grandioso Sar Dessay, teve contra elle hum procedimento necessario, de que a si mesmo deve attribuir a culpa.

Nem a falta de declaração de guerra antecedente, e o modo repentino, com que o Grandioso Sar Dessay diz que o meu predecessor o acommettera, podem de alguma fórma manchar a boa fé do Magestoso Estado, e dar justiça ás rasões que o Grandioso Sar Dessay aponta para a restituição, que pretende das provincias e praças, que novamente lhe foram conquistadas; por quanto havendo o meu predecessor multiplicadas vezes exposto ao Grandioso Sar Dessay as infracções, que elle tinha feito aos Tratados, e não tendo recebido a devida satisfação, justamente podia proceder sem mais declaração alguma a buscal-a por meio das armas na fórma declarada no artigo 23.° do Tratado de 31 de Agosto de 1741, que diz o seguinte:

«Na fórma sobredita se ajusta esta paz perpetua e permanente debaixo das condições aqui declaradas, e faltando a qualquer dellas por huma e outra parte, a parte offendida fará aviso á outra por huma só vez para que promptamente seja satisfeita em cumprir-se o presente Tratado em qualquer dos seus artigos, a que se faltar; porém, se com o dito aviso não houver prompto cumprimento, será licito á dita parte offendida tomar as medidas que lhe parecer para ser satisfeita.»

E do artigo 20.° do Tratado de 24 de Dezembro de 1761, em que o mesmo se ajustou expressamente do modo seguinte:

«Na fórma sobredita se ajusta a concordia e paz declarada perpetua e permanente debaixo das condições estipuladas nestes artigos. Succedendo haver falta em algum delles, o

que se não espera, a parte offendida fará aviso á outra huma 1787 Abril 30
só vez para ser promptamente satisfeita com devida e religiosa observancia do presente Tratado, e quando assim o não execute, será licito tomar as medidas que lhe parecer para conseguir a dita satisfação.»

Estas claras razões fundadas em notoria justiça são os motivos por que Sua Magestade Fidelissima tem approvado esta conquista, e feito unir aos seus dominios as provincias e praças novamente conquistadas, como o meu predecessor expressamente declarou aos honrados Sabanis e Chetinis do Grandioso Sar Dessay, sendo ao mesmo tempo os intentos da mesma Senhora que eu conserve com o Grandioso Sar Dessay toda a boa concordia, paz e união, que pede a vizinhança, emquanto o Grandioso Sar Dessay não der motivo ao contrario procedimento, o qual nunca o Grandioso Sar Dessay teria dado, nem dará, se considerar bem os seus interesses em geral, pois que virá facilmente a conhecer que lhe não he util escandalisar o Magestoso Estado, perder a sua amizade, e as esperanças de opportunos soccorros, preferindo a tudo isto huma passageira conveniencia originada dos factos mencionados na Exposição junta commettidos contra a fé de tantos Tratados, e capazes de indignar o animo da nação mais pacifica. Deus alumie ao Grandioso Sar Dessay em a sua divina graça. Goa, 30 de Abril de 1787. — Francisco da Cunha e Menezes.

Verba á margem:

A declaração que o antecessor de S. Ex.ª fez ao Sabanis e Chitinis do Bounsuló, de que Sua Magestade mandou unir aos seus Reaes dominios as provincias e praças novamente conquistadas, consta da carta escripta pelo dito antecessor, que se acha a fl. 1474 do livro das ordens Reaes do anno de 1784, respondido em o anno de 1785, § 9.º

Carta do Governador Francisco da Cunha e Menezes ao Secretario de Estado Martinho de Mello e Castro

(Arch. da India, livro das Monções, n.º 169, fol. 324.)

1788 Fevereiro 23 Illmo e Exmo Sr.—Serve esta de continuação á carta, que escrevi a V. Ex.ª em data de 18 de Janeiro proximo passado, que principia pelas palavras «Na monção passada», e contém a participação do progresso, que desde o dito dia tem tido a negociação principiada entre o Estado e o Sar Dessay Bounsuló.

Desenganado o Bounsuló que lhe não concederia soccorro algum senão por meio de hum Tratado, e atemorisado de mais a mais de que se não o fizesse, abraçaria eu as vantagens offerecidas pelo Rajá de Calapur, mandou ao seu Emissario que em taes termos entrasse nas conferencias necessarias para concluir o dito Tratado, o que assim principiou a fazer, defendendo, porém, este, passo a passo, seu amo de qualquer vantagem que o Estado podia tirar delle, a que dava causa principalmente a suspensão de armas, e principio da negociação em que estava com o Rajá de Calapur, o que me fez temer se mallograsse a occasião, de que me desejava aproveitar a bem do Estado, muito mais porque por parte do dito Rajá não apparecia a pessoa, que viera a Goa tentar a disposição do Estado contra o Bounsuló, que voltára a titulo de hir buscar os poderes necessarios para esse effeito.

Quiz, porém, a Providencia Divina patrocinar a causa do Estado, porque ao mesmo tempo, em que o Bounsuló estava com esperanças de pacificar o dito Rajá, lhe deu este repentinamente no seu campo, afugentando-o com prisão dos Cabos principaes.

Então he que o referido Emissario entrou a tratar mais deveras a conclusão do referido Tratado com a maior satisfação minha, porque delle intentei desde logo tirar a favor do Estado duas vantagens principaes. A primeira, era a conservação do mesmo Bounsuló, que segundo as forças com que se acha, não sendo temivel ao Estado, lhe serve de natural barreira contra qualquer Regulo, que queira descer o Gate, por cuja razão ainda independente de Tratado não consentiria que o Rajá de Colapur lhe conquistasse as terras do seu dominio, porque nos ficaria sendo hum mais poderoso e prejudicial visinho. A segunda vantagem era ver se podia concluir hum Tratado de limites com o Bounsuló, tão semelhante quanto fosse possivel ao de 22 de Novembro de 1754, o mais vantajoso que até aqui tinha delle alcançado o Estado, regulando-me pela declaração, que V. Ex.ª fez ao meu predecessor em carta de 16 de Março de 1784, que principia pelas palavras «Recebi e levei á Real presença». 1788 Fevereiro 23

Pondo de parte as difficuldades que occorreram em alguns outros artigos, sendo os principaes delles os que contém por huma parte o soccorro que o Estado devia dar ao Bounsuló, e por outra parte a cessão que delle pretendiamos alcançar, direi a V. Ex.ª brevemente as duvidas que sobre isso houve, as quaes chegaram a romper a negociação.

O Bounsuló queria que o Estado o soccorresse com gente, munições, generos, effeitos e dinheiro, pedindo não menos que 200:000 rupias; que era necessario dar-lhe soccorro, não tinha duvida, tanto porque assim o pedia a conveniencia geral do Estado pelas razões que acima acabo de ponderar, como porque sem o dito soccorro não havia retribuição que podessemos esperar da parte delle; havia, porém, difficuldade em lhe promettermos dinheiro pela situação, em que sempre se acham os cofres da fazenda Real do Estado.

Emquanto á cessão não foi possivel por muito tempo conseguir que o referido Enviado promettesse ao Estado em nome de seu amo, mais do que palavras vãs de agradecimento, sujeição e vassallagem ao Estado, e só depois de infinitas e indiziveis diligencias declarou que os unicos poderes que tinha de seu amo, era para empenhar na mão do Estado a provincia de Pernem, estipulando-se os annos, em que o Estado se havia embolçar do soccorro pedido.

Posto que não seja novo semelhante modo de contratar, se lhe disse: «que o soccorro do Estado excedia a todo o

1788 Fevereiro 23 valor, que se não podia computar a sua estimação pelo mesmo modo que fazia qualquer particular quando emprestava dinheiros sobre huma ou mais propriedades; e que ainda que a cessão pura da provincia de Pernem, não era cousa que por fórma alguma podesse equiparar-se ao valor do patrocinio, que seu amo hia receber do Estado, que me contentaria com ella, como signal de gratificação, e de reconhecimento feito a Sua Magestade, mas que visto não ter elle dito Enviado poderes para fazer a cessão, ficava eu livre a tomar as medidas que me parecessem necessarias neste caso».

Dizia o dito Enviado: «que não era crivel que seu amo ao mesmo tempo que esperava que Sua Magestade lhe mandasse restituir as provincias que lhe foram conquistadas pelo meu predecessor, cedesse mais huma provincia de novo»; mas adoçando-se-lhe a difficuldade que elle tinha de fazer a dita cessão com a promessa de hum artigo particular e secreto, semelhante ao que se estipulou quando entre o Estado e o Bounsuló se celebrou o Tratado de 26 de Julho de 1759, pediu o mesmo Emissario tempo para haver de seu amo mais amplos poderes, e concedendo-se-lhe, apresentou os que em data de 27 de Janeiro passado vão juntos ao novo Tratado.

Pareceu-me que com estes novos poderes estavam sanadas nessa parte todas as difficuldades, muito principalmente porque as tropas do Rajá de Colapur iam fazendo progressos quasi sem opposição, quando, porém, se foram pondo em ordem os artigos que haviam de formar o mencionado Tratado, e viu o dito Emissario quaes eram os soccorros que pelo artigo 12.º lhe promettia (para inteirar os quaes me foi preciso valer do importe do papel sellado, que se achava no Senado), e que alem da cessão da provincia de Pernem fazia eu declarar a seu amo, no artigo 13.º, que demittia de si para sempre todo e qualquer direito que podesse pretender por si, ou por seus successores ás provincias e praças de Alorna, Bicholim e Sanquelim e á parte da provincia de Pernem, que lhe foram conquistadas com as armas de Sua Magestade Fidelissima, mostrou sobre este ponto huma difficuldade invencivel, dizendo que a este respeito nem tinha querido escrever a seu amo, nem se resolvia a tal, porque certamente o julgaria traidor, e comprado pelo Estado. 1788 Fevereiro 23

Admirado de semelhante repugnancia, em tempo em que o Bounsuló estava na maior consternação, entrei a pensar que elle teria outras esperanças, nas quaes se estribasse, alem das que podia ter no Estado; que poderia por meio de sua sogra, viuva de hum dos Cabos principaes dos Marathas, ter alcançando que aquelle Sarcar o patrocinasse, no que sabia que trabalhava; que talvez em ultima desesperação se teria valido de Tipú Sultan, o qual he bem crivel que lhe facilitasse o soccorro, aproveitando esta opportuna occasião de descer os Gates e tirar vantagens com a má fé que costuma; ou que, finalmente acharia o mesmo Bounsuló, que podia fazer com o Rajá de Colapur a paz com menos custo do que o Estado lhe dava o soccorro.

Temi ver mallogradas as minhas esperanças, e como as cousas estavam no maior aperto, nem permittiam dilação alguma, me resolvi a usar de meio forte que me mostrasse logo decisivamente qual era o animo em que estava o Bounsuló, para me saber deliberar em tempo conveniente sobre o partido que devia seguir: mandei dizer ao dito Emissario: «que dava por quebrada e finda a negociação; que visto que seu amo duvidava ceder hum direito imaginario para receber hum patrocinio real e vantajoso, em taes termos estava capacitado que elle se não portava com sinceridade com o Estado; que guardava no animo intenções occultas; que a negociação delle Enviado não tinha outro fim mais do que entreter o Estado a fim que elle se não unisse com o Rajá de Colapur; e que, finalmente, em taes termos, para não perder as vantagens, que este offerecia, e para segurar o importe do tributo, de que seu amo era devedor ao Estado, me resolvia a fazer marchar as tropas delle, e occupar com ellas a provincia de Pernem».

Produziu esta minha resposta decisiva o effeito desejado, porque no mesmo dia 20 do mez passado, em que ella lhe

1788 Fevereiro 23 foi dada, tornou o referido Emissario a pedir conferencia ao Desembargador Secretario do Estado, a quem deu o Sonodo, ou a ordem, que tinha de seu amo para nos ser entregue a provincia de Pernem, dizendo que estava prompto a assignar o Tratado, o qual em menos de quarenta e oito horas, o daria ratificado por seu amo, como pontualmente cumpriu.

Pelo dito Tratado, que remetto a V. Ex.ª por copia debaixo do n.º 1, conferido com huma *Memoria* respectiva a elle, que vai junta, verá V. Ex.ª a hum golpe de vista a parte em que cada hum dos artigos he conforme aos dos Tratados antigos, e a parte que nelles ha, ou de modificação, ou de alteração. Parece-me que fica sendo o mais vantajoso que até agora tem feito o Estado com o referido Regulo, e que o constituem mais seguro na sua observancia aquellas moderações, que se estipularam a favor delle.

Não me esqueceu estipular a bem do Estado a navegação exclusiva do rio Arandem, recommendada por V. Ex.ª na referida carta de 16 de Março de 1784, mas como ella no artigo 9.º do Tratado de 1754 se declarou commum a ambas as nações, serviria semelhante pretenção de augmentar novos embaraços, que eu era obrigado a cortar, e assim me pareceu que seria melhor omittir por ora declaração alguma sobre este particular, reservando-a para tempo mais opportuno, de que me saberei aproveitar.

Posto que desde que estou no Estado tenho trabalhado, e dado as ordens necessarias para que as tropas delle estejam sempre promptas ao primeiro aviso, e posto que durante esta negociação a patrocinei fazendo movimentos interiores, que podessem dar esperanças e receios a ambas as partes, não me resolvi a mandar marchar corpo algum de tropas para as nossas fronteiras respectivas emquanto se não assignasse o Tratado, porque temi que este movimento soasse logo como huma declaração do soccorro; que ficasse mais brando nas suas pretenções o Rajá de Colapur, e se compozesse repentinamente com o Bounsuló, sem tirarmos vantagens das suas dissenções.

Portanto, assim que o Emissario do dito Regulo entregou

em nome de seu amo as ordens necessarias para o Estado tomar posse do resto da Provincia de Pernem, escrevi ao Marechal de Campo Francisco Antonio da Veiga Cabral, que se achava em Rachol, dando-lhe parte do Tratado que se acabava de concluir, determinando-lhe que fizesse marchar 300 homens da legião de Pondá com hum partido de Sipaes de 100 homens para Coluale, onde me resolvi a ajuntar a gente que devia passar a Pernem, e lhe insinuei que o esperava aqui com brevidade. 1788 Fevereiro 23

Chamei da praça da Aguada o Coronel Manoel Godinho de Mira, que nella se achava commandando o segundo regimento, e lhe conferi os poderes necessarios para tomar posse em nome de Sua Magestade da provincia de Pernem, entregando-lhe o Bando, que remetto por copia n.º 2, para principiar desde logo a adoçar os animos dos seus habitantes, mostrando-lhes que não tem que temer, mas sim que estimar a mudança do dominio em que recahem.

Passei igualmente ordem ao Coronel Joaquim Vicente Godinho de Mira, que se achava em Coluale com a sua legião, para me vir fallar logo, e pessoalmente o instrui das intenções, nomeando-o para commandar o corpo de tropas que mandava passar a Pernem, patrocinando a posse, que em nome do Estado se havia de tomar della.

Porque não desejo que se possa imputar ao Estado a mais minima sombra de má fé, achei ser util e honesto saber o Rajá de Colapur qual era o Tratado que se acabava de concluir entre o Estado e o Bounsuló, e assim mandei chamar as pessoas que tinham acompanhado aquelle seu Emissario, de que acima fiz menção, que havia voltado a titulo de buscar poderes que o caracterisassem, e lhes fiz dizer: «Que visto seu amo não ter querido a amizade do Estado, nem mandado poderes para a estabelecer na presente situação das cousas, se resolvêra o mesmo Estado a tomar debaixo da sua protecção o Bounsuló, o qual hia soccorrer contra elle; e que esta mesma resposta podiam dar a seu amo, para o que se lhes dariam os passaportes necessarios». Mas ao mesmo tempo que lhes mandei dizer isto, os entretive dissi-

1788 Fevereiro 23 muladamente, a fim de que elles se certificassem mais dos mesmos movimentos, e os referissem, como he costume, com grande exageração, o que deu causa a que antes de partirem, chegassem outras pessoas mandadas pelo dito Rajá com a carta, que vai por copia n.º 3, em que este finge grosseiramente não ter recebido resposta á primeira que mandára.

Então fiz effectivamente sahir do Estado todas as ditas pessoas com a resposta da copia n.º 4, e porque ellas tornaram a voltar, temendo passarem pelas terras do Bounsuló, as mandei em huma embarcação dirigidas ao Commandante da nossa esquadra, que já então tinha sahido, para que as lançasse em alguma parte das costas de Malvana, como com effeito assim se executou.

Em virtude das minhas ordens acima referidas, tomou effectivamente posse o Coronel Manoel Godinho de Mira da provincia de Pernem em nome de Sua Magestade no dia 4 do corrente, e o Coronel Joaquim Vicente Godinho de Mira a guarneceu no mesmo dia com parte da gente que levava, continuando eu entretanto com a maior efficacia a effeituar o soccorro promettido ao Bounsuló, o qual tendo demorado quanto lhe foi possivel a conclusão do Tratado, pedia então as nossas tropas com a maior instancia, porque o Rajá de Colapur lhe tinha tomado Mossurem, Neutim e Vingurlá, não lhe restando mais praças do que a de Rarim, que estava bloqueada pela armada do Mellundim, e a capital de Vaddim, por cujas visinhanças andavam os roubadores do inimigo queimando e assolando tudo.

O plano que desde o principio formei a respeito deste soccorro teve por fundamento não desguarnecer as nossas provincias, nem arriscar a tropa Européa, parecendo-me muito bastante sahir a esquadra real do Estado a afugentar as embarcações do Mellondim, fingindo depois hum desembarque nesta praça, para fazer que o Rajá puxasse a ella grande parte das suas forças, e mandar ao mesmo tempo marchar hum corpo de sipaes de 772 homens, commandado pelo Tenente Coronel Rodrigo Homem de Quadros, primeiro

Commandante delles, que se havia de unir ás tropas do Bounsuló, e outro corpo commandado pelo Coronel Joaquim Vicente Godinho de Mira, composto de 410 sipaes, 600 homens da segunda legião, 300 da primeira, 60 cavallos e 4 peças de artilharia de libra, que haviam de ficar na margem do rio Arandem protegendo, e dando calor ao corpo avançado. 1788 Fevereiro 23

No dia 3 do corrente chegou aqui o Marechal de Campo Francisco Antonio da Veiga Cabral, e no dia seguinte, em que me fallou, lhe communiquei o referido meu projecto, a situação em que se achavam as nossas tropas, com as ordens que tinha passado, e lhe disse: «Que, posto que o mencionado corpo de tropas, e a acção do soccorro me não parecia digna delle, lhe era livre sem embargo disso hir, ou a passar revista aos respectivos corpos, ou a commandal-os».

Respondeu-me o referido Marechal, que queria commandar em pessoa o corpo destinado a passar á provincia de Pernem, e me pediu alem da tropa que tinha marchado duas companhias de granadeiros do primeiro regimento, 4 peças de artilharia delle, com os fuzileiros que fossem necessarios a trabalhar com ellas, e o resto da legião de Pondá, á excepção dos destacamentos dos Gates, para augmentar o corpo que hia commandar, cuja tropa lhe concedi, e lhe dei ordem de partir, o que com effeito fez no dia 5 do corrente de tarde, e como o Bounsuló, e a sua gente, estavam no maior abatimento de animo que he crivel, fugindo parte della para as terras do Estado, outra para as do Maratha, e embrenhando-se a demais pelo mato, não estando em outra differente situação o Bounsuló, porque tinha cavallos promptos para se retirar com a sua familia, e só duvidava qual seria a parte para onde o poderia fazer sem risco, me resolvi a ordenar que o Coronel Joaquim Vicente Godinho de Mira passasse o Arandem com 600 homens da sua legião, 600 sipaes, 4 pecinhas de libra, a gentè necessaria para laborar com ellas, e 40 cavallos, para que se unisse com as tropas do Bounsuló, a fim de as animar, e fazer crear alguma confiança ao povo, podendo levar em sua companhia o Coronel Manuel Godinho de Mira.

1788 Fevereiro 23 Em 6 do corrente me deu parte o referido Marechal de que em execução das minhas ordens havia feito passar o rio Arandem ao referido Coronel Joaquim Vicente Godinho de Mira, pelo que ordenei ao mesmo Marechal de campo que se avisinhasse com o seu corpo ás margens do rio Arandem para dar maior calor ao soccorro, e animo ao Bounsuló.

Entretanto chegando a nossa armada do norte a 30 do mez passado, e tendo-se feito preparar com a maior brevidade possivel, tornou a sahir para o fim acima referido na noite do dia 6, e na madrugada do dia 7 do corrente, composta de duas fragatas, *S. Francisco Xavier* e *S. Miguel*, e onze embarcações ligeiras de guerra, commandadas todas pelo Capitão de Mar e Guerra Xavier de Mendonça Côrte Real.

Seguiram-se destes dois movimentos os effeitos desejados; por quanto, tendo eu ordenado que a fragata *S. Miguel*, com algumas embarcações ligeiras se adiantassem ao norte, e que ficasse mais ao sul a fragata *S. Francisco Xavier*, encontrou a primeira logo no dia 7 de tarde com tres galias e oito manchuas de Melundim, as quaes estavam sobre Rarim, e fazendo-lhes fogo, as obrigou a retroceder ao sul, pelo que se acharam cercadas do resto da nossa armada, recebendo algumas bastante damno do fogo da fragata *S. Francisco Xavier*, e seriam derrotadas inteiramente, segundo a parte que me deu o dito Commandante, se não sobreviesse calma, que impossibilitou seguil-as; mas foi isto bastante para o Rajá de Colapur não só desassombrar Rarim, mas largar Vingorlá e Neutim, ficando ao mesmo tempo tão atemorisadas as tropas de terra do dito Rajá, que retrocedendo, e passando precipitadamente o rio Carlim, ou Cudale, se afogaram bastantes sipaes.

Era esta certamente a occasião mais opportuna de se ver o Bounsuló desembaraçado de seu inimigo, recuperar a praça de Mossurem, que este lhe ficava unicamente occupando, e fazer huma paz decente, ou talvez vantajosa, mas por mais instancias que lhe mandei fazer para que ajuntasse a sua gente, por mais que lhe expuz que devia aproveitar-se desta occasião de terror em que estava o inimigo para acabar de o afugentar, e que não podia ter esperanças de que o Estado tomasse sobre si todo o peso da guerra, não foi possivel conseguir que o Bounsuló fizesse movimento algum, levando todo o tempo em visitas de pagodes, respostas amphibias, e ostentações asiaticas, hindo visitar com todo o apparato, tão improprio da consternação em que se achava, o Marechal de Campo Francisco Antonio da Veiga Cabral, de quem para maior segurança propria alcançou maliciosamente que lhe entregasse da sua mão os signaes que levava de regalia consistentes em dois murchaes, ou penachos, e huma bengala. 1788 Fevereiro 23

O referido Marechal me deu parte, em carta de 9 do corrente, de haver passado o Arandem, e de estar postado em Modurem; pelo que, vendo levadas as cousas muito alem do que fôra sempre meu intento, desguarnecidas as nossas provincias, fóra do Estado as tropas delle, persistente o Bounsuló na sua inacção, e recebendo noticias de que havia movimentos por cima dos Gates, porque o Quiladar Soido Ramo tinha passado da jurisdicção de Sundem para a de Supem com alguma gente que se achava já em Alial, podendo talvez Tipú Sultan querer-se aproveitar da opportunidade do tempo para intentar alguma erupção nas nossas provincias, principalmente na de Pondá, posto que eu sabia que elle estava em Patane, e que tinha as maiores forças sobre os Gates da contra-costa; portanto, escrevi ao dito Marechal de Campo em carta de 11 do corrente, dando-lhe parte das noticias que havia recebido, lembrando-lhe o perigo em que ficava o Estado com a passagem que fizera alem do rio Arandem, e que como nos não deviamos esquecer dos interesses proprios, e da conservação do Estado, arriscando tudo pelo soccorro do Bounsuló, de que elle se não aproveitava, lhe ordenava em taes termos, para não desanimar o Bounsuló, e evitarmos o proprio perigo, se conservasse no mesmo campo de Modurem, onde se achava, prompto a contra-marchar ao primeiro aviso; que o Coronel Joaquim Vicente Godinho de Mira ficasse com o corpo do soccorro cobrindo Vaddim, e deste corpo sahisse alguma gente acompanhando a do Bounsuló,

1788 Fevereiro 23 de sorte que em qualquer mau successo tivesse sempre o corpo do soccorro a que se acolhesse.

Quando o Marechal recebeu esta minha ordem, já se achava em Negodem, dous *couces*, ou hora e meia de caminho adiante de Modurem, e na conferencia que ahi teve com o Bounsuló, o persuadiu este a que era conveniente que todas as nossas tropas passassem a Aquerim para obrarem juntas com as delle Sar Dessay, que promettia ajuntar, mas assim que recebeu a dita minha ordem, me declarou logo que ficava prompto a contra-marchar ao primeiro aviso, que retrocederia com o seu corpo, não só até Modurem, mas até ao rio Arandem, tomando em consideração as ponderações que lhe havia feito, ordenei-lhe que se demorasse por então em Modurem, para que os inimigos não recobrassem animo com a nossa retirada, e que instasse com o Bounsuló a aproveitar-se com a maior brevidade do nosso soccorro; mas por mais officios que daqui fiz repetir ao dito Sar Dessay, por mais que o dito Marechal de Campo, e o Coronel Joaquim Vicente Godinho de Mira, instassem de viva voz ao Bounsuló, e aos seus Cabos a este respeito, continuando elle na mesma inacção, o mais que se pôde conseguir foi que ajuntasse huns poucos de sipaes no posto de Aquerim, onde ainda se achava o referido Coronel Joaquim Vicente Godinho de Mira com o corpo do soccorro cobrindo Vaddim; porém estes poucos sipaes apenas appareciam de dia, por cuja razão se resolveu o dito Marechal ordenar ao Emissario do Bounsuló, o qual se achava no seu campo, que me viesse declarar a causa da lentidão com que seu amo procedia.

Logo que o Marechal de Campo me deu parte da resolução que havia tomado, lhe respondi com a carta que vai por copia n.º 5, para que declarasse ao Bounsuló o animo firme, em que eu estava, de mandar recolher ao Estado todas as tropas delle, e de dar por satisfeita a estipulação do soccorro, se elle não ajuntasse logo a sua gente, pondo-a em termos de obrar contra o inimigo, o que se julgava mais conveniente.

Por effeito de tantas e tão repetidas diligencias, e não

tendo já o Bounsuló mais desculpas, com que palliasse a sua inacção, fez entregar ao Marechal de Campo humas Memorias, que este me remetteu em carta de 16 do corrente, em que lhe declarava «que só depois que o Estado atacasse a fortaleza de Malvana, ou por outro nome Melundim, he que havia de ajuntar a sua gente, e que lhe constava que o Rajá de Colapur era soccorrido por hum Cabo maratha, mas que como o seu inimigo havia buscado soccorro na Côrte de Punem, e elle dito Bounsuló o do Estado, ficava sem susto, porque o Estado, como mais poderoso, o havia de livrar de todo o perigo». 1788 Fevereiro 23

Esta resposta me acabou de verificar o que muito dantes entendia, isto é, que o Bounsuló intentava ser simples espectador da guerra, e fazer artificiosamente com que o Estado a tomasse toda sobre si, importando-lhe pouco de o embaraçar com a Côrte de Punem, a qual, segundo os avisos que tenho recebido do nosso Emissario, soube o Rajá de Colapur fazer parcial a si, ou ao menos neutra, por meio do filho de hum dos principaes Ministros e Cabos daquelle Sarcar, chamado Ari Panta.

Nestes termos, como desejava occasião opportuna e decente de fazer passar a tropa pesada do Estado para cá do Arandem, e proceder na fórma do meu primeiro plano acima referido, valendo-me da mencionada resposta, e declaração do Bounsuló, da noticia que tive pelo Commandante da provincia de Bicholim, de que algumas tropas de Colapur haviam descido pelo Ramgate, ameaçando as nossas fronteiras desguarnecidas, e da falta de mantimentos que havia principalmente no campo de Aquerim, com a difficuldade que se experimentava de o conduzir das terras do Estado a tanta distancia; fiz portanto marchar para a provincia de Bicholim o resto da legião de Bardez, que estava no campo commandado pelo Marechal; 100 sipaes tirados do mesmo campo; e alem disso 120 granadeiros do segundo regimento existente na praça da Aguada, e 40 artilheiros com duas peças, passando ao mesmo tempo ao mencionado Marechal de Campo as ordens que vão por copia n.os 6 e 7, pela ultima

1788 Fevereiro 23 das quaes lhe determinei, que deixando ficar o corpo do soccorro em Modurem, passasse com a tropa pesada para cá do rio Arandem, destinando o Coronel Manoel Godinho de Mira a defender a provincia de Bicholim, pelo bom conhecimento que tem della.

Cahindo então em si o Bounsuló com a contra-marcha das nossas tropas, e com as protestações que lhe mandei intimar, fez ao Marechal de Campo as maiores asseverações de que estava prompto finalmente com a sua gente a dar com ella no inimigo, e a obrar tudo o mais que lhe determinasse o Estado. O seu Emissario, que já então se achava aqui, apresentou cartas de seu amo, fez as maiores supplicas, deu desculpas, e rogou com a maior humildade o amparo e protecção do Estado, dizendo que grande parte da demora, que seu amo havia tido em ajuntar a sua gente, nascêra do terror que ella tinha concebido do Rajá de Colapur, pelo que tivera grande difficuldade de a reduzir a termos de a poder levar a combate.

Como os meus intentos não tinham sido desamparar o Bounsuló, porque estou capacitado que em o soccorrer defendo o Estado, lhe respondi que elle tinha perdido a occasião mais opportuna, que se lhe podia offerecer de derrotar inteiramente o seu inimigo, e que como esta se não perdia ordinariamente na guerra sem prejudicialissimas consequencias, me não resolvia a deliberar-me no modo de atacar o inimigo sem primeiro conferir com o Marechal de Campo; que se conservasse elle Bounsuló com a sua gente no posto de Aquerim, cobrindo a sua capital; que em signal da continuação do soccorro do Estado ficava o Coronel Joaquim Vicente Godinho de Mira com o seu corpo em Modurem; e que finalmente a tropa pesada ficava daquem do rio Arandem commandada pelo Brigadeiro Antonio de Assa Castel Branco, na leve ausencia que fazia della o mencionado Marechal de Campo em quanto me vinha fallar.

Chegou aqui o Marechal no dia 20 do corrente de manhã, e depois de conferir com elle, e de lhe haver ponderado as razões da minha cautela, prudencia e segurança, com que devia proceder, lhe ordenei que destinasse hum corpo de sipaes de 750 homens, commandado pelo Tenente Coronel Rodrigo Homem de Quadros, primeiro Commandante delles, o qual se uniria á gente do Bounsuló; que o Coronel Joaquim Vicente Godinho de Mira ficaria com o corpo do seu commando em Modurem, dando calor e amparo á gente do Bounsuló, que a elle se podia recolher em qualquer mau successo; que elle dito Marechal se conservasse daquem do Arandem com o resto da tropa pesada, segurando a provincia de Pernem, amparando os referidos dois corpos avançados, que vinham a formar huma segura cadeia, e prompto a acudir onde lhe fosse necessario; e que visto me constar que o Bounsuló não tinha Cabo capaz de commandar os seus sipaes, e me pedir instantemente que entre o soccorro lhe fossem duas peças de artilharia, nomeasse elle dito Marechal de Campo ao Tenente Coronel da segunda legião João Marinho de Moura para commandar os referidos sipaes, pelo uso que tem de militar com esta qualidade de tropa, e que destinasse duas peças de artilharia de libra com a gente necessaria para o uso della no referido campo. E como o mencionado Marechal me representou que lhe parecia melhor ter o seu corpo em Bandem, porque ficava mais visinho aos Gates, mais proximo ao corpo que se achava na provincia de Bicholim, no posto de Salem, e por consequencia mais facil de se unir com elle, e acudir áquella provincia, assenti nesta sua proposição, que me pareceu acertada, e no mesmo dia de tarde sahiu daqui com as referidas ordens para as pôr em execução. 1788 Fevereiro 23

Para evitar que a Côrte de Punem patrocinasse o Rajá de Colapur, fiz escrever pelo Desembargador Secretario do Estado as tres cartas, que vão por copia debaixo do n.º 8, pela segunda das quaes se mostra com as razões, que pareceram mais solidas, os motivos de interesse particular, que tem aquelle Sarcar para não favorecer, nem consentir que os pequenos dominantes visinhos se debellem, e mutuamente se arruinem, vindo a ser faceis despojos á ambição de Tipú Sultan, sempre attento a adquirir maior extensão de dominios.

1788 Fevereiro 23 Hoje tive o gosto de que viessem parte dos Dessays e Camaristas de Pernem prestar perante mim juramento de fidelidade, sujeição e obediencia a Sua Magestade Fidelissima, e em breve tempo virão as mais pessoas que devem prestar o dito juramento.

Logo que estiver em mais socego a referida provincia, passarei ordem á Junta da Fazenda Real, para que encorporando-a ao dominio e bens da Corôa de Sua Magestade, se ponham em arrecadação os devidos rendimentos com aquella moderação que he necessaria e prudente para com povos novamente adquiridos, cujos rendimentos por ora me consta que chegarão a 32:000 rupias pouco mais ou menos annualmente, e hirei participando a V. Ex.ª, pelo modo que me for possivel, o que for mais occorrendo no progresso deste importante particular, submettendo inteiramente o comportamento que nelle tenho tido á approvação de Sua Magestade, de quem desejo merecer o real agrado.

Deos guarde a V. Ex.ª Goa, 23 de Fevereiro de 1788.

N.º 1

Memoria respectiva ao Tratado feito entre o Estado e o Sar Dessay Bounsuló, a 29 de Janeiro de 1788

(Arch. da India, livro das Monções, n.º 169, fol. 316.)

Artigo 2.º

1788 Fevereiro 16 Estes Tratados de 1712, 1754 e 1759 foram tambem os unicos, que se ratificaram no ultimo Tratado de limites feito entre o Estado, e o Bounsuló em 1761.

Artigo 3.º

Por este artigo fica suscitado, e ampliado o artigo 2.º do Tratado de 1754, e o 3.º de 1761.

Artigo 4.º

Este artigo suscita o artigo 4.º do Tratado de 1761. He ampliado no que respeita a poderem ser castigados com pena de morte os criminosos de lesa magestade divina e humana, e a ultima excepção na parte, em que diz respeito aos que sem constrangimento se quizerem fazer christãos, e aos Cabos de guerra, he tirada do artigo 5.º do Tratado de 11 de Setembro de 1741, de cujo Tratado se não tem feito menção nos seguintes pelas duvidas, que occorreram sobre a sua ratificação. 1788 Fevereiro 16

Artigo 5.º

He este artigo tirado em parte do artigo 18.º do dito Tratado de 1761, e fica a arbitrio de Sua Magestade querer ou não que se execute sem embargo do preambulo do Alvará de 16 de Janeiro de 1774. Não se entendeu a estipulação a levarem cartazes tambem as embarcações de guerra do Bounsuló pela resistencia que a isso fez o seu Emissario, e por livrar embaraços para o futuro, visto que as embarcações de guerra do dito Bounsuló, quando sairem do seu porto, hão de ir certamente ao corso, assim como vão as dos mais Dominantes da Asia, que tem marinha.

Artigo 6.º

He tirado este artigo do 15.º e 18.º do dito Tratado de 1761, e por elle parece que fica estipulado quanto basta para bem do respeito da nossa nação, e liberdade do commercio della, sendo mais segura a observancia desta estipulação do que aquella que se acha no mencionado artigo 5.º pela qual o Bounsuló se obrigou a não continuar o corso da dita sua armada ligeira, nem fabricar embarcações de maior lote, sem primeiro obter licença do Magestoso Estado, condição que elle nunca cumpriu, e que daria logo no anno seguinte causa a quebrantamento deste Tratado, porque na fórma que declarou o dito Emissario, tirando o Bounsuló parte da sua subsistencia do corso, e não lhe servindo para outro fim as embarcações que tem, não seria possivel soffrer-lhe o animo o ver-se reduzido a peior situação do que aquella que tem os mais pequenos Dominantes seus visinhos. Sem embargo disso se fizeram as diligencias possiveis por obter a dita condição, ás quaes sempre o dito Emissario res-

1788 Fevereiro 16 pondeu dizendo que não era possivel que seu amo a observasse.

Artigo 7.°

He tirado em parte do artigo 18.° do dito Tratado de 1761.

Artigo 8.°

Este artigo suscita o artigo 6.° do dito Tratado de 1761.

Artigo 9.°

He tirado este artigo da estipulação feita no fim do artigo 5.° do dito Tratado de 1761.

Artigo 10.°

Deu causa a este artigo a consideração de que a regalia do Estado consistia sómente em cobrar tributo do Bounsuló, e não em a quantidade delle, e que o Bounsuló nunca voluntariamente pagou os 4:000 xerafins ultimamente estipulados, nascendo daqui desordens, e inconvenientes, que deram causa ao Tratado de 11 de Outubro de 1768, o qual não bastou para que o Bounsuló pagasse o tributo devido, e pareceu que era necessario condescender com as supplicas do Bounsuló nesta parte para haver delle o sacrificio da cessão mencionada no artigo 12.° seguinte.

Artigo 11.°

Suscita o artigo 14.° do Tratado de 1754, e só tem de novo o que diz respeito ao Rajá de Colapur.

Artigo 12.°

A primeira clausula deste artigo he tirada do artigo 16.° do Tratado de 1761, e os soccorros que se prometteram ao Bounsuló, foram concedidos a fim de ter lugar a cessão pretendida, e que vae mencionada no artigo seguinte. E porque sendo conveniente ao Estado que as tropas de Colapur evacuassem os dominios do Bounsuló, lhe era mais util dar a este os meios de assim o executar com a sua gente, do que executal-o o Estado sómente com as suas tropas, como se viria obrigado a fazer, se não ministrasse ao Bounsuló as causas mencionadas neste artigo. 1788 Fevereiro 16

Artigo 13.º

Estas provincias e jurisdicções cedidas são as mesmas que o Bounsuló cedeu pelo artigo 4.º do Tratado de 1754, o mais favoravel que temos até agora alcançado. As conservações promettidas aos pagodes, botos, dessays, etc. são as mesmas que o Estado tem feito nas outras provincias conquistadas: os palmares, em que se reservam 2:000 rupias, dizem que rendem 5:000 rupias; eram pertencentes á primeira mulher do Bounsuló, a qual mandou aqui fazer pelo dito Emissario as mais vivas instancias e supplicas para que se lhe reservasse o seu rendimento, implorando positivamente a clemencia de Sua Magestade; e o mais que se poude concluir foi o que consta do dito artigo.

Artigo 14.º

Este artigo suscita, e amplia o artigo 13.º do dito Tratado de 1761.

Artigo 15.º

Suscita este artigo o 17.º do dito Tratado.

Goa, 16 de Fevereiro de 1788.

N.º 2

Bando

Francisco da Cunha e Menezes, do Conselho de Sua Magestade Fidelissima, Governador e Capitão General da India, etc. 1788 Janeiro 30

Faço saber a todos os Dessays e povo da Provincia de Pernem que, havendo-se senhoriado o Magestoso Estado por força de armas de parte da dita Provincia, e havendo cedido para todo sempre ao Magestoso Estado o resto da dita Provincia o Rajá Quema Saunto Bounsuló Bahadar pelo Tratado

1788 Janeiro 30 que nesta côrte assignou em 29 de Janeiro de 1788 o seu Emissario Vissagi Mahadeo, e sendo da minha intenção que elles entrem desde já a experimentar a benignidade e brandura do dominio, a que vão ser sujeitos: Hei por bem de lhes declarar a todos, e a cada hum em particular que serão conservados com as suas congruas, e pertenças aos Pagodes, os Bottos, os Dessays, os mercenarios e os consignatarios no caso de serem pessoas que fiquem existindo dentro na dita Provincia, e que prestem juramento de fidelidade a Sua Magestade Fidelissima, gosando de todos os privilegios, isenções e immunidades que lhes mantinha o Rajá Bounsuló, não pagando mais direitos e tributos que aquelles que legitimamente são obrigados a pagar, praticando-se tambem a respeito do tabaco de folha o que observava o dito Rajá, e sendo inteiramente reputados como vassallos de Sua Magestade Fidelissima, protegidos e favorecidos como taes: e para que venha á noticia de todos se publicará este a som de caixas nos lugares publicos e costumados da referida Provincia de Pernem, e nos seus districtos e aldeias traduzido na lingua do paiz. Goa, 30 de Janeiro de 1788.— Francisco da Cunha e Menezes.

Cedula

(Arch. da India, livro das Cartas e ordens, fol. 87.)

Francisco da Cunha e Menezes, do Conselho de Sua Magestade Fidelissima, Governador e Capitão General da India, etc.

Concedo todos os poderes necessarios ao Coronel Governador da praça de Alorna, Manuel Godinho de Mira, para tomar posse em nome de Sua Magestade Fidelissima da parte da provincia de Pernem, que possue o Grandioso Rajá Quema Saunto Bounsuló Bahadar, Sar Dessay de Cuddale, a qual cedeu para todo o sempre ao Magestoso Estado pelo Tratado que no dia de hontem assignou nesta côrte o seu Enviado o Honrado Vissagi Mahadeo, a cujo fim entregou as ordens necessarias do dito seu amo Rajá Bahadar, e os seus avisos necessarios, que com estes meus poderes, serão entregues ao dito Coronel Governador da praça de Alorna, o qual em virtude da dita posse poderá fazer todos os actos de jurisdicções, passando os recibos da dita entrega, que lhe forem pedidos, e necessarios; e para constar o referido, lhe mandei passar esta minha commissão, por mim assignada, e sellada com o sêllo das Armas Reaes da Corôa de Portugal. Goa, 30 de Janeiro de 1780. — Francisco da Cunha e Menezes. 1788 Janeiro 30

N.º 3

Traducção da Carta de Sivagi Rajá Xetrapoti, Rey de Colapur

(Arch. da India, livro de Cartas e ordens, fol. 348.)

Generoso aos inimigos, felicissimo possuidor do Grande Estado, muito Illustre e muito Excellente Grandioso Francisco da Cunha e Menezes, Vice Rey nos portos de Goa, esteja sempre na graça de Deus. 1788 Janeiro 29

Depois das expressões da primorosa amizade faço constante que sendo do meu real agrado a conservação e augmento da amizade, e reciproca correspondencia, V. Ex.ª em demonstração della não me mandou carta sua, tendo eu marchado para a fortaleza de Mellondim, e de lá proseguido adiante. Espero que V. Ex.ª queira mandar á minha presença hum Bragmane fidedigno para concluir varias negociações pertencentes a ambas as partes. Na presente occasião dispeço da minha presença o honrado Suba Ráo Sencar encarregando-lhe communicar varios negocios, por cuja expressão tudo lhe será presente, e dando attenção ao que lhe communicar, queira mandar soccorro de polvora, balla, granadas e gente: espero que me mande este soccorro; e esta não serve de mais. Escripta em 19 do mez Rabilacar (29 de Janeiro).

Traduzida por mim Ananta Camotim Vaga, Lingua do Estado, em 5 de Fevereiro de 1788.

Recebida em 5 de Fevereiro de 1788.

O original maratha, fl. 349.

N.º 4

Resposta do Governador ao Rajá de Colapur

(Arch. da India, livro de Reis visinhos, fol. 90 v.)

1788 Fevereiro 5

Muito Illustre e Magnifico Rey de Colapur Sivagi Rajá Xetrapoti, cuja amizade seja perpetua.

Recebo a carta de V. S.ª de 29 do mez passado por mãos do honrado Subá Ráo Xencor, pela qual V. S.ª me pede soccorros do Magestoso Estado, e que mande á sua presença hum Bragmane fidedigno para concluir varias negociações pertencentes a ambas as partes, queixando-se de não haver recebido carta minha.

No mez de Dezembro do anno passado me escreveu V. S.ª sobre este mesmo particular, e mandou á minha presença o estimado Sultan Bounsuló, o qual recebi com toda a benignidade, e lhe declarei que estava prompto a concluir qualquer Tratado, que fosse honroso e conveniente a ambas as partes, por cuja rasão elle se offereceu hir buscar de V. S.ª os poderes necessarios, pedindo-me passaporte para elle hir pesoalmente, deixando aqui hum seu companheiro, cujo passaporte lhe dei, e huma carta para V. S.ª em data de 17 de Dezembro do anno proximo passado, na qual expressava a minha boa vontade a seu respeito. Como porém decorreu tanto tempo sem que tornasse a apparecer nesta côrte o dito estimado Sultan Bounsuló, nem outra alguma pessoa que trouxesse os referidos poderes, constando-me dos progressos que tinham feito as tropas de V. S.ª contra o Sar Dessay Bounsuló, não pude deixar de ouvir as supplicas deste, tendo primeiramente mandado chamar o commissario do dito estimado Sultan Bounsuló, que declarou não ter noticia alguma delle; e assim no dia 29 do mez passado se celebrou hum Tratado entre o Magestoso Estado e o Sar Dessay Bounsuló, pelo qual se convencionou alem de outras cousas que o dito Sar Dessay cederia ao Magestoso Estado o resto que ainda possuia da Provincia de Pernem, e que o Magestoso

Estado o soccorreria contra os seus inimigos, e principalmente contra as tropas de V. S.ª com munições de guerra, gente por terra e mar; em execução do que marcham as armas do Magestoso Estado, que se acham no campo de Pernem, e a armada real em defensa do dito Sar Dessay, de cujas terras V. S.ª se deve retirar, se não quer experimentar o peso das forças do Magestoso Estado, não tendo que attribuir senão a si propriamente não ter feito com elle huma alliança, que lhe seria util, de que V. S.ª tanto se descuidou, que ha poucos dias consentiu que huma embarcação do porto de Melondim roubasse huma do Magestoso Estado. Deus alumie a V. S.ª em a sua divina graça. Goa, 5 de Fevereiro de 1788. — Francisco da Cunha e Menezes. 1788 Fevereiro 5

N.º 5

Carta do Governador do Estado para o Marechal de Campo Francisco Antonio da Veiga Cabral

(Arch. da India, livro de Cartas e ordens, fol. 106.)

Recebi a carta de V. S.ª em data do dia de hontem 16 do corrente com as duas *Memorias* dadas pelo Bounsuló, e que a V. S.ª entregou ao Lingua do Estado, nas quaes declára o mesmo Bounsuló que só depois de nós atacarmos a fortaleza de Melondim, he que ha de ajuntar a sua gente para principiar a obrar com ella, vindo por este modo a conhecer-se o mesmo que eu ha muito tempo entendo, e he que o Bounsuló quer que tomemos sobre nós todo o peso da guerra, importando-lhe pouco embaraçar-nos com o Maratha. Nestes termos considerando os abundantes soccorros, que tem fornecido o Estado ao Bounsuló, as repetidas vezes que lhe tenho feito declarar ser necessario que elle obre por si, e que se aproveite dos soccorros do Estado; a invencivel repugnancia, que até aqui tenho achado da sua parte, que se confirma com a clara resolução, em que mostra presentemente estar; o risco a que estão expostas as nossas provincias desguar- 1788 Fevereiro 17

1788 Fevereiro 17 necidas, em occasião em que ha movimentos por cima dos Gates; e a diversão que agora experimentâmos pela Provincia de Bicholim; entendo por huma parte que tenho cumprido com a estipulação promettida no Tratado, e por outra parte que não devo arriscar o Estado por condescender com o Bounsuló, nem implicar-me em guerra com o Maratha levado de pensamentos brilhantes, e maliciosos do mesmo Sar Dessay. Portanto ordeno a V. S.ª que faça contramarchar o Coronel Joaquim Vicente Godinho de Mira, e que o una com a gente que commanda, ao campo de V. S.ª em Modurem, declarando ao Bounsuló as mencionadas razões da contramarcha do dito corpo, a que póde V. S.ª acrescentar a de falta de mantimentos e a difficuldade que ha de os conduzir a tanta distancia. Deus guarde a V. S.ª Pangim, 17 de Fevereiro de 1788.—Francisco da Cunha e Menezes.

N.º 6

Carta do Governador ao mesmo Marechal de Campo

(Arch. da India, livro de Cartas e ordens, fol. 107 v.)

Neste instante, que he huma hora da noite, recebo parte do commandante da Provincia de Bicholim, Lourenço José da Cunha, em que me faz saber que alguma gente do Rajá de Colapur tem descido o Ramagate, forçando a meta, que nelle tinha o Bounsuló, queimando e destruindo algumas aldeias. Attendendo a estarem desguarnecidas as nossas Provincias de Bicholim e Sanquelim, e o risco a que ellas estão expostas, principalmente o posto de Salem, tenho mandado ao dito commandante que reforce o mencionado posto com a gente, que lhe fosse possivel. Tenho passado ordem ao Tenente Coronel do segundo regimento para marchar da praça da Aguada com 120 homens Europeus, e a Custambá Rane que ajunte o maior numero de gente que lhe for possivel.

Faz-se preciso que V. S.ª faça logo marchar á praça de Bicholim os 172 homens da legião de Bardez, que se acham nesse campo, e 100 homens do corpo volante de sipaes, podendo V. S.ª diminuir o numero das metas que guarnecem a Provincia de Pernem no caso de julgar necessario. Deus guarde a V. S.ª Pangim, 17 de Fevereiro de 1788.—Francisco da Cunha e Menezes. 1788 Fevereiro 17

N.º 7

Carta do Governador ao mesmo Marechal de Campo

(Arch. da India, livro de Cartas e ordens, fol. 108.)

Recebo a carta de V. S.ª da data do dia de hontem com as noticias que contém o papel, que a ella incluiu, as quaes não deixam de parecer acrescentadas conforme o estylo asiatico. 1788 Fevereiro 18

Logo que o Coronel Joaquim Vicente Godinho de Mira, fazendo a sua contramarcha com o corpo que commanda, chegar a esse campo de Modurem, deixando-o V. S.ª ficar occupando aquelle sitio, ou naquelle que lhe parecer mais proprio com o seu corpo de tropa avançada; passará V. S.ª com a mais tropa pesada para cá do rio, donde se conservará até nova ordem minha.

Igualmente fará V. S.ª marchar logo para Bicholim o Coronel Manuel Godinho de Mira, encarregando-o tanto da defeza daquella Provincia, como do commando da tropa que a guarnece. O sipae portador desta chegou aqui ás oito horas da manhã de hoje, e vae despedido pelas nove. Deus guarde a V. S.ª Pangim, 18 de Fevereiro de 1788.—Francisco da Cunha e Menezes.

N.º 8

Carta do Secretario do Estado a Narana Sinay Dumó, Enviado em Punem

(Arch. da India, livro de Reis visinhos, fol. 93.)

Por carta de 2 do corrente dei parte a V. m.ᶜᵉ do Tratado feito entre o Estado e o Bounsuló, e dos pontos principaes delle, que são, ceder-nos o dito Bounsuló o resto da Provin- 1783 Fevereiro 13

1788 Fevereiro 13 cia de Pernem, que ainda possuia, declarando demittir de si todo o direito que podesse ter ás Provincias de Bicholim, Sanquelim, e Alorna, e soccorrel-o o Estado contra o Rajá de Colapur, que tinha entrado nas suas terras com mão armada.

Agora participo a V. m.[cê] que em virtude do dito Tratado já o Estado tomou posse do resto da provincia de Pernem; saíu a nossa armada, que afugentou e destroçou a do Rajá sobre Rarim, e fez que elle desassombrasse esta praça, e evacuasse Neutim e Vingorlá, continuando a nossa armada a cruzar pelas visinhanças de Rarim até Melundim a fim de patrocinar o Bounsuló, e executar as patingas, perús, pimenta longa, banha, pimenta redonda, sal, solam de brindão, sujo de cobre e miudezas.

.......................Tambem as nossas tropas tem desfilado por terra, entrando nos dominios do Bounsuló, cuja capital estava quasi a ser investida, e se acha hoje livre, tendo-se retirado a tropa de Colapur para o seu primeiro campo de Cudale.

De todas estas cousas he justo que V. m.[cê] esteja instruido; e como esse Sarcar podendo ter evitado esta guerra, o não faz, guardando neutralidade nella, ou soccorrendo o Rajá de Colapur, como se diz, V. m.[cê] lembrará ao primeiro Ministro Naná Fodnis que similhantes dissenções entre os dois Dominantes são summamente prejudiciaes áquelle Sarcar e uteis a Tipú Sultan, que achando-os enfraquecidos mutuamente praticará com elles o que tem feito com outros muitos, ao mesmo tempo que se elles se conservarem inteiros de forças, tendo justa causa de desconfiarem da má fé de Tipú Sultan, serão sempre alliados contra este do Sarcar de Punem. Que em attenção a isto mesmo, vendo o Estado que o Bounsuló ia ser inteiramente destruido, e derrotado pelo Rajá de Colapur, o tem patrocinado, e que podendo fazer a este mais hostilidades, se tem abstido disso, porque não deseja arruinar nem a hum, nem a outro, e só sim pôl-os em termos de fazerem huma paz, que seja util a ambos, para cujo fim deve concorrer elle dito primeiro Ministro.

Aqui me entregou o seu sobrinho Chandru Sinay Dumó buma de V. m.cê datada de 25 do mez passado, na qual me dá parte de haver recebido a minha de 9 do mesmo mez a respeito do Padre José Antonio Gonçalves, cujo negocio espero que V. m.cê conclua com a maior efficacia, segundo as recommendações que lhe tenho feito da parte de S. Ex.ª Deus guarde a V. m.cê Secretaria, 13 de Fevereiro de 1788.—Sebastião José Ferreira Barroco. 1788 Fevereiro 13

Carta do Secretario do Estado a Narana Sinay Dumó, Enviado em Punem

(Arch. da India, livro de Reis visinhos, fol. 94.)

A 13 do corrente escrevi a V. m.cê a carta que remetto por copia, e porque se diz aqui que esse Sarcar patrocina declaradamente o Rajá de Colapur, deve V. m.cê representar vivamente ao primeiro Ministro Naná Fodnis as forçosas razões que ha para que o Dominante de Punem não dê similhante auxilio, cujas razões se acham bem declaradas na mencionada carta inclusa; e alem disso fará V. m.cê valer perante o dito primeiro Ministro o comportamento que o Estado tem tido nesta occasião, não querendo destruir o Rajá de Colapur sem embargo das tropas deste terem fugido com tanta precipitação que parte dellas se affogou no Rio Carlim, sendo o patrocinio, que S. Ex.ª dá hoje ao Bounsuló, huma consequencia em grande parte dos officios, que nesta côrte fez a favor delle o Emissario desse Sarcar. Deus Guarde a V. m.cê Secretaria, 19 de Fevereiro de 1788.—Sebastião José Ferreira Barroco. 1788 Fevereiro 19

Carta do Secretario do Estado a Narana Sinay Dumó, Enviado em Punem

(Arch. da India, livro dos Reis visinhos, fol. 97 v.)

Recebi as cartas de V. m.cê de 11 e 20 do mez passado respectivas ás diligencias, que tem feito pela entrega do Padre José Antonio, e a noticia que deu nesse Sarcar do Tratado 1788 Março 4

1788 Março 4 que foi celebrado entre o Estado e o Sar Dessay Bounsuló em execução da ordem de S. Ex.ª que expedi em carta de 2 de Fevereiro proximo precedente. Tudo fiz presente a S. Ex.ª que he servido ordenar a V. m.ᶜᵉ que no caso de não ter alcançado ordem para a entrega do referido Padre José Antonio, e continuar o primeiro Ministro em o entreter, não falle V. m.ᶜᵉ mais em similhante particular, e que sómente execute o que lhe foi determinado por cartas de 13 e 19 do dito mez de Fevereiro, continuando a colher todas as noticias que puder alcançar segundo as instrucções que levou. Deus guarde a V. m.ᶜᵉ Goa, 4 de Março de 1788.—Sebastião José Ferreira Barroco.

Como esclarecimento pomos aqui mais os seguintes documentos:

Carta do Governador Francisco da Cunha e Menezes ao Secretario d'Estado Martinho de Mello e Castro

(Arch. da India, livro das Monções, n.º 169, fol. 318.)

1788 Fevereiro 23 Ill.ᵐᵒ e Ex.ᵐᵒ Sr.—Hontem recebeu o Desembargador Secretario do Estado a carta inclusa do nosso Emissario em Punem pela qual verá V. Ex.ª a inconstancia de palavra daquelle Sarcar, e a má fé com que se porta até em huma cousa, que parece ser-lhe indifferente, por quanto tendo passado as ordens necessarias para ser entregue ao Estado o Padre José Antonio Gonçalves, réo e primeiro cabeça da sublevação proximamente intentada, agora com dilações frivolas entretem o nosso Emissario, o qual pelo que vejo nada poderá concluir, sem embargo da obrigação, em que está a casa do Dominante ao Estado, pela entrega, que o meu predecessor lhe fez de Tulagi Ponvar.

Nos ultimos paragraphos da dita carta declara o dito nosso Emissario a pessoa, de quem houve as noticias, que participou em carta de 20 do mez passado, a qual vae por copia junta ao officio do 1.º do corrente, que principia pelas palavras «Tendo dado conta» e está debaixo do n.º 4 do Estado militar e politico. Deus guarde a V. Ex.ª Goa, 23 de Fevereiro de 1788.—Rubrica do Governador. 1788 Fevereiro 23

Carta de Narana Sinay Dumó ao Secretario do Estado

(Arch. da India, livro das Monções, n.º 169, fol. 395.)

Senhor Sebastião José Ferreira Barroco. Aos 2 do presente tenho expedido o par de patamares dando conta de tudo, e aos 6 do mesmo respondi á carta que V. S.ª me dirigiu sobre o Padre José Antonio Gonçalves pelo mesmo patamar que V. S.ª mandou; e sem embargo da muita diligencia e visinhança que têm, até agora não ha novidade alguma respectiva ao dito Padre. 1788 Janeiro 20

Na carta de 30 de Outubro do anno passado, que V. S.ª me mandou, na qual me expressa—continuará V. m.ᶜᵉ tambem em averiguar a pratica que diz que tiveram os Francezes na presença de Fr. Joaquim de Santo Antonio, porque nenhuma cousa dessas se deve ter á primeira vista por indigna de attenção—em cuja execução na continuação de averiguar, do que achei dei parte pelà carta que enviei aos 2 do presente, sem parar a continuação de alcançar mais sobre este particular, onde acho da bôca do Francez Montigny que na conferencia havida entre o Governador de Pundichery e Tipú Sultan, entre outros capitulos, hum delles da parte do dito Tipú Sultan he de darem os Francezes 25:000 homens brancos ao serviço delle: os Francezes acceitaram dar sómente 12:000 homens; e huma das condições da parte dos Francezes he Tipú Sultan conquistar Goa, e entregar a elles, e com effeito acceitou o dito Tipú Sultan com declaração de os ditos Francezes ajudarem a elle na dita conquista, e della só entregar aos ditos Francezes o porto, e ficar com mais jurisdicções delle o dito Tipú Sultan.

O referido ajuste tem havido entre Tipú Sultan e o Governador de Pondichery, e foi a França para confirmar, onde

1788 Janeiro 20 tem o dito Tipú Sultan remettido tres Embaixadores para hum supprir a falta de outro, e a esta resolução esperam o dito Tipú, e o dito Governador de Pondichery, e este antes que partirem os ditos Embaixadores tem dado parte a França de todo o referido.

Diz tambem que o dito Tipú Sultan Quitur que tem conquistado he disfarçar o pretensão que tinha então descer para baixo por causa de haver descobrido a sublevação, nisso achava alguma negociação daquelles conloiados, ou de algum desta parte. As tropas que tinham vindo em Quitur não recolheram a Seringapatão, estão divididas por quatro partes, que são Copol, Jazendragoddo, Badarbandda, e Darvadda, que tambem he para disfarçar, por não estar desistido da pretensão.

O dito Tipú Sultan se acha em Seringapatan, de donde não tem saído as suas tropas; acham-se divididas para mesmas partes perto do dito Seringapatan.

Nesta referida materia sei que faltam muitos pontos de saber, e perguntando com a pessoa por quem tirei esta noticia, não sabe dar rasão, visto elle ouvir só o que contou, nem posso recommendar para examinar com o dito Montigny, porque desconfiaria; a dita pessoa pediu segredo para não descobrir o seu nome debaixo de juramento, visto o que, por hora não declaro, por ser preciso examinar mais, o que farei com tempo que possa ser. Dou parte do que tenho ouvido, e sobre este particular do que ouvir darei parte.

O Rey de Colapur tem deixado nesta côrte o seu Enviado, cujo procurador e conferente he o filho maior de Hary Panta, que por sua via tem conseguido licença para restaurar suas terras, que o Sar Dessay de Vaddim tinha puxado na sua jurisdicção, e a este respeito tinha antes alcançado carta do Felicissimo ao dito Sar Dessay para que este restituisse as sobreditas terras, do contrario licença para restaurar na fórma que parecesse, o dito Rey presentemente depois de conquistar Turcovaddi e terras de Herem, foi ás partes de Mannagão, para dixer.*(sic)* nas partes de Cuddale, dominios do dito Sar Dessay, e que este Rey tem feito bastante despeza nesta capital, e faz com as dadivas e offertas, e tambem o procurador e conferente tem achado capaz. 1788 Janeiro 20

Este par de patamares vae ajustado para pagar cada mez 18 rupias da moeda corrente de Punem, e desta conformidade vencem elles desde hoje até que recolham com resposta neste Punem.

A pessoa de V. S.ª Deus guarde muitos annos. Punem, 20 de Janeiro de 1788.—Narana Sinay.

Carta n.º 4.º do Governador ao Secretario d'Estado Martinho de Mello e Castro

(Arch. da India, livro das Monções, n.º 169, fol. 93.)

Illmo e Exmo Sr.—Tendo dado conta a V. Ex.ª do estado, em que se conservam a nosso respeito o Maratha, e o Bounsuló, devo com muito maior razão dar parte a V. Ex.ª dos passos e movimentos do Nababo Tipú Sultan, os quaes me obrigaram a dirigir a V. Ex.ª, por Bombaim, a carta que remetti por copia, datada de 10 de Outubro do anno proximo passado. 1788 Fevereiro 1

Pela dita carta verá V. Ex.ª os movimentos que até aquelle dia haviam feito as tropas do mencionado Nababo, e a justa razão que eu tinha de receiar que elle tivesse intento de voltar as armas contra o Estado, o que em parte se confirmou pelo officio que dirigi a V. Ex.ª em data do mez proximo passado, que principia pelas palavras: «Na monção passada» e pelos documentos a elle juntos.

Quiz, porém, a Divina Providencia, que se não verificassem as minhas conjecturas, as quaes até eram augmentadas por hum aviso, que recebi do nosso Agente em Bombaim: por quanto Tipú Sultan depois de haver tomado Quitur, e a sua jurisdição, e de a haver arrasado, como digo a V. Ex.ª na carta inclusa, não chegou a marchar sobre Belgão conforme se dizia que intentava, nem ainda se verifica que sitiasse Esgoddo, e segundo o aviso que me tem feito Mr. Montigni,

1798 Fevereiro 1 residente em Punem por Sua Magestade Christianissima, me consta que tem a maior parte das suas forças nos Gates sobre Madrasta, hum menor corpo em Adoni, e outro mais pequeno nas vizinhanças de Tamandará, conservando-se a sua pessoa em Patan, o que espero saber com mais certeza por huns espias que mandei pela terra dentro.

A causa desta posição das tropas do referido Nababo, parece nascer do receio que elle tenha do regulamento do exercito de Carnate, feito pelos Inglezes, o qual segundo o que me avisam de Madrasta em carta de 21 de Junho do anno proximo passado, se compõe de 6 regimentos reaes de infanteria de Inglaterra, de 1 regimento de cavallaria tambem de Rey, de 4 regimentos de infanteria Europeana da Companhia, 2 batalhões de artilharia Europeana, 29 batalhões de sipaes, 4 regimentos de cavallaria da gente da terra, bem montados e disciplinados, a que se devem augmentar mais 11 batalhões de sipaes, para completar o numero determinado de 40; o que lhe faz suspeitar que os Inglezes têem contra elle alguns projectos, e que se preparam de antemão para o atacarem antes de ser soccorrido pelos Francezes, com quem o dito Tipú Sultan estreita cada vez mais a sua amizade, de sorte que segundo o que consta da dita carta, que recebi de Madrasta, a qual he escripta por José Ribeiro de Macedo, negociante portuguez intelligente, socio de casas principaes de negocio de Bombaim, e que foi para a Europa na monção passada, me consta que o dito Tipú Sultan usava para com Sua Magestade Christianissima presentemente de huma generosidade bem impropria dos costumes asiaticos, não querendo receber pagamento dos supprimentos, que fez á nação franceza na India, no espaço de toda a guerra, que dizem montaram em 2.000:000 de rupias.

O certo he que as duas nações Ingleza e Franceza, não estão na Asia com a maior segurança huma da outra; Tipú Sultan mandou tres Embaixadores a França, os quaes me parece que levaram negocios relativos aos movimentos dos Inglezes. Mr. Montigni me deu parte que era chamado de Pondichery, para conferir com os generaes da sua nação, e o Residente Inglez em Punem, partiu para Bombaim pela posta. 1788 Fevereiro 1

Se apesar da paz proximamente ajustada entre estas duas nações, e de hum Tratado de commercio tão reciproco, ha ou não esperanças de que a sua rivalidade as torne a pôr em armas, e nos faça huma util diversão ás forças deste mau visinho, V. Ex.ª o poderá julgar melhor.

Deus guarde a V. Ex.ª Goa, 1.º de Fevereiro de 1788.— Rubrica do Governador.

P. S. Agora recebeu o Desembargador Secretario do Estado a carta do nosso Emissario em Punem, que remetto por copia [1], pela qual verá V. Ex.ª o que elle refere a respeito da negociação de Tipû Sultan com os Francezes, e dos intentos que tem contra o Estado.

Auto de juramento de vassalagem, obediencia e fidelidade que fazem á Rainha nossa Senhora os Dessays, Narcornis, e as mais pessoas da Provincia de Pernem, abaixo declaradas

(Arch. da India, livro das Monções, n.º 168, fol. 1161.)

Anno do nascimento de Nosso Senhor Jesus Christo de 1788, aos 4 dias do mez de Maio do dito anno, na villa de Pangim, no palacio da residencia do Ill.mo e Ex.mo Sr. Francisco da Cunha e Menezes, Governador e Capitão General da India, estando o dito Senhor debaixo do seu docel na sala da audiencia, se apresentaram ao mesmo Senhor Lacximanagi Zassavanta Rao, Dessay da Provincia de Pernem; Govinda Porobo, e Gopas Porobo, Dessays de Parxem; Bicagi Custã, e Antobá Sinai, Dessays de Mandrem; Vité Porobo, Dessay de Dargorim; Siva Rama Sinai Ladá, Vissambor Sinai, Rangagi Sinai, Capitães do corpo volante de sipaes; Rungagi Sinai, Escrivão da Camara; Narobá Sinai, Escrivão da aldeia de Querim; Zogunatá Ramo Gontugó, mercador, 1788 Maio 4

[1] He a que fica a pag. 315 com data de 20 de Janeiro de 1788.

1788 Maio 6 morador em Corgão, e os mais Mercenarios, e moradores na dita Provincia de Pernem, abaixo assignados, para firmarem, e ratificarem, como presentemente firmam, e ratificam de sua livre e espontanea vontade a perpetua vassalagem, obediencia e fidelidade, que fazem á Rainha Fidelissima de Portugal, Nossa Senhora, na presença do Illmo e Exmo Sr. Francisco da Cunha e Menezes, que actualmente governa, ao qual, e aos seus Ex.^{mos} Successores protestam firmemente obedecer como Loco Tenentes, e representantes da dita Senhora, cuja alta protecção imploram, e a quem promettem servir como fieis e honrados vassallos de hoje em diante, visto que o Sar Dessay Bounsuló, de quem até aqui eram vassallos, pelo artigo 13.º do Tratado de 29 de Janeiro proximo passado demittiu de si qualquer direito, que podesse ter á provincia de Pernem, e a cedeu perpetuamente ao Magestoso Estado, a qual cessão e demissão de direito elles ditos acima nomeados, como habitantes da mesma Provincia de Pernem, gostosamente abraçam, e para darem mostra da sinceridade de seus animos das expressões e promessas, que fazem de obediencia, sujeição e vassallagem para todo sempre á muito alta e muito poderosa Senhora Rainha de Portugal, Nossa Senhora, prestam o maior juramento do seu rito, que he porem as mãos solemnemente nas suas espadas, como o fizeram com effeito ao tempo de se pronunciarem estas palavras, em fé do que inviolavelmente cumprirão tudo o que promettem, sob pena de que as mesmas suas espadas se tornem contra elles a qualquer tempo, que faltarem ao promettido, o que desejam que Deus não permitta, porque a sua tenção e firme vontade, he de cumprirem sempre pontualmente tudo o que assim promettem e ratificaram com o dito juramento. E logo o dito Illmo e Exmo Sr. Francisco da Cunha e Menezes, Governador e Capitão General do Estado, benignamente houve por bem de os receber na protecção de Sua Magestade, admittindo-os a elles, aos seus dependentes com as suas familias e toda a sua descendencia, a lograrem o fôro de vassallos da corôa de Portugal, observando elles o juramento e fidelidade, que promettem; em fé do que para perpetuo testemunho se fez este auto, em que assignou o Illmo e Exmo Sr. Governador e Capitão General, e assignaram tambem os referidos Dessays e mais pessoas abaixo declaradas; e eu Martinho Xavier, official da Secretaria do Estado, o escrevi. O Secretario Sebastião José Ferreira Barroco, o fiz escrever.—Francisco da Cunha e Menezes. 1788 Maio 4

Assignaturas marathas:—Lacximanagi Zassavanta Rao, Dessay da Provincia de Pernem—Bapugi Zassavanta Rao, Dessay—Govinda Porobu, Dessay de Parxá—Bicagi Custã, Dessay de Mandrém—Antobá Sinay, Dessay de Mandrém—Vitú Porubu, Dessay de Dargali—Rangagi Sinay, Nadcarni de Pernem—Naqueá Porobu, Dessay de Cassabé do Pernem—Dessa Porobu—Ramachandra Ananta, Dessay do Cassabé—Sivarama Sinay Ladá—Vissambor Sinay—Narbari Ganes Quercar—Zaganata Rama Gontagó—Sabagi Pundalica, Narcarni—Ramachandra Vital, Narcarni—Rangagi Sinay (em letra portugueza).

E serviu de interprete neste acto o Ajudante do Lingua do Estado.—Bouguná Camotim Vaga.

Auto de juramento de vassalagem, obediencia e fidelidade, que fazem á Rainha nossa Senhora o Dessay Goindagi Zassavanta Ráo, e as mais pessoas da Provincia de Pernem, abaixo declaradas

(Arch. da India, livro das Monções, n.° 169, fol. 338.)

Anno do nascimento de Nosso Senhor Jesus Christo de 1788, aos 25 dias do mez de Maio do dito anno, na villa de Pangim, no palacio da residencia do Illmo e Exmo Sr. Francisco da Cunha e Menezes, Governador e Capitão General da India, estando o dito Senhor debaixo do seu docel na sala da audiencia, se apresentaram ao mesmo Senhor o Dessay Goindagi Zassavanta Rao, Xabagi Custã Laddá e mais pessoas abaixo assignadas, para firmarem e ratificarem, como presentemente firmam, e ratificam de sua livre e espontanea vontade a perpetua vassallagem, obediencia e fidelidade, que 1788 Maio 25

1788 Maio 25 fazem á Rainha Fidelissima de Portugal, Nossa Senhora, na presença do Illmo e Exmo Sr. Francisco da Cunha e Menezes, que actualmente governa, ao qual e aos Ex.^{mos} Successores protestam firmemente obedecer como Loco Tenentes e representantes da dita Senhora, cuja alta protecção imploram, e a quem promettem servir como fieis e honrados vassallos de hoje em diante, visto que o Sar Dessay Bounsuló, de quem até aqui eram vassallos, pelo artigo 13.° do Tratado de 29 de Janeiro do presente anno demittiu de si qualquer direito que podesse ter á Provincia de Pernem, e a cedeu perpetuamente ao Magestoso Estado, a qual cessão e demissão de direito, elles ditos acima nomeados, como habitantes da mesma Provincia de Pernem, gostosamente abraçam, e para darem mostra da sinceridade de seus animos, das expressões e promessas que fazem de obediencia, sujeição e vassallagem para todo o sempre, á muito alta e muito poderosa Senhora Rainha de Portugal, Nossa Senhora, prestam o maior juramento do seu rito, que he porem as mãos solemnemente nas suas espadas, como o fizeram com effeito ao tempo de se pronunciarem estas palavras, em fé do que inviolavelmente cumprirão tudo o que promettem, sob pena de que as mesmas suas espadas se tornem contra elles a qualquer tempo que faltarem ao promettido, o que desejam que Deus não permitta, porque a sua tenção e firme vontade, he de cumprirem sempre pontualmente tudo o que assim promettem e ratificaram com o dito juramento. E logo o dito Illmo e Exmo Sr. Francisco da Cunha e Menezes, Governador e Capitão General do Estado, benignamente houve por bem de os receber na protecção de Sua Magestade, admittindo-os a elles, aos seus dependentes com as suas familias, e a toda a sua descendencia a lograrem o fôro de vassallos da Corôa de Portugal, observando elles o juramento e fidelidade, que promettem; em fé do que para perpetuo testimunho se fez este auto, em que assignou o Illmo e Exmo Sr. Governador e Capitão General, e assignaram tambem o referido Dessay e mais pessoas abaixo declaradas. E eu Martinho Xavier, official da Secretaria do Estado, o escrevi. O Secretario Sebastião José Ferreira Barroco, o fiz escrever.—Francisco da Cunha e Menezes. 1788 Maio 25

Assignaturas marathas: — Govindagi Zassavanta Rao, Dessay da Provincia de Pernem — Sabagi Custã Laddá.

E serviu de interprete o Ajudante do Lingua do Estado.— Bouguná Camotim Vaga.

Traducção da representação da Camara da Provincia de Pernem entregue ao Senhor Secretario do Estado, Sebastião José Ferreira Barroco, para ser apresentada ao Ill.mo e Ex.mo Senhor Governador e Capitão General do Estado

(Arch. da India, livro 2.° de Pazes, *in principio*.)

Representação dos Dessays, Narcarnis, Gancares, Escri- 1788
vães e povos da Provincia de Pernem do Magestoso Estado, Maio
que muito satisfeitos do muito bom trato, que experimentam 9
os povos das outras provincias do dominio do mesmo Estado, e igualmente contentes da cessão, que o Sar Dessay Bounsuló fez da dita sua Provincia ao mesmo Magestoso Estado, esperando que os Representantes merecerão a mesma attenção, offerecem esta supplica em 2 do mez Saban do anno mouro 1188 (9 de Maio 1788), pela maneira seguinte:

1.°

Conceder o arrendamento da dita Provincia aos Dessays e Narcarnis, por quantia antigamente estabelecida; as varzias salgadas, que nelle entram, e são incultas por causa da consternação, sejam concedidas por tempo de nove annos, com determinação da renda, que devem pagar dellas á Fazenda Real, para no decimo anno do seu contrato pagarem os fóros estipulados, que constam na relação do total da mesma Provincia; e neste contrato entrarão as rendas dos palmares do Sarcar, catte, tabaco, dos direitos miudos e seus annexos.

2.°

As rendas da dita Provincia cobravam por quatro quarteis, cujas queira mandar cobrar por tres soluções.

3.º

1788 Maio 9 Succedendo não pagarem as aldeias as quantias da renda de Sua Magestade, conceder auxilio de sipaes para a sua cobrança, a fim de se não verem vexados os Gancares e Escrivães dellas.

4.º

A fazenda Real descontará no seu total as congruas dos Pagodes e Bottos nas quantias das respectivas aldeias, na fórma do costume sempre praticado.

5.º

Os Dessays e Narcarnis da dita Provincia serão conservados na posse das suas mercês, na fórma sempre praticada.

6.º

Serão conservados na posse das mercês, aforamentos e ajustes condicionaes das propriedades pertencentes aos palmares e fazendas do Sarcar em differentes aldeias, na fórma sempre praticada.

7.º

Prohibir a usura que o Sar Dessay Bounsuló costumava praticar, cobrando em algum tempo os vencimentos dos Gancares e seus Escrivães, e a pensão chamada *Garpoti*, quer dizer numeramento das casas.

8.º

Perdoar o delicto do adulterio, que succeder, e que o Divão não proceda sobre este caso.

9.º

Mandar observar o costume antigo de conduzir o rendeiro do tabaco da dita Provincia o tabaco dos Gates, e que os avençaes delle sómente venderão este tabaco.

10.º

Que seja conservada a religião dos gentios, os seus Pagodes e Botos, na fórma desde antiguidade observada.

11.º

Que se não cobre dizimos desta Provincia, cujo costume ha nos dominios do Estado. 1788 Maio 9

12.º

Que se conceda a quita, quando haja prejuizo nas aldeias por causa da inquietação das tropas, cheias e seccas, conforme entender justiça o Magestoso Estado.

13.º

Que nenhuma pessoa cortará a madeira e lenha dos matos da dita Provincia, sem primeiro ajustar os direitos dellas.

14.º

Que se não cortem as arvores jaqueiras e mangueiras por violencia, senão por contentamento dos seus donos, comprando-as.

15.º

Que os Aldeanos sejam conservados nas honras, que tiverem nas suas aldeias, na fórma sempre praticada, e que não sejam admittidos os requerimentos dos seus co-herdeiros, que apareçam para contender.

16.º

Que as aldeias concorram com as contribuições, desde antiguidade praticadas aos Mercenarios, Pagodes, esmolas, etc., por conta das despezas das mesmas aldeias.

17.º

Que os Dessays, Narcarnis, Gancares e Escrivães, povos e outros, sejam conservados na posse e titulos das suas antigas propriedades, vargias, palmares e aforamentos.

18.º

Havendo contendas entre duas partes destas aldeias, e sem dar parte a ellas, quando apareçam em juizo, seja commettida a sua decisão aos Dessays, Narcarnis, Gancares e Escrivães, a qual decisão não podendo estes conseguir, darão

1788 Maio 9 conta ao ministro competente, para com nomeação de quatro louvados deferir o que for justiça.

19.°

Na dita Provincia sempre se fez commercio de sal por ambos os rios em Ibrampur, Alorna, Nabibaga e Torcem, conduzindo-o de Bardez por embarcações, cujo costume se deve conservar, cobrando na Provincia os seus direitos respectivos.

20.°

Por qualquer causa vindo fugidas na dita Provincia á protecção do Estado pessoas das terras do Sar Dessay, não sejam restituidas.

21.°

Que se não matem vaccas na dita Provincia.

22.°

O Sar Dessay Bounsuló sempre conservou o costume de pagar o vencimento chamado de Sonodos aos Cabos e Sipaes, admittindo varias praças, e na occasião do serviço quando os mandava ajuntar, contribuia com os mantimentos, a cujo titulo dará ao diante 2 rupias a cada mez, sendo empregados na dita Provincia, e sendo fóra della, a razão de 4 rupias por mez, que he paga ordinaria do Estado, com a declaração que os Cabos terão nos seus partidos os seus Sipaes respectivos, sem que hum se intrometta nos de outro.

23.°

Os Dessays e Narcarnis, Gancares, Escrivães e povos da dita Provincia são devedores a varios mercadores e butiqueiros do Estado, e estes para não entenderem com os primeiros por tempo de seis annos, queira mandar passar o seguro, para que não sejam vexados com as demandas, e antes do dito tempo pagará cada hum a seu contento conforme a posse, e findo o dito praso, por via de demanda, e assim antes disso não serão vexados os ditos devedores.

24.°

No segundo dia da posse, que tomou o Estado da Provincia de Pernem, Seguna Porobo Sinay, morador em Ribandar, fez execução sobre sua divida antiga nas aldeias e direitos de Chorguem, pertencentes a Lacximonagy Zassavanta Rau, Dessay da Provincia de Pernem, e Govinda Porobu, Dessay de Parcem, o que serve de violencia aos povos, o que para evitar se digne de passar ordem ao Intendente Geral da Provincia para que o sobredito credor de Lacximonagy Zassavanta Rau receba deste a quantia da composição que ha oito mezes houve entre ambos por via dos louvados, a qual não duvida o dito Dessay.

1788 Maio 9

25.°

Os rendimentos vencidos da vangana depois da entrega que o Magestoso Estado tomou da dita Provincia, como antecipadamente havia cobrado o Sar Dessay, os queira perdoar o Magestoso Estado.

26.°

O vencimento da mercê chamada *Darsadé*, pertencente aos Dessays e Narcarnis, que o Sar Dessay cobrava para si; queira-nos restituir o Magestoso Estado.

Assignaturas dos Dessays e Narcarnis da provincia de Pernem:

Do Cassabé de Pernem:—Nagué Porobu—Sambagi Dadu Naique—Antobá Madevá Naique—Ramachandra Ananta.

Dessays da aldeia Corgão:—Roulú Porobu —Seguná Porobu.

Dessay da aldeia Percem:—Custam Paddiar.

Dessays da aldeia Mandrem:—Bicagi Custam — Antagi Rama.

Dessay da aldeia Dargaly:—Viteá Porobu.

Narcarnis da dita provincia:—Ramachandra Vital—Bascar Ramachandra.

Traduzida por mim Ananta Camotim Vaga, Lingua do Estado, a 12 de Maio de 1788. — Ananta Camoty Vaga.

Segue-se o original maratha.

Carta do Governador Francisco da Cunha e Menezes ao Secretario d'Estado Martinho de Mello e Castro

(Arch. da India, livro das Monções, n.º 170, fol. 27.)

1788 Novembro 28 Ill.mo e Ex.mo Sr.—Como se acha no Norte o navio *Princeza de Portugal*, que partirá dali mais cedo, e chegará a esse porto antes da nau de viagem, vou adiantar por esta a V. Ex.ª em summa as noticias do Estado. E porque na carta que escrevi a V. Ex.ª na monção passada em 23 de Fevereiro do presente anno, lhe referi largamente o modo com que tinha adquirido para o Estado a provincia de Pernem, e o soccorro, que então estava dando ao Bounsuló contra o Rajá de Colapur, segue-se agora noticiar a V. Ex.ª que o dito Rajá, em virtude dos officios que mandei fazer pelo nosso Emissario no Sarcar de Punem, retirou as suas tropas, ficando conservando algumas das fortificações, de que ainda estava de posse até se concluir amigavelmente as dissenções que entre ambos havia, escrevendo-me o Dominante de Punem para que eu quizesse tambem retirar as tropas do Estado, e não fazer guerra ao Rajá de Colapur, que se retirava, o que com effeito fiz depois de ter a certeza da retirada delle, deixando porém a provincia de Pernem de tal fórma guarnecida, que ao primeiro aviso poderia marchar hum corpo sufficiente de tropas em defensa do Bounsuló, se o Rajá de Colapur o quizesse repentina, e infielmente atacar.

Desde a dita retirada até o presente tenho trabalhado com o Bounsuló para que conclua a sua paz com o Rajá de Colapur, em que a côrte de Punem se offerece a ser medianeira, mas por mais diligencias que tenho feito, nada, ou quasi nada tenho avançado, porque este Regulo inteiramente dado aos seus prazeres, se não lembra do governo das suas terras, nem de outra alguma cousa que não sejam os seus divertimentos, assim que se vê desassombrado de perigos. O nosso Emissario, que se tem comportado com toda a efficacia, e intelligencia na côrte de Punem, e concorreu bastantemente para a suspensão de armas deste Regulo, pasma de ver a inacção do Bounsuló, e que não appareça huma unica pessoa da sua parte em Punem, ao mesmo tempo que o Rajá de Colapur, por meio de Ari Panta, hum dos principaes Cabos do Maratha, trata de fazer propicio aquelle ministerio com repetida peitas. 1788 Novembro 28

O mesmo Emissario do Bounsuló nesta côrte já não tem que responder, nem com que desculpar a frouxidão, e negligencia de seu amo, e assim o tem confessado ao Desembargador Secretario do Estado nas repetidas conferencias, que sobre esta materia tem tido com elle.

Agora he que huma das mulheres do mesmo Bounsuló, sobrinha de Madagi Sindó, General do Maratha no Industan, e pessoa de grande respeito ao Sarcar de Punem, parece que reconciliada com o Bounsuló de desordens domesticas, tem tomado a si o cuidar nesta materia, ou ao menos assim o segura aqui o Emissario do dito Bounsuló, sendo certo que se está promptificando para hir visitar sua mãe Sacú Bay Sindé, cunhada do dito Madagi Sindó, porém sem embargo disto, e de segurar o dito Emissario aqui que hum ministro da dita Sacú Bay Sindé está tratando esta negociação em Punem, me escreveu proximamente o nosso Emissario que ninguem tinha communicado com elle similhante negociação, e que se se tratava naquelle Sarcar alguma cousa da parte do Bounsuló, era isto com tal segredo, que elle o não podia penetrar, nem ainda por aquelles caminhos que costumava seguir em outras occasiões, o que he mais digno de admiração, porque o Bounsuló repetidas vezes me havia pedido ordenasse ao Emissario do Estado que patrocinasse as suas negociações em Punem.

Nestes termos conserva-se assim o Bounsuló na mesma suspensão de armas, sem fazer ajuste algum com o Rajá de Colapur, que me consta ter junta alguma gente, e de quem tem havido suspeitas de que buscava o patrocinio de Tipú Sultan, o qual porém mandou proximamente hum presente ao Bounsuló em retorno de outro que este lhe tinha mandado, e de que dei noticia a V. Ex.ª em carta de 18 de Janeiro

1788 Novembro 28 do presente anno; e o Estado está possuindo a provincia de Pernem, onde tenho a guarnição que me he possivel para conter aquelles povos, que tantas vezes lhe tem sido rebeldes.

A côrte de Punem conserva-se sem novidade alguma a nosso respeito, nem ha por ora apparencias de que entre ella e Tipú se mova guerra.

Tipú Sultan pelo mez de Maio, pouco mais ou menos, desceu a Calicut, visitou as suas terras de beiramar, e intentou fazer guerra ao Rey de Travancor, donde se retirou, e dizem que com perca: conserva-se em Patane, e tem presentemente junto alguma gente em Quitur.

Os Inglezes recearam-se bem de que o Tipú atacasse Talacheira, quando visitou os seus portos, e pozeram por essa causa a dita praça em bom estado de defensa, mas o dito Nababo se retirou sem lhe fazer hostilidade alguma.

São estas por ora as noticias mais essenciaes, que se me offerece participar a V. Ex.ª as quaes repetirei com o augmento que for necessario pelo navio de viagem.

Deus guarde a V. Ex.ª Goa, 28 de Novembro de 1788.— Rubrica do Governador.

Carta do Governador Francisco da Cunha e Menezes ao Secretario d'Estado Martinho de Mello de Castro

(Arch. da India, livro das Monções. n.º 170, fol. 908.)

1789 Março 16 Illmo e Exmo Sr.—Pela relação n.º 1 conhecerá V. Ex.ª que o rendimento da provincia de Pernem, novamente adquirida para o Estado, he por ora em cada anno de 48:617–3–35⁵/₈, a que devem accrescer 13:723 xerafins, que dos fóros das aldeias se paga á gente da ordenança da mesma provincia, chamada do Sonodo: por quanto como esta provincia he limitrophe do Estado, tinha creado nella o Bounsuló um corpo de Ordenanças, que recebendo por anno os modicos soldos mencionados nas copias n.º 2 estava prompto a servir em qualquer occasião de guerra, dando-se-lhes então de mais uma medida, e hum quarto de arroz, e 12 réis por dia, o que julguei conveniente conservar áquelles povos, tanto por serem bons sipaes, como para fazer que elles adquiram affecto ao Estado, e não experimentem nelle menos conveniencia do que tinham no tempo do Bounsuló. 1789 Março 16

Pela mesma rasão, e por outras que constam da copia n.º 3, resolveu a Junta da Real Fazenda suspender por ora, até a résolução de Sua Magestade, a cobrança de meio xerafim por palmeira de sura, que não parecia ser tributo legitimo, alem de recaír sobre tantas imposições que fazia pôr em despreso esta agricultura e commercio.

Deus guarde a V. Ex.ª Goa, 16 de Março de 1789.—Rubrica do Governador.

1789 Março 4

N.º 1

Relação do rendimento da provincia de Pernem, que percebe a Real Fazenda do Estado de Goa, livre das pensões, em que se mostra o que cada uma das aldeias são obrigadas a pagar annualmente á mesma Fazenda pelos fóros perpetuos e mais contribuições triennaes, e os contratadores pelas rendas na fórma dos termos, que prestarão na presença da Junta da Real Fazenda, e por este respeito o que cabe a nove mezes vencidos desde 4 de junho de 1788, principio do aorendamento, até 3 de março de 1789.

Aldeias — Fóros e mais contribuições

	Total de um anno	Total de nove mezes vencidos
Mandrem	3:233-3-26$^{1}/_{4}$	2:425-1-19$^{11}/_{16}$
Dargaly	1:780-1-15	1:335-0-56$^{1}/_{4}$
Arambol	2:715-2-01$^{7}/_{8}$	2:036-2-46$^{13}/_{32}$
Query	1:872-4-31$^{7}/_{8}$	1:404-3-23$^{29}/_{32}$
Cazanem	726-2-11$^{1}/_{4}$	544-4-08$^{7}/_{16}$
Paroscodem	1:151-2-39$^{3}/_{8}$	863-3-14$^{17}/_{32}$
Uguem	1:755-3-35$^{5}/_{8}$	1:316-3-56$^{23}/_{32}$
Amberem	413-3-54$^{3}/_{8}$	310-1-40$^{25}/_{32}$
Tambocem	1:230-3-16$^{7}/_{8}$	922-4-57$^{21}/_{32}$
Chandel	257-0-00	192-3-45
Torcem	2:781-4-31$^{7}/_{8}$	2:086-2-08$^{23}/_{32}$
Paliem	1:724-4-03$^{3}/_{4}$	1:293-3-02$^{12}/_{32}$
Ibrampur	1:254-1-52$^{1}/_{2}$	940-3-54$^{3}/_{8}$
Varconda	783-1-33$^{3}/_{4}$	587-2-25$^{5}/_{16}$

1789
Março
4

	Total de um anno	Total de nove mezes vencidos
Mopa	438-2-39 3/8	328-4-29 17/32
Varnodem	272-0-18 3/4	204-0-14 1/16
Tuem	698-3-45	524-0-18 1/4
Chapodem	713-3-07 1/2	535-1-05 5/8
Cassabé	1:492-2-39 3/8	1:119-1-59 17/32
Corgão	3:915-1-24 3/8	2:936-2-18 9/32
Parcem	978-2-39 3/8	733-4-29 17/32
Cansarvordem	80-0-00	60-0-00
Moroso	24-0-00	18-0-00
Alorna	65-0-00	48-3-45

Vargeas por arrendamento de 15 annos, e por diversos preços em cada anno

	Total de um anno	Total de nove mezes vencidos
Vargeas:		
Paliem e Sondiem, sitas na aldeia Tuem pelo primeiro anno	76-3-45	57-2-48 3/4
Madulo e Guntuguem sitas em Tuem pelo primeiro anno	82-0-00	61-2-30
Patieho Zuom sita em Corgão pelo dito anno	4-0-00	3-0-00
Paliem Cazana sita em Paliem pelo dito anno	100-0-00	75-0-00
Dulondem sita na dita	1-0-00	0-3-45
Inanly Harxeta sita na dita	1-0-00	0-3-45
Vargeas por arrendamento de 3 annos		
Deusum e Baidocazana sita em Corgão	600-0-00	450-0-00
	864-3-45	648-2-48 3/4

Rendas por arrendamento de 1 anno

	Total de um anno	Total de nove mezes vencidos
De cato, tabaco, chinual e outros direitos do Bagibab	5:370-0-00	4:027-2-30
Dos direitos da passagem de Coluale	7:000-0-00	5:250-0-00
Do córte de lenha secca	100-0-00	75-0-00
Do pasto de gado	230-0-00	172-2-30
	12:700-0-00	9:525-0-00

1789 Março 4

Arrendamento de uma Cotubana até se averiguar

	Total de um anno	Total de nove mezes vencidos
Da dita da vargea Goluem sita em Dargaly...............	55-0-00	41-1-15

Contribuições perpetuas, encabeçadas em diversos

	Total de um anno	Total de nove mezes vencidos
Do sal da aldeia Alorna........	12-0-00	9-0-00
Do sal da aldeia Murgy.......	8-0-00	6-0-00
Do sal da aldeia Ozory........	6-0-00	4-2-30
Do sal da aldeia Casarvondem..	10-0-00	7-2-30
Da penção de Tofõ...........	1:200-0-00	900-0-00
De outra dita................	200-0-00	150-0-00
	1:436-0-00	1:077-0-00

Arrendamento triennal das propriedades que foram pertencentes aos individuos, que se acham fóra do dominio do Estado, e não jurarão fidelidade na fórma do Bando do Governo do Estado

	Total de um anno	Total de nove mezes vencidos
Propriadades:		
Vargea Nevota sita na aldeia Cassabé......................	67-2-30	50-3-07 1/2
Escrevaninha da aldeia Corgão consistente em uma vargea...		
Chuddum Gauddo............		
Mania........................		
Goddolem....................	190-1-15	142-3-26 1/4
Tinaca........................		
Noroporobo metade da Mandiachem....................		
Oro, Virorgos e Bordo da aldeia Corgão..................		
Isso Vangana, Cumarguem.....		
Revenchy Cally, Mautem......		
Vinocem, Savorpato por 4 vericas.........................		
Davol, Norsulem.............	1:021-0-00	765-3-45
Vissanem, Borvona...........		
Rodragi, Mordidaco Sinay.....		
Dande Oril, Passuano, Antoda, sitas na aldeia Mandrem.....		

1789
Março
4

	Total de um anno	Total de nove mezes vencidos
Gapo Naique, Tol, uma vargea e palmar .... Chalooro naique, Miranchaam... Dacutem e Churianchem sitas em Querim	302-2-30	226-4-22½
Dandde Oril de Innama, Dandcoril.......................... Oddanchem Temba, Dandcoril.. Deutodul Momendanaique de Cotubana, sitas em Arambol ...	65-2-30	49-0-37½
Palmar Sarico, Ambachem Deunem Palichy Davol sita em Poroscadem	168-0-00	126-0-00
Bololem, Coddopo de novo plantamento.................. Botolem de Inama sitas em Paliem	35-2-30	26-3-07½
Jorvottem sita em Ibrampur ...	12-2-30	95-1-52½
Escrevaninha, vargea Zamboy e Modormolo sitas em Varcondá	75-2-30	56-3-07½
Namoxim e Marpatto sitas em Cazanem................	50-0-00	37-2-30
Seilus, Naquem e Purquiachy Paly sitas em Alorna........	28-0-00	21-0-00
Turovem, Banocem e Purvachy Vaddy sitas em Cansarvordem	38-0-00	28-2-30
Ticario, Dolvy sitas em Torcem, sugeitas as novas averiguações	20-0-00	15-0-00
Os direitos que foram pertencentes á aca de Siva Rama Givagi Soponés............	500-0-00	375-0-00
	2:574-1-15	1:930-3-26¼

Direitos chamados Sarnarcorno,
que foram de Regunata Rao Mentry, Secretario do Maratha,
a cujo pagamento são obrigadas as Aldeias abaixo

	Total de um anno	Total de nove mezes vencidos
Cassabé de Pernem...........	27-0-00	20-1-15
Corgão	45-2 30	34-0-37½
Parcem.........................	15-0-00	11-1-15
Dargaly	28-0-00	21-0-00
Mandrem	55-2-30	41-3-07½
Cazanem.......................	6-0-00	4-2-30
Amberem......................	5-0-00	3-3-45
Vernora	6-0-00	4-2-30
Moppa	5-0-00	3-3-45

	Total de um anno	Total de nove mezes vencidos
Ibrampur	18-1-52 1/2	13-3-54 3/8
Paliem	18-3-45	14-0-18 1/2
Varconda	9-1-15	6-4-41 1/4
Tambocem	11-0-00	8-1-15
Torcem	25-0-00	18-3-45
Poroscodem	7-2-30	5-3-07 1/2
Vaddy Malpem	1-1-15	-4-41 1/4
Chandel	2-2-30	1-4-22 1/2
Uguem	12-3-45	9-2-42 3/4
Chapodem	4-3-45	3-2-48 3/4
Query	22-2-30	16-4-22
Arambol	28-0-00	21-0-00
	354-3-07 1/2	265-4-50 4/4

Direitos chamados Sarnarcarne, que foram pertencentes a Regonata Rao Neotry, Secretario de Maratha, a cujo pagamento se obrigarão diversos contratadores segundo o tempo de arrendamento por serem os ditos direitos annexos principaes rendas.

	Total de um anno	Total de nove mezes vencidos
Pela renda de cato, chinoval e tabaco	108-0-00	81-0-00
Pela do pasto de gado	4-0-00	3-0-00
Pela de lenha seca	2-0-00	1-2-30
Pela da alfandega chamada de Coluale	140-0-00	105-0-00
Pela vargea chamada Fondem cazana, sita em Dargaly	3-1-52 1/2	2-2-39 3/8
Pela chamada Gotiem, sita na dita	1-0-37 1/2	-4-13 1/8
Pela chamada Bail Cazana sita em Corgão	7-0-00	5-1-15
Pela chamada Cazana Query sita na dita	2-2-30	1-4-22 1/2
Pelas marinhas de Arambol	5-0-00	3-3-45
	273-0-00	204-3-45

Resumo d'esta relação

	Total de um anno	Total de nove mezes vencidos
Pelos fóros e mais contribuições que pagam as aldeias	30:360-0-28 1/8	22:770-0-21 2/32
Pelo arrendamento das vargeas que pagam os contratadores	864-3-45	648-2-48 3/4

1789
Março
4

	Total de um anno	Total de nove mezes vencidos
Pelas rendas que pagam os mesmos....................	12:700-0-00	9:525-0-00
Por uma Cotubana até se averiguar....................	55-0-00	41-1-15
Por umas contribuições ad perperpetuum...............	1:436-0-00	1:077-0-00
Pelas propriedades dos que se acham fóra do dominio do Estado, e não juraram fidelidade	2:574-1-15	1:930-3-26¼
Pelos direitos que foram do secretario do Maratha, e pagam as aldeias..........	354-3-07½	265-4-50⅝
Pelos ditos que pagam os contratadores	273-0-00	204-3-45
	48:617-3-35⅝	36:463-1-26²³/₃₂

Importa esta relação do rendimento da provincia de Pernem em 48:617 xerafins, 3 tangas, 35 réis e cinco oitavos, total de hum anno principiado em 4 de Junho de 1788 em diante, e 36:463 xerafins, 1 tanga, 26 réis e ²³/₃₂ avos, total de nove mezes vencidos em 3 de março do corrente, abatidos 13:723 xerafins do pagamento do sonodo da gente da ordenança, alem das outras pensões, como se declara por extenso na mesma relação, em que não vão incluidos os direitos das palmeiras de nira a meio xerafim por cada huma, que importa em 2:335 xerafins por anno, por não estar de accordo a Junta da Real Fazenda para mandar proceder na sua arrecadação até a resolução de Sua Magestade; o que tudo foi extrahido das contas correntes da dita provincia, e das relações registadas no livro 5.º dos registos geraes; e esta se passou em obediencia á ordem do Illmo e Exmo Sr. Governador e Capitão General participada ao Deputado e Escrivão da mesma Junta, por carta de aviso expedida pela Secretaria do Estado de 26 de Fevereiro do corrente. José Filippe Pereira a fez em Goa a 4 de Março de 1789.—Sergio Justiniano Pereira.

N.º 2

Por quanto Quema Saunto Bounsuló, no tempo em que dominou a Provincia de Pernem proximamente annexa ao Estado, conservava huma gente de ordenança chamada vulgarmente de Sonodo creada pelos seus antecessores, que com o modico soldo mencionado na lista junta a esta, assignada pelo Desembargador Secretario do Estado, servia no tempo de guerra em toda e qualquer parte aonde os mandavam, e tenho assentado que a conservação da dita ordenança he util ao Estado, e necessaria para não descontentar os povos daquella Provincia, me resolvi a conservar os que são mencionados na dita lista, extinguindo outros, vindo a importar os soldos dos actuaes na quantia de 6:906 rupias e meia, o qual hão de receber das respectivas aldeias donde são moradores em abatimento dos fóros e mais contribuições que são obrigadas a pagar á Fazenda Real: Ordeno a V. m.[cê], que declare em Junta da Real Fazenda esta minha resolução para se fazerem os devidos descontos nas occasiões em que as communidades pagarem as suas contribuições. Deus guarde a V. m.[cê] Pangim, 9 de Outubro de 1788.—Francisco da Cunha e Menezes. 1788 Outubro 9

Senhor Domingos Luiz, Deputado e Escrivão da Junta da Fazenda Real.

Portaria

Na contadoria geral se farão as declarações precisas no titulo de cada uma das aldeias da provincia de Pernem comprehendidas nos mappas juntos assignados pelo Desembargador Secretario do Estado, Sebastião José Ferreira Barroco, das quantias que cada huma das mesmas aldeias devem satisfazer á gente de ordenança chamada vulgarmente do Sonodo, que conservava Quema Saunto Bounsuló no tempo que dominou aquella Provincia, e pelos mesmos mappas se faz certo o numero de gente, que cada uma das aldeias he obrigada a pagar, e a sua importancia cuja somma total de todas ellas importa na quantia de 6:906 rupias e meia, de que as mesmas aldeias devem ter abatimento nos seus fóros, por serem obrigadas a pagar a mesma gente de ordenança, ou do 1788 Outubro 11

1788 Outubro 14 Sonodo, com cominação de serem obrigadas as ditas aldeias ao tempo de pagamento dos seus foros a apresentar ao cobrador delles recibos dos Cabos e Narcornis respectivos á mesma gente, de que ficam pagos dos seus vencimentos, que serão rubricados pelo Commandante da mesma provincia para lhe serem levados em conta por abatimento na thesouraria geral do estado, tudo na conformidade da carta do Governo deste Estado de 9 do corrente, precedendo os registos necessarios. Goa, 14 de Outubro de 1788.— Rubrica do Ill.mo e Ex.mo Sr. Governador e Capitão General.— Rocha — Barroco — Silva — Luiz.

Conforme as proprias registadas a fl. 264 do livro 5.º dos registos geraes. Bento Manuel Gonçalves de Macedo as conferiu. Goa, 14 de Março de 1789.— Domingos Luiz.

Resumo do numero dos Cabos, Naicuris e Sipaes, e do seu vencimento total declarado no mappa respectivo ás Aldeias abaixo mencionadas

Denominações	Cabos	Naicuris	Sipaes	Todos	Vencimento total em rupias
Cassabé Pernem	6	29	194	229	2:292-0-00
Corgão	2	15	69	86	824-2-00
Parcem	2	8	38	48	490-0-00
Mandrem	2	26	110	138	1:318-0-00
Dargaly	2	7	71	80	725-2-00
Vernorá	–	6	21	27	247-2-00
Paliem	–	4	5	9	87-2-00
Arbol	–	2	15	17	146-2-00
Varcanda	–	3	24	27	245-0-00
Tambocem	–	1	4	5	46-0-00
Torcem	–	1	–	1	10-0-00
Prosconddem	–	3	5	8	68-2-00
Query	1	–	25	26	227-2-00
Ibrampur	–	3	12	15	133-0-00
Alorna	–	1	4	5	45-0-00
	15	109	597	721	6:906-2-00

Sebastião José Ferreira Barroco.— Conforme o proprio registado a fl. 265 do livro 5.º dos registos geraes. Bento Manuel Gonçalves de Macedo a conferiu. Goa, 14 de Março de 1789.— Domingos Luiz.

1789
Março
14

Relação de todos aquelles individuos da provincia, que parece podem ser attendidos na graça que supplicam para o serviço de ordenança

Nomes dos individuos, e aldeias da provincia de Pernem	Cabos	Naicuris	Numero de sipaes	Soldo dos cabos e naicuris	Soldo dos sipaes a 7 ½ rupias	Toda quantia em rupias
Cassabé Pernem						
Naguexa Porobo	1	–	35	90-0-00	262-2-00	352-2-00
Sabagi Pandulica	1	–	40	85-0-00	300-0-00	385-0-00
Bascar Ramachandra	1	–	38	80-0-00	285-0-00	365-0-00
Ramachandra Vitol	1	–	35	55-0-00	262-2-00	342-2-00
Ramachandra Anata	1	–	4	55-0-00	30-0-09	85-0-00
Ramagi Apagi	1	–	12	70-0-00	90-0-00	160-0-00
Madeo Lacximon	–	1	2	15-0-00	15-0-00	30-0-00
Daco Siva Porobo	–	1	4	25-0-00	30-0-00	55-0-00
Nircanta Roulu Sinay	–	1	4	30-0-00	30-0-00	60-0-00
Madeo Anata Naique	–	1	4	30-0-00	30-0-00	60-0-00
Chondrea Porobo	–	1	4	20-0-00	30-0-00	50-0-00
Pundolica Porobo	–	1	2	20-0-00	15-0-00	35-0-00
Sambagi Dada Naique	–	1	5	24-0-00	37-2-00	61-2-00
Sevabula Naique	–	1	–	9-0-00	–	9-0-00
Bapufado Naique	–	1	–	9-0-00	–	9-0-00
Siva Ranga Sinay	–	1	–	9-0-00	–	9-0-00
Podo Balu Sinay	–	1	–	9-0-00	–	9-0-00
Gonum Custam Sinay	–	1	–	10-0-00	–	10-0-00

1789 Março 14

Nomes dos individuos e aldeias da provincia de Pernem	Cabos	Naicuris	Numero de sipaes	Soldo dos cabos e naicuris	Soldo dos sipaes a 7 ½ rupias	Toda quantia em rupias
Custam Zaina Naique	–	1	–	12-0-00	–	12-0-00
Chondro Sauvol	–	1	–	9-0-00	–	9-0-00
Esso Sanvol	–	1	–	9-0-00	–	9-0-00
Essu Narana Naique	–	1	–	9-0-00	–	9-0-00
Loximon Havia Porobo	–	1	–	9-0-00	–	9-0-00
Dadea Porobo	–	1	–	9-0-00	–	9-0-00
Babu Rao Balunta	–	1	–	12-0-00	–	12-0-00
Fotu Babul Naique	–	1	–	9-0-00	–	9-0-00
Sambagi Madeo	–	1	–	9-0-00	–	9-0-00
Quensoa Pandu Sinay	–	1	1	10-0-00	7-2-00	17-2-00
Tirbaca Essu Sinay	–	1	–	9-0-00	–	9-0-00
Rama Custam Porobo	–	1	–	10-0-00	–	10-0-00
Pandu Sonu Camot	–	1	4	12-0-00	30-0-00	42-0-00
Panduronga Soirea Porobo	–	1	–	9-0-00	–	9-0-00
Siva Rama Bapu	–	1	–	9-0-00	–	9-0-00
Mocund Rama Porobo	–	1	–	12-0-00	–	12-0-00
Pandu Siva Porobo	–	1	–	9-0-00	–	9-0-00
Aldeia Corgão						
Roulea Porobo	1	–	18	50-0-00	135-0-00	185-0-00
Seguna Porobo	1	–	17	50-0-00	127-2-00	177-2-00
Baboli Porobo	–	1	4	22-0-00	30-0-00	52-0-00
Bascar Panduronga Porobo	–	1	2	13-0-00	15-0-00	28-0-00
Zaganata Balogy	–	1	4	20-0-00	30-0-00	50-0-00
Vessea Porobo	–	1	6	21-0-00	45-0-00	66-0-00
Ary Goinda Porobo	–	1	–	9-0-00	–	9-0-00
Rogu Custam Porobo	–	1	2	10-0-00	15-0-00	25-0-00
Bodo Tolly	–	1	–	9-0-00	–	9-0-00
Esso Narogy	–	1	–	8-0-00	–	8-0-00

Sahagy Dondda	—	1	—	9-0-00	—	9-0-00
Vito Custangy	—	1	—	8-0-00	—	8-0-00
Madu Santu Xete Contogo	—	1	12	36-0-00	90-0-00	126-0-00
Vitu Danddo	—	1	—	9-9-00	—	9-0-00
Babu Rama Xete	—	1	—	9-0-00	—	9-0-00
Gopal Rama Xete	—	1	—	9-0-00	—	9-0-00
Xeq Carib Naique	—	1	4	15-0-00	30-0-00	45-0-00
Aldeia Parcem						
Cust Podiar	1	—	8	40-0-00	60-0-00	100-0-00
Ganes Podiar	—	1	4	20-0-00	30-0-00	50-0-00
Bagavonta Podiar	—	1	4	20-0-00	30-0-00	50-0-00
Pandu Ranga Podiar	—	1	4	20-0-00	30-0-00	50-0-00
Dulba Naique	1	—	14	46-0-00	105-0-00	151-0-00
Vito Suba Naique	—	1	—	9-0-00	—	9-0-00
Rama Naique	—	1	—	10-0-00	—	10-0-00
Vencatim Naique	—	1	—	10-0-00	—	10-0-00
Callu Porobo	—	1	2	15-0-00	15-0-00	30-0-00
Narana Podiar	—	1	2	15-0-00	15-0-00	30-0-00
Aldeia Manorem						
Bicagi Cust	1	—	50	95-0-00	375-0-00	470-0-00
Sambagi Naran	1	—	15	40-0-00	112-2-00	152-2-00
Madagi Rogunat	—	1	10	38-0-00	75-0-00	113-0-00
Aldeia Mandrem						
Ary Cust	—	1	10	40-0-00	75-0-00	115-0-00
Rogu Bapu Sinay	—	1	4	20-0-00	30-0-00	50-0-00
Vitol Sivagi	—	1	4	20-0-00	30-0-00	50-0-00
Narana Pandu Sinay	—	1	2	15-0-00	15-0-00	30-0-00
Soptu Ganes	—	1	—	9-0-00	—	9-0-00
Ary Panduronga	—	1	4	24-0-00	30-0-00	54-0-00

1789
Março
14

Nomes dos individuos e aldeias da provincia de Pernem	Cabos	Naicuris	Numero de sipaes	Soldo dos cabos e naicuris	Soldo dos sipaes a 7 ½ rupias	Toda quantia em rupias
Naru Rama Gaitonda	–	1	–	9-0-00	–	9-0-00
Vitol Cust	–	1	–	9-0-00	–	9-0-00
Babu Saunto	–	1	–	9-0-00	–	9-0-00
Rogunata Gangadar	–	1	2	12-0-00	15-0-00	27-0-00
Loctimona Saunto	–	1	–	9-0-00	–	9-0-00
Rama Saunto	–	1	–	9-0-00	–	9-0-00
Rama Quensogy	–	1	–	9-0-00	–	9-0-00
Rogu Quensogy	–	1	–	9-0-00	–	9-0-00
Sadal Poi	–	1	2	20-0-00	15-0-00	35-0-00
Rama Custangi	–	1	–	9-0-00	–	9-0-00
Babu Custangi	–	.	–	9-0-00	–	9-0-00
Custangi Gonum Naique	–	1	–	9-0-00	–	9-0-00
Nago Gono Ñaique	–	1	–	9-0-00	–	9-0-00
Essu Custangi	–	1	–	8-0-00	–	8-0-00
Gopal Saunto	–	1	5	16-0-00	37-2-00	53-2-00
Gonum Hary Saunto	–	1	–	9-0-00	–	9-0-00
Malu Saunto	–	1	–	9-0-00	–	9-0-00
Ramachondra Seguna	–	1	–	9-0-00	–	9-0-00
Narana Babu Sinay	–	1	2	10-0-00	15-0-00	25-0-00
Aldeia Dargaly						
Vitea Porobo	1	–	24	50-0-00	180-0-00	230-0-00
Rama Custam Porobo	1	–	24	50-0-00	180-0-00	230-0-00
Sambagi Porobo	–	1	12	25-0-00	90-0-00	115-0-00
Sanera Porobo	–	1	3	12-0-00	22-2-00	34-2-00
Vitol Roulu Porobo	–	1	8	20-0-00	60-0-00	80-0-00
Loximon Porobo	–	1	–	9-0-00	–	9-0-00
Gopea Porobo	–	1	–	9-0-00	–	9-0-00
Ramagy Ananta	–	1	–	9-0-00	–	9-0-00

Aldeia Vernora						
Narana Porobo	–	1	5	18-0-00	37-2-00	55-2-00
Roulea Porobo	–	1	6	18-0-00	45-0-00	63-0-00
Rama Porobo	–	1	5	18-0-00	37-2-00	55-2-00
Calea Porobo	–	1	5	18-0-00	37-2-00	55-2-00
Bicagy Dantio	–	1	–	9-0-00	–	9-0-00
Babugy Dantio	–	1	–	9-0-00	–	9-0-00
Aldeia Paliem						
Sarguea Porobo	–	1	–	10-0-00	–	10-0-00
Nilea Porobo	–	1	–	10-0-00	–	10-0-00
Rogu Xete Cirçat	–	1	5	21-0-00	37-2-00	58-2-00
Rogue Porobo	–	1	–	9-0-00	–	9-0-00
Aldeia Arbolo						
Beyo Ezogi	–	1	15	25-0-00	112-2-00	137-2-00
Naro Pandulica	–	1	–	9-0-00	–	9-0-00
Aldeia Varcondda						
Esogi Tulasear	–	1	22	42-0-00	165-0-00	207-0-00
Fotu Quenim	–	1	2	14-0-00	15-0-00	29-0-00
Ary Paulcar	–	1	–	9-0-00	–	9-0-00
Aldeia Tambacem						
Madu Vitu Naique	–	1	4	16-0-00	30-0-00	46-0-00
Aldeia Torcem						
Zaganata Babu	–	1	–	10-0-00	–	10-0-00

1789 Março 14

Nomes dos individuos e aldeias da provincia de Pernem	Cabos	Naicuris	Numero de sipaes	Soldo dos cabos e naicuris	Soldo dos sipaes a 7 ½ rupias	Toda quantia em rupias
Aldeia Proscondem						
Capu Gongo	–	1	3	12-0-00	22-2-00	34-2-00
Soiro Curcuto	–	1	2	10-0-00	15-0-00	25-0-00
Seguno Curcuto	–	1	–	9-0-00	–	9-0-00
Aldeia Query						
Vitol Quericar	1	–	25	40-0-00	187-2-00	227-2-00
Aldeia Ibrampur						
Sive Gaunso	–	1	5	12-0-00	37-2-00	49-2-00
Babugi Gaunso	–	1	3	11-0-00	22-2-00	33-2-00
Rogunata Sabagi	–	1	4	20-0-00	30-0-00	50-0-00
Aldeia Alorna						
Vitol Chondro Porobo	–	1	4	15-0-00	30-0-00	45-0-00
Somma total	15	109	597	2:429-0-00	4:477-2-00	6:906-2-00

Sebastião José Ferreira Barroco.—Conforme a propria registada a fl. 220 dos registos geraes liv. 5.º—Bento Manuel Gonçalves de Macedo conferio. Goa, 14 de março de 1789.—Domingos Luiz.

N.º 3

(Arch. da India, livro das Monções, n.º 170, fol. 921.

Copia.—Aos 3 de Março de 1787, em Junta da Fazenda Real da cidade de Goa, Estado da India, sendo presente o Illmo e Exmo Senhor Francisco da Cunha e Menezes, Governador e Capitão General Presidente, e mais Ministros e Deputados della, foi proposta huma representação feita á mesma Junta, pelo Tenente Coronel José Pacheco de Carvalho, Commandante da Provincia de Pernem, pela qual mostrava os inconvenientes, e até a incerteza de justiça que havia na cobrança que lhe mandava fazer esta mesma Junta de meio xerafim por cada palmeira dada á sura na referida Provincia, em virtude da imposição chamada de Paulló [1] que os habitantes de Pernem pagavam ao Bounsuló, ao tempo, que o Estado fez a acquisição da mencionada Provincia, reduzindo-se em summa os fundamentos da referida representação a expôr por huma parte que a dita imposição de Paulló não era direito proprio do Sarcar do Bounsuló, por cuja rasão este o não numerára na relação, que o seu Enviado apresentou dos direitos da dita Provincia, sendo só sim a dita imposição huma especie de peita, que os lavradores de sura violentamente deram a hum Cabo do mesmo Bounsuló, chamado Gozi Cazar, para este os livrar do vexame, em que o dito Bounsuló os havia posto prohibindo-lhe inteiramente a destillação de sura, o que evidentemente se comprova, porque nas outras Provincias ultimamente conquistadas ao Bounsuló se não achou similhante imposição de Paulló, e por outra parte que estando tão carregadas as ditas palmeiras com outros diversos direitos que pagam, mencionados em huma relação que ajuntou, da qual se mostra que huns dos ditos direitos são directamente carregados ás palmeiras de sura, outros a todas as palmeiras em geral, e outros á sura já destilada, e a 1787 Março 3

[1] Isto he, *quarto de rupia*, igual a *meio xerafim*.

1787 Março 3 sua vendagem, vinha a ficar este ramo de agricultura e commercio sobrecarregado com tributos de tal sorte que era provavel se desanimassem os lavradores, ao que acrescia recair a maior parte desta imposição sobre as aldeias de Murgim, Parcem, Agavaddo, Tuem, Dargalli e Ozory, que já estavam á devoção do Estado quando a dita imposição se introduziu: o que tendo sido visto e examinado na dita Junta da Real Fazenda, considerando-se que a dita imposição não excede no seu rendimento a 2:335 xerafins por anno, e que parece ser conveniente ao socego daquella Provincia que os povos della experimentem a utilidade que tem de viverem vassallos de Sua Magestade, se assentou uniformemente que se suspendesse por ora a cobrança da dita imposição até a resolução de Sua Magestade, a quem se daria parte, o que se participaria ao mencionado Tenente Coronel Commandante para elle o declarar á Camara Geral daquella Provincia: de que se fez este assento, em que todos se assignaram. — Rubrica do Ill.mo e Ex.mo Senhor Governador e Capitão General — Rocha — Barroco — Silva — Luiz.

Conforme com o proprio tomado no livro delles do Archivo da Secretaria da Junta da Fazenda Real, a fl. 226. Miguel Caetano Nunes de Mello o conferiu. Goa, 17 de Março de 1789. — Domingos Luiz.

Carta do Governador Francisco da Cunha e Menezes ao Secretario d'Estado Martinho de Mello e Castro

(Arch. da India, livro das Monções, n.º 170, fol. 538.)

1789 Março 18 Ill.mo e Ex.mo Sr. — Pelo navio *Princeza de Portugal*, que partiu do norte nesta monção, adiantei a V. Ex.ª em summa as noticias do Estado, principalmente pelo que diz respeito sobre a acquisição da provincia de Pernem, o que torno a repetir com mais extensão, servindo esta carta de continuar a que escrevi a V. Ex.ª na monção passada em data de 23 de Fevereiro do anno proximo precedente, que principia pelas palavras «Serve esta».

Conhecendo o Rajá de Colapur, que lhe não seria tão facil a continuação dos seus progressos nas terras do Bounsuló, depois que este era patrocinando pelo Estado, e vendo se sem soccorros de Punem, cedeu ás ordens deste Sarcar, que nasceram dos officios dirigidos por mim ao nosso Emissario, e retirou as suas tropas, deixando porém guarnecidas aquellas fortificações, de que ainda estava de posse, até se conciliarem amigavelmente as desordens que entre ambos havia. 1789 Março 18

O Dominante de Punem, dando-me ao mesmo tempo parte da ordem, que havia passado ao Rajá de Colapur para se retirar, me pediu que quizesse eu tambem fazer retirar as tropas do Estado, e não continuar a guerra contra o dito Rajá, o que com effeito fiz assim que soube da retirada deste; porém como ha sempre tudo que desconfiar de semelhantes Regulos, deixei a provincia de Pernem tão bem guarnecida, que se o mesmo Rajá de Colapur quizesse repentinamente tornar a descer os Gates, poderia desfilar hum sufficiente corpo de tropas do Estado em soccorro do Bounsuló.

Era já mais que tempo de se terem finalisado as insignificantes contendas destes Regulos com hum Tratado, de que ambos necessitam; porém o de Colapur, como creio que se contenta com as fortificações que tomou ao Bounsuló, e quer ter sempre aberta a porta para lhe fazer mais algumas conquistas, não apressa este Tratado, antes talvez o retarda.

O Bounsuló que, vista a sua actual situação, necessitava bem do referido Tratado, para ver se chegava a recobrar por elle algumas das possessões perdidas, e se mitigava o escandalo, em que a Côrte de Punem está a seu respeito, causado de varios roubos e insultos, que elle tem feito ao Colapur, nem efficacia, nem diligencia alguma tem feito sobre este ponto, entregando-se aos prazeres, e ás dissoluções do seu tal ou qual Sarcar, assim que deixou de ver sobre si o cutello do seu inimigo.

Debalde o nosso Emissario em Punem tem recebido ordens minhas para patrocinar a sua causa, e tem buscado meios para o fazer. Debalde o Desembargador Secretario

1789 Março 18 do Estado, por ordem minha, tem em repetidas conferencias declarado ao seu Emissario o quanto he conveniente a seu amo concluir esta negociação, emquanto tem a protecção do Estado, porque o mencionado Regulo, já com mentiras claras, já com perguntas capciosas, jaz no seu descanço e inercia, largando o governo das suas terras a hum tio chamado Somá Saunto, para nem ter sombra alguma de negocio que o occupe; e agora he que me consta que huma das suas mulheres, sobrinha de Madagi Sindó, General do Maratha no Industan, subirá os Gates (segundo dizem) a interessar neste negocio sua mãi Sacobai Sindé, cunhada do dito Madagi Sindó.

O mais digno de admiração he que nem já o dito Regulo, ou seu tio, se lembram de haverem recebido tão relevante e opportuno beneficio do Estado, porque sendo huma das estipulações do Tratado de 29 de Janeiro do anno proximo precedente, que elle dito Bounsuló deveria «tratar de viver com toda a fidelidade ao Magestoso Estado, não lhe valendo para poder dizer que não infringe a paz, a asseveração de que qualquer acto de violação he executado por este ou aquelle individuo, sendo este dos seus dominios, e existindo nos mesmos», o tem feito tanto pelo contrario, que favorece os tres Dessays Hiriá Porobu, Sidobá Rau, e Chandobá Rane, mencionados no artigo 10.º do mesmo Tratado, que estando debaixo de sua protecção, e quasi sempre nas suas terras, continuam a fazer os mesmos roubos na provincia de Bicholim, e presentemente na de Pernem, que faziam antes do referido Tratado.

Nem tem parado aqui a sua má fé, porque, posto que pelo artigo 13.º do referido Tratado se estipulasse que elle cedia ao Estado a provincia de Pernem «com todas as suas jurisdicções, districtos, aldeias, vargeas, palmares, e todos os direitos á muito alta e muito poderosa senhora Rainha de Portugal» tem feito a innovação de cobrar nas suas terras os direitos da passagem de Coluale, situada na mesma provincia de Pernem, com os frivolos fundamentos mencionados nas suas cartas inclusas, sem embargo das respostas que lhe mandei dar pelo Desembargador Secretario do Estado, o que tudo remetto por copia a V. Ex.ª para cabal conhecimento do caracter deste Regulo, e de quão inutil e mal empregada he a boa fé na Asia com taes dominantes. 1789 Março 18

Nestes termos, vendo que o mesmo Bounsuló me não dava cabal satisfação sobre esta materia, me resolvi a despedir o seu Emissario a 19 do mez proximo passado, o qual porém como lhe he util não ser despedido do Estado, ainda aqui existe, posto que sem a consignação do estylo, e creio que a instancias suas me escreveu o Bounsuló huma carta em data de 24 do dito mez, pela qual me pediu suspendesse a despedida do seu Enviado, porque elle queria mandar perante mim hum Boto para tratar particularmente esta materia, o qual estou esperando; e são estes os termos, em que param as negociações e interesses do Estado com o Regulo Bounsuló.

Deos guarde a V. Ex.ª Goa, 18 de Março de 1789.—Rubrica do Governador.

Carta do Secretario do Estado ao Enviado do Bounsuló Vissagi Mahadeu

(Arch. da India, livro dos Reis visinhos, fol. 125 v.)

Como o rendeiro dos direitos de Coluale tem feito e faz repetidas supplicas ao Illmo e Exmo Sr. Governador e Capitão General, cuja materia conferindo com V. m.^{cê} lhe declarei ultimamente que dentro em seis dias me participasse a resolução de seu amo, o que ainda não tem feito, ao mesmo tempo que estão passados os ditos dias, recommendo a V. m.^{cê} que me participe logo a dita resolução sem mais demora, para se deferir ás referidas supplicas. 1788 Novembro 26

Deos guarde a V. m.^{cê} Secretaria, 26 de Novembro de 1788.—Honrado Vissagi Mahadeo.—Sebastião José Ferreira Barroco.

Traducção da carta do Enviado do Bonsuló

(Arch. da India, livro das Monções, n.º 170, fol. 543.)

1788 Novembro 28 Amparo dos amigos, e conservador da amizade, grandioso Sr. Sebastião José Ferreira Barroco, Secretario do Estado, cuja amizade seja perpetua.

Eu Vissagi Mahadeo, envio esta com cortezia de muitos salamos, etc.

Recebi a carta do grandioso amigo, na qual me dizia que tendo-me avisado para eu requerer ao meu amo sobre a materia dos direitos da passagem de Coluale, e que tendo acabado o praso determinado, como não recebêra resolução, a mandasse logo.

Na conformidade da conferencia havida com o grandioso amigo, e ainda com maior excesso escrevendo eu ao meu amo, delle recebi resposta, em cuja virtude querendo eu vir fallar ao grandioso amigo, tive justo embaraço. E em resulta da carta, que hoje recebi do meu amo, participo ao grandioso àmigo as formaes palavras della: «Que de abinicio os direitos são separados das rendas, ou fóros da provincia, e em quanto a relação das ditas rendas, mandei a V. m. o anno passado; o Estado deve possuir a provincia na fórma que se declara no Tratado, e não he conveniente que se pratique innovação de haver embaraços, pondo rendeiro para os direitos de Coluale. Em quanto aos documentos, que se lhe entregaram das arrematações antigas, quando em outro tempo foram cedidas ao Estado as provincias, foi por hum Tratado, e delle se póde ver se consta a cessão dos direitos de Coluale, pois quando as provincias fossem tomadas á força, podiam muito bem fazer as arrematações que lhes parecessem; a presente cessão, como foi voluntaria, devem disfructar a provincia na fórma das rendas declaradas na relação; os direitos desde antiguidade são separados, nem presentemente foram cedidos, nos quaes se não deve entender, porque a presente cessão foi voluntaria; e assim não devem estar mal comnosco com novos fundamentos, e V. m. como pratico falle bem sobre esta materia». Tambem ha de escrever ao grandioso amigo, e o que acima digo he escripto a mim pelo meu amo, o que por esta lhe communico, e nestes quatro dias fallarei ao grandioso amigo. 1788 Novembro 28

Escripta a 20 do mez Safar (28 de Novembro de 1788). Não sou mais largo. Tenha-me na sua graça e amizade. Esta he a carta.

Traduzida por mim Ananta Camotim Vaga, Lingua do Estado, a 30 de Novembro de 1788.—(S. E.)

Carta do Secretario de Estado ao Enviado do Bounsuló Vissagi Mahadeu

(Arch. da India, livro de Reis visinhos, fol. 128 v.)

Muitas vezes repeti a V. m.ᶜᵉ que não esperava durasse boa fé em seu amo para cumprimento do Tratado ultimamente concluido, senão em quanto elle se visse vexado, assolado pelas tropas inimigas, e pelo assim dizer, com a espada sobre si, o que vejo presentemente confirmado muito antes do que eu esperava, apesar dos multiplicados protestos de sinceridade, que V. m.ᶜᵉ tantas vezes me tem repetido. 1788 Dezembro 4

A resposta que seu amo lhe mandou, e que V. m.ᶜᵉ tendo pejo de ma dar pessoalmente, me refere em carta de 28 do mez passado, contém razões tão fracas, com que seu amo quer impugnar ao Magestoso Estado a cobrança dos direitos da passagem de Coluale, que seria huma grande injuria para o grandioso Rajá, e até para V. m.ᶜᵉ mesmo, se o Ill.ᵐᵒ e Ex.ᵐᵒ Sr. Governador e Capitão General chegasse a capacitar-se que ellas nasciam de falta de percepção do artigo 13.º do referido Tratado proximamente concluido, sendo bem claro que toda a duvida, e presente questão he fulminada por pessoas mal intencionadas que cercam seu amo, e que imprudente e maliciosamente lhe fazem preferir qualquer apparencia de utilidade presente ás vantagens reaes, que o grandioso Rajá deve ter seguras esperanças de tirar do Ma-

1783 Dezembro 4 gestoso Estado, visinho poderoso, benigno, e de quem a sua casa tem tantas vezes experimentado a generosidade.

Nestes termos poderia o Illmo e Exmo Sr. Governador e Capitão General tomar desde já as medidas que lhe parecessem, tendo por superfluo capacitar seu amo de huma cousa, de que elle está bem capacitado, e que finge artificiosamente não entender; porém, como S. Ex.ª quer tirar ao grandioso Rajá a mais minima razão de desculpa na sua contravenção, me manda dizer a V. m.^{cê} para lhe participar que no artigo 13.° do presente Tratado se estipula expressamente a cessão da provincia de Pernem, alem das mais provincias, com a individual clausula seguinte:

«Attendendo o grandioso Rajá Bahadar ás vantagens que lhe resultam deste Tratado, cede ao Magestoso Estado, e demitte de si para sempre *todo e qualquer direito,* que podesse pretender por si, e por seus successores, ás provincias e praças de Alorna, Bicholim e Sanquelim, e á parte da provincia de Pernem, que lhe foram conquistadas com as armas de Sua Magestade Fidelissima, e cede igualmente para sempre para o Magestoso Estado o resto que ainda possue da dita provincia de Pernem, ficando todo o resto perpetuamente pertencendo com todas as suas jurisdicções, districtos, aldeias, vargens e palmares, *e todos os direitos* á muito alta, e muito poderosa senhora Rainha de Portugal», cujas palavras foram tiradas do artigo 4.° do Tratado de 25 de Outubro de 1754, que serviu de base a este ultimo Tratado, onde se lê a seguinte estipulação:

«Que os grandiosos Sar Dessays da Praganã Cudale, cedem desde logo, e para o todo o sempre, e demittem de si *todo e qualquer direito,* que podessem pretender por si, e pelos seus successores, ao Magestoso Estado as praças de Alorna e Bicholim, a provincia de Pernem, os Goros de Morli e Saterem com todas as suas jurisdicções, districtos, aldeias, vargens, palmares, e *todos os direitos,* que a cada huma destas partes pertenciam antes.»

Pelo que, á vista destas claras estipulações, se vem a mostrar sem fundamento algum as razões em que se firma o grandioso Rajá, negando que ao Magestoso Estado pertença cobrar os direitos da passagem de Coluale, sita na provincia de Pernem; pois que se elle cedeu a dita provincia ao Magestoso Estado com todos os seus direitos, e não nega, nem póde negar que aquelle direito he proprio daquella provincia, e sempre nella foi cobrado, segue-se consequentemente que o cedeu pelo dito Tratado, e que vem debaixo das clausulas — *todos e quaesquer direitos, e todos os direitos,* — cujas clausulas são tão amplas, que abrangem todos e quaesquer direitos pelo modo que se expressa no principio deste artigo, sem excepção de algum daquelles que são proprios da dita provincia; proposição esta tão clara, que não necessita de maior explicação, e que assim mesmo a entendeu o grandioso Sar Dessay Ramachandra Saunto Bounsuló, pai e antecessor do grandioso Rajá, pois que sendo as palavras da cessão do dito artigo 4.º do Tratado do anno de 1754, que o Magestoso Estado celebrou com o dito Sar Dessay, e que já ficam transcriptas, as mesmas que proximamente se declararam no artigo 13.º deste ultimo Tratado, não duvidou o dito Sar Dessay, que debaixo das palavras «todos e quaesquer direitos, e todos os direitos» se comprehendiam todos os direitos da provincia de Pernem, e entre elles os da passagem de Coluale, por cuja causa não poz embaraço, nem duvida alguma á cobrança, que o Magestoso Estado então fez deste direito, como mostrei a V. m.[cê] na ultima conferencia que commigo teve, pelas clarezas que lhe entreguei, extrahidas do archivo da Junta da fazenda real. 1788 Dezembro 4

Vejo que seu amo, não podendo duvidar das ditas claras razões, se serve para responder a esta difficuldade de hum refugio bem insignificante, e que claramente he inattendivel, por quanto diz que deve haver differença de quando o Magestoso Estado possue a dita provincia de Pernem em virtude de hum Tratado, como presentemente lhe acontece, ou quando a possuiu em virtude de conquista. Que no primeiro caso não deve possuir mais do que lhe foi cedido pelo Tratado, e que no segundo lhe he licito possuir tudo quanto conquistou; mas ao mesmo tempo finge seu amo ignorar que

1788 Dezembro 4 o Magestoso Estado possuindo os direitos da passagem de Coluale, não vem a possuir mais do que aquillo que lhe foi cedido pelo Tratado debaixo das clausulas «todos e quaesquer direitos, e todos os direitos», e que, posto que no anno de 1754, quando foi lavrado o Tratado acima referido, estivesse o Magestoso Estado, por virtude de conquista, de posse da dita provincia, não a veiu possuindo depois do dito Tratado senão em virtude delle, e conforme as suas declarações, as quaes, se então foram bastantes para a cobrança dos direitos de Coluale, tambem agora o devem ser, visto que se não podia usar de clausulas mais amplas do que aquellas de que se usou «todos e quaesquer direitos, e todos os direitos», que comprehendem em si toda a qualidade de direitos.

Em quanto ao fundamento que toma seu amo de dizer que esta renda não vinha incluida na relação que V. m.ce me entregou, seria demasiada ociosidade se eu me puzesse com muito vagar a mostrar-lhe que não vale de nada para o presente caso huma relação não mencionada no Tratado, e que V. m.ce me entregou mezes depois unicamente para facilitar o conhecimento dos direitos, que pertenciam ao Magestoso Estado na dita provincia, sem que houvesse estipulação por onde o Magestoso Estado se obrigasse a cobrar só o que V. m.ce dissesse que devia cobrar. Serve sómente a dita relação de mostrar que ao mesmo tempo que seu amo estava recebendo do Magestoso Estado hum auxilio e amparo, que não achava em outra parte, já com a dita relação diminuta projectava estas questões.

V. m.ce tambem me diz que seu amo ficava de me escrever sobre esta materia, o que elle não tem feito, porque talvez lhe pareça feio dirigir-me carta, que contenha razões tão pouco fundamentaes, como as que mandou a V. m.ce a quem compete capacitar seu amo do quanto convem á conservação do seu caracter, e dos seus dominios a quietação com os visinhos, e a boa fé com o Estado, não preferindo a isto pequenas e injustas conveniencias, lembradas maliciosamente por pessoas que o cercam, pois que de assim o não praticar se lhe tem originado á sua casa e aos seus dominios a ruina e diminuição, que actualmente experimenta, de cuja continuação não está livre se quebrar o presente Tratado. 1788 Dezembro 4

Queira V. m.ᶜᵉ passar logo a seu amo, ou esta minha carta, ou a sustancia della, e dar-me a resposta com a maior brevidade, para eu a pôr na presença do Ill.ᵐᵒ e Ex.ᵐᵒ Sr. Governador e Capitão General.

Deos guarde a V. m.ᶜᵉ Secretaria, 4 de Dezembro de 1788.—Sebastião José Ferreira Barroco.

Traducção da carta do Enviado do Bounsuló

(Arch. da India, livro das Monções, n.º 170, fol. 543.)

Amparo de amigos, e conservador da amizade, grandioso Sr. Sebastião José Ferreira Barroco, Secretario do Estado, cuja amizade seja perpetua. 1788 Dezembro 28

Eu Vissagi Mahadeo envio esta com cortezia de muitos salamos, etc.

A carta que recebi do grandioso amigo remetti para Vadi com outra minha haverá dezeseis dias, e ainda não recebi resposta, unicamente me mandou dizer em huma carta que a remetteria brevemente. Em quanto aos pretos e pretas me declarou que não appareceram ali, e replicando eu que os viram em Vingurlá, me respondeu que mandasse ali a pessoa que os viu; eu continuo a fazer as diligencias da minha parte, porque desejo que o dono delles seja restituido dos referidos escravos.

Como o grandioso amigo andou na diligencia, que não conseguiu, sobre a apprehensão do Padre rebelde, fugido para Azarem, eu recebi de hum sujeito aviso sobre a entrega do mesmo; diga-me o grandioso amigo se tem empenho nisso, porque despedir-se-ha o portador conforme a insinuação do grandioso amigo. Espero que, no caso de ter empenho, me mande o escaler, e pessoalmente assentarei o mais sobre isso.

1788 Dezembro 28 Escripta em 29 do mez Rabilavol (28 de Dezembro de 1788), etc.

Traduzido por mim Ananta Camotim Vaga, Lingua do Estado, a 29 de Dezembro de 1788.

Resposta do Secretario

(Arch. da India, livro das Monções, n.º 170, fol. 549.)

1788 Dezembro 29 Hontem me tinha dado ordem o Illmo e Exmo Sr. Governador e Capitão General, para fazer aviso a V. m.^cê a fim que me fallasse, e como recebo agora a sua carta, e tambem me pede dia para conferencia que quer ter commigo, lhe aviso o dia depois de ámanhã, ultimo do presente mez, e ao Intendente Geral da Marinha ordena S. Ex.ª que lhe mande hum escaler naquelle dia para o seu transporte.

Deos guarde a V. m.^cê Secretaria, 29 de Dezembro de 1788. — Sebastião José Ferreira Barroco.

Traducção da carta do Bounsuló

1789 Janeiro 23 Amparo de amigos, e conservador da amizade, grandioso Sebastião José Ferreira Barroco, Secretario do Estado, cuja amizade seja perpetua.

Eu o Rajá Quema Saunto Bounsuló Bahadar, Sar Dessay de Praganã Cudale, e mais provincias, envio esta com cortezia de muitos salamos, etc.

A carta que o grandioso amigo dirigio, em nome do honrado Vissagi Madeo, sendo-me presente, por conclusão vejo dizer nella que os direitos de Coluale pertencem ao Estado, ao que se me offerece responder que o anno passado, ao tempo de fazer entrega ao Estado da provincia de Pernem, perguntando a Vissagi Madeo sobre os ditos direitos, visto serem differentes, e não da dita provincia, como na realidade he verdade, querendo eu antecipar-me deste modo para não occorrer duvidas ao futuro por parte do Estado, e sendo o grandioso amigo, e o dito Enviado plenipotenciario de ambas as partes, o que elle, ou elles, me disseram tive por certo, e o mesmo se pratica nas mais Côrtes, e sendo isto mesmo de maior consideração na ... Estado, não he praticavel que se offereça duvida por parte do grandioso amigo, pelo que sem ella ter vigor, não haja falta no ajustado, sendo certo que em tudo dependo da amizade do grandioso amigo, e he justo que o medianeiro concorra para não haverem differenças em huma cousa já firmada. 1789 Janeiro 23

Escripta em 25 do mez Rabilacar (23 de Janeiro). Não sou mais largo, e tenha-me na sua amizade. Esta he a carta.

Traducção da carta do Enviado do Bounsuló Vissagi Madeo, escripta ao Senhor Sebastião José Ferreira Barroco Secretario do Estado

(Arch. da India, livro das Monções, n.º 170, fol. 549 v.)

A carta que o grandioso amigo recebeu de Vaddi, sem ser por minha via, ainda não veiu á minha mão a resposta della. A que hoje recebi envio ao grandioso amigo, e de ambas espero mande resposta commigo. Sobre os tres pontos dos direitos de Coluale dos pretos, e dos Dessays, tendo eu escripto nos devidos termos ao meu amo, recebi algumas duas respostas, nas quaes diz sobre largar da mão os direitos de Coluale, não ha noticia dos pretos, que me certificam não chegarem para Vaddi, de donde me pedem que mande pessoas que os viram; eu comtudo tenho escripto de novo nos termos fortes, e depois de vir resposta, procurarei occasião de hir fallar ao grandioso amigo; e em quanto aos Dessays me escreve meu amo, diga claramente ao grandioso amigo, que como elle não pôde conseguir sobre os mesmos Dessays o que desejava, e interessando-se mais na amizade do Estado, os largára da sua protecção, e que o Estado lhes castigasse como parecesse. 1789 Janeiro 28

Noticias de Herem, que vindo 5:000 homens do grande Rajá de Colapur, atacára e destruira ao Dessay de Zambotim, restaurando as fortificações que este lhe tinha tomado;

1789 Janeiro 28 que a perda foi consideravel, e nella entrou Bavonagi Dessay Hardalicar com 400 cavallos; que Vencata Ráo, e seu irmão[1], se retiraram para Zambotim, os quaes sem protecção alguma que esperava auxilio de Vaddi, e sem seu consentimento fez a sua disposição, nem agora póde auxiliar, visto o negocio estar pendente em Punem, que fará responsavel por qualquer novidade; pelo mau successo acontecido ao Zambotecar, o inimigo poderá marchar contra elle, ou descer para baixo, pelo que parece justo que o Estado tome maiores cautelas, dando providencias nas estradas de Ramagate e Chorlem, passando ordens ao Rane, porque dizem que o inimigo quer entrar em Uspá.

Escripta em 28 do mez Rabilacar (28 de Janeiro). Não sou mais largo, e tenha-me na sua graça e amizade. Esta he a carta.

Traduzida por mim Ananta Camotim Vaga, Lingua do Estado, a 28 de Janeiro de 1789.

Carta do Governador ao Rajá Quema Saunto Bounsuló Bahadar Sar Dessay do Praganá Cudale e mais provincias

(Arch. da India, livro de Reis visinhos, fol. 139.)

1789 Fevereiro 6 Recebi a carta do grandioso Rajá em data de 23 do mez passado, respectiva aos direitos de Coluale, e por ella vejo a fraca razão em que o grandioso Rajá se funda, a qual mostra não ter outra melhor para impugnar ao Magestoso Estado a cobrança dos direitos de Coluale, situados e pertencentes á provincia de Pernem, que ha tão pouco tempo cedeu ao mesmo Magestoso Estado por hum Tratado solemne, que só deve servir de regra, como he costume em todas as nações, sem embargo de qualquer asserção contraria, que dissesse ao grandioso Rajá o seu Enviado, porque, posto que elle fosse plenipotenciario do grandioso Rajá, he bem sabido que os poderes que lhe davam semelhante caracter não ti-

[1] Nagapá.

nham outro fim, senão de o fazer merecedor de credito nesta Côrte em tudo que tratasse respectivo ao mesmo Tratado, o qual depois de feito, e ser ratificado pelo grandioso Rajá, he como acima digo a unica regra, que se deve ter diante dos olhos. 1789 Fevereiro 6

Não me posso capacitar que o grandioso Rajá duvide de huns principios de que ninguem duvida, e porque são firmados na razão natural, e no uso de todas as gentes, seguindo-se hum grande absurdo do contrario. Espero que o grandioso Rajá não queira por huma causa tão insignificante quebrar inteiramente hum Tratado, que ha tão pouco tempo concluiu, recebendo delle tantas vantagens, e devendo esperar outras maiores da amizade do Magestoso Estado, sendo bem certo que o publico, e as potencias visinhas, se escandalisarão, e farão o peior conceito do grandioso amigo, logo que forem sabedores de tão ingrato procedimento.

Deos alumie ao grandioso amigo em a sua divina graça. Goa, 6 de Fevereiro de 1789.—Francisco da Cunha e Menezes.

Carta do Secretario de Estado, Martinho de Mello e Castro ao Governador Francisco da Cunha e Menezes

(Arch. da India, livro das Monções, n.º 171, fol. 54.)

Levei á Real presença da Rainha Nossa Senhora a carta que V. S.ª me dirigiu com data de 23 de Fevereiro do anno passado, que contém a relação do que V. S.ª passou com os Emissarios do Regulo Bounsuló, e o do seu inimigo o Rajá de Colapur, Sua Magestade manda louvar a V. S.ª o completo acerto e habilidade, com que tratou este negocio, e o conduziu até o ponto de concluir com o mesmo Bounsuló a paz e Tratado, em que elle cede a esta corôa as provincias de Pernem, Bicholim e Sanquelim. E a mesma Senhora querendo dar a V. S.ª huma prova da sua inteira approvação deste util serviço, o nomeou Coronel de Infanteria para ter exercicio deste posto logo que voltar a este Reino. 1789 Março 20

1789 Março 20 Deus guarde a V. S.ª Palacio de Nossa Senhora da Ajuda, em 20 de Março de 1789. — Martinho de Mello e Castro. — Sr. Francisco da Cunha e Menezes.

Resposta do Governador

(Arch. da India, livro das Monções, n.º 171, fol. 55.)

1789 Fevereiro 4 Ill.mo e Ex.mo Sr. — Recebi a carta de V. Ex.ª de 20 de Março do anno proximo passado, e nella tenho o gosto de ler que Sua Magestade approva as diligencias e passos que dei para concluir com o Bounsuló o Tratado de 29 de Janeiro de 1788. Peço a V. ex.ª que queira da minha parte beijar a mão a Sua Magestade, a quem agradeço a mercê que me faz de me honrar, e de se dar por bem servida de mim, no que recebo o maior premio, e a mais pura satisfação dos meus serviços.

Deus guarde a V. Ex.ª Goa, 4 de Fevereiro de 1790. — Rubrica do Governador.

Em carta do Governador Francisco da Cunha e Menezes ao Secretario de Estado Martinho de Mello e Castro, de 28 de Fevereiro de 1790

(Arch. da India, livro das Monções, n.º 171, fol. 45.)

1790 Fevereiro 28 Quanto ao Bounsuló vou trabalhando com todas as forças para que cumpra o Tratado de 29 de Janeiro de 1788, oppondo-me a qualquer transgressão, a fim de que inteiramente o não despreze, nem ponha em esquecimento, como tem feito a todos os mais, e fará a este assim que poder, o que bem mostra já com a duvida que teve de que o Estado cobrasse os direitos da passagem de Coluale, sem embargo de ella ser situada na provincia de Pernem cedida ao Estado pelo dito Tratado com todos os seus direitos sem reserva alguma, e já pelos occultos manejos, com que patrocina os Dessays rebeldes mencionados no artigo 16.º do mesmo Tratado, para que elles inquietem com roubos inevitaveis pelo occulto e repentino modo com que os fazem, os habitantes das Provincias por elle cedidas, com o malicioso fim de receber dos ditos Dessays alguma contribuição, desgostar os povos da dominação do Estado, obrigar o Estado a fazer maior despeza com a conservação das mesmas provincias, e tirar dellas menores lucros. 1790 Fevereiro 28

Sobre este ponto tem o Desembargador Secretario do Estado trabalhado quanto he possivel com o Emissario do Bounsuló, a quem cheguei a despedir por não dar cabal satisfação, a qual depois deu para ser conservado no Estado, mas pouco tempo durou o effeito das suas promessas, e ou os ditos Dessays estejam nas terras deste Reguló, ou nos seus confins, sempre elle os conserva occultamente debaixo do seu patrocinio; pelo que tendo-se suscitado discordia entre o Dessay de Uspá e o mesmo Bounsuló, tenho principiado huma occulta negociação com o mencionado Dessay, a qual poderá livrar as ditas provincias desta inquietação, e trazer bastante utilidade ao Estado, de que darei mais circumstanciada noticia a V. Ex.ª pela nau de viagem no caso de produzir effeito a mesma negociação.

A paz de que a côrte de Punem se fez medianeira entre este Regulo e o Rajá de Colapur, não está ainda concluida, sem embargo do que affirmou aqui o seu Emissario, que a deu por feita; mas esta noticia só viu ser falsa pela que recebi de Punem e ultimamente escreveu o nosso Emissario Narana Sinai Dumó ao Secretario do Estado, em carta de 22 de Dezembro do anno proximo passado, dizendo que naquelle mesmo dia pelas quatro horas da tarde o fizera avisar o primeiro Ministro Naná Fodnis, que o Rajá de Colapur lhe escrevera participando lhe que o Bounsuló lhe havia mandado huma pessoa para tratar com elle da paz, a fim de poder ficar desembaraçado, e conquistar as provincias novamente cedidas ao Estado, ou ao menos fazer nellas as hostilidades possiveis, o que na verdade não duvido que o mesmo Bounsuló intentaria fazer, se se não achasse tão abatido com a falta e diminuição das suas rendas, originada da perda das

1790 Fevereiro 28 ditas provincias, das hostilidades que lhe fez o Rajá de Colapur e das suas continuadas desordens.

. . . .

Os Dessays visinhos ao Estado têem tido este anno os mesmos movimentos inquietos, que costumam praticar em todos, e que fazem que o Estado necessite estar sempre com a maior cautela para não receber delles hostilidades, porque elles quasi que não vivem senão de as commetter e dos furtos que dellas tiram, bem como acontecia no antigo governo feudal da Europa.

Em carta do Secretario de Estado Martinho de Mello e Castro ao Governador Francisco da Cunha e Menezes, de 28 de Janeiro de 1789

(Arch. da India, livro das Monções, n.° 171, fol. 69.)

1790 Janeiro 28 As noticias que V. S.ª dá na sua carta do 1.° de Fevereiro do anno passado dos passos e movimentos de Tipú Sultão, e muito particularmente o que consta da carta escripta de Punem ao Desembargador Secretario do Estado, nos devem fazer receiar que effectivamente haja entre aquelle Regulo e os Francezes alguns projectos que se dirijam contra nós. Os Embaixadores que Tipú Sultão mandou a París, a boa recepção que ali tiveram, e a novidade de semelhante embaixada indicam algum negocio importante e augmentam a nossa suspeita. O unico meio que temos de evitar o perigo que nos ameaça, he pôr esses dominios no melhor estado de defensa, quanto o permittem as possibilidades da real fazenda. Com este fim depois da expedição do navio de viagem do anno passado se remetteu a V. S.ª hum bom soccorro de gente e officiaes pelo navio *Campelos*, que partiu daqui em julho passado, e presentemente embarcam neste navio de viagem os que constam da relação, que remetterei a V. S.ª em outra carta, e se for possivel expedir-se este anno outro navio, por elle hirá a mais gente que se poder ajuntar, etc.

Em carta do Governador Francisco da Cunha e Menezes ao Secretario de Estado Martinho de Mello e Castro, de 13 de Março de 1790

(Arch. da India, livro das Monções, n.º 171, fol. 345.)

Quanto ao Bounsuló consta da dita carta do filho do nosso Emissario que elle concluiu proximamente a sua paz com o Rajá de Colapur, com condição de pagar o mesmo Bounsuló ao Colapur as despezas da campanha, e lhe restituir este as fortalezas e jurisdições comquistadas, entregando o Bounsuló ao Sarcar de Punem os penachos, ou Morchaes, que foram em parte motivo das dissenções passadas, pelo que lhe tem promettido o mesmo Sarcar de concorrer para a restituição das provincias cedidas ultimamente ao Estado, o que porém se acha em segredo até que o Bounsuló faça a restituição dos ditos Morchaes.

1790 Março 13

A má vontade que este Regulo nos mostra, já impugnando a cobrança dos direitos de Coluale, sem embargo delles serem pertencentes á provincia de Pernem, ultimamente cedida ao Estado, já patrocinando occultamente os Dessays rebeldes para infestarem as mesmas provincias cedidas, bem mostra que elle hade continuar a ser o que foi sempre, isto he, hum mau vizinho, que saberá aproveitar-se de todas as occasiões de nos fazer mal, por cuja razão sendo o Dessay da provincia de Manery (Uspá) Mahé Gaunso atacado no mez de Outubro do anno proximo passado pelo Dessay de Zambotim, alliado de hum sobrinho de ambos, ou sómente com animo de o roubarem, ou instigados do mesmo Bounsuló, e vendo-se elle obrigado a fugir com a sua familia para Querim a buscar o amparo de Custambá Rane, e a protecção do Estado, intentei desde logo de me aproveitar desta occasião, patrocinando-o occultamente para elle impedir que pela dita provincia entrem no Estado os Dessays rebeldes, e porque elle me rogou que lhe desse alguma consignação para sustentar a sua familia no Estado, e vi que era necessario soccorrel-o de-

1790 Março 13 algum modo, a fim de que elle não buscasse outra protecção, ou do Rajá de Colapur, ou de hum cabo do Tipú Governador de Quitur, com quem me constava andar em negociações, me pareceu mais conveniente dar por hora hum partido de 100 homens a Ariá Gaunso, seu filho, com as condições da copia junta, nas quaes já não levo sómente em vista que elle sirva de obstaculo á passagem dos Dessays rebeldes, mas tambem senhoriar-se o Estado daquella provincia, logo que o julgar opportuno, porque inutilmente temos pelas mais partes alargado os nossos confins, se deixamos esta provincia sobre nós, e esta porta ao Bounsuló aberta em tanta vizinhança de Goa, que em duas horas de marcha póde chegar a ella, alem de que senhoriando-se o Estado da dita provincia, ficará inteiramente senhor da estrada de Rama Gate para a guarnecer e fechar quando lhe for necessario, pois que he inutil estarem guarnecidas as outras estradas dos Gates quando esta for aberta á passagem de qualquer potencia, que com o beneplacito do Bounsuló quizer descer os mesmos Gates.

N. B. As condições de vassallagem do Dessay do Manery irão no seu logar no anno de 1790.

Carta do Secretario de Estado Martinho de Mello e Castro ao Governador Francisco da Cunha e Menezes

(Arch. da India, livro das Monções, n.º 172, fol. 803.)

1790 Maio 10 Sua Magestade foi servida approvar tudo o que V. S.ª dispoz a respeito da provincia de Pernem, de que dá conta na sua carta de 16 de Março do anno passado; e não tenho a este respeito que acrescentar, senão que V. S.ª deve continuar a fazer sobre os negocios da mesma provincia aquellas disposições que julgar mais convenientes segundo as circumstancias em que ella se acha.

Deus guarde a V. S.ª Palacio de Nossa Senhora da Ajuda, em 10 de Maio de 1790. — Martinho de Mello e Castro. — Sr. Francisco da Cunha e Menezes. 1790 Maio 10

Carta do Governador Francisco da Cunha e Menezes ao Secretario de Estado Martinho de Mello e Castro

(Arch. da India, livro das Monções, n.º 172, fol. 501.)

Ill.mo e Ex.mo Sr. — Pesa de tal fórma no animo do Bounsuló a cessão das provincias mencionadas no Tratado de 29 de Janeiro de 1788, que mal póde disfarçar o seu resentimento, chegando ha tempos a romper toda a communicação com o Estado, a quem visivelmente deseja infestar logo que se lhe offerecer occasião opportuna. 1791 Abril 21

Quando no anno de 1789 intentei a expedição contra Melondim, logo o dito Bounsuló ajuntou todos os seus Sipaes, e posto que o seu Emissario depois de malograda a dita expedição, dissesse ao Desembargador Secretario do Estado que o intento de seu amo era fortifical-a, se faz inteiramente suspeitosa essa affirmativa pela falta de declaração antecedente do mesmo Bounsuló.

Quando viu que com a morte de Custambá Rane, Dessay, e quasi inteiramente senhor da provincia de Sanquelim, podia nella fazer alguma revolução, levou o animo de varios Dessays da mesma provincia á rebellião, de que dou conta a V. Ex.ª em carta separada.

A elle attribuo a resolução que o Dessay de Uspá Mahé Gaunso, de quem fallei a V. Ex.ª em carta de 13 de Março do anno proximo passado (Estado Militar e Politico, n.º 22), tomou no mez de Janeiro do presente anno de não querer entregar ao Estado o Dessay rebelde Sidobá Rao, que naquelles dias havia prendido, sem embargo do partido de 100 homens, que eu tinha dado a seu filho Hariá Gaunso, para effeito de obstar ao dito Dessay rebelde, e a outros que patrocinados occultamente do dito Bounsuló infestam a provincia de Bicholim; chegando a tanto a resolução do referido Dessay,

1791 Abril 21 que tendo a sua familia em Querim, como em refens da sua fidelidade, a retirou fugitivamente para Uspá, e havendo-lhe eu mandado 50 Sipaes para augmentar as suas forças contra os ditos Dessays rebeldes, os despediu, ao mesmo tempo que soltou o mencionado Sidobá Rao, por cuja causa mandei logo dar baixa ao dito partido.

Proximamente me consta que o dito Bounsuló com algumas esperanças de que possa haver dissenção entre o Estado e os Marathas, dirigiu a Paris Rama Rau o mesmo Vissagi Mahadeo, que conferiu o mencionado Tratado de 1788, e que ha poucos dias se retirou desta capital, tendo por fim da sua commissão tentar o animo de Paris Rama Rau, animal-o contra o Estado, e offerecer-se a fazer huma diversão pelas provincias de Pernem, Bicholim e Sanquelim.

A casa do dito Bounsuló desde o fim do seculo passado deve ao Estado os dominios que possue, porque desejando o mesmo Estado apartar de si o formidavel poder do Mogor, patrocinou os ascendentes deste Sardessay, que levantaram a obediencia ao dito Mogor, e desde esse tempo ha ordens neste governo para se não arruinar inteiramente o referido Bounsuló, tendo-se por menos mau visinho em rasão das suas menores forças.

Se esta politica foi acertada naquelle tempo, posso hoje segurar a V. Ex.ª que o referido Bounsuló foi a principal fraqueza do Estado. He hum certo inimigo, que está dentro do mesmo Estado, e que lhe prenderá os braços em todas as occasiões, em que o Estado os necessitar mais livres para se defender, como se experimentou no governo do Vice Rey Conde de Sandomil, em que apenas viu invadida a provincia de Salcete pelos Marathas, quando elle fez outro tanto na de Bardez, de sorte que o Estado nunca poderá ter hum inimigo só, porque tendo hum, será o dito Bounsuló o segundo.

Conheço que o arruinar inteiramente o dito Bounsuló se não poderia hoje fazer sem se buscar occasião bem opportuna, de fórma que os Marathas se não interessassem por elle; e que dado que se conseguisse o arruinal-o, não convinha ao Estado maior extensão de dominios do que estes que presentemente possue; mas não deixa por isto de ser certo, e evidente á consideração que deixo feita, e a proposição que avanço de que o dito Bounsuló faz a principal fraqueza do Estado, de tal sorte que quem governar o mesmo Estado, deve contar o dito Bounsuló como inimigo certo e infallivel, todas as vezes que tiver guerra com outra qualquer potencia. 1791 Abril 21

Deus guarde a V. Ex.ª Goa, 21 de Abril de 1791. — Rubrica do Governador.

Traducção do termo junto da letra Hinduvi, feito pelos Dessays Naguecá Porobo, Bicagi Custã e Nadcarni Sabagi Pundalica

(Arch. da India, livro 2.º de Pazes, fol. 391.)

Aos 17 de Janeiro de 1794, no Cassabé, por outro nome villa de Pernem, na presença do Sr. Joaquim Vicente Godinho, Coronel e Ajudante General, se obrigaram por este termo Nagdica Prorobu Des Porobo, Dessay do Cassabé Pernem, Bicagi Custã, Dessay de Mandrem, e Sabagi Pundalica Nadcarni da provincia de Pernem, que tendo-se ordenado ter cuidado nas fazendas de Querim e Arambol pertencentes a Narhari Ganês Quercar, ora ausente, e estando destruidas as de Querim, por causa de o dito Narhar Ganês levar comsigo a povoação daquella aldeia na outra banda, e carecendo de grandes despezas para a vigia e bemfeitoria das mesmas fazendas, das quaes o sobejo das rendas sendo preciso para as ditas despezas, e cobro dos ladrões grandes e pequenos que hajam, promettem pagar a quantia dos fóros reaes das ditas aldeias annualmente, a qual he como se vê das declarações abaixo feitas. 1794 Janeiro 17

«Os fóros da aldeia Arambol, entrando as 600 rupias, que a fazenda real havia julgado a favor do dito Narhar Ganês, a titulo de palanquim, e se descontavam no total delles... 1:406$^{2}/_{4}$-2$^{1}/_{4}$

«Os fóros reaes da aldeia Querim .... 1:106$^{3}/_{4}$-1$^{1}/_{4}$

2:513$^{1}/_{4}$-3$^{3}/_{4}$

De que fazem xerafins .... 5:026-4-50$^{3}/_{4}$

1794 Janeiro 17 São 5:026 xerafins, 4 tangas, 50 réis e 3 quartos, que se obrigaram pagar á real fazenda, ou deposital-os na mão de pessoa abonada, como lhe for ordenado, sendo no segundo caso obrigados assim os assignantes, como o depositario a fazer prompto o dito pagamento, com declaração que sendo caso de os assignantes largarem este contrato antes de findar-se hum anno delle, unicamente dos ditos fóros da aldeia Querim, não pagaram mais que ametade delles de hum anno, attendendo ás grandes ruinas que tem havido nas fazendas della. Tambem se obrigam a pagar os fóros das propriedades sitas nas ditas aldeias de outras pessoas, que se ausentaram com o mencionado Narhar Ganês Quercar, e na quantia declarada são incluidos, cuidando e administrando igualmente estes bens com os referidos, conservando na pacifica posse, em que estão os mais mercenarios, colonos e particulares das ditas aldeias nos seus bens; e por verdade fizeram este termo, promettendo cumpril-o por si e pelos seus bens este contrato, que he de pagarem a quantia dos fóros reaes das mencionadas aldeias. Escripto pelo dito Narcarni Sabagi Pundalica.

(Assignados) Nagueá Porobu Des-Porobu, Dessay do Cassabé Pernem — Bicagi Custã, Dessay de Mandrem — Sabagi Pundalica, Nadcorni de Pernem.

Traduzido a 18 de Janeiro de 1794. (S. E.) — Bouguná Camotim Vaga, Lingua do Estado.

O original maratha, fl. 392.

FIM DO TOMO VIII

INDICE

DOS

DOCUMENTOS CONTIDOS N'ESTE TOMO